絵本の庭へ

児童図書館 基本蔵書目録 1

東京子ども図書館 編

もくじ

はじめに………………………… 5
このリストの使い方…………… 8

あ行……………………… 10
か行……………………… 54
さ行……………………… 78
た行……………………… 102
な行……………………… 128
は行……………………… 136
ま行……………………… 194
や行……………………… 210
ら・わ行………………… 221

索引……………………… 241
  書名索引………………… 242
  人名索引………………… 258
  件名索引………………… 271
  件名総索引……………… 371

当館児童室分類表……………… 394
引用文献………………………… 396

はじめに

　この『絵本の庭へ』は、子どもと本をつなぐ仕事や活動をされている方々や、本づくりに関わる方たちに、長年愛読されてきた絵本の魅力や豊かさをあらためて味わい、子どもたちに伝え続けていただきたいと願って編纂されたブックリストです。東京子ども図書館の児童室やその母体となった4つの文庫で、子どもたちと一緒に読み、くりかえし楽しんできた選りすぐりの絵本作品1157冊をご紹介しています。

　当館は、いままでにも『私たちの選んだ子どもの本』、『子どもの本のリスト——「こどもとしょかん」新刊あんない 1990-2001 セレクション』などのブックリストを刊行してまいりました。『私たちの選んだ子どもの本』は、各ご家庭でお子さんの成長に合わせてご利用いただけるよう、1989年12月時点で購入が可能な絵本や文学作品を中心に選びました。『子どもの本のリスト』は1990年以降に刊行された新刊書を収録する補遺版として2004年に出版しましたが、絵本や文学だけではなく、ノンフィクションも含むあらゆるジャンルの作品を取り上げました。

　これらのリストは、刊行以来、版を重ね、多くの方々に広くご愛用いただいてまいりましたが、書店で購入が可能であるという条件や、刊行年で限定した収録範囲などにより、必ずしも、私たちが日ごろ子どもたちと親しんでいる児童室の蔵書の全体像を反映しているとはいえませんでした。当館をお訪ねくださった方たちから「蔵書目録をいただけないでしょうか」とのご要望をいただくこともありました。そこで、いまいちど私たちの蔵書にある本を読み直し、子どもたちの反応や他団体によるリストも参考にしながら、どこの図書館でも蔵書の核として是非そろえてほしい、次世代の子どもたちにも出会ってほしい作品を厳選して紹介する「児童図書館 基本蔵書目録」シリーズを編纂することになりました。その第1巻目が『絵本の庭へ』です。できるだけ間をおかずに、これに続く『物語の森へ』（昔話・古典・創作文学）と『知識の海へ』（ノンフィクション）を刊行したいと考えています。

当館の前身である土屋児童文庫やかつら文庫、松の実文庫が活動をはじめた1950年から60年代には、戦後の希望を子どもたちに託し、多くの作家・画家たち、編集者たちが心血を注いで児童書出版の再興に取り組みはじめました。各国の古典的名作や新時代の創作文学、絵本、興味をそそる科学読み物などが続々と刊行され、子どもたちのための本棚を豊かにしてくれました。70年から80年代には、各地の図書館も児童サービスに力点を置くようになり、これらの本が行き渡るシステムも整ってきました。

　しかし、その後の電子ゲームやニューメディアの登場による生活スタイルの変化や受験競争の加熱などにより、子どもたちがゆったりと読書をする時間は限られるようになりました。少子化による購買層の減少も影響し、出版社は過去に生み出した良質な本を品切れ・絶版にせざるを得ないケースが増えています。一方、すぐれた文化遺産を蓄積して提供することが使命である図書館も、運営・雇用形態の変化により、作品の質を見極め、子どもたちに手渡す専門職員が技能を磨くには望ましくない環境が広がっています。

　このような状況であるからこそ、私たちは、すぐれた絵本とはどのようなものかを具体的に示し、記録にとどめたいと考えました。子どもたちと一緒に読んでいると、環境が目まぐるしく変わる今日でも、子どもたちが絵本に求めるものは昔と変わらないということを確信します。子どもたちを惹きつけるのは、生き生きとした絵とわかりやすいことばが一体となって繰り広げられる心躍る物語です。長い年月読み継がれてきた珠玉の絵本には、個性豊かな登場人物、はらはらする冒険、自然の中での素朴な遊び、温もりのある安心感、心地よいことばの響きなど、子どもたちを夢中にさせる要素がつまっています。日常の生活に彩りを添え、世界を広げてくれるオリジナリティ溢れるこれらの作品を、刊行年が古いからという理由で子どもたちから遠ざけるのはあまりにももったいないことです。子どもたちは新作ばかりを追う必要はありません。なぜなら子どもたち自身が日々成長する新しい存在だからです。

このリストに収録されている本には品切れ・絶版の作品もかなり含まれていますが、子どものための読書活動に関わる方たちは、時の試練に耐えてきたこれらの作品を、これからも大切に紹介したり読んであげたりしてください。このリストの使い方については次ページにくわしく記していますが、グループでの読み聞かせに向く絵本に付した▩マークや、キーワードから引ける件名索引など、図書館や文庫でのレファレンスや展示、ブックトーク等の実践に役立つ工夫も充実させました。さまざまな場面でご活用ください。また、本づくりに関わる方たちにも、子どもたちが支持し続けてきたこれらの作品を再評価し、復刊の道が開けるよう、ご尽力をお願いしたいと思います。

　そして、子どものまわりにいるおとなの方々へ、どうぞ子どもたちを「絵本の庭へ」誘ってあげてください。そばに寄り添い声に出して読みながら、彩り溢れ、歓びに満ちた庭園を一緒にめぐることは、きっとおとなにとっても実りの多い時間になることでしょう。絵本は子どもが出会う最初の本です。その世界にはいるには手をひいてくれるおとなが必要なのです。子どもと本の出会いが幸せなものであるように、このブックリストがすこしでもお役に立つことを祈っています。

公益財団法人 東京子ども図書館

理事長　張替惠子

このリストの使い方

収録範囲

1950 年代から 2010 年 12 月までに日本で刊行された絵本から、1157 点を選びました。物語や詩の絵本が中心ですが、易しい科学絵本も少数選びました。同一の本で、出版社や訳者などが変わったものは、おすすめしたいほうの版をとりました。

配　列

配列は、すべて画家名の 50 音順です。同一画家の中では書名の 50 音順（シリーズは第 1 巻の書名）としました。ひとつのシリーズの中で画家が異なる場合は、いずれかの画家のところにまとめて掲載しました。

シリーズ内での配列は、日本で刊行された巻次の順です。巻次が明記されていない場合は、原書の刊行年順としました。

記載事項

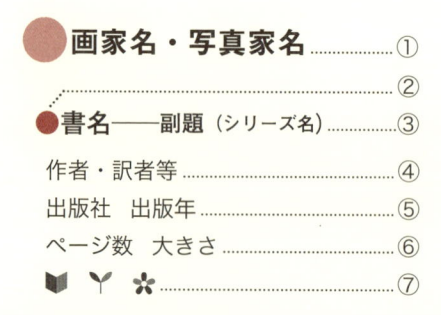

● **画家名・写真家名**……………①
　………………………………………②
● **書名**━━**副題**（シリーズ名）………③
作者・訳者等………………………④
出版社　出版年……………………⑤
ページ数　大きさ…………………⑥
📖　🌱　✳…………………………⑦

① 画家等の人名は標題紙を中心に、本の中の記載を基に表記しました。同一画家で、複数の表記がある場合はいずれかに統一し、その他の表記は索引に参照をつけました。

② ●……単行本
　　◆……シリーズ　範囲は▼(始まり)▲(終わり)で表しました。

③ 書名等の情報は、標題紙を中心に、奥付、表紙等を参考に表記しました。
シリーズ名は、同じ出版社から刊行されている連作のみを記載しています。

④ 人名や、作・訳等の著述区分は①と同様に表記しました。
ただし、画家が文章も手掛けている場合は、省略しました。

⑤ 出版年は、基本として初版年を記載していますが、復刊・再刊などで改訂版が出たものは、その版の情報を紹介しているものもあります。

⑥ 縦×横の大きさを、cm 単位で示しています。1 cm 未満の値は繰り上げました。

⑦ それぞれのマークは以下のとおりです。
- 📖 当館の「おはなしのじかん」での経験をもとに、少人数のグループ（20名くらいまで）への読み聞かせに、おすすめできるもの
- 🌱 絵本に興味を持ちはじめた 2 歳前後の子にも親しめるもの
- ✿ 小学校中級以上の子にもすすめられるもの

解題

内容の紹介は、あらすじに加えて本の魅力や絵のタッチ、造本にも言及しました。あわせて、画家や作家の情報も可能な限り触れるようにしました。シリーズの場合は、初巻にシリーズ全体の特徴を記し、2 巻目以降はあらすじのみを紹介しました。

引用文献

あ～ら・わ行の各見出しに、絵本に関する短い文章を引用しました。引用文献の書誌事項は巻末 396 ページにまとめてあります。

索引

巻末の索引については、241 ページの「索引の見方」及び 271 ページの「件名索引利用の手引き」をごらんください。

分類表

当館児童室の分類表を 394 ページに掲載しました。図書整理などの参考になさってください。

| あ行

あ行

人生へ旅立つ最初のステップに、すばらしい絵本を用意したい──それが、子どもに関心を持ち、子どものために時間と力とを使いうる大人たちの望みであるのは当然です。絵本は、ひとの最初に出あう本なのですから。

『絵本論』瀬田貞二

あ

あいがさ まさよし　相笠 昌義
→ p204　『けもの』

● あかば すえきち　赤羽 末吉

●あかりの花──中国苗族(ミャオ)民話
肖 甘牛(シャオ カンニュウ) 採話
君島久子 再話
福音館書店　1985年
31p　26×25

十五夜の晩、若者トーリンが竹籠を編んでいると、灯りが赤い花になり、中から美しい娘が現れる。2人は共に暮らすようになり、働いて金持ちになる。するとトーリンが怠けだし……。中国少数民族の民話を絵本化。渋い色調が続く中に挿まれた華やかな場面が際立つ。

●いしになったかりゅうど──モンゴル民話
大塚勇三 再話
福音館書店　1970年
36p　31×23

へびを助けて、動物の言葉のわかる玉をもらった狩人ハイリブ。玉で聞いた内容は公言しない約束だったが、鳥たちの話で知った洪水の襲来を村人に警告したため、自身の身体は石になる。モンゴルの雄大な自然が落ち着いた色調で描かれ、哀感のある話を盛り上げる。

●王さまと九人のきょうだい──中国の民話
君島久子 訳
岩波書店　1969年
42p　26×20

老夫婦が神から授かった、顔も体つきもそっくりな九人兄弟。名前は、ちからもち、くいしんぼう、はらいっぱい、ぶってくれ等々。それぞれが特技を発揮して悪い王さまをやっつけるまでを闊達に語る。のびやかでユーモラスな水彩画が合う。中国イ族の痛快な昔話。

●おおきなおおきなおいも——
鶴巻幼稚園・市村久子の教育実践による

[市村久子案]
福音館書店　1972年
88p　22×16

雨で芋掘りが延期。園児達はお芋の絵を描くことに。ごしごししゅっしゅっ、もっと紙、もっと。できた！　ヘリで運んで、船にしたり恐竜にしたり。幼稚園の実践から生まれた絵本。子どもの一筆書きのような絵から元気が伝わる。14頁にわたるお芋の絵は迫力満点。

●かさじぞう

瀬田貞二　再話
福音館書店　1966年
19p　27×19

貧乏なじいさんが、大晦日、笠を売りにいったが、ひとつも売れない。吹雪の中を帰ると、六地蔵が雪をかぶって立っている。不憫に思ったじいさん、その頭に売り物の笠をかぶせた。扇形の画面を生かした構図。淡彩の墨絵と飾らない語りが話の素朴さを引き出す。

◆くにのはじまり（日本の神話1）

舟崎克彦文
あかね書房　1995年
32p　23×31

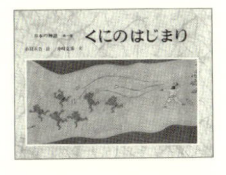

「古事記」から有名な6話を1冊ずつ絵本化。天之御中主の命で、伊邪那岐、伊邪那美は下界の国造りを始める。島々を造り、35人の神々を生むが、最後の火の神出産の際に伊邪那美が死者の国、黄泉へ。伊邪那岐はその国を訪れるが……。力のこもった文章と気品のある絵で日本神話の雰囲気を伝える。横長の画面に縦書き文という絵巻風の形態もよい。

◆あまのいわと（日本の神話2）

舟崎克彦文
あかね書房　1995年
32p　23×31

伊邪那岐の娘で日の神・天照大神は、弟の須佐之男の乱暴に腹を立て、天の岩戸にとじこもる。世の中は闇となり、悪い神が跋扈して国が乱れ始めた。そこで神々は一計を案じる。

◆やまたのおろち（日本の神話3）

舟崎克彦文
あかね書房　1995年
32p　23×31

追い払われた須佐之男は地上の国をさまよい、出雲の国へ。そこで、娘が八岐大蛇に呑まれる日が近いのを嘆く老夫婦に会う。策を弄しておろちを退治、その娘櫛稲田姫を妻にする。

◆いなばのしろうさぎ（日本の神話4）

舟崎克彦文
あかね書房　1995年
32p　23×31

須佐之男の子孫の大国主命は、八上姫を嫁にと望む兄弟達と因幡に向かう途中、サメに皮をはがれた兎を助ける。一方兄弟達は、姫が大国主に嫁ぐつもりだと知ると謀をめぐらす。

あ行

◆すさのおとおおくにぬし
（日本の神話5）

舟崎克彦 文
あかね書房　1995年
32p　23×31
✿

兄たちに命を狙われた大国主命は、船で黄泉の国に行き、須佐之男の館に着く。出迎えた娘の須勢理姫は大国主に好意を抱くが、それが面白くない父は大国主に数々の試練を課す。

◆うみさちやまさち（日本の神話6）

舟崎克彦 文
あかね書房　1995年
32p　23×31
✿

漁が仕事の海幸と狩が仕事の山幸の兄弟。弟が仕事を取り換えることを提案して海に行くが、釣針をなくしてしまう。兄の怒りは収まらず、弟が海で泣いていると海神が現れ……。
▲

●くわずにょうぼう

稲田和子 再話
福音館書店　1980年
32p　27×20
📖　✿

昔、欲張りな男がいた。働き者で、飯をくわない女を女房にした。が、実は女は鬼婆で、男をくおうとした。その男を菖蒲が守り、蓬が鬼婆を溶かしたという、端午の節句の起源譚。荒々しい妖気漂う緊迫感のある絵と、鶯色の和紙の上に載った文が効果的。

●こぶじいさま──日本民話

松居 直 再話
福音館書店　1980年
27p　19×27
📖　✿

額に大きなこぶのあるじいさまが、山で木を切っていて夜になった。山のお堂で寝ていると、夜中に鬼どもがやってきて、踊り出した。おなじみの「こぶとり」の昔話。日本画の手法で描かれた踊る鬼の表情や、不思議な歌の文句が不気味な中におかしさを感じさせる。

●したきりすずめ

石井桃子 再話
福音館書店　1982年
40p　22×31
📖　✿

舌を切られた雀を、じいさが探しにいく有名な日本の昔話を平明に再話。途中、牛洗いどんと馬洗いどんに道を尋ね、洗うのを手伝うという型を採用。和紙の風合いを生かした大判横長の画面に、さらりとした墨の描線、朱や翠の控えめな彩色は風雅な絵巻を思わせる。

●スーホの白い馬──モンゴル民話

大塚勇三 再話
福音館書店　1967年
47p　24×31
📖　✿

モンゴルの楽器、馬頭琴の由来譚。貧しい羊飼いの少年スーホが育てた白馬が競馬で優勝したが、殿様は約束の褒美も与えず、馬まで取り上げた。馬は逃げ帰るが息絶え、少年の夢枕に立って……。大判横長の画面から広大な草原を渡る風と悲哀が伝わってくる。

●だいくとおにろく

松居 直 再話
福音館書店　1967年
27p　20×27

流れの急な川に橋を架けるよう頼まれた大工に、鬼が目玉をよこせば橋を架けてやるという。橋はできたが、大工は目玉をやりたくない。よくある名あての昔話だが、鬼の登場や簡潔な語り口、交互に置かれた彩色画と水墨画風の絵が、話に緊迫感と力強さを与える。

●つるにょうぼう

矢川澄子 再話
福音館書店　1979年
32p　26×25

貧しい独り暮らしの若者・よ平が怪我をした鶴を助けてやると、その夜、美しい娘が訪ねてくる。「鶴の恩返し」として知られる昔話の絵本化。文章は素朴というより文学的。墨絵の技法を生かした絵で、雪景色の中の切ない別れを情感豊かに描き、静かな余韻を残す。

●にぎりめしごろごろ

小林輝子 再話
福音館書店　1994年
32p　20×27

木こりのじさまが、にぎり飯を食べようとすると、ころころ転がり、地蔵様の前に。じさまは土のついたところを食べ、きれいな方を地蔵様に。「地蔵浄土」の類話を、岩手の方言を生かした文章で再話。人物の動きを誇張した絵は活気があり、滑稽味も感じさせる。

●へそもち

渡辺茂男 さく
福音館書店　1980年
27p　19×27

黒雲に住む雷は雨を降らせるのが仕事。でも時々、人間の家に飛び降り、ものを壊したり、へそをとったりして、村人を困らせた。ある日、寺に近づいた黒雲を見た和尚さんは五重塔に槍を……。天空と地上の様子を、縦長の見開きを使い、彩色した墨絵で大胆に描く。

●ほしになったりゅうのきば

君島久子 再話
福音館書店　1976年
48p　24×31

龍の兄弟げんかで天が破れた。裂け目から降る大雨に苦しむ村を助けるため、石から生まれた若者サンは、クマ王の繕い上手の娘を嫁に貰いにウリュー山へ向かう。大判の頁一杯に描かれた様式的な絵が、天空の起源を説く壮大な中国民話を引きたてる。

●まのいいりょうし

瀬田貞二 再話
福音館書店　1975年
32p　27×20

猟師が息子の七つの祝いの獲物を捕りに出かけた。曲がった鉄砲で鴨をうつと、一発で13羽に命中！　鴨の羽ばたきで鯉が、そして兎が、山鳥が、筍（たけのこ）が……。思わぬ幸運が次々重なり、豪勢な祝いをしたという豪快な日本のほら話。弾む文章と墨絵に彩色した絵が素朴な味わい。

あ行

● ももたろう

まつい ただし ぶん
福音館書店　1965年
40p　21×22

桃から生まれた桃太郎。日本一のきびだんごを腰に提げ、鬼退治に。犬、猿、雉を連れ鬼が島に乗り込む。宝物は奪わず、さらわれた姫を助ける型。力強さと柔らかさ、懐かしさを併せもつ美しい筆遣いの日本画。多くの桃太郎絵本の中で子どもに薦めたい1冊。

● わらべうた

偕成社　1977年
61p　26×25

「おしょうがつさん」に始まる季節の唄や「あんたがたどこさ」などのまりつき唄、子守唄など30編。和紙に描く、又はその上に置くなどされた水墨画風の絵は、わらべ唄の素朴で大らかな雰囲気をよく伝える。おとなが歌ったり読んだりして、小さい子に手渡したい。

● あきの いさむ　秋野 亥左牟

● プンクマインチャ──ネパール民話

大塚勇三 再話
福音館書店　1992年
28p　20×27

継母に虐げられて暮らす女の子プンクマインチャに、やぎときつねの2つ頭の雌やぎが角から食べ物を出してくれた。これを知った継母にやぎは殺されるが、プンクがやぎに言われた通り、骨をまきばに埋めると……。ネパールの昔話を、波線と独特の色調の絵で描く。

● あきの ふく　秋野 不矩

● いっすんぼうし

いしい ももこ ぶん
福音館書店　1965年
40p　21×22

親指ほどの小さな一寸法師が、お椀の船で都に上り、大臣のお姫さまに仕えることになる。ある日、姫のお供で清水寺にお参りしていると、恐ろしい鬼が現れた。代表的な昔話の再話。美しい文章とあでやかな大和絵風の絵が調和し、気品漂う絵巻を見ているよう。

● うらしまたろう

時田史郎 再話
福音館書店　1974年
31p　20×27

亀を助けた浦島太郎は、乙姫に連れられ海の底の竜宮城へ。三年もの間楽しく暮らすが、窓から故郷の冬景色を見て、恋しくなる。民俗学に造詣の深い著者が手掛けた、有名な昔話の再話。透明感のある日本画と相まって、数ある「浦島太郎」絵本の中で出色の作品。

● きんいろのしか──バングラデシュの昔話

石井桃子 再話
ジャラール・アーメド案
福音館書店　1968年
47p　27×19

金が大好きな王様から、金色の鹿を捕らえよ

と命じられた牛追いの少年ホセン。動物たちの助けを得て、森を抜け、草原を越え、鹿のすみかを見つけるが……。日本画家による鮮やかな色使いの絵は、静かだが力強く、物語をドラマチックに伝えている。

● **ちいさなたいこ**

松岡享子 さく
福音館書店　1988年
32p　20×27

心優しい老夫婦の畑に見事なかぼちゃができた！　夜、どこからか聞こえる祭囃子。かぼちゃの中？　覗くと、笛太鼓に合わせ、30人程の小さい男女が踊っていた。夫婦は連日楽しむが、ある晩お囃子が聞こえない。昔話風の味わいの創作。柔らかな水彩画が温かい。

● **アゼアリアン，メアリー**

● **雪原の勇者──**
　　ノルウェーの兵士ビルケバイネルの物語

リーザ・ルンガ＝
ラーセン 文
千葉茂樹 訳
BL出版　2004年
32p　29×24

13世紀初頭のノルウェー。国王亡き後、赤子のホーコン王子を反勢力から守るため、ビルケバイネルと呼ばれる農民戦士たちが王子を抱いて吹雪の冬山を越える。サーガに描かれた史実を想像力豊かに膨らませた。素朴で力強い木版で時代と風土を描いた米の作品。

● **雪の写真家ベントレー**

ジャクリーン・ブリッグズ・マーティン 作
千葉茂樹 訳
BL出版　1999年
32p　26×26

1865年米国の農村に生まれたベントレーは幼い頃から雪が大好きで、その美しさに夢中だった。17歳で顕微鏡つきカメラを買ってもらって以来、生涯、雪の結晶を撮り続けた。木版に水彩を施した素朴な絵と静かな語り口が調和した伝記絵本。99年コルデコット賞。

● **アダムズ，エイドリアン**

● **こうさぎたちのクリスマス**

乾 侑美子 訳
佑学社　1979年
32p　26×21

うさぎの男の子オーソンは卵に綺麗な模様を描く名人。ある日、こうさぎ達に頼まれ、クリスマス・パーティーの準備を手伝うことに。大きなもみの木を切り出して、皆で飾り付け……。美しい雪景色や月夜に輝く幻想的なツリー等が、繊細な線と柔らかな色で描かれる。

● **魔女たちのあさ**

奥田継夫 やく
アリス館　1994年
32p　26×20

夜空に月が昇ると、森の奥に住む魔女の一団が目覚める。コウモリのシチューを食べ、箒

15

あ行

を持って空へ出発。「ズー・ム！」「ホッ、ホーッ」。踊り疲れて月で一休み。地球に下りたら仮装した子どもたちにびっくり。陽気な魔女たちの一夜を、黒を基調とした絵で描く。

● アッシュ，フランク

◆ ぼく、お月さまとはなしたよ

山口文生 やく
評論社 1985年
32p 21×21

お月さまに誕生祝いをあげたいと思ったクマくん。山に登って「こんばんは！」と叫ぶと、返ってきたのは「こんばんは！」。贈り物は何がいいかときくと……。山彦を月の声と勘違いするクマくんの無邪気な行動が愛おしい。明快だが奥行きのある色合いの絵が、簡潔なお話に合い、幼い子から幅広く楽しめる連作。

◆ かじってみたいな、お月さま

山口文生 やく
評論社 1985年
32p 21×21

夏の夜、クマくんはお月さまをかじってみたくなり、月へ行くロケット作りに励む。でも完成したのは秋、発射前に眠くなってしまう。

◆ あれ、お空がもえてるよ

山口文生 やく
評論社 1988年
32p 21×21

初めて虹を見たクマくんは「空がもえてるぞ」と驚く。小鳥が虹の根元には金の壺があるというのも聞かず、クマくんは消火に向かう。

◆ どこへいったの、お月さま

山口文生 やく
評論社 1987年
32p 21×21

クマくんはお月さまとかくれんぼ。クマくんが鬼になると、お月さまは雲に隠れたきり出てこない。森のみんなも手伝って捜しに捜す。

◆ あっちへいってよ、かげぼうし

山口文生 やく
評論社 1988年
32p 21×21

クマくんが魚釣りをしていると、水に映った影のせいで、魚が逃げてしまった。そこで、クマくんは影法師から逃げようと……。

◆ なんでもパパといっしょだよ

山口文生 やく
評論社 1985年
32p 24×18

クマくんは朝起きて、うーんと大きなのびをした。パパみたいにね。それから朝ごはんを食べ、身支度をして、パパ、ママとさかなつり。

● リンゴとカラス麦

山口文生 やく
評論社　1992年
32p　24×23

牧場にやってきた迷子の子ジカに誘われて、子ウシは初めて森へ行く。小川で遊んだり、リンゴを食べたり。そのうち、ママが恋しくなって、子ジカを連れて牧場に帰ると……。幼い子の気持ちにやさしく寄り添った話。美しい色を使ったアニメーション風の絵。

● アーディゾーニ，エドワード

● 小さなきかんしゃ

グレアム・グリーン文
阿川弘之訳
文化出版局　1975年
48p　19×25

「小さないびき」という名の村でうまれたちび機関車。隣り村との往復ばかりで退屈だ。「ぼうけんしたい！」ある朝、ちびは黙って走り出した。始めはわくわくしたものの……。子どもの気持ちを大切にした英作家の物語に、柔らかな色彩の水彩画がのどかさを伝える。

◆ チムとゆうかんなせんちょうさん
（チムシリーズ1）

せたていじ やく
福音館書店　2001年
48p　27×20

船乗りに憧れる少年チムは、汽船に潜りこみ、ボーイとしてよく働いた。でも、ある朝、海が荒れだし、船が難破してしまう。自在な描線と水彩で、物語の世界を存分に描き出す。起伏のある海洋冒険もので、幅広い読者をもつ英国のシリーズ。訳者、版元が異なる巻も。

◆ チムとルーシーとかいぞく
（チムシリーズ2）

なかがわちひろ やく
福音館書店　2001年
48p　27×20

7歳の女の子ルーシーと友達になったチムは、その養父グライムズさんが買ってくれた船で再び海へ。が、いかだを救出したところ……。

◆ チム、ジンジャーをたすける
（チムシリーズ3）

なかがわちひろ やく
福音館書店　2001年
48p　27×20

マクフィー船長の蒸気船に、二等ボーイとして乗りこんだチム。ある日、悪戯者の一等ボーイ・ジンジャーの髪がとんでもないことに。

◆ チムとシャーロット（チムシリーズ4）

なかがわちひろ やく
福音館書店　2001年
48p　27×20

チムとジンジャーは荒海に浮かんでいる女の子を救出するが、記憶喪失で名前もわからない。チムの家族が面倒を見ることになる。

17

あ行

◆**チムききいっぱつ**（チムシリーズ 5）
なかがわ ちひろ やく
福音館書店　2001年
48p　27×20
❀

ジンジャーが、置き手紙をして家出。チムとシャーロットが探しにいくと、ジンジャーを乗せた船が出港。ふたりは別の船に乗りこむ。

◆**チムひとりぼっち**（チムシリーズ 6）
なかがわ ちひろ やく
福音館書店　2001年
48p　27×20
❀

チムが長旅から帰ってきたら、家は空っぽで「あきや。かします」の貼紙が。両親を探そうと決意したチムは、ボーイとして再び乗船。

◆**チムのいぬタウザー**（チムシリーズ 7）
なかがわ ちひろ やく
福音館書店　2001年
48p　27×20
❀

ボーイとして船に乗りこんだチムとジンジャーは、船上で子犬を見つけた。タウザーと名付け、大の犬嫌いの船長に内緒で飼った。

◆**チムとうだいをまもる**（チムシリーズ 9）
なかがわ ちひろ やく
福音館書店　2001年
48p　27×20
❀

嵐の晩、寝室から灯台の光が見えないのを心配したチムは、マクフィー船長に知らせに行く。船長のボートで様子を見に行くと……。

◆**チムさいごのこうかい**
　（チムシリーズ 10）
なかがわ ちひろ やく
福音館書店　2001年
46p　27×20
❀

チムとジンジャーは乗組員としてアラベラ号に乗船。ところが、いじわるな水夫長にこき使われるし、海は大荒れ、船は沈没寸前に。

◆**コックのジンジャー──チムもう
　ひとつのものがたり**（チムシリーズ 11）
なかがわ ちひろ やく
福音館書店　2001年
48p　27×20
❀

チムとジンジャーが乗った船で食中毒が起こった。元気なチムは病人の世話をし、ジンジャーはコックの代わりをして船の危機を救う。

◆ルーシーのしあわせ

ただひろみ 訳
冨山房　1976 年
48p　26 × 20
✿

チム・シリーズ 2 巻目に登場する少女が、チムと出会う前の話。公園でひとり遊んでいたルーシーは、昔馴染みの老人グライムズさんと再会。毎日一緒に散歩をするうち……。

●時計つくりのジョニー

あべきみこ 訳
こぐま社　1998 年
48p　26 × 19
✿

大変器用な小さな男の子ジョニーが、大時計を作ろうと思い立つ。両親も、学校の先生や同級生も馬鹿にするが、あきらめず、部品を集めていく。時計作りに懸命に取り組み成功する少年の姿を、淡々とした文章に添ったペン画と淡い色調の水彩画で丁寧に描きだす。

●まいごになったおにんぎょう

A・アーディゾーニ 文
石井桃子 訳
岩波書店　1983 年
48p　21 × 17
📖 ✿

小さな人形がスーパーの冷凍食品の箱の間に落ちて置き去りにされた。それを見つけた女の子は人形のために洋服を作り……。人形好きの優しい女の子と元気でしっかり者の人形のドラマチックな交流を、ペン画に淡彩を施した絵で描き、温かな雰囲気を醸し出す。

●あねざき かずま　姉崎 一馬

●なつのかわ

福音館書店　1988 年
36p　25 × 26
✿

無数の霧の粒が木々の葉をつたい、やがて地中から滲みだしてひとつの流れになる。森で生まれた川が海原へ流れ出るまでの旅を、写真のみで追う。激流、深淵、川魚、そこに遊ぶ子どもたち。様々な風景から、何万年と変わらずに大地を潤してきた水の恵みを感じる。

●はるにれ

福音館書店　1981 年
32p　27 × 20
✿

広々とした原野に、ただ 1 本そそり立つはるにれの木。秋から冬、春にいたる、夕焼けや霧の中の幻想的な姿……。遠景やアップ、季節や時間によって微妙に変化する姿を捉えた美しい写真絵本。文章はないが、はるにれが主人公のドラマを見るような強い印象が迫る。

あ行

● **アベリル，エスター**

●黒ねこジェニーの誕生日

羽島葉子 訳
パルコ出版　1992年
32p　19×26

はずかしがりやの子猫ジェニーの誕生日。兄弟や大勢の猫友達が公園に集まり、歌って、食べて、お魚をプレゼント。初級向きの物語「黒ネコジェニーのおはなし」の後日談。都会の夜、猫達が賑やかにお祝いする様が少々古めかしいが洒落た味のある絵で描かれる。

●しょうぼうねこ

藤田圭雄 訳
文化出版局　1974年
64p　22×15

黄色い体に黒い点々模様の野良猫ピックルズは、樽に住み、子猫を追いかけるさえない日々。ある日、親切な奥さんと消防士の世話で消防署に住み着くことに。心を入れ替え、訓練に励むと、彼を必要とする事態が発生。ペン画に黄と朱で彩色した絵が親しみ易い幼年童話。

● **アリキ**

●川をはさんでおおさわぎ

ジョーン・オッペンハイム さく
ひがしはじめ やく
アリス館　1981年
32p　25×25

川をはさんでいがみあっている村人たちは、嵐で橋が流れたのを幸い、直さず放っておく。次の夜、パン屋の煙突がつまったが、煙突掃除屋は向こう側、靴屋が指をけがしたが、医者は向こう側、医者はズボンが破けたが……。寓話風の愉快な話。ペンに水彩の軽やかな絵。

◆きょうはおやすみだよ

フランツ・ブランデンバーグ ぶん
かつおきんや やく
アリス館　1976年
40p　22×21

猫のきょうだいエリザベスとエドワードは、うんと早く家を出て、あちこち寄り道。ところが、登校すると誰もいない。学校は休みだと思い込んだふたりは……。子どもらしい発想と行動が、表情豊かな絵とともに快活に描かれる。同主人公の本が2社から4冊。

◆おばあちゃんのたんじょうび

フランツ・ブランデンバーグ ぶん
かつおきんや やく
アリス館　1975年
40p　24×21

おばあちゃんが大好きなふたりは、誕生日に何を贈るか話題にはするが、お互いに秘密。さて、当日ふたりが各々あげたものは？

◆あたしもびょうきになりたいな！

フランツ・ブランデンバーグ ベルク さく
ふくもとゆみこ やく
偕成社　1983年
32p　24×21

病気になったエドワードが、皆にちやほやされるのを羨ましく思うエリザベス。私も病気

になりたいなと願うと、何日かたって……。

◆**どろぼうだどろぼうよ**

フランツ・ブランデンバーグ ぶん
かつおきんや やく
アリス館　1976年
32p　24×21

真夜中、エドワードが目を覚ますと、誰かがそばで寝ている。エリザベスにも同じようなことが。ふたりは泥棒だ、と脅える。

●**ひっこしした子してきた子**

青木信義 やく
ぬぷん児童図書出版
1983年
32p　26×21

何をするにも一緒だった親友が引っ越してしまい、ロバートはつまらない。転校生ウィルにも知らん顔をしていたが、ある日、道端でカエルを探している彼と出会い、話しかけられる。子どもの共感を呼ぶ素直な話を、明るい色をたくさん使った現代風の絵で見せる。

● **アルエゴ，ホセ**
● **デューイ，アリアーヌ**

●**あめのひきのこは…**

ステーエフ 原作
ミラ・ギンズバーグ 再話
くりやがわけいこ 訳
偕成社　1976年
32p　22×26

アリが小さなきのこの下で雨宿りをしていると、チョウが、ネズミが、次々に入れておくれと現れる。ついにはキツネに追われたウサギまでも、きのこの傘にはいってしまった。なぜ？　軽快なテンポで進む話。軽いタッチのアニメ調の絵が独特のとぼけた味わい。

●**マリールイズいえでする**

ナタリー・サヴィッジ・カールソン さく
星川菜津代 やく
童話館出版　1996年
32p　26×21

マングースの女の子マリールイズは、悪さをして叱られ、新しいお母さんを探しに家出。蛇やアヒルのおばさんに頼むが相手にされない。魔法使いのヒキガエルのところに行くと……。子どもらしい怒りとその幸せな結末を洒落た配色の愉快な絵とともに描く。

●**ランパンパン——インドみんわ**

マギー・ダフ さいわ
山口文生 やく
評論社　1989年
32p　21×26

女房を王様に捕らえられ怒ったクロドリ。武装して、胡桃の太鼓をランパンパンと打ち鳴らし、宮殿へ向かう。途中、猫や蟻、川の水などを次々に耳の中に入れて。ペンに平塗りのユーモラスな絵と、テンポのよい文章で、奇想天外なインドの昔話を軽やかに表現。

あ行

● アルカラス，フランシス

● めんどりのさがしもの

ふせまさこやく
新世研　2001年
31p　19×26
❀

めんどりは、からすから借りた美しい首飾りを自分のものにしようと、土の中に埋めて、偽物を返す。騙されたことに気づいたからすは……。めんどりが地面をつつくようになったわけを語るフィリピンの昔話を、現地の画家がモザイク画風の独特な手法で絵本化。

● アレキサンダー，マーサ

● ねえさんといもうと

シャーロット・
ゾロトウ さく
やがわすみこ やく
福音館書店　1974年
24p　26×21
▲

遊ぶ時も学校へ行く時も、幼い妹を気づかう姉さん。でもある日、妹は「さあ」とか、「こうなさい」とかいわれることにあきて、こっそり家を抜け出す。姉妹の心の機微を柔らかなタッチで巧みに描く。ピンクと黄緑の淡い彩色の絵は、優しい雰囲気を醸し出す。

● アンヴィン，ピッパ

● いたずらハービーはどこ？

テレンス・ブラッカー 作
こばやしゆかり 訳・協力
汐文社　1991年
25p　26×22

ボブのペット、ハムスターのハービーがいなくなった。ボブが探すと、ハービーは壁の穴を抜けて隣りの家から隣りの家へ。猫だらけの家や子ども部屋など、細ごました絵の中からハービーを探して遊ぶ絵本。さほど難しくなく巻末のクイズも合わせて何度も楽しめる。

あんとく あきら　安徳瑛
→ p204『とり』

● あんの みつまさ　安野 光雅

● あいうえおの本

福音館書店　1976年
104p　22×20
❀

左頁に白木を組み合わせて作った立体的な「あ」の字、右頁には美しい水彩で細密に描かれた、あんぱんと蟻の絵。縁飾りの中にも「あひる」や「あさがお」の隠し絵が。「き」には「北鎌倉⇔木更津」の切符の絵等、遊び心いっぱいで子どもからおとなまで楽しめる。

● 赤いぼうし

野崎昭弘 文
童話屋　1984年
43p　26×22
❀

参加者は太郎君と花子さん、そして影法師のあなた。3人が目をつぶっている間に帽子屋さんが赤か白の帽子をかぶせ、「あなたの帽子の色は？」と聞く。えっ。でも他の人の色を見て、その人の答えを聞くと……分かる！　消去法の考え方をゲーム感覚と絵で楽しく伝える。

● ABCの本──
　　へそまがりのアルファベット

福音館書店　1974年
64p　26×24
❀

見開きの左頁に、だまし絵風の木組みのアルファベットが一文字。右頁にその文字で始まる物、例えばIならink インクの絵。両方の頁を縁取る絵は隠し絵で、Bなら bean 豆や bee 蜂等が隠れているという趣向。美しい水彩画と繊細なペン画で表されたユニークな絵本。

● かぞえてみよう

講談社　1975年
28p　25×27
❀

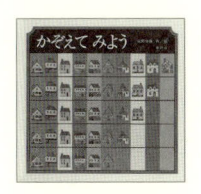

0から12までの数を、絵を辿りながら教える絵本。見開きの頁を繰る毎に、子ども、人や木、建物等の数がひとつずつ増え、1月、2月……と季節も変わっていく。12の頁には12本の樅の木、12頭のトナカイが登場。細ごまと描かれた水彩画に楽しく遊べる。

● さよならさんかく

講談社　1981年
28p　26×23
📘

「さよならさんかく　またきてしかく　しかくはとうふ……」全国的に流布している駄洒落的な連想で続くわらべ唄に、昭和初期の風俗を配し、美しい絵本に仕立てた。頁の上半分に続く唄の最後の頁をひっくり返すと、別パターンの同じ唄が逆に続く等、遊び心満載。

▼
◆ 旅の絵本

福音館書店　1977年
48p　26×24
❀

馬で田舎道を行く灰色頭巾の旅人。畑や教会を通り過ぎ、やがて市門をくぐって、市場で賑わう町へ。中世ヨーロッパ風の風景や人々の暮らしがこまやかに描かれた字のない絵本。いくら眺めても飽きない。旅人の所在や所々にひそむ昔話や名画の一場面を探す楽しみも。

◆ 旅の絵本2

福音館書店　1978年
48p　26×24
❀

今回旅人が通るのは、丸屋根の聖堂や運河の

あ行

あるイタリアの風景。聖書や物語の場面がそこここに描かれる。巻末に場面についての解説。

◆旅の絵本3

福音館書店　1981年
48p　26×24
✽

白亜の崖から旅人が上陸したのはイギリス。メイポールの周りで遊ぶ子ども、町にはビッグベン、市外の森にはロビン・フッドが。

◆旅の絵本4

福音館書店　1983年
48p　26×24
✽

舞台はアメリカ。馬で行く先住民や幌馬車の開拓者、摩天楼そびえる街やホワイトハウス、収穫を祝う人々、沖合にはメイフラワー号も。

▲

◆ふしぎなえ

福音館書店　1971年
27p　27×20

見開き毎に文のない13枚の絵。家の中、小人が床を歩いていくと、いつの間にか床が壁になっている等、ほとんどのページで上下や高低が曖昧に描かれている。「えっ？　あれ？」と思わせる目の錯覚を利用した不思議なだまし絵の世界が広がる。丹念な筆遣いの水彩画。

◆さかさま

福音館書店　1981年
27p　27×20

上下ふたつの不思議な世界、どちらがさかさまなのか。ジョーカーを案内役にのぞく。

◆ふしぎなさーかす

福音館書店　1981年
27p　27×20

卓上の日用品がサーカスの道具に。玉乗りに猛獣使い……。夢うつつの空想世界を描く。

▲

●もりのえほん

福音館書店　1981年
32p　27×20

繊細な筆致で描かれた森の様々な風景。そのうっそうと茂る森の木立や木の幹や根元の草むらに目を凝らすと、あれっ、キリンが、カバが、ウサギが見えてくる。森の中に隠れる130余りの動物を見つけて遊ぶ、著者お得意の隠し絵絵本。親子や友だち同士で楽しめる。

い

● イ オクベ

● ソリちゃんのチュソク

みせけい 訳
セーラー出版
2000 年
40p　24 × 29

チュソク（お盆のような韓国の秋の祭）を祝う人々の様子を、帰省したソリちゃん一家を通して描く。祭の儀式や踊り等、独特の風習が紹介される。淡々とした文章と柔らかい色調で細ごまと描かれたやや古風な絵から、故郷に集う人々のはずむ心や温かさが伝わる。

● イ ヨンギョン

● あかてぬぐいのおくさんと 7にんのなかま

かみやにじやく
福音館書店　1999 年
32p　24 × 33

お針の上手な奥さんが昼寝をしている間に、7つの道具がけんかを始めた。「私がいなければ寸法が測れない」と物差し夫人がいえば、「布を切るのは私」とはさみお嬢さん。その騒ぎに奥さんも目覚め……。韓国の古典を基にした創作。登場人物の表情や風俗が楽しい。

● イエンセン, バージニア・アレン

◆ これ、なあに？

ドーカス・ウッドバリー・ハラー 作
きくしまいくえ 訳
偕成社　2007 年
23p　20 × 21

黄色の地に卵型の点々模様。これは、ザラザラくんがひとりで遊んでいるところ。時々バラバラくんと遊びます。特殊な印刷で隆起させた絵柄を触りながらお話を辿り、目の見えない子と見える子が一緒に楽しめるデンマークの絵本。シンプルなデザインが美しい。

◆ ザラザラくん、どうしたの？

きくしまいくえ 訳
偕成社　1983 年
23p　20 × 21

卵型のザラザラくんが四角に。食欲もないし、体も熱い。友達はからかったけれど、次に四角病になったのは？　青を基調とした姉妹編。

● いがらし とよこ　五十嵐 豊子

● えんにち

福音館書店　1977 年
32p　20 × 27

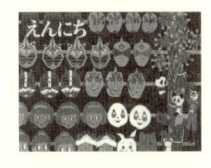

兄妹が神社の縁日に出かけると、屋台の組み立て中。やがて店が出揃い、ふたりは綿アメ屋、金魚釣り、ヒヨコ屋と巡り、食べたり遊

あ行

んだり。ひと昔前の縁日を、文章は入れず、素朴で色鮮やかな絵のみで描く。細ごました物やお客の様子を探し絵のように楽しめる。

● **おみせ**

福音館書店　1987年
32p　20 × 27

瓦やトタン屋根の木造のお店が29軒。お小遣いで買える玩具屋、子ども用乗り物の店、文鳥やオカメインコのいる小鳥屋等、著者が日本各地を取材、スケッチした中から紹介する。文章はないが、どこにも人の姿が描かれ、ゆったりした時間の流れを感じさせる。

● **いざわ まさな**　伊沢 正名

● **きのこはげんき**

田中弘美文
講談社　1994年
31p　22 × 20

日本のキノコ30余種を、やさしい文章で興味深く紹介する写真絵本。じゃんけんをする手の格好そっくりのカエンタケ、澄んだ空を思わせるソライロタケ等、その個性的な形状や鮮やかなキノコの色を間近にとらえた写真が見事。自然の不思議さが伝わる1冊。

● **いしがめ やすお**　石亀 泰郎

◆ **イエペはぼうしがだいすき**

文化出版局編集部文
文化出版局　1978年
40p　23 × 22

デンマークの3歳の男の子イエペは帽子が大好き。100も持っているけど、一番好きなのは茶色のソフト帽。保育園の庭で遊ぶときも、取っ組み合いでも、お弁当の時間でも脱がない。日本の写真家が幼子の姿を生き生きと捉えた写真絵本。帽子への愛着に共感できる。

◆ **イエペさんぽにいく**

文化出版局編集部文
文化出版局　1980年
40p　23 × 22

僕（イエペ）は散歩が大好き。茶色の帽子をかぶって遊園地に行ったり、おばあちゃんと野外博物館に行ったり。馬の鼻にも触ったよ。

● **いとう ひろし**　伊東 寛

● **これあのあれ**

絵本館　2005年
32p　27 × 22

キリンが長い首に巻いた長い長いマフラー。

さっちゃんが巻いてみたらミイラみたい。ぞうの長い鼻をおおった大きなマスク、たっくんがしたらひげみたい。他愛のない小話が7つ。リズミカルな文と明るい色の絵が、とぼけたおかしさを醸し出す。

● いのうえ ようすけ　井上 洋介

● どろにんぎょう——北欧民話

内田莉莎子 文
福音館書店　1985年
31p　29×21

おじいさんが作った泥人形をおばあさんが見に行くと、人形は立ち上がり、ふたりを呑みこみ外へ出た。それから水汲み娘、漁師、きこりと、会う者を次々呑みこんでしまう。ナンセンスな味を楽しむ骨太な昔話。独特の絵で怪物泥人形をダイナミックに表現している。

● ふしぎなやどや

はせがわせつこ 文
福音館書店　1990年
36p　27×27

中国に伝わる不思議な話。旅商人の趙が泊まったのは、町で評判の美人女将・三娘子の宿。実は彼女は人をロバに変える術の使い手だった。眠れずにいて、その手を覗き見てしまった趙は……。大胆な構図と達者な線で描かれたのびやかな絵が話の雰囲気を伝える。

● イプカー，ダーロフ

● よるのねこ

光吉夏弥 訳
大日本図書　1988年
48p　24×19

夜、外へ出された猫が、真っ暗な農場を歩き回って見たものは？　暗いところでも目が見える猫の特性を生かした単純なお話。シルエットで描いた夜の風景を、次のページでは鮮やかな色つきで見せ、読者に種明かしをしてくれる。味のある様式的な美しい絵。

● いまむら まさあき　今村 昌昭

● こっぷ

谷川俊太郎 文
日下弘 AD
福音館書店　1976年
24p　26×24

「こっぷはみずをつかまえる」で水のはいったコップ。「はんにんもつかまえる」は指紋のついたコップ。光ったり割れたりおしゃれに着飾ったり、様々な表情を見せるコップを写真と詩的な文章で捉えた絵本。懐かしい感じのモノクロ写真と少数のカラー写真が新鮮。

あ行

● **いまもり みつひこ**　今森 光彦

●だれだかわかるかい？
　──むしのかお

福音館書店　1995 年
28p　26 × 24
✿

ページいっぱいに真正面から見た虫の顔のアップ。「ぼくがだれだかわかるかい？ くさはらにすんでいて、ピョーンとはねて……」次ページに答と簡単な特徴。昆虫 12 種とクモ 2 種を紹介する。鮮明な写真が捉えた虫たちの姿は個性的で、どことなくユーモラス。

● **イーラ**

●二ひきのこぐま

松岡享子 訳
こぐま社　1990 年
33p　29 × 23
📖

春を待ちかねて、外にとび出した 2 ひきのこぐま。夢中になって遊ぶうち、母ぐまのいいつけを忘れてつい遠出。迷子になって心細くなる。幼い子の気持ちにそった温かいお話と、こぐまたちの自然で愛らしい姿をとらえた白黒の写真で構成し、読者をひきつける。

● **イングラハム，エリック**
▼

◆スキーをはいたねこのヘンリー

メリー・カルホーン 文
猪熊葉子 訳
リブリオ出版　2002 年
40p　26 × 21
✿

後足で立って歩くシャム猫のヘンリー。飼い主一家と出かけた山小屋においてきぼりになる。家に帰るには、作ってもらったスキーで山道を滑っていくしかない。こまやかなタッチの写実画が、猫の冒険に不思議なリアリティを与える米国の絵本。雪原の描写も秀逸。

◆とびねこヘンリー

メリー・カルホーン 文
猪熊葉子 訳
リブリオ出版　2007 年
31p　26 × 21
✿

ヘンリーの乗った気球がふいに離陸。ヘンリーは爪をコードにひっかけて気球を操り、雪原の上空を渡る。が、そのときワシが……。

◆ふねにのったねこのヘンリー

メリー・カルホーン 文
猪熊葉子 訳
リブリオ出版　2007 年
40p　26 × 21
✿

お父さんと男の子が乗るヨットにとび乗った猫のヘンリー。あっ、お父さんが海に落ちた！ ヘンリーはとっさに綱をほどき、舟を停めた。

◆クリスマスのねこヘンリー

メリー・カルホーン 文
猪熊葉子 訳
リブリオ出版　2006年
31p　26×21

クリスマスのキリスト降誕劇に出る子羊と仲良くなった猫のヘンリー。だが、この羊が行方不明になり、ヘンリーは足跡を辿っていく。

う

● 于 大武　ウタイブ

◆西遊記 1 ――石からうまれた孫悟空

唐亜明 文
偕成社　2006年
36p　30×31

石から生まれ、仙術を身につけた孫悟空が、天界で大暴れした罰に山の下にとじこめられるまで。伝統美術の技法と現代アートの感覚を融合した中国画家の絵は、独特の様式美を備える。二頭身半ほどに描かれた登場人物には滑稽味もあり、中国古典への親しみやすい導入となっている。大型絵本全3冊シリーズ。

◆西遊記 2 ――金角銀角のひょうたん

唐亜明 文
偕成社　2006年
36p　30×31

三蔵法師に助けられた孫悟空は、法師のお伴をして、猪八戒や沙悟浄と共にお経を求めて西天（インド）へ。途次、三蔵法師をねらう魔物・金角、銀角と戦う様を歯切れよく語る。

◆西遊記 3 ――火焔山をこえて

唐亜明 文
偕成社　2006年
36p　30×31

暑さで人々を困らせる火焔山の火を消すために、牛魔王夫人の芭蕉扇を借りようと、孫悟空は彼女と巧みな駆け引きをする。やがて一行は西天に辿り着き、お釈迦さまと対面する。

●十万本の矢――三国志絵本

唐 亜明 文
岩波書店　1997年
32p　23×30

中国人の作家と画家による「三国志」の絵本化。蜀の軍師孔明は、魏と戦うため呉に同盟を持ちかける。が、孔明の才能を妬む呉の軍師周瑜は、まず十万本の矢を集めろと難題を吹きかける。伝統様式を受け継ぐ独特の構図と色彩の絵で、時代の雰囲気が伝わる。

あ行

●ヴァイナー，ティム

●夢はワールドカップ

川平慈英訳
あかね書房　2001年
32p　29×22
✽

イギリス・午後1時、ジョーは道路でボールをける。ブラジル・午前10時、チコが砂浜でシュートの練習。インド、日本等、同じ瞬間にサッカーを楽しむ13ヵ国の子ども達が登場、世界中が結ばれていることが実感できる。各国の暮らしを映した躍動感あふれる絵。

●ヴィークランド，イロン

●赤い目のドラゴン

アストリッド・
リンドグレーン文
ヤンソン由実子訳
岩波書店　1986年
25p　26×21
✽

私が小さい頃、うちにドラゴンがいた。豚の産んだ10匹の赤ちゃんと一緒に。私と弟は蝋燭や紐等、彼の好きな餌をあげて育てた。可愛かった。8ヵ月後の秋、涙ぐみ、夕日の中を飛び立っていったドラゴンの思い出を、静かな語り口と内容にぴったりの絵で描く。

●ぴちぴちカイサとクリスマスのひみつ

リンドグレーンさく
やまのうちきよこやく
偕成社　1977年
31p　22×18
✽

孤児のカイサは親切なおばあさんと二人暮らし。クリスマス直前、おばあさんが転び怪我をした。もうすぐ7歳のカイサは代りに大掃除や準備に大活躍。おばあさん手作りの飴を売りにも行く。溌剌とした女の子の姿とおばあさんの優しさが日溜りのような余韻を残す。

●やかまし村のクリスマス

アストリッド・
リンドグレーン著
おざきよし訳
ポプラ社　1967年
29p　22×28
✽

クリスマスがくるととびきり楽しくなるやかまし村。農村の3軒並んだ家に住む7人の子どもたちは、生姜ビスケットを焼き、薪を運びいれ、ツリーを飾り、家を回って歌う。そして、待ちに待った聖夜。スウェーデンの冬景色を背景に、高まる期待と喜びが溢れる。

●ロッタちゃんとじてんしゃ

アストリッド・
リンドグレーンさく
やまむろしずかやく
偕成社　1976年
32p　29×22

にいちゃんやねえちゃんと同じように自転車に乗りたくてたまらない末っ子ロッタ。5歳の誕生祝いにもらえなかったので、隣のベルイおばさんの物置から大きな自転車を"かっぱらう"が……。おしゃまでお転婆な女の子

の誕生日を描く。子どもの仕草を捉えた絵。

● ヴィーゼ，クルト

●あひるのピンのぼうけん

マージョリー・
フラック ぶん
まさきるりこ やく
瑞雲舎　1994年
33p　24×19

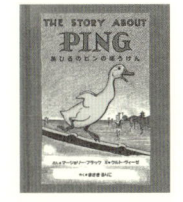

ピンは、揚子江の舟で飼われているあひるの子。ある日、川遊びに夢中で主人の呼ぶ声に気づかず、舟に帰りそこねてしまう。流れるような独特のタッチの絵が、ピンの愛らしい動作や表情を自然に描き出している。

●シナの五にんきょうだい

クレール・H・
ビショップ ぶん
いしいももこ やく
福音館書店　1961年
46p　20×27

中国の昔話を再話した米の古典絵本。そっくりの5人兄弟が、海水を飲み干せる、鉄の首をもつ、足が伸びる、体が焼けない、息を止められると、それぞれの特技を生かし、力を合わせて危機を脱する。白地に黒と黄の明快なタッチの絵が、話の面白さを見事に表現。

● ウィーベリ，ハラルド

●クリスマス・トムテン――
　　スウェーデンのサンタクロース

ヴィクトール・
リュードベリィ さく
おかもとはまえ やく
佑学社　1982年
33p　20×27

イブ。孤児の男の子ウィグは小人のトムテンを手伝い、国中の人に贈物を届ける。金持ちや王子への豪華なものもあり、ウィグは自分への贈物に不満……。19Cから親しまれてきたスウェーデンの代表的な作家の作。多くの画家の絵があるが、本書は抑えた色調の絵。

◆トムテ

ヴィクトール・
リードベリ さく
やまのうちきよこ やく
偕成社　1979年
30p　22×28

雪に覆われた真冬の農場。星がまたたく夜に目を覚ましているのは、小人のトムテただひとり。何百年もの昔から人の家に住みつき、人々や家を見守るトムテの姿と、静寂に満ちた景色を幻想的に描く。19世紀スウェーデンの詩に、現代画家が繊細で美しい絵を添えた。

◆きつねとトムテ

カール＝エリック・
フォーシュルンド 詩
やまのうちきよこ 訳
偕成社　1981年
30p　22×28

同国の別の詩人の詩に同画家が絵をつけた姉妹編。真冬の農場。夜、鶏を狙う狐に、トムテがそっとクリスマスのおかゆを差し出す。

あ行

● ウィリアムズ，ガース

● おやすみなさいフランシス
→ p187

● しろいうさぎとくろいうさぎ

まつおか きょうこ やく
福音館書店　1965年
30p　31×23

森に住む２匹のうさぎはいつも仲良く遊んでいたが、時々、黒い雄うさぎが悲しそうな顔をする。心配する白い雌うさぎに「ぼく、ちょっとかんがえてたんだ」。墨絵のような背景に表情豊かなうさぎの姿が生きる。結婚のお祝いにもよく贈られる幸せな結末の絵本。

● まんげつのよるまでまちなさい

マーガレット・ワイズ・ブラウン さく
まつおか きょうこ やく
ペンギン社　1978年
36p　26×21

あらいぐまのぼうやは夜が見たくてたまらない。でも、お母さんの答えはいつも「満月の夜まで待ちなさい」。ぼうやが待ちきれなくなったある夜、ついに……。待ちわびたその時がきた喜びを見事に表現。繰り返しの多い親子のやりとりが心地よい。柔らかい鉛筆画。

● ウィリアムズ，ベラ・B

● かあさんのいす

佐野洋子 訳
あかね書房　1984年
32p　21×26

去年、火事で家財道具を失った３人家族のわたしと母さんとおばあちゃん。疲れて帰った母さんが座るいすもない。皆で大きなびんに少しずつ小銭を貯め、ついにいっぱいに！　３人は勇んで家具屋を回る。明るい色の水彩画と淡々とした語り口から素直に喜びが伝わる。

● ウィルとニコラス

● クリスマスのうさぎさん

わたなべ しげお やく
福音館書店　1985年
48p　28×22

明日はクリスマス。森に行った男の子デービーは動物達のパーティに誘われ、サンタクロースからかわいい子兎を貰う。翌朝目を覚ました彼がツリーの下に見たものは？　森の中での心躍る出来事を、のびやかな線と、赤や緑を基調とした明るい色調で幻想的に描く。

●ナップとウインクル──
みつけたほねはだれのもの

河津千代やく
アリス館牧新社
1976年
32p　28×22

「ぼくが最初にみつけたんだ」「最初にさわったのはぼくだ」掘り出した1本の骨をめぐって2匹の犬が争い出す。お百姓、ヤギ、床屋などに判定を頼むが、みんな自分勝手。そこに大きな犬が……。愉快な話に、とぼけた味の絵が合う。52年コルデコット賞受賞作。

●ウェクスラー，ジェローム

●こいぬがうまれるよ

ジョアンナ・コール文
つぼいいくみ訳
福音館書店　1982年
40p　26×21

「いいことおしえてあげようか？　おとなりのいぬにあかちゃんがうまれるの。いっぴきわたしがもらうんだ！」ダックスフントの誕生の瞬間から、目が開き、2ヵ月後、女の子が引取るまでを追う写真絵本。白黒写真と語りから犬をじっと待つ女の子の心が伝わる。

●ウェッタシンハ，シビル

●かさどろぼう

いのくまようこやく
徳間書店　2007年
24p　31×22

傘を知らない村人たちに見せびらかそうと、キリ・ママおじさんは町で傘を買うが、帰る途中で消えてしまう。何度買っても同じこと。さて犯人は？　大らかでのんびりした味のスリランカの絵本。太い線にカーキやレンガ色等を配した素朴な絵が土地の雰囲気を伝える。

●きつねのホイティ

まつおかきょうこやく
福音館書店　1994年
44p　31×23

きつねのホイティが物干し場の着物を着て人間になりすまし、夕食をねだる。騙されたふりをしていた3人の気のいいおかみさんだが、ホイティに馬鹿にされ、愉快な仕返しをする。底抜けに陽気な絵本。物語ものびやかな線で描かれた明るい色調の絵も南国らしい味わい。

●にげだしたひげ

のぐちただしやく
木城えほんの郷
2003年
23p　22×31

バブンじいさんは、ひげが伸びるとねずみにかじってもらっていた。ところがある日、ひげが逃げ出した。ぐんぐん伸びて、人も家も

あ行

ぐるぐる巻きにして。奇想天外だが素朴な温かさを感じさせるスリランカの話。暖色系の色彩溢れる絵には躍動感がある。

●ねこのくにのおきゃくさま

まつおかきょうこ やく
福音館書店　1996年
36p　26×27

働くばかりで楽しむことを知らないねこたちの国にやって来たふたりのお客。お面をかぶったまま、太鼓にあわせて歌ったり踊ったり。すっかり人気者になるが、さてこのふたりの正体は？　明るく豊かな色彩、ねこたちの表情が楽しい南国情緒に溢れた絵本。

うえの のりこ　上野 紀子

●ねずみくんのチョッキ

なかえ よしを 作
ポプラ社　1974年
32p　25×21

ねずみくんにお母さんが編んでくれたチョッキ。ぴったり。するとアヒルが「ちょっときせてよ」少しきつい。そして、猿が、アシカが、ライオンが。少しずつ大きくなっていくチョッキ、だが、奥付ページを見ると……。モノトーンの絵にチョッキの赤が効果的。

●ウェーバー，バーナード

●アイラのおとまり

まえざわ あきえ 訳
徳間書店　1997年
48p　28×21

初めて友だちの家に泊まりにいく男の子アイラ。いつも一緒に寝るぬいぐるみのくまがいなくても大丈夫かな？　連れていったら赤ちゃんみたいって笑われるよ、とお姉ちゃん。不安にゆれる気持ちをほほえましく描く米国の絵本。柔らかいタッチの絵が親しみやすい。

◆ワニのライルがやってきた
（ワニのライルのおはなし1）

小杉佐恵子 やく
大日本図書　1984年
56p　28×21

東88番通りの家に越してきたプリムさん一家が風呂場で見つけたのは、緑色のワニ・ライルだった！　気立てがよく芸もできるライルは、一家と仲良しになるが……。漫画風の大らかな絵で、愛嬌のあるワニの表情を伝える。絵本から物語への橋渡しになるシリーズ。

◆ワニのライル、動物園をにげだす
（ワニのライルのおはなし 2）

小杉佐恵子 やく
大日本図書　1984 年
56p　28×21

ライルのことが気に入らないグランプスさんのせいで、ライルは動物園へ入ることになってしまった。園の暮らしはとても窮屈で……。

◆ワニのライルとたんじょうパーティー
（ワニのライルのおはなし 3）

小杉佐恵子 やく
大日本図書　1984 年
56p　28×21

ジョシュアくんの誕生日パーティーを妬んで贈り物の太鼓を壊したライルは、元気がなくなる。家族はライルを病院へ連れて行く。

◆ワニのライルとなぞの手紙
（ワニのライルのおはなし 4）

小杉佐恵子 やく
大日本図書　1984 年
56p　28×21

ライル宛に次々と届いた差出人不明の手紙には、悪口ばかりが書かれていた。実は、犯人は、ジョシュアくんのクラスの転校生だった。

◆ワニのライル、おかあさんをみつける
（ワニのライルのおはなし 5）

小杉佐恵子 やく
大日本図書　1984 年
56p　28×21

舞台と映画のスター、バレンティさんと共に、お母さんを探しにいこうとしたライル。母親に会いたい一心でクロコダイル・ワニの国へ。

◆ワニのライルとどろぼうじけん
（ワニのライルのおはなし 6）

小杉佐恵子 やく
大日本図書　1996 年
48p　28×21

ライルのお母さんも、プリムさん一家と住むことに。でも、人間の暮らしになじめず、お店の香水を盗んだ疑いで警察へ連行される。

◆ワニのライルは会社のにんきもの
（ワニのライルのおはなし 7）

小杉佐恵子 やく
大日本図書　1996 年
56p　28×21

プリムさんの会社に行ったライルは、そこでも人気者。上司のビックさんは、コーンフレークの宣伝にライルを使いたいと言いだす。

あ行

● ウォージントン，フィービ

▼
◆ せきたんやのくまさん

セルビ・
ウォージントンさく・え
いしいももこやく
福音館書店　1979年
32p　15×19

朝早く石炭袋を荷馬車に積んで、町へ売りにいく。ぱかぱか、ぱかぱか……。単純でやさしいお話と素朴で温かみのある絵が幼い子を引きつける英国の小型絵本シリーズ初巻。同じ主人公が色々な仕事で活躍する2巻目以降は訳者が変わるが、どれもよく読まれている。

◆ パンやのくまさん

セルビ・
ウォージントンさく・え
まさきるりこやく
福音館書店　1987年
32p　16×21

くまさんは朝早く起きてかまどに火をつける。それからパンを焼き、それを車やお店で売る。

◆ ゆうびんやのくまさん

セルビ・
ウォージントンさく・え
まさきるりこやく
福音館書店　1987年
32p　16×21

クリスマス・イブの朝、くまさんは手紙や小包を駅で受け取り、郵便局で判を押し配達へ。

◆ うえきやのくまさん

ジョーン・
ウォージントンさく・え
まさきるりこやく
福音館書店　1987年
32p　16×21

くまさんは手押し車を押してお隣の庭へ。ちょきんちょきん！　まず垣根を刈りこむ。

◆ ぼくじょうのくまさん

ジョーン・
ウォージントンさく・え
まさきるりこやく
童話館出版　1997年
28p　16×21

くまさんは朝から牛の乳しぼり、豚や鶏の世話にバターや卵も売る。働き者の農夫の一日。
▲

● ウッド，レスリー

● ちいさなきかんしゃレッドごう

ダイアナ・ロス作
みはらいずみ訳
あすなろ書房　2001年
32p　19×25

「ポッポー！　7じだよー！」赤い機関車レッド号が出発する。村を通り林を抜けて、小犬やカモたちに挨拶をしながら町へと向かう。いつもいつも同じ日々。ところがある日、時間になってもレッド号があらわれず……。洒落た色使いが今も新鮮な45年刊の英国の絵本。

● ウンゲラー，トミー

● エミールくんがんばる

今江祥智 訳
文化出版局　1975年
32p　28×21

鮫に襲われたサモファ船長を助けたタコのエミールは、船長の家で暮らすことに。寝床は塩水入りのお風呂、仕事は海岸の見張り番。八本の足を使って人気者になり、警察のお供をして悪者も捕まえる。タコの大活躍が楽しい、ユーモラスな話。緑色を基調にした線画。

● すてきな三にんぐみ

いまえよしとも やく
偕成社　1969年
38p　30×22

こわーいどろぼう3人組。奪った財宝ざっくざく。ある晩、襲った馬車の中、孤児のティファニーちゃんひとり。隠れ家に連れていくと、財宝を見たその子が「これどうするの」。この一言で、悪人が善人に変身する幸せな結末が爽快。シルエットを生かした洒落た絵。

● へびのクリクター

中野完二 訳
文化出版局　1974年
32p　28×21

フランスに住むボドさんのもとに、ブラジルにいる息子から誕生祝いに届いた大へびのクリクター。わが子のようにかわいがられて成長し、学校の子どもたちと遊んだり、どろぼう退治に一役買ったり。ペン画に赤と緑を配した軽妙な絵が語るへびの日常がおかしい。

● うんの かずお　海野 和男

● 虫のかくれんぼ

福音館書店　1993年
32p　24×24

とげのあるバラの枝になりきった、とげのある虫、とげのあるキエダシャクの幼虫、枯葉の中のカレハガ……。植物に擬態する虫たちの姿が、じっと写真を見つめていると見えてくる。自然の不思議さが伝わる写真絵本。何匹いるかという問いには巻末に答え。レイアウトも美しい。

え

● エイジー，ジョン

● 飛行士フレディ・レグランド

清水奈緒子 訳
セーラー出版　1996年
32p　29×24

大西洋を越えパリへ向っていた複葉機〈金のカモメ号〉がフランスの片田舎に不時着。飛行士フレディを助けた農家の夫婦は、初めて

見る飛行機に興味津々。やがて新たに旅立ったフレディに再び危機が訪れる。渋い色調の絵がひと昔前の感じをよく表している。

● エッツ，マリー・ホール

● あるあさ、ぼくは…

まさきるりこやく
ペンギン社　1981年
32p　19×24

農場のある朝、ぼくは猫やおんどりのまねをして歩いたり、豚のまねをして、いねむり行水をしたり。でもお父さんを見つけると、ぼくはぼくになって走り、一緒に畑の向こうの池にボートで乗り出す。子どもの日常や心理を白黒の絵で描く、静かで爽やかな絵本。

● 海のおばけオーリー

石井桃子 訳
岩波書店　1974年
32p　30×23
✤

水族館近くの湖におばけ！？　町は大騒ぎ。正体はあざらしの赤ちゃんオーリー。離れ離れになった母親を思い、元気がない彼を飼育係が黙って湖に放したのだ。お茶目で一途なオーリーが母親と再会するまでを、モノクロのコマ割の絵で、温かく、ユーモラスに描く。

● クリスマスまであと九日──
　　セシのポサダの日

アウロラ・ラバスティダ 作
たなべいすず 訳
冨山房　1974年
48p　29×21
✤

メキシコではクリスマスの9日前からその家の子どもが主役の行事ポサダが始まる。セシは初めてポサダをしてもらうことに。何もかも初めての喜びを胸弾ませて待ちながら、いざ本番では戸惑いも。小さな女の子の気持ちと風土が、細やかな描写の絵と文から伝わる。

● ジルベルトとかぜ

たなべいすずやく
冨山房　1975年
32p　26×22
◆

「おーい」と風が呼んでいる。ぼくは風船をもって飛び出す。風はいつも気まぐれ。洗濯物を着たがったり、傘を壊したり。でも凧揚げや、かざぐるまで遊んでくれる。男の子と風のやりとりをやさしく描いてほほえましい。灰緑色の地に白黒茶三色の色使いが効果的。

● ちいさなふるいじどうしゃ

たなべいすずやく
冨山房　1976年
30p　28×22

運転手に待っていてといわれたのに、小さな古い自動車は全速力で丘を駆け下りる。道路にいた蛙や兎や牛やおばさんまで跳ね飛ばし。そこへ機関車が！　牧歌的な白黒の絵が、向

う見ずな暴走の顛末をのどかに包み、笑いを誘う。ひと昔前のアメリカを映す48年の作。

◆ペニーさん

松岡享子訳
徳間書店　1997年
52p　22×28

貧しい独り者のペニーさん。飼っている動物たちはみな怠け者で、隣の畑の作物まで食い荒らしてしまう。白黒で描かれた動物たちが何とも表情豊かで笑いを誘う。絵本としては分量があるが、縦組みで読みやすくたっぷり楽しめる。1935年刊のデビュー作。

◆ペニーさんと動物家族

松岡享子訳
徳間書店　1998年
63p　26×20

農業祭で賞をとろうとはりきるペニーさん。が、ヤギとオンドリがはしゃぎすぎて退場処分に。そこへ老馬リンピーが突然競馬に出場。

◆もりのなか

まさきるりこやく
福音館書店　1963年
39p　19×26

男の子がラッパを吹きながら森へ散歩に行くと、ライオンやゾウ、カンガルーなどいろいろな動物が、行列を作って男の子についてきた。柔らかな風合いの黒一色の絵で動物たちを描き、静かに深く子どもの心を捉える。空想の喜びを味わわせてくれる古典絵本。

◆またもりへ

まさきるりこやく
福音館書店　1969年
39p　19×27

「ぼく」が森にはいっていくと、動物たちが待っていた。そして、皆が得意な芸当をして、誰のが一番いいか、腕くらべをすることに。

●わたしとあそんで

よだじゅんいちやく
福音館書店　1968年
31p　27×20

朝露が光る野原で、わたしはバッタに「あそびましょ」と声をかけた。でも、逃げてしまう。かえる、かめ、りす……次々声をかけても逃げられた。でも、わたしがじっとしていると……。クリーム色の地に柔らかな線で描く、春の日差しのように温かい米国の絵本。

エドワーズ，ガンバー
エドワーズ，ピーター
→p108 汽車のえほん

●えびな　みつる

●おとうさんにもらった……

架空社　1998年
40p　27×19

おとうさんにもらったナイフ。紙が切れるし、

あ行

草だって。鉛筆も削れるし、りんごもむける、魚もさばける。でも、気をつけないと指も切れる！　他にマッチやロープ等、父が子に与えた道具の利便性と危険をコマ割の画面に配された漫画風の絵でユーモラスに伝える。

● エルジェ

▼

◆いたずら2にんぐみ　（クックとブッケ1）

ほりうちもみこ訳
冨山房　1994年
47p　31×23
❈

2人の男の子クックとブッケのいたずらぶりを描くベルギーのコマ割漫画。1930年代の新聞連載に後から色付けした。貼紙を取締まるお巡りさんの目の前で貼紙をする「はりがみきんし」、水中でも読み続ける「ほんにむちゅう」等、健康的なユーモアが今も笑いを誘う。

◆いたずらだいさくせん　（クックとブッケ2）

ほりうちもみこ訳
冨山房　1994年
47p　31×23
❈

風船人形でお巡りさんを驚かす「おとなしいブッケ」や、車を柱につないでしまう「うごかないくるま」等、見開きで23篇を収録。

◆ゆかいなふたり　（クックとブッケ3）

ほりうちもみこ訳
冨山房　1994年
47p　31×23
❈

美術館のピカピカな床でスケートをする「びじゅつかん」や工事現場でローラー車を運転する「ドライブ」等2人の腕白ぶりは健在。

◆とことんいたずら　（クックとブッケ4）

ほりうちもみこ訳
冨山房　1995年
47p　31×23
❈

「スピードいはん」「じてんしゃのきょくのり」等、クックとブッケに対抗するお巡りさんとの駆け引きがますますおかしさを誘う。

◆こりないふたり　（クックとブッケ5）

ほりうちもみこ訳
冨山房　1995年
47p　31×23
❈

「おやつのつくりかた」ではお菓子作りに挑戦、自分で虫歯を抜こうとする「むしば」では悪戦苦闘、2人の行動には思わぬ結果も！

▲

◆**黒い島のひみつ**（タンタンの冒険旅行1）

川口恵子 訳
福音館書店　1983年
63p　30×23
✿

1929年の新聞連載以来、世界で愛読されているベルギーの長編漫画。第2次大戦後、カラー刷絵本になった。邦訳シリーズは連載とは異なる順番で出版。(後に、原作発表順に改訂)本作は38年発表の7作目。少年記者タンタンと愛犬スノーウィが国際ニセ札偽造団を追跡、スコットランド沖の黒島へ追い詰める。変化に富む筋立てに、魅力溢れる登場人物達。コマ割の丹念な絵と色使いが洒落た雰囲気。

◆**ふしぎな流れ星**（タンタンの冒険旅行2）

川口恵子 訳
福音館書店　1983年
63p　30×23
✿

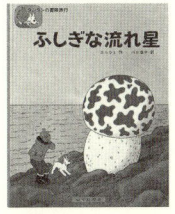

流れ星の夜、北極海に謎の隕石が落下。タンタンは調査隊に加わり極地観測船で現場へ。隕石に含まれる新種の金属入手を目論む敵が出現、度重なる妨害に遭うが……。42年作。

◆**なぞのユニコーン号**
　　（タンタンの冒険旅行3）

川口恵子 訳
福音館書店　1983年
63p　30×23
✿

タンタンが購入した船の模型は偶然、ハドック船長の祖先アドック卿の軍艦ユニコーン号だった。中に海賊レッド・ラッカムの宝の所在を示す暗号を発見、解読を試みる。43年作。

◆**レッド・ラッカムの宝**
　　（タンタンの冒険旅行4）

川口恵子 訳
福音館書店　1983年
63p　30×23
✿

第3巻の後編。レッド・ラッカムの宝を探す船旅に出たタンタンとハドック船長。ついに海底に沈んだユニコーン号を発見するが、出てきたのは1枚の羊皮紙だった。44年作。

◆**タンタンチベットをゆく**
　　（タンタンの冒険旅行5）

川口恵子 訳
福音館書店　1983年
63p　30×23
✿

中国の友人チャンを乗せた旅客機がヒマラヤ山中に墜落。生存を信じるタンタンは現地へ。イエティがすむ雪山での命がけの捜索の末、チャンの形跡を見つける。60年作。

◆**ななつの水晶球**（タンタンの冒険旅行6）

川口恵子 訳
福音館書店　1985年
63p　30×23
✿

インカ文明の調査から帰国した考古学者が次々と奇病に見舞われる。現場に残る水晶球の破片。事件を追うタンタンはハドック船長と共に、手がかりを求めペルーへ。48年作。

あ行

◆太陽の神殿 (タンタンの冒険旅行7)

川口恵子 訳
福音館書店　1985年
63p　30×23
✽

第6巻後編。ペルーに着いたタンタン一行。山を越えジャングルを抜け、ついに太陽の神殿を発見。真相が明らかになるも、捕われの身に。が、タンタンの機転で……。49年作。

◆ファラオの葉巻 (タンタンの冒険旅行8)

川口恵子 訳
福音館書店　1987年
63p　30×23
✽

旅の船上で出会った学者と共にファラオの墓探しにカイロへ。が、発見した墓は国際麻薬密売組織のアジトだった。タンタンは命からがらどうにか逃げ出す。34年作。

◆カスタフィオーレ夫人の宝石 (タンタンの冒険旅行9)

川口恵子 訳
福音館書店　1988年
63p　30×23
✽

有名歌手カスタフィオーレ夫人がハドック船長の城に滞在。船長は夫人が苦手だが、2人の仲を誤解したマスコミの取材攻勢で城は大混乱。そこへ宝石盗難事件が起きる。63年作。

◆燃える水の国 (タンタンの冒険旅行10)

川口恵子 訳
福音館書店　1988年
63p　30×23
✽

欧州各地でガソリン爆発事故が続発。運輸機関は大混乱。原油に異物混入？　政府間の緊張が高まる中、タンタンはタンカーに乗りこみ中東へ向かうが内紛に巻込まれる。50年作。

◆紅海のサメ (タンタンの冒険旅行11)

川口恵子 訳
福音館書店　1989年
63p　30×23
✽

タンタンのもとへアラブの首長から手紙が。直後、現地で軍事クーデター発生。真相究明のため中東へ向かうタンタン。そこで軍需兵器密輸、奴隷貿易の存在が明らかに。58年作。

◆めざすは月 (タンタンの冒険旅行12)

川口恵子 訳
福音館書店　1991年
64p　30×23
✽

シルダビアから届いたビーカー教授の謎めいた電報。タンタンと船長が駆けつけると、教授は月面探査ロケット開発に取り組んでいた。が、妨害を企てる悪の手が伸びる。53年作。

◆月世界探険 (タンタンの冒険旅行 13)

川口恵子 訳
福音館書店　1991 年
63p　30 × 23

第 12 巻の後編。ロケット打上げ成功、機内に闖入者が発覚するも、無事に月面着陸を果たしたタンタン一行。だが、ロケット横取りを目論む悪の一味に襲われ……。54 年作。

◆青い蓮 (タンタンの冒険旅行 14)

川口恵子 訳
福音館書店　1993 年
63p　30 × 23

第 2 次大戦直前の中国。上海のアヘン窟「青い蓮」をアジトにする国際麻薬密輸団の存在を知ったタンタンは、日本軍の秘密工作員等に闘いを挑み、陰謀を明らかにする。36 年作。

◆ビーカー教授事件 (タンタンの冒険旅行 15)

川口恵子 訳
福音館書店　1995 年
63p　30 × 23

ムーランサール城でガラスが砕け散る事故が続発。ビーカー教授の研究と関係がありそう？　教授を狙う敵に気づいたタンタンは、新発明をめぐる国際的陰謀を追跡。56 年作。

◆かけた耳 (タンタンの冒険旅行 16)

川口恵子 訳
福音館書店　1998 年
63p　30 × 23

博物館で南米インディオゆかりの木彫り像が盗まれた。続いて、その模造品作りに関わった彫刻家が謎の死。タンタンは、内戦と革命真っ只中の南米へ調査に向かう。37 年作。

◆オトカル王の杖 (タンタンの冒険旅行 17)

川口恵子 訳
福音館書店　1999 年
63p　30 × 23

タンタンは印章学研究者アランビク教授に同行、東欧の小国シルダビアに向かうが、罠にはめられ飛行機から落下！　そこには国王失脚を企てる隣国ボルドリアの陰謀が。39 年作。

◆金のはさみのカニ (タンタンの冒険旅行 18)

川口恵子 訳
福音館書店　2003 年
63p　30 × 23

溺死体の遺留品から見つかったカニ缶に「カラブジャン」の文字。謎を追うタンタンは同名の船に乗り込み、アヘン入りのカニ缶を大量に発見、麻薬密輸団を追跡する。41 年作。

あ行

◆シドニー行き714便
（タンタンの冒険旅行 19）

川口恵子訳
福音館書店　2004年
63p　30×23
❋

714便でシドニーに向かうタンタン達は、経由地で大富豪の自家用機に招かれる。だが飛行機は乗っ取られ、小島へ。火山噴火、UFOとの遭遇等、次々事件に見舞われる。68年作。

◆タンタンとピカロたち
（タンタンの冒険旅行 23）

川口恵子訳
福音館書店　2007年
63p　30×23
❋

独裁者の将軍と彼を狙うゲリラ集団ピカロが対立する南米の国で、タンタン達に将軍暗殺計画首謀の疑いが。釈明のため呼び出されたが、それは罠。はまったと見せ……。76年作。

● エルンスト，
　　リサ・キャンベル

●ステラのえほんさがし

藤原宏之訳
童心社　2006年
34p　23×25

女の子ステラが図書館で借りた本がない！返却期限は今日の5時。最後に見たのは裏庭のハンモック。それを弟が玄関に置き、郵便屋さんが隣の家に……。次々人手に渡る本を町中で大捜索。読んだ人の感想から本の内容が浮かぶ趣向も面白い。話に合う漫画風の絵。

● エレ，アンドレ

●ノアのはこぶね

ほりうちせいいちやく
福音館書店　1985年
64p　29×22
❋

1914年仏で刊行。ノアの話ではなく、箱舟に収容されて生き残ったトラやキリン、収容されなくても大丈夫だったクジラなど29種類の動物の特徴や生活を、仏流のウィットとエスプリを交え語る一種の博物誌。太く力強い線で描かれたモダンな絵はおとなも魅了する。

● エンバリー，エド

◆どうぶつかけちゃうよ

よこやまなおこかきもじ
偕成社　1999年
32p　20×26

コルデコット賞受賞絵本作家が○や△、UやD等の簡単な記号や文字を使って絵を描く方法を教えるシリーズ初巻。点だけで描くアリ、座ったネコと走るネコ、ウマにちょっと手を加えたロバやユニコーン等、簡単そうで、姿も表情も豊か、絵が苦手でも挑戦できそう。本書と続く2冊の初版は1981年、タイトルを改めた新装版。

◆ なんでもかけちゃうよ

よこやま なおこ かきもじ
偕成社　1999年
32p　20×26

乗り物、動物、建物等400種の描き方を順を追って示す。巻末には、これらを応用して作るまんが、本などの作り方もある。

◆ かおかけちゃうよ

よこやま なおこ かきもじ
偕成社　1999年
32p　20×26

笑う顔や怒った顔、口笛を吹く顔、動物の顔まで100種以上を紹介。指示通りに描いていくと色々な表情が描け、楽しめる技が満載。

◆ のりものかけちゃうよ

偕成社　2003年
31p　20×26

蒸気機関車、路面電車、トラック、トレーラー等の様々なヴァリエーションの他、乗客、荷物、踏切等の関連物まで100種以上を紹介。

◆ モンスターをかこう！

徳間書店　2005年
32p　28×22

上記シリーズとは別だが、手法は同じ。悪魔や狼男、吸血鬼にホネホネ・ナポレオン等を紹介。出来上がりはユニークでユーモラス。

● ぴかっごろごろ

フランクリン・M・ブランリー ぶん
山田大介 やく
福音館書店　1968年
40p　21×24

風もない、蒸し暑い午後、雲がどんどん大きく、黒くなる。夕立が来るぞ。なぜ雲は発達するのか、稲妻が光るわけ、音がそれより遅いのは？　雷について子どもが知りたいことを丁寧に分かり易く説明。正しい避難方法も説き、雷の全貌を知るための優れた科学絵本。

お

■ おおこそ れいこ　　大社 玲子

● こねこのチョコレート

B・K・ウィルソン 作
小林いづみ 訳
こぐま社　2004年
32p　25×20

明日は弟の誕生日。4歳の女の子ジェニーはプレゼントに子ネコの形のチョコレートを買った。その晩、ジェニーはチョコが気になって眠れない。一つぐらい食べてもいいよね？『おはなしのろうそく20』収録の話を絵本化。柔らかな絵が、かわいいお話に合っている。

あ行

● おおしま たえこ　大島 妙子

● オバケやかたのひみつ──
まんげつのよるになにかがおこるよ

偕成社　2001年
32p　25×19

マイケルくんはオバケが大好き。建築家のパパの部屋で見つけた古い模型の館をこっそり持ち出すと、その夜、館に本物のオバケがやってきた！　かわいいオバケたちとの楽しいひとときを描く。場面によってがらりと色調を変え、細かく描きこんだ絵も楽しい。

● ジローとぼく

偕成社　1999年
32p　25×19

子犬の頃に拾ったジロー。でっかくなったので犬小屋を作ったが、寂しがるのでぼくも一緒に寝た。目を覚ますと、ジローはぼくの席で朝ご飯を食べていた！　ちょっと不思議な話を元気いっぱいの表情豊かな絵で描く。犬小屋から茶の間を見るアングルが印象的。

● ないしょのゆきだるま

角野栄子作
あかね書房　1998年
32p　30×21

ぼくとお父さんがないしょの願い事をしながら作ったのは、丈夫な足のついた雪だるま。夜中ぼくが目を覚ますと、その雪だるまが立ちあがり、町中の雪だるまを引きつれて、公園へ行列をはじめた。雪の夜の不思議な出来事を楽しげに描く。パステル調の元気な絵。

● おおた だいはち　太田 大八

● がまどんさるどん
──日本のむかし話

大江ちさとぶん
トモ企画　1992年
26p　26×19

日本の昔話絵本。がまがえるとさるは友達。がまどんが稲の穂を拾った。さるどんは、それで田を作ろうといったけど、仮病を使って全く協力しなかった。が、収穫後……。新潟県出身の著者の方言を生かした文章と戯画化された色調豊かな絵が独特なおかしみを醸す。

● だんごだんごどこいった

大江ちさとぶん
トモ企画　1988年
25p　19×27

穴の中に転げた団子をじいさまが追っていくと……。地蔵浄土と呼ばれる昔話の類話だが、ここでは隣の欲深じいは登場せず、よいじいさまだけで終る単純な形なので、幼い子にも向く。方言を生かした語り口はおっとりしてやさしい。日本画風の絵が話を引き立てる。

● なんげえはなしっこしかへがな

北彰介 文
銀河社　1979年
32p　31 × 22
✽

書名は「長い話をしてあげようかな」の意。鴉がガアと鳴くと栗の実がひとつポタンと落ちる。ガア、ポタン……全部落ちるまで1年と3日かかった話等、著者が祖母から聞いた津軽弁の果無し話7編。調子のよい語り口と民俗画風の絵から、のどかな世界が広がる。

● びんぼうこびと——ウクライナ民話

内田莉莎子 再話
福音館書店　1998年
27p　27 × 20
✽

いくら働いても貧乏なお百姓がいた。ある日、彼がバイオリンを弾くと、小人たちが踊り出る。貧乏なのはこの小人たちのせい！　彼は小人を水車小屋に閉じ込める。一家はみるみる豊かになっていくのだが……。ウクライナの民話を色彩豊かな絵と簡潔な文で描く。

● おおつか あつこ　　大塚 敦子

● さよならエルマおばあさん

小学館　2000年
59p　21 × 24
✽

米国に住む85歳のエルマおばあさんが、ガンの告知を受け、亡くなるまでの1年間を、彼女の愛猫の視点で追った写真絵本。死を迎える準備を自分の手で整えはじめる一方、生活を楽しみ、最後まで自分らしさを貫いた姿勢に、死の穏やかで安らかな側面が見える。

● おおはし あゆみ　　大橋 歩

● おしょうがつさん

谷川俊太郎 ぶん
福音館書店　1990年
24p　22 × 21

見開きの右頁に松の緑が印象的な門松の切り絵、左頁には〝まつが　まってる　おきゃくさま　どこから　くるのか　おしょうがつさん〟の短い詩。以下、おせち、お年玉、凧等、お正月の風物が続く。くっきりした切り絵の美しさと、リズムのある詩が快い。

● これはおひさま

谷川俊太郎 ぶん
ブッキング　2007年
24p　22 × 21

「これは　おひさま」「これは　おひさまの　したの　むぎばたけ」その麦畑でとれた小麦、粉にした小麦粉……と頁を繰るたびことばが積み重なり、最後に「おひさま」に戻る。伝承童謡の様式を生かした詩に、クレヨン画を切り貼りしたおおらかで元気な絵が合う。

あ行

● おかべ ふゆひこ　　岡部 冬彦

●きかんしゃやえもん

阿川弘之 文
岩波書店　1959年
46p　21×17

電気機関車にバカにされた蒸気機関車のやえもんは、「しゃっ　しゃっ　しゃくだ　しゃくだ」と怒って火の粉まで吹き出し、稲叢に火をつけてしまう。ついにくず鉄か、と思われたそのとき……。擬音を多用した調子のよい文章と機関車好きな漫画家の絵が絶妙な相性。

●もくたんじどうしゃもくべえ

渡辺茂男 文
岩波書店　1972年
49p　26×20

もくべえは、木炭自動車。東京の工場で修理してもらい、カウボーイのおじさんの運転で、働き場所の足柄山の牧場へ。周りの車に馬鹿にされながらも、「のんびり走って、なぜいけない」と進み続ける主人公を応援したくなる。ちょっと古めかしい絵も親しみやすい。

● おかもと しんや　　岡本 信也

●町のけんきゅう──世界一のけんきゅう者になるために

伊藤秀男 絵
岡本靖子 文・絵
福音館書店　2000年
40p　30×23

現代の風俗を観察、記録する考現学の実践編。前半は親子3人で町を調べる。私はカレーを使ったメニュー、お父さんは缶の蓋、お母さんは物干し等。後半は著者25年間の採集から、電車の中での座り方、足の組み方等々。独自の調査で世界一の研究者になる秘訣も。

● オクセンバリー，ヘレン

●うちのペットはドラゴン

マーガレット・マーヒー 文
こやま なおこ 訳
徳間書店　2000年
40p　22×28

ひょんなことで息子のペットにちびドラゴンを買ってしまって、普通の3人家族ベルサーキ家は"普通"でなくなる。やがて大きくなりすぎたドラゴンは、一家を魔法列島に招待する。奇想天外な展開に、とぼけた味の絵が合っている。70年ケイト・グリーナウェイ賞。

● おざわ りょうきち　小沢 良吉

▼
◆ じんごのはなし
（三びきのねこのはなし 1）

福音館書店　1975 年
31p　18 × 14
✿

下町の三軒長屋に住む 3 匹の猫たち。右端の家に住むじんごは腕のいい細工人だが、ねずみとりだけは上手く作れない。ある日、一度に沢山とれるねずみとりの注文が入り、じんごは「結婚式場ねずみとり」を考案するが……。落語のようなオチと渋い挿絵が楽しい。

◆ とこまさのはなし
（三びきのねこのはなし 2）

福音館書店　1975 年
31p　18 × 14
✿

真ん中の家に住む床屋のとこまさは大の花好き。中でも朝顔に夢中で、お客のひげもうっかり朝顔の蔓のようにくるくるにしてしまう。

◆ むっつりのはなし
（三びきのねこのはなし 3）

福音館書店　1975 年
31p　18 × 14
✿

左端の家に住む無口な酔っぱらい猫のむっつり。近所に病人が出たことから、実は腕のいい医者だったと判明する。人情味のある話。

● もっくりやまのごろったぎつね

征矢 清さく
小峰書店　1978 年
31p　27 × 21
✿

いつも山で騒ぎを起こす、ごろったぎつね。今度は絵の道具を持ち込んで似顔絵描きを開業した。最初のお客はりす、次は威張りやのいのしし……。お客が途絶えた頃にやってきたのは、けちなやまねこ。動物たちの動きのある姿が達者な筆遣いで描かれる。

● オスベック，レナート

● わたしのろばベンジャミン

ハンス・リマー文
松岡享子 訳
こぐま社　1994 年
47p　24 × 22
📖

地中海の島に住む幼い少女スージーは、パパと散歩中に、生まれたてのろばを見つけ、家に連れ帰る。ベンジャミンと名づけ、ふたりは大の仲良しに。でも、ある朝、ベンジャミンがいない！　スージーは後を追う。ふたりの表情が自然で何とも愛らしい白黒の写真絵本。

あ行

● おだ まゆみ　小田 まゆみ

● げんきなやさいたち

こぐま社　1986年
32p　27×19

早起きのキャベツ、空に向って背伸びする豆たち、畑の心臓ジャガイモ、夏の陽をいっぱい食べてはちきれそうなトマト、冬の冷たい雨が好きなブロッコリー……。豊かな大地に育まれた野菜たちの逞しさ、美しさを大胆な筆遣いと鮮やかな色彩で、元気に謳い上げる。

● オニェフル，イフェオマ

◆ Ａはアフリカのア——アルファベットでたどるアフリカのくらし

さくまゆみこ訳
偕成社　2001年
25p　22×29

アフリカの暮らし方を写真で紹介するABC絵本。Bはビーズ、色とりどりの飾りが少女の褐色の肌に映える。Cはカヌー、川面をすべり、市場や学校に人々を運ぶ。簡潔な説明とともに、豊かな文化の温もりが伝わってくる。作者はナイジェリア人。原書は英国刊。

◆ おばあちゃんにおみやげを——アフリカの数のお話

さくまゆみこ訳
偕成社　2000年
19p　22×29

ナイジェリアに暮らす男の子エメカが、道々1から10の数を追ってお土産を探しながら隣村のおばあちゃんの家に行く写真絵本。

◆ おとうとは青がすき——アフリカの色のお話

さくまゆみこ訳
偕成社　2006年
19p　22×29

ナイジェリアの女の子ンネカは身近な例で、弟に様々な色の名前を教えていく。赤は大おじさんの帽子、緑はヤシの葉……。

◆ いっしょにあそぼう——アフリカの子どものあそび

川口澄子画
さくまゆみこ訳
偕成社　2007年
25p　22×29

「1番好きな遊びは？」女の子エベレは、いとこから尋ねられる。オコソ（独楽回し）は弟が得意、オガ（まねっこ遊び）は皆が好き。

◆ たのしいおまつり──
　ナイジェリアのクリスマス

さくまゆみこ 訳
偕成社　2007 年
25p　22 × 29

クリスマスのお祭りのために精霊の仮面作りをする男の子を追う。前の4作同様、風俗を紹介する。子ども達の無心な表情が美しい。

● オプゲノールト,
　ヴィンフリート

●あるきだしたゆきだるま

ミラ・ローベ さく
ささきたづこ やく
偕成社　1984 年
21p　28 × 21

女の子にお茶を飲ませてもらって、からだがあたたかくなったゆきだるまが歩き出した。町を抜け、雪の野原を通り、ゆきだるまは川を流れる氷の塊に乗って白熊の住むところまで旅をする。ユーモアたっぷりに描かれた線画の挿絵がお話と合っている。

● オームロッド, ジャン

●サンタクロースのおくりもの

エリザベス・クラーク 作
戸田早紀 訳
金の星社　1994 年
32p　24 × 22

寒いクリスマスイブの夜、ひとりぼっちの年老いたロバのそばにサンタクロースが現れる。プレゼントを配る手伝いをし、最後に着いた一軒の家で、夜明けとともにロバが手にした幸せとは。銀をアクセントにした静謐な絵が、聖夜の雰囲気を盛り上げる。心温まる小品。

● おりも きょうこ　　織茂 恭子

●大きな山のトロル

アンナ・
ヴァーレンベルイ 文
菱木晃子 訳
岩崎書店　1999 年
31p　26 × 25

さらわれないよう気をつけて、と言いおいて、両親は5歳のオッレに留守番させる。そこへトロルがやってくるが、「いい人」だと信じて疑わないオッレの無邪気さにトロルも調子が狂ってしまう。スウェーデンの古い作品に日本人画家が素朴で大らかな絵をつけた。

あ行

●おかえし

村山桂子 さく
福音館書店　1989年
32p　20×27

引っ越してきたきつねの奥さんが、苺を持って、お隣りのたぬきの家にご挨拶。たぬきの奥さんはお返しに筍を。そのお返しはお花と花瓶、そのお返しは……。いつまでも続くお返しの様子を、横長の紙面の両端に2軒の家を置き、面白く見せる。カラフルで陽気な絵。

●たまごからうま──ベンガルの民話

酒井公子 再話
偕成社　2003年
36p　29×25

ダーは馬を買いに市場へ行き、「馬のたまご」だと南瓜を売りつけられた。帰る途中キツネがつまずき南瓜が割れ、子馬が生まれたと勘違いする。男の間抜けぶりが愉快なベンガルの昔話。素朴で力強い絵から大らかな風土が伝わる。表題はありえない意の慣用句。

●ちさとじいたん

阪田寛夫 詩
岩崎書店　1997年
27p　25×26

小さな女の子と近所の老人のやりとりを13編の詩でつづった絵本。作者は童謡「サッちゃん」で知られる詩人。幼いちさの思いをじいたんがのんびりと受け止める様子が心に残る。微妙な色を重ねたのびやかな絵。1984年初版の復刊。

●オルセン，イブ・スパング

●つきのぼうや

やまのうちきよこ やく
福音館書店　1975年
24p　35×13

お月さまが、池の中に映った月を連れてきて、と月のぼうやに頼む。ぼうやは雲をつきぬけ、飛行機や鳥の群れや凧やボールや、様々なものに出会いながら、下へ下へ。明るい空色を背景に、ぼうやのお使いをユーモラスに描く。縦に長い判型が効果的で、話に自然に添える。

●ぬまばばさまのさけづくり

きむらゆりこ やく
福音館書店　1981年
32p　25×17

真夏の沼地に靄が漂うと、デンマークの人々はいう「ぬまばばさまがお酒をつくっている」。その伝説を語る。陽の光に弱く、昼は草木に変身、冬は冬眠というぬまばばさま一家の奇妙奇天烈な酒造り。ペンとパステルのユーモラスな絵に独特の土着性と自然が溢れる。

●はしれちいさいきかんしゃ

やまのうちきよこ やく
福音館書店　1979年
32p　25×17

大きな駅の小さい機関車は、毎日構内で働く

ばかり。せめて隣の町に行きたくて、ある日、突然ひとりで走りだす。いろいろなものが見えた。途中で、イェンセンさんちの洗濯物やモミの木を引っかけて、夢見た隣町にきた！ひたむきで素朴な願いがそのまま走るよう。

●ピーターの自転車

ヴァージニア・アレン・
イェンセン 文
木村由利子 訳
文化出版局　1980年
32p　26×21

誕生日に赤い自転車をもらった6歳のピーター。牛乳屋さんが昔の自転車"でんぐりピーター"の話をしてくれる。お店の人達からも昔から現代までの様々な自転車の話をしてもらう。自転車の歴史がテーマのちょっと変わったデンマークの絵本。絵は地味だが温かい。

●オルファース，ジビュレ・フォン

●ねっこぼっこ

生野幸吉 訳
福武書店　1982年
21p　29×22

「お起き、お起き、こどもたち」大地のお母さんの声に、根っこの子ども達が目を覚ます。春の服を縫って、地上にのぼれば、野原や小川に春が来る。そして夏、秋へ……。自然への温かい眼差しを感じる詩と清楚な絵。1906年刊、独の早世した女性絵本作家による古典。

●根っこのこどもたち目をさます

ヘレン・ディーン・
フィッシュ ぶん
いしいももこ やく・へん
童話館出版　2003年
22p　30×23

オルファースの原詩を米の編集者が膨らませた散文の物語絵本。独の原書をレイアウトし直した'30年英語版に、訳者が更に手を入れた。春が来る喜びと四季の美しさを伝える。

か行

絵本には豊富な色がなくても、物語を十分に伝えてくれる絵があればよいのです。黒一色とかセピア一色であっても、見事に物語の世界を描きだしていれば、子どもはその絵から十分に物語を読みとり、色の世界を想像します。

『絵本とは何か』松居直

か

● カー，ジュディス

● おちゃのじかんにきたとら

晴海耕平 訳
童話館　1993年
32p　26 × 19

ソフィーとおかあさんがお茶にしようとしていると、虎がお客にやってきた。はらぺこの虎は、おやつのサンドイッチは勿論、戸棚の中の缶詰も、食べられるものは何でもたいらげ、その上、水道の水まで飲みほして……。鮮やかな色彩が印象的な優しい雰囲気の絵本。

● ガイサート，アーサー

● こぶたの ABC

うめもとのりこ 訳
ジー・シー・プレス
1989年
64p　31 × 23

「A は Apple、りんごのことさ」で始まる ABC の絵本。7匹のこぶたのきょうだいが、木の上に自分たちの家を建てる様子を追いながら、絵に隠されたアルファベットと7匹のこぶたを探して楽しむ趣向。独特の味のある銅版画に、無彩色で統一した造本も洒落ている。

● コブタをかぞえて I から MM

久美沙織 訳
BL出版　1999年
32p　21 × 26

I、V、X、L、C、D、M の7つの文字の組み合わせで数を表すローマ数字。その仕組みを子ブタが何匹いるか数えながら、楽しく知ることができる。I は1匹、X は10匹、M は千匹。見開きいっぱいの MM 匹の子ブタたち！絵探し感覚で隅々まで眺めたくなる米国の作。

◆ノアの箱舟

小塩節，小塩トシ子 訳
こぐま社　1989年
48p　24×31
✿

旧約聖書中の有名な物語をアメリカの版画家が絵本にしたもの。精緻なモノクロの銅版画は静かで力強い。洪水の続く間、ありとあらゆる動物のつがいとノア一家が、箱舟でどんな風に暮らしたかを見せた8場面の船の断面図は圧巻。横長の大きな画面は迫力がある。

◆洪水のあとで――ノアたちのその後

小塩節，小塩トシ子 訳
こぐま社　1994年
32p　24×31
✿

旧約聖書には触れられていないノアと動物たちの"その後"を、豊かな想像力で描き出す。前作同様の銅版画だが、彩色が施されている。

ガーグ，ワンダ

●すにっぴいとすなっぴい

わたなべしげお 訳
岩波書店　1979年
46p　17×21

ふたごの野ねずみのすにっぴいとすなっぴい。転がった毛糸だまを追いかけて、山越え、野越えいくと、人の家に着いた。欲しかったチーズがあるかもしれない、と胸おどらせたふたりがそこで見たものは……。黒一色の横長の絵がリズミカルな文章と共鳴する。

●100まんびきのねこ

いしいももこ やく
福音館書店　1961年
31p　20×27
📖

寂しくて、猫を欲しがるとても年とったおばあさんのために、とても年とったおじいさんが猫を探しに。長い長い間歩いて千匹、百万匹、一兆匹の猫がいるところに出た。選びかねてすべての猫を連れて家に帰るが……。白黒の様式的な絵が、お話の世界を包み込む。

●へんなどうつぶ

わたなべしげお 訳
岩波書店　1978年
32p　17×21
📖　✿

山奥で動物にご馳走を作るボボじいさんの所へ奇妙な動物・どうつぶが来た。勧めた食べものは断り、「とてもうまいぞ――にんぎょうは」。子ども達の人形を食べさせまいと、じいさんが考えたことは。風変りだが愛嬌のある主人公と奇抜な展開が読者を引きつける。

かこ さとし　加古 里子

●あなたのいえわたしのいえ

福音館書店　1972年
23p　26×23
📖

雨や日射を防ぐために屋根、風をさえぎるために壁、出入りするために玄関、ゆっくり安心して休めるように戸締り、床……。快適に生活するために人間が重ねてきた、家への工

か行

夫を、ひとつひとつ分かりやすく説く幼い子向きの絵本。親しみやすいコミカルな絵。

●かわ

福音館書店　1966年
27p　19×27

高山の雪や湧水が谷川となり、平野に出て田んぼを通り、町、工場地帯、海へと流れていく様子を平易な文章と、横長の判型を生かした鳥瞰図で見せる。筏や水車等、懐かしい風景を含め、川辺の営みを細ごまと描き、川と人が紡いできた繋がりを浮かび上がらせる。

◆だるまちゃんとてんぐちゃん

福音館書店　1967年
27p　19×27

てんぐちゃんのうちわが欲しくなっただるまちゃん。お父さんにいろいろ出してもらうがどれも違う。でもいいことに気がついた！帽子、履物、鼻と、だるまちゃんが子どもらしい発想と工夫で、望みのものを手に入れるのが実に楽しい。漫画風の絵で親しまれている。

◆だるまちゃんとかみなりちゃん

福音館書店　1968年
27p　20×27

かみなりちゃんが空から降ってきた。だるまちゃんは木にひっかかった浮き輪をとってあげようと奮闘。お礼に雷の国へ招待され、一緒に遊んだり、ご馳走を食べたり。

●とこちゃんはどこ

松岡享子さく
福音館書店　1970年
27p　27×20

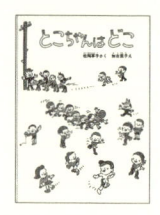

とこちゃんはちょっと目を離すと、とことこどこかへ行ってしまう元気で小さな男の子。市場や動物園、海水浴場やお祭……。見開きに描かれた大勢の人の中から、赤い帽子のとこちゃんを探す。細かく描きこまれた絵にもエピソードが盛り込まれ、隅々まで楽しい。

●はははのはなし

福音館書店　1972年
23p　26×23

歯が痛いと笑えない。歯がないとご馳走が食べられない。そもそも虫歯はどうしてできるの？　ならないためにはどうしたらいい？私たちの健康を支える歯について、その役割や、守るための大切な心構えを、幼い子にも分かりやすい文章と、楽しい絵で伝える。

●ゆきのひ

福音館書店　1967年
27p　19×27

りっちゃんの髪の毛に雪がふわりとのる。初雪だ。その後降り続いた雪は長靴がもぐるほどになり、子どもたちは雪合戦やそり、かまくら遊びに興じ、おとなは、雪下ろしや雪崩で埋まった線路の復旧に総出で働く。雪国の生活をこまやかに描く。親しみやすい絵と文。

かさぎ みのる　笠木 實
→ p204 『さかな』

かじやま としお　梶山 俊夫

●絵本きりなしばなし

福音館書店　1976年
80p　24×15
✿

かぜがぼふぁ、とちのみがごろごろ、からすががあ、かぜが……と繰り返す表題作、お婆さんが若返りの滝の水を飲みすぎて赤子になる「じじばば」等、日本に伝わる滑稽なお話4編。和紙風の紙、絵も文章も版画、和とじを模した画面構成と、味わいある美しい本。

●かえるのごほうび

梶山俊夫 レイアウト
木島 始 さく
佑学社　1986年
32p　25×26
✿

「きょうは　もりの　おまつりだ　えんやか　ほうい　えんやか」。動物たちが腕比べに力比べ。かえるはうさぎを見事に上手投げ、一等賞のごほうびをもらったのだが……。高山寺に伝わる鳥獣戯画絵巻を、絵本の形に再編成し、ストーリーをつけたユニークな絵本。

◆こぎつねキッコ（キッコシリーズ）

松野正子 文
童心社　1985年
24p　27×20

小さな幼稚園の裏山に住むこぎつねのキッコは、母さんとふたりで、こっそり園の様子を見るのが好き。子どもたちが夏休みにはいると、キッコはひとり、園で遊び始める。やがて秋が来る。どの作品もほのぼのとした味をもつかわいいお話。日本画風の素朴な絵が合う。

◆こぎつねキッコうんどうかいのまき（キッコシリーズ）

松野正子 文
童心社　1989年
32p　27×20

キッコは初めてみる運動会に大喜び。薮の陰でこっそり見ていたが、仮装行列では母さんと親子で出場。1日の楽しい経験を描く。

◆こぎつねキッコあめふりのまき（キッコシリーズ）

松野正子 文
童心社　1993年
32p　27×20

雨降りの日が続く中、キッコは子どもたちの傘が羨ましくてたまらない。雨あがりのある日、キッコは赤い傘の忘れ物を発見する。

か行

● さるとびっき──山形の昔話

武田 正 再話
川崎みさを 原話語り
福音館書店　1987年
32p　26×20

さるがびっき（かえる）にふたりでたんぼを作ろうと誘った。ところがさるは口実を設けて怠けてばかりで、働くのはもっぱらびっき。だが、いざ稲が実り、餅がつきあがると……。山形の昔話。軽妙な挿絵が、ずるいさると人のいいびっき、2匹の動きや表情を伝える。

● だごだごころころ

石黒渼子 再話
福音館書店　1993年
32p　31×21

転がっただご（だんご）を追って川を渡ったばあさんを迎えた赤鬼。混ぜると粉が増えるしゃもじを渡し、だごを作れという。毎日だごを作っていたばあさんは家が恋しくなる。ゆったりした語り口の文章と、滑稽にデフォルメされた風物や鬼の顔が印象的な素朴な絵。

● **カスキン，カーラ**

● あめのひってすてきだな

よだじゅんいちやく
偕成社　1969年
38p　23×25

今日は雨。ジェームスは、黄色いレインコートにゴム長姿で、傘をさして雨の中へ。1頭の牛、2羽のあひる、3匹のかえると、次々に増えていく仲間と散歩しながら、とびきり愉快な雨の日の遊びを楽しむ。水色を背景に軽妙な線画と黄色のアクセントが効果的。

● どれがぼくかわかる？

よだしずかやく
偕成社　1970年
30p　23×25

「もしもぼくがうまになったら、どれがぼくかわかる？」「もちろんよ、だいすきなぼうしをかぶっているんですもの」馬や羊やいろいろな動物に変身する幼いウィリアム。でもおかあさんは群れの中からすぐ見つける。母子の空想遊びを単純化した現代的な絵で描く。

● **かたやま けん**　片山 健

● たのしいふゆごもり

片山令子 作
福音館書店　1991年
36p　26×25

子ぐまが母さんぐまにぬいぐるみをねだった翌日、ふたりは冬篭りの準備に。木の実や蜂蜜集め、魚獲りや綿摘みを子ぐまもお手伝い。晩ご飯の後、母さんは古オーバーで最後の支度に。晩秋を素朴な筆遣いと暖かい色調で描き、穏やかな結末がほんわかと心に届く。

● カートリッジ，ミシェル

● こぐま学校のバザー

せな あつこ やく
偕成社　1982年
32p　25×21

こぐま一家はバザーに出品するものを作るのに大忙し。石の文鎮、卵の殻に大根の種を蒔いて作るたまごマン、モビールなど、手近な材料で作る様子を描く。やさしい色で細部まで描いた水彩の絵が楽しい。どれも作ってみたくなるし、買いたくなる。巻末に作り方も。

● かながわ ていこ　金川 禎子

● きっときってかってきて──
ことばあそびえほん

ことばあそびの会 文
さ・え・ら書房
1978年
38p　21×23

谷川俊太郎、川崎洋、郡山半次郎らの「ことばあそびの会」のメンバーによるユーモラスな17の舌もじり、つまり早口ことば集。「ぱぱのはばひろばじゃま　ままるあらい」というように、舌に纏わりつくことばの響きとおおらかな味の貼り絵が楽しい。

● かねだ たくや　金田 卓也

◆ アブドルのぼうけん──
アフガニスタンの少年のものがたり

偕成社　1982年
36p　23×25

アフガニスタンの少年アブドルは砂漠の向こうを目指して夜明け前に弟と歩きだす。過酷な砂漠で盲目の老人を助けたふたりだが、暑さと疲れで倒れそうになり、親切なおじさんに救われる。現地を訪れた著者が素朴に助け合う土地の人々の暮らしと風土を温かく描く。

◆ ドルジェのたび──
チベットの少年のはなし

ペマ・ギャルポ 話
偕成社　1985年
36p　23×25

チベットの少年ドルジェが、僧侶のおじいさんと出かけたラサ巡礼。170日余りの大変な旅の様子を美しい絵と文で克明に語る。

か行

● かねだ つねよ　金田 常代

▼

◆ロミラのゆめ──
　ヒマラヤの少女のはなし

金田卓也文
偕成社　1982年
34p　23×25
✿

ヒマラヤのふもとに住むネパールの少女ロミラの一日は水汲みから始まり、水牛の乳しぼり、次はヤギを連れて山にいくこと。山でウトウトした少女は男神の夢を見る。澄んだ空気が伝わるような色使いのエキゾチックな絵から土地の雰囲気が醸し出される。

◆ラニーのねがい──
　ガンダーラの少女のはなし

アズラー，アービダ話
金田卓也文
アフタル・アフマッド 協力
偕成社　1984年
36p　23×25
✿

パキスタンで大家族に囲まれ暮らす少女ラニー。妹が生まれてまもなく、外国に出稼ぎしているお父さんが怪我をしたとの手紙が……。

● カーペンティア，ラルフ

● たこのオクト

エブリン・ショー文
杉浦宏訳
文化出版局　1978年
64p　22×16
✿

たこのオクトは、8本の腕や骨のない柔らかい体を自在に操り、貝や魚を食べ、すみかにする穴を探す。敵に墨をはき、体の色を変えて身を守る。そして、穴に閉じこもっての出産、育児……。たこの生態を柔らかな水彩画と、お魚博士の素直な訳文と解説で伝える。

● かみや しん　上矢 津

● せみとりめいじん

奥本大三郎監修
福音館書店　2001年
28p　26×24

まだセミを捕ったことのないてっちゃんが、名人のごんちゃんに秘訣を伝授してもらう。特製のアミの作り方、向きや形を自在に変える使い方、セミの種類や見つけ方等々、自然とたっぷりつきあっているごんちゃんの先輩ぶりが頼もしい。セミの知識もつく科学絵本。

● かめだ りゅうきち　亀田 龍吉

▼

◆しぜんのひかりとかげ

冬樹社　1989年
47p　27×22
✿

純白の積雪に落ちる木々の影、稲の葉先に光る朝露とその影、夕暮の渚に佇む鳥、一日の最初の光が生まれる海の朝焼け……。光と影が織りなす美の瞬間を、詩情豊かに捉えた写真集。一幅の絵のような写真が余白を十分とったレイアウトの中で生きる。

◆ しぜんのきせつ

冬樹社　1989年
47p　27×22
✽

春の若芽、夏の白雲湧く草原、逆光に輝くススキの穂、吹雪の中のナベヅル……。四季それぞれを象徴するような自然の一瞬を捉えた。

● カラス，ブライアン

● はがぬけたらどうするの？──
　せかいのこどもたちのはなし

セルビー・ビーラー文
こだまともこ訳
フレーベル館　1999年
32p　27×28
✽

枕の下に置くと、妖精がお金に交換してくれる（アメリカ、デンマーク他）、金メッキをしてイヤリングにする（コスタリカ）等、64ヵ国の抜けた乳歯に関わる風習や伝承を紹介。暮らしぶりも伝える明るい絵。子どもに共通の嬉しい体験から、世界が身近になる。

● カリジェ，アロワ

◆ ウルスリのすず

ゼリーナ・ヘンツ文
大塚勇三訳
岩波書店　1973年
43p　25×33
◼ ✽

明日は子どもたちが鈴を持って村中を回る鈴行列。小さい鈴しか手に入らなかった山の男の子ウルスリは「山小屋に大きい鈴がある！」と、雪道を山小屋に。でも、そこで寝込んでしまった。スイスの女流詩人の文に同国の代表的絵本作家が繊細で流麗な絵をつけた。

◆ フルリーナと山の鳥

ゼリーナ・ヘンツ文
大塚勇三訳
岩波書店　1974年
27p　25×33
◼ ✽

山の夏小屋に移ったウルスリ一家。妹のフルリーナは狐に親をさらわれた雛を保護し、大切に育てるが、雛も成長して外へ行きたがる。

◆ 大雪

ゼリーナ・ヘンツ文
生野幸吉訳
岩波書店　1965年
28p　25×32
◼ ✽

雪の中、ウルスリの妹フルリーナは兄に麓まで買い物に行くよういわれた。雪はどんどん激しくなり、帰りには雪崩にもあって大変！

か行

◆マウルスと三びきのヤギ

大塚勇三訳
岩波書店　1969年
36p　25×32
✿

ヤギ飼いの少年マウルスは、毎朝村の人達のヤギを預かり山の牧場へ連れていく。ある日、お気に入りの3匹のヤギが、山で迷子になってしまう。少年がヤギを見つけるまでの奮闘ぶりを描く。温かみのある挿絵で、アルプスの生活の様子が静かに伝わる大型絵本。

◆マウルスとマドライナ

大塚勇三訳
岩波書店　1976年
48p　25×32
✿

マウルスは雪原を越え列車に乗り、町に住むいとこのマドライナを訪ね、楽しい休暇を過ごす。今度は、いとことおじさんを連れて家へ帰るが、途中、道が崩れ落ちていた。

● カール，エリック

●くもさんおへんじどうしたの

もりひさしやく
偕成社　1985年
23p　22×30
📘

朝早く、クモが農場の柵に巣をかけ始めた。馬が誘っても、牛や羊が誘っても、知らん顔。洒落た貼り絵で構成された頁に、特殊インクで、クモや糸、ハエだけが盛り上がって印刷される趣向。頁を繰るごとに巣ができていく

など、遊びの要素をうまく取り入れている。

●こんにちはあかぎつね！

さのようこやく
偕成社　1999年
30p　27×27

小さい蛙が誕生日に赤ぎつねを招くと、やってきたのは緑のきつね。でもしばらく見つめてから隣の白ページを見ると、不思議なことに赤いきつねがうっすらと見えてくる。続いて黄色の蝶は紫に、青い猫はオレンジ色に。補色の残像を利用した凝った手法の絵本。

●はらぺこあおむし

もりひさしやく
偕成社　1976年
25p　22×30
📘

ぽん！　日曜日の朝、葉の上の卵からあおむしが生まれた。おなかがぺっこぺこ。月曜日、りんごをひとつ、火曜日、梨をふたつ、水曜日、スモモをみっつ……。次々食べて蝶になるまでを鮮やかなコラージュで描く。果物の絵に食べ跡の穴があいていく仕掛けが斬新。

●まるいちきゅうのまるいちにち
　　── All in a Day

エリック・カール［ほか絵］
安野光雅　編
童話屋　1986年
24p　25×26
✿

イギリスやケニアの子がぐっすり眠っている大晦日の夜、中国や日本の子は元日の朝を迎える。アメリカでは、ブラジルでは……。無

人鳥に漂着した男の子タスケと犬のテクレが各国にSOSを呼びかけるという設定で、8人の画家が8ヵ国の子どもの元日の様子を描く。

● ガルスター，ロバート

●くうきはどこにも

フランクリン・M・ブランリー ぶん
林淳一 やく
福音館書店　1968年
39p　21×24

家の中にも物置にもいっぱい。どこにでもあるのに、掴めない空気。まず、空っぽのコップの中にもあることを確かめてみよう。簡単な実験や身近な例をあげながら、平易なことばで空気の存在を伝える科学絵本。はっきりした線で簡潔に描かれた絵が理解を助ける。

● ガルドン，ポール

●あなたのはな

ポール・シャワーズ ぶん
松田道郎 やく
福音館書店　1969年
40p　21×24

朝、トーストの匂い。辿っていくと朝ご飯。外に出る。見えないけれど隣の家にバラが咲いているとわかる。鼻をつまんでジュースを飲むと味がしない。匂いを吸ったあとで吐き出した空気は匂わない。実験を通して、呼吸器のひとつ、鼻の働きをわかりやすく伝える。

●おとなしいめんどり

谷川俊太郎訳
童話館　1994年
40p　20×19

昔々、めんどりがぐうたらな猫と犬とねずみと住んでいた。家事をするのはめんどりだけ。小麦の種を見つけたから蒔いてといっても、刈り取ってといっても誰も手伝ってくれない。でも、それでおいしいお菓子を焼くと……。素直なお話に、のびのびした絵がぴったり。

●さるとわに──ジャータカ物語より

きたむらよりはる やく
ほるぷ出版　1976年
32p　29×23

ブッダの前世を語るインドの古い寓話集より。昔話「猿の生き胆」の類話で、すばしっこいサルと、それを食べようとするワニの知恵比べ。一度は窮地を脱したサルに、またワニが罠をしかける。ペンと水彩画による、のびやかな迫力のある絵で物語を生き生きと描く。

●ねずみのとうさんアナトール

イブ・タイタス文
晴海耕平訳
童話館出版　1995年
32p　26×19

ねずみは汚くてフランスの恥だ、と人間が話すのを聞いた誇り高いアナトールは、汚名を返上すべく一計を案じ、チーズ工場にしのび込む。パリを舞台に、機知に富むねずみと人間との交流を楽しく描く。フランス国旗と同

63

じトリコロールの配色が洒落ている。

● カルマチャリャ，イシュワリ

● あくまのおよめさん——
ネパールの民話

稲村哲也，結城史隆 再話
福音館書店　1997年
32p　27×20

貧しい農家の男の子ラージャンが拾った銀貨で買ったのは、役にたたない子ザル。両親は怒るが、大事に育てられたサルは、村人を苦しめていた悪魔をだまし、宝ものをもってくる。宗教画の手法を生かした洗練された絵が、そこはかとないおかしさを漂わせている。

● カルレス，デリオ

● カルイタの伝説

アナ・マリア・デル・カルピオ 文
金田直子 訳
蝸牛社　1984年
23p　25×19

貧しい男の子が大切にしているラマの子が、魔獣の生贄に選ばれたのを知り、男の子が必死で助けると、奇跡が起こる。美しい色使いのくっきりした絵にボリビアの風土が窺える。ユネスコ・アジア文化センター主催、野間児童原画コンクール優秀作品。

● かわばた まこと　川端 誠

◆ お化けの真夏日

BL出版　2001年
31p　29×22

三つ目の大入道は暑いとぼやき、一つ目小僧たちは元気に虫取り。ろくろっ首は果物屋で西瓜をまけてもらい、風呂あがりは流しそうめん……。馴染みのお化けたちが過ごす夏の1日をくっきりした線と色で描く。やや大人趣味の笑いもあるが細部の描き込みも楽しい。

◆ お化けの海水浴

BL出版　2002年
31p　29×22

海水浴に来たお化けたち。ろくろっ首は首を伸ばして沖まで散歩、砂かけばばあは砂集め。鬼が島から赤鬼青鬼もやってきて夜は大宴会。

◆ 十二支の年越

リブロポート　1983年
31p　23×17

「子はねずみ　ねじりはちまき　たすきがけ　正月じゅんびのはじまりだ」十二支の動物達に事寄せて、餅つき、初夢、門松等、年末年

始の風習を解説。七五調の動物紹介は調子よくおかしい。枠で囲った木版風の絵と描き文字もインパクト充分、隅々まで楽しめる。

き

◆十二支のお節料理

BL出版　1999年
31p　27×21

ねずみは掃除と餅つき、うしは野菜運び、とらは千里を走り珍味を集め、うさぎは重箱の用意など十二支の動物が仕事を分担、正月準備をする。年明けて夫婦12組が集う絵は圧巻。

● きうち かつ　　木内 勝

● やさいのおなか

福音館書店　1997年
47p　20×19

「これ　なあに」ふしぎな形のシルエット。次頁でそれに色がつき、次は全体図。ここで、野菜の断面図だったとわかる。長ネギ、ピーマン、レンコンなど、身近にある野菜の断面をシンプルにデザイン化した絵と野菜の瑞々しい写生画が美しく新鮮。

● カーン，アブル・ハシム

● 馬のたまご──バングラデシュの民話

ビプラダス・バルアさいわたじましんじやく
ほるぷ出版　1985年
32p　31×22

息子に馬が欲しいといわれた貧乏な男が、馬は高いがその卵なら安かろうと探すうち、騙されて瓜を買う。その瓜にぶつかって逃げたキツネを馬の子が生まれたと勘違い。後半は日本の「ふるやのもり」と似ている。独特のペンの線描に彩色した絵にも民族色が。

● きくち きよし　　菊地 清

● いちねんのりんご

冨山房　1995年
31p　19×27

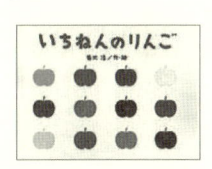

1月、雪合戦の玉が当たると、りんごは「ぱくぱくぱっくんとわれて」ゆきだるまくんに。2月は赤鬼、3月はお雛様に。りんごの形が細かく分かれて組みかわり、季節の風物になる、切り絵によるパズル遊び絵本。きれいだが図柄はかなり複雑。別刷のしおり付。

か行

● きたがわ たみじ　北川 民次

● うさぎのみみはなぜながい
　　　──テウアンテペックの昔ばなし

福音館書店　1962年
32p　31 × 22

ウサギは神様に、大きな体が欲しいと願う。神様は、虎とワニと猿を殺して皮をもってくるという課題をだすが、それを見事やり遂げたウサギの知恵を恐れ、耳だけ長くしてやる。メキシコに在住していた画家が現地の民話を絵本化。様式化された力強い絵が魅力。

● きたむら えり　北村 恵理

◆ こぐまのたろ （こぐまのたろの絵本1）

福音館書店　1973年
36p　18 × 18

黄色いこぐまのたろと、白いうさぎのなーちゃんはとても仲良し。ある日、ふたりは木苺つみに出かけるが、たろが乗った枝がポキンと折れてしまう。ぬいぐるみに添えて知人の子どもに贈ったお話が基になった小型絵本。ほのぼのとした手づくりの味がある。

◆ たろのえりまき （こぐまのたろの絵本2）

福音館書店　1973年
36p　18 × 18

たろは赤いえりまきをして、なーちゃんとそりすべり。ところが風にえりまきを飛ばされ、探しにいくことに。

◆ たろとなーちゃん
　　（こぐまのたろの絵本3）

福音館書店　1973年
38p　18 × 18

うさぎのなーちゃんは、おばあちゃんからもらったデイジーの種をまき花壇作り。たろのスミレも加わって……。

● みんなのぶなのき

福音館書店　1983年
86p　22 × 16

山奥の大きなぶなの木が大風の夜に倒れた。動物たちが集まってくるが、はいいろぐまが木を独り占めしようとしてけんかになる。かしこいしろふくろうのおじいさんの提案で、クジを引き、どの動物たちも満足する結末に。セピアに緑だけを配した柔らかな鉛筆画。

● **キーツ，エズラ・ジャック**

● **ぼくのいぬがまいごです！**

パット・シェール作・絵
さくまゆみこ 訳
徳間書店　2000年
48p　25×18

ホワニートは8歳。ニューヨークに越してきたばかりなのに愛犬がいなくなった！　スペイン語しか話せないので、「ぼくのいぬがまいごです」と書いてもらった紙を手に、身振り手振りで犬の特徴を伝えながら捜し始めると……。白黒に朱のアクセントが効いた絵。

◆ **ゆきのひ**

きじまはじめやく
偕成社　1969年
32p　23×25

目覚めると外は一面の雪。黒人の男の子ピーターは早速飛び出し、新雪に足跡をつけたり雪だるまを作ったり。明日用にと雪玉をポケットに入れて帰ると……。雪に遊ぶ子どもの驚きや喜びを、水彩とコラージュで巧みに表現し、深い印象を残す。63年コルデコット賞。

◆ **ピーターのくちぶえ**

きじまはじめやく
偕成社　1974年
32p　23×25

よその子が口笛をふいて犬を呼ぶのを見たピーター。いいなあ！　頑張ってもさっぱり鳴らなかったけど、遊びの間も練習したら……。

◆ **ピーターのいす**

きじまはじめやく
偕成社　1969年
32p　21×23

ピーターに妹が生まれ、自分のものだったゆりかごやベッドがピンク色に。でも青い椅子はまだ塗り替えられていない！

◆ **ピーターのてがみ**

きじまはじめやく
偕成社　1974年
32p　23×25

誕生会に仲良しの女の子を招待しようと、初めて手紙を書いたピーター。ところがポストに入れる前に、手紙が風に飛ばされてしまう。

● **ぎま ひろし**　儀間 比呂志

● **かえるのつなひき**

福音館書店　1998年
27p　20×27

沖縄島の村の田んぼに虫がわき、稲を焼き払うよう王さまが命令。食い物がなくなったら人間は俺達を取って食う！　「たましぬかした」かえる達は虫を追い払うには綱引きだと考える。沖縄の木版画家による創作民話。方言を生かした語り口と、力強い挿絵が合う。

か行

キラカ, ジョン

●いちばんのなかよし──タンザニアのおはなし

さくまゆみこ訳
アートン　2006年
28p　23×30

動物村では、火をおこせるネズミは大切な存在。でも、仲良しのゾウに蓄えの米をとられ、ネズミが家出。ゾウは仲間に責められる。タンザニアの作家による昔話風のお話。暮らしぶりや風土を伝える愉快な絵。2005年ボローニャ国際児童図書展ラガッツィ賞受賞作。

クォン ユンドク

●マンヒのいえ

みせけい訳
セーラー出版　1998年
32p　24×29

狭いアパートからソウル郊外の祖父母の家に引っ越したマンヒが、木や花が近所で一番多いその家の中や外を順に案内する。横長の見開きいっぱいに、住まいの様子が細ごまと描かれ、韓国の生活の温もりが伝わる。著者の家をモデルに、息子の視点で描かれている。

クードレイ, フィリップ

●おとぼけくまのバーナビー

伊藤久美子訳
福武書店　1992年
48p　29×22

蜂蜜をもらおうと蜂にお花を持っていったら、逆に追いかけられたり、雪崩が終るのをじっと待っていたら春になってしまったり。抜けてるけど、優しいくまの話を一頁一話、コマ割で描いた仏のコミック絵本。独特のウィットを感じとり、クスッと笑える子に。

クーニー, バーバラ

●おさらをあらわなかったおじさん

フィリス・
クラジラフスキー文
光吉夏弥訳
岩波書店　1978年
29p　21×17

ひとり暮らしのおじさんは料理が大好き。でも、食べた後は疲れてしまい、使ったお皿はそのまま。そのうち、食器も使い果たし、何でもお皿にしたら、家中座るところもなくなった。そこに雨が！　黒、赤、緑の3色の絵がおかしさに洒落た味を加える米国の絵本。

●おつきさんどうしたの

E・M・プレストン文
岸田衿子 訳
岩波書店　1979年
32p　21×17

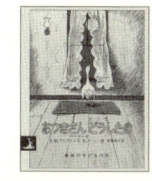

夜、家を抜け出したちびのがちょう。月がきつね形の雲に隠れると、「きつねが月をのんじゃった」、池に映ると、「落っこちた」とお百姓に訴え大騒ぎ。怒られたちび、ついに本物のきつねに捕まった。テンポよく進む文章は詩のようで、薄墨色の夜景の絵が美しい。

●ちいさなもみのき

マーガレット・ワイズ・
ブラウンさく
かみじょうゆみこ やく
福音館書店　1993年
35p　22×20

森のはずれに、ひとりぼっちで立つ小さなもみの木。7回目の冬、男の人が来て、その木を掘り起こし、病気の男の子のクリスマスツリーにした。次の冬も。でも3年目は誰もこない。と、夜、雪の中に歌声が響く。子どもたちと聖夜を迎えた木の静かな喜びが伝わる。

●おもいでのクリスマスツリー

グロリア・
ヒューストンぶん
よしだしんいち やく
ほるぷ出版　1991年
40p　27×25

北米の小村。1918年。ルーシーの家が教会のツリーをたてる当番。春、パパはルーシーを連れて崖の上の見事な樅の木を選ぶが、夏に出征。聖夜前日になっても帰らない。その夜遅く、ママは……。留守を守る母娘の思いと幸せな結末を透明感ある絵と共に静かに描く。

●チャンティクリアときつね

ジェフリー・
チョーサー げんさく
ひらのけいいち やく
ほるぷ出版　1976年
34p　26×20

14世紀の英詩人チョーサーの原作を子ども向きに再話。貧しい母子に飼われている立派な雄鶏のチャンティクリアがきつねの口車に乗って、さらわれる。大変！　みんな追いかけたが……。きつねと雄鶏の駆け引きが楽しい。中世の風俗が丁寧に描かれた清明な絵。

●北の魔女ロウヒ

トニ・デ・ゲレツ 原文
さくまゆみこ 編訳
あすなろ書房　2003年
32p　31×22

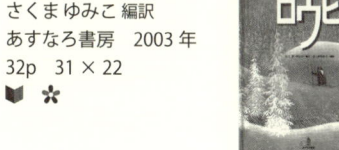

北の国の魔女ロウヒは、いたずら心から月と太陽を盗み、閉じ込めてしまう。賢者ワイナモイネンは、闇に包まれた世界を救うべく作戦を練る。フィンランドの民族叙事詩「カレワラ」を下敷きにしたお話。クーニーの絵が澄んだ空気の北国の風景をよく伝える。

●にぐるまひいて

ドナルド・ホールぶん
もきかずこ やく
ほるぷ出版　1980年
40p　22×27

秋、父さんは、羊毛、ショールや手袋、じゃがいも、楓砂糖、蝋燭等々、この1年間に家族みんなが作り育てたものを荷車に積み、売りにいく。牛を繋いで。19世紀初頭の米国東部の農家を舞台に、一家挙げての労働と喜びを、フォークアート風の絵で叙情的に伝える。

か行

●ピーターのとおいみち

リー・キングマン 文
三木卓 訳
講談社　1983 年
47p　21 × 26

村から遠い森の一軒家に住む男の子ピーター。友だちが欲しくて、学校に行ける 5 歳を待っている。誕生日の翌日、勇んで森を抜け、村の小学校にたどりつくが……。柔らかい雰囲気の絵と、リズム感のある文章から、男の子のひたむきな気持ちが伝わってくる。

くまがい もといち　熊谷 元一

●たなばたまつり（こどものとも 172 号）

福音館書店　1970 年
27p　26 × 19

七夕前日、子どもたちは里芋の葉の朝露を集めて墨をすり、短冊を書いて竹を飾る。当日は墓掃除に行き、夜には提灯を灯して七夕の歌をうたって町をねり歩く。そして翌朝、竹を川に流す。今では珍しい七夕の 3 日間の風習を、長野出身の画家が丁寧に描く。

●二ほんのかきのき

福音館書店　1968 年
27p　27 × 20

けんちゃんの家にある甘柿と渋柿の 2 本の木。1 月、幹に傷をつけ、お粥を塗り豊作を願う。夏、落ちた青い実で工作。収穫の秋、甘柿は丁寧にもいで出荷。でも渋柿はもうひと手間。色づいた落葉で人形遊びも。柿の木をめぐる郷里の 1 年を素朴に描く。

●クライドルフ，エルンスト

●くさはらのこびと

おおつかゆうぞう やく
福音館書店　1970 年
23p　27 × 22

三角のとんがり帽子をかぶり、バッタを家畜にして、草の根方の家で暮らす小人達。家族生活、結婚式、隣近所とのいざこざなど、人間そっくりの営みを詩情豊かに描くスイスの古典絵本。微妙な色彩の細やかな石版画には、異世界を覗き見るような喜びがある。

●ふゆのはなし

おおつかゆうぞう やく
福音館書店　1971 年
35p　22 × 27

雪嵐の翌日、3 人の小人が白雪姫に会いに、旅に出る。途中、鳥や氷の妖精等に会い、従兄弟の 7 人の小人の家に着くと白雪姫がいた。昔話を織り込んだ、スイス人作家による 1924 年の作。神秘的な雪景色と楽しい冬の遊びを繊細に描く。静かに空想を楽しむ子に。

● **グレアム，マーガレット・ブロイ**

◆ **どろんこハリー**

ジーン・ジオンぶん
わたなべしげおやく
福音館書店　1964年
32p　31×22

黒いぶちのある白い犬ハリーは、お風呂が大嫌い。ある日、湯船にお湯を入れる音を聞いて逃げ出す。泥んこになって帰ってくると、誰もハリーだと気付かない。幼い子にも分かるユーモアとスリルに満ちた話。線の太い漫画風の絵はハリーの表情を生き生きと表す。

◆ **ハリーのセーター**

ジーン・ジオンぶん
わたなべしげおやく
福音館書店　1983年
32p　31×22

ハリーは誕生日におばあちゃんからセーターをもらうが、バラの模様にがっかり。何とか始末したいものといろいろ試してみるが……。

◆ **うみべのハリー**

ジーン・ジオンぶん
わたなべしげおやく
福音館書店　1967年
32p　31×22

ハリーが海辺で日陰を探していたら、波にのまれてしまった。すっぽり海藻をかぶったハリーはおばけに間違われ、海辺は大騒ぎに！

◆ **ハリーのだいかつやく**

ジーン・ジオン作
もりひさし訳
ペンギン社　1982年
64p　23×18

お隣のおばさんが高くて大きな声で歌うのが嫌いなハリーは、もっと上手に歌ってもらおうとあれこれ奮闘する。小型の読み物風。

● **はちうえはぼくにまかせて**

ジーン・ジオンさく
もりひさしやく
ペンギン社　1981年
36p　29×21

どこにも行けない夏休み、トミーはアルバイトで、旅行に行く近所の人から鉢植えを預かる。鉢の植物はぐんぐん伸び、家はジャングルのよう。お父さんはイライラ、トミーも植物で家が壊れる夢を見た！　柔らかい鉛筆画に青、黄、緑だけの淡彩をのせた絵が爽やか。

● **ヘレン、ようこそどうぶつえんへ**

とものふゆひこやく
キッズメイト　2000年
32p　24×20

引っ越すのでヘレンをよろしく。置き手紙とともに動物園の前に置いてあったマッチ箱にはクモが1匹はいっていた。動物園のうるさいハエを食べてくれるので動物たちは大喜び。ところがクモの巣を一掃することになった。やさしい色の漫画風の絵は親しみやすい。

か行

●ベンジーのふねのたび

わたなべしげおやく
福音館書店　1980年
32p　29×21

船の旅に出た飼い主一家を追って、翌日必死で船に乗った犬のベンジー。でも、それは違う船。しかもそこには、いばっている猫のジンジャーがいた。やさしい登場人物や出来事、結末が幼い読者の心に添う。のびのびした絵がベンジーを生きた犬にしている。

●クレイグ，ヘレン

●アレキサンダーとりゅう

キャサリン・
ホラバード　ぶん
ごとうかずこ　やく
福武書店　1992年
28p　20×25

アレキサンダーは勇敢な男の子。でも、夜の闇が苦手。夜ひとりになると、怖いものがいっぱい出てくる。ある晩、ベッドの下に竜がいた。翌日、精一杯武装して竜に立ち向かうと……。暗闇を克服する幼い子の表情や竜のしぐさを、線画に明るい彩色で巧みに捉える。

◆バレエのすきなアンジェリーナ

キャサリン・
ホラバード　ぶん
きたむらまさお　やく
大日本絵画　1988年
24p　22×27

ネズミの女の子アンジェリーナはバレエが大好き。いつも上の空で踊ってばかり。見かねた両親は彼女をバレエ学校へ。細ごま描き込まれた絵はネズミの可愛い表情を捉え魅力的。特に女の子に人気がある。講談社からの新訳は『アンジェリーナはバレリーナ』に改題。

◆アンジェリーナとおうじょさま

キャサリン・
ホラバード　ぶん
きたむらまさお　やく
大日本絵画　1986年
24p　22×27

王女様ご臨席の発表会に向け、猛稽古中のバレエ学校。病気でやむなく主役を逃したアンジェリーナも練習に励む。ところが当日……。

◆アンジェリーナとおまつり

キャサリン・
ホラバード　ぶん
大日本絵画　1985年
24p　22×27

お祭りに幼い従弟を連れていく羽目に。怖がるのも構わず、観覧車、お化け屋敷と連れ回す。新訳は『アンジェリーナのはるまつり』。

◆アンジェリーナのクリスマス

キャサリン・
ホラバード　ぶん
きたむらまさお　やく
大日本絵画　1986年
24p　22×27

クリスマス会の準備で遅くなった帰り道、独り暮らしのおじいさんに気付いたアンジェリーナ。その元郵便屋さんのため、彼女は……。

◆アンジェリーナのはつぶたい

キャサリン・
ホラバード ぶん
きたむら まさお やく
大日本絵画　1987年
24p　22×27

アンジェリーナは本物のバレエ団の公演に初出演。でも、ちびのヘンリーまで出るなんて。新訳は『アンジェリーナはじめてのステージ』。

◆アンジェリーナとなかよしアリス

キャサリン・
ホラバード ぶん
きたむら まさお やく
大日本絵画　1988年
24p　22×27

アンジェリーナとアリスは大の仲良し。ところがアンジェリーナが逆立ちに失敗し、上級生が大笑いすると、アリスまでが笑った。

●町のねずみといなかのねずみ

清水奈緒子 訳
セーラー出版　1994年
25p　26×24
✤

都会に住むいとこのタイラーに誘われて町に来た、いなかに住むねずみのチャーリー、雑踏や排気ガスに圧倒され……。有名なイソップの寓話を現代風な味付けで再話。コマ割した紙面を生かして細ごまと描きこんだ町の様子、いなかの美しさ、ねずみの表情が楽しい。

● クレムケ，ヴェルナー

●しかのハインリッヒ

フレッド・ロドリアン 作
上田真而子 訳
福音館書店　1988年
32p　27×19

しかのハインリッヒは人間の子どもが大好き。ところが、クリスマスが近づくと動物園を訪れる人は減り、イブには誰も来ない。寂しく思ったハインリッヒは、故郷の中国の森へ帰ろうとピョーンと柵をこえて抜け出す。版画風の絵がコミカルで親しみやすい独の絵本。

● くろかわ みつひろ
　　黒川 光広

●絵巻えほん新・恐竜たち

こぐま社　2008年
1枚　26×26
✤

折畳んだ頁を広げると、左から右へ時代が進み2.8mの一枚絵に。古生代の海の生物が陸上へ進出、恐竜の祖先が生まれ、ジュラ紀、白亜紀と進化をとげる様を細密な絵で再現。87年旧版を最新学説に基づき全面改訂、絵探しクイズも加わった。別冊付録の解説も丁寧。

か行

● クロムス，ベス

●氷の海とアザラシのランプ──
カールーク号北極探検記

ジャクリーン・ブリッグズ・
マーティン 文
千葉茂樹 訳
BL出版　2002年
48p　29×24
✽

1913年、カナダの北極探検隊に協力同行したアラスカのイヌピアク族一家の実話。一行が乗った船は氷に閉ざされ、その後難破。氷上での越冬、飢えの夏。救出されるまでの長い苦闘の日々を淡々と綴り、静かに胸に迫る。素朴な版画風の絵が客観的にそれを伝える。

け

● ゲイ，ミシェル

▼
◆バランティヌと小犬のツッキー

ボリス・モアサール 文
末松氷海子 訳
文化出版局　1981年
32p　28×22

女の子バランティヌはお母さんとデパートに行く途中、小さな捨て犬を見つける。ツッキーと名付けたその小犬はデパートまでついてきた。そしてバランティヌとツッキーは迷子になって……。子どもの表情を巧みに捉えたスケッチ。洒落た感じのフランスの絵本。

◆バランティヌの夏休み

ボリス・モアサール 文
末松氷海子 訳
文化出版局　1983年
36p　28×22

お母さんに叱られたバランティヌは家出を決行。いとこ達と小屋を建てたり、イラクサのスープを作ったりしてキャンプする。

▲

ケニー，ジョン
→ p107 汽車のえほん

● ケペシュ，ジュリエット

●ゆかいなかえる

いしいももこ やく
福音館書店　1964年
30p　16×24
▼

魚の襲撃を免れたゼリー状の4個の卵からオタマジャクシが孵り、4匹のかえるになった。水にもぐり、遊び、敵をあざむきながら、夏じゅう愉快に過ごし、冬、暖かい土の中で春まで眠る。弾むような短い文章とのびやかで動きのある絵。かえるの表情がユーモラス。

こ

●コッホ＝ゴータ，フリッツ

▼
◆うさぎ小学校

アルベルト・ジクストゥス 文
はたさわゆうこ 訳
徳間書店　2007年
32p　21×20
✿

うさぎの兄妹ハンスとグレートヒェンは、今日から学校。モミの木の下にベンチが置かれ、校長先生から教わる。1時間目は植物、2時間目は動物の勉強で、怖い狐のお話を読む。1924年の刊行以来読み継がれてきた独の古典絵本。懐かしいが古びた感じのしない絵。

●ハインリヒ，リヒャルト
◆うさぎ小学校のえんそく

アルベルト・ジクストゥス 文
はたさわゆうこ 訳
徳間書店　2007年
32p　21×20
✿

たくさん歩き、たっぷり食べ、おもいきり遊ぶ小学校の遠足での1日を描く。画家が変わったが、前作の雰囲気は引き継いでいる。
▲

●こばやし いさむ　　小林 勇

●あげは

福音館書店　1972年
23p　26×23

夏の日、からたちの葉にあげはがお尻をちょっとまげて、一粒ずつ真珠のような卵を産んでいく。卵から孵った毛虫は4回脱皮し、黄緑の幼虫になり……。美しく繊細な絵で、あげはの産卵から成虫になるまでを丁寧に説明する科学絵本。原寸も示されている。

●あり

福音館書店　1976年
23p　26×23

著者が庭で見つけたくろおおありの生態。暖かい日、ひなたぼっこをするありたちを強そうなありが見張り、そのありが合図すると、みんな穴に隠れる。ありまきとの共生、巣を掘ってみてわかったことなどを絵と文で説明。著者の新鮮な感動も伝わってくるよう。

こばやし ゆたか　小林 豊

◆せかいいちうつくしいぼくの村

ポプラ社　1995年
41p　22×29

春には花が咲き誇るアフガニスタンの小村。夏、村の男の子ヤモは、ロバの背に収穫したサクランボやスモモを載せ、お父さんと町に売りにいく。風土や人々の営みを丁寧に描き込んだ温かい絵。最後の「この村は戦争で破壊され今はない」との記述に心が痛む。

◆ぼくの村にサーカスがきた

ポプラ社　1996年
41p　22×29

秋のとり入れが終わり、少年ヤモとミラドーの住む村にサーカスが。屋台に曲芸、歌姫も。村が戦争で破壊される直前の1日を描く。

◆せかいいちうつくしい村へかえる

ポプラ社　2003年
41p　22×29

サーカスの笛吹きとして世界中を旅していた少年ミラドーは、終戦を知り、親友ヤモの待つ故郷に向かう。だが、やっと帰りついた村は破壊され、人っ子ひとり見えない。

ゴーブル，ポール

●嵐のティピー

千葉茂樹 訳
光村教育図書　2006年
32p　29×22

北米先住民の族長セークレッド・オッターは雪嵐の中でブリザードの主に会い、嵐から一族を守る印を授かる。ティピー（移動式住居）にその印を描くと……。部族に伝わる神話を基にしたティピーの由来譚。様式的な絵が神秘的な内容に合う。ティピーの図解や写真も。

●バッファローのむすめ

もりしたみねこ やく
ほるぷ出版　1990年
32p　25×24

狩りの名人の若者が、美しいバッファローの娘と出会い、結婚した。が、親類にいじめられた妻は、生まれた男の子を連れて自分の国へ逃げていき、若者は後を追う。バッファローとの強い一体感をもつ北米先住民の話を基にした絵本。美しい色彩の洗練された絵。

●コリントン，ピーター

●ちいさな天使と兵隊さん

すえもりブックス
1990年
32p　28×23
✿

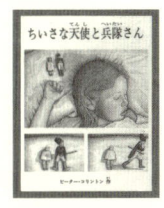

海賊の絵本を読んでもらった女の子が、天使と兵隊の人形を傍らに眠りにつくと、小さな海賊が現れ、貯金箱のお金を奪う。兵隊の人形が捕えようとするが、逆に……。人形たちの冒険を絵だけで描く。人形の視点で見た部屋の様子が面白い。淡彩の細密画風の絵。

●天使のクリスマス

ほるぷ出版　1990年
34p　28×23
✿

聖夜。女の子がサンタへの手紙と靴下を置いて眠ると、小さな守護天使がやってくる。天使は煙突のないその家にサンタを案内するために、大勢の仲間を集める。コマ割された絵だけで構成。雪景色の中、天使たちが掲げる蝋燭の灯が印象的な、静かで美しい絵本。

●ゴルディチューク，ワレンチン

●セルコ——ウクライナの昔話

内田莉莎子文
福音館書店　2001年
36p　26×32
✿

老いぼれだからとお百姓の家を追いだされた犬のセルコ。友だちのオオカミがわざと赤ん坊をさらい、それをとり戻したセルコは一転、恩人と大事にされる。セルコはどうやってお礼をしようかと考える。大らかでユーモラスな昔話にぴったりの、民族色豊かな絵。

●コールト＝ザンダー，イムケ

●ホッホーくんのおるすばん

アンゲラ・ゾンマー＝
ボーデンブルクさく
ささきたづこやく
偕成社　1993年
25p　29×22
📖

農家の屋根裏に住むふくろう一家。甘えん坊のホッホーくんは飛び方も餌の取り方も習おうとせず、「あした」と答えるばかり。ある冬の晩、留守番していると、なにやら不気味な足音が……。幼い子の気持ちを素直に描く。洒落た色彩の表情豊かな絵が楽しい独の絵本。

さ行

……絵本は、おとなが子どものために創りだした、最もいいもの、だいじなものの一つということができないだろうか。絵本は、子どもの年齢や、興味にしたがって、その子にわかる、またはその子の興味をひく絵で話しかけ、絵で知らせ、絵で考えさせることができる。しかも、絵本は、美しい形と、美しいひびきを、一丸としてそのなかにもつことができる。

「學鐙」1965年10月　石井桃子

さ

● さかい のぶよし　酒井 信義

● ちいさなろば

ルース・
エインズワース 作
石井桃子 訳
福音館書店　2002年
32p　20×27

いつもひとりぼっちのちいさなろば。クリスマスイブの夜、サンタクロースがやってきて、足を痛めたトナカイの代わりにそりを引いてほしいと頼まれる。翌朝、目を覚ましたろばの前にはすてきなプレゼントが。柔らかいタッチの水彩画が幸せな結末に余韻を添える。

● さとう あきら　佐藤 彰

● みんなのかお

とだきょうこ 文
福音館書店　1994年
57p　30×23

ゴリラ、アザラシ、タヌキ、ゾウ等、国内で飼育されている動物24種の顔を卒業アルバム式に各種21匹ずつクローズアップで掲載。同じ動物でもそれぞれにはっきりと個性があることがうかがえ、会いに行きたくなる。巻末にその動物のいる動物園の住所を記載。

● さとう ちゅうりょう　佐藤 忠良

● おおきなかぶ──ロシア民話

内田莉莎子 再話
福音館書店　1962年
27p　20×27

おじいさんがかぶを植えると、とてつもなく大きなかぶができた。おじいさんひとりでは

抜けない。おばあさんと力を合わせても抜けない。そこで、孫を呼び、犬を呼び、猫や鼠も呼んで。ロシアの昔話を素朴な絵で再現。リズミカルなことばのくり返しが心地よい。

● **おひゃくしょうとえんまさま**
　　——中国民話

君島久子 再話
福音館書店　1969年
27p　27 × 20

閻魔祭りの日。お供えが1番少ないお百姓をこらしめようと、閻魔さまはお百姓の稲に、頭が細く、根が太くなる魔法をかけることに。それを知ったお百姓、では、里芋にしようと……。お百姓の頓知が痛快な中国民話。のどかな村の情景を豊かに表す絵。

● **ゆきむすめ**

内田莉莎子 再話
福音館書店　1966年
27p　19 × 27
▌

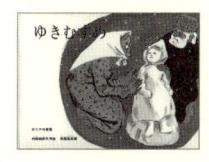

子どものないおじいさんとおばあさんが作った雪の人形が、生きた娘になった。ふたりに可愛がられ、幸せだったが、春になると元気がなくなる。夏のある日、友だちに誘われた娘がたきびを飛び越えてしまう。北国特有の雪にまつわる昔話の絵本化。風土色のある絵。

● **さとう わきこ**　　佐藤 和貴子

● **せんたくかあちゃん**

福音館書店　1982年
32p　20 × 27
▌

洗濯が大の大の大好きな母ちゃん。服だけでは飽き足らず、猫、犬、子ども達……家中のものを洗って干してしまう。見開きいっぱい、庭の木から木へと吊るされた様々なものの絵は子どもに人気。落ちてきた雷様まで洗う母ちゃんの豪快さと奇想天外な展開が楽しい。

し

● **ジェイクス，フェイス**

◆ **ティリーのねがい**

小林いづみ 訳
こぐま社　1995年
32p　25 × 20
▌　✢

人形の家に住むメイドのティリーは、こき使われる生活に嫌気がさし、自由を求めて家出、古い温室の隅に快適な住まいを作る。小道具や諺を効果的に使った性格描写の方法に英児童文学の伝統が感じられ、細部まで描いた古典調の絵が物語に現実味を与える。

さ行

◆ティリーのクリスマス

小林いづみ 訳
こぐま社　1995 年
30p　25 × 20

ティリーは親友のテディベア、エドワードをクリスマスに招く。一晩待っても来ない彼を心配して、ひとり危険な町へ探しに行く。

● ジェンキンズ，スティーブ

◆これがほんとの大きさ！

佐藤見果夢 訳
評論社　2008 年
32p　31 × 26

体長 8mm、世界最小の魚ドワーフ・ゴビーや陸上最大の肉食動物アラスカヒグマの頭など 18 種の動物の全身や一部を実物大で紹介。ダイオウイカの目玉は大判の頁からはみ出し、イリエワニの口は 3 頁に及ぶ等、大胆な構図の貼り絵が特徴を捉え迫力満点。巻末に解説。

◆これがほんとの大きさ！　続
　　──古代の生きものたち

佐藤見果夢 訳
評論社　2008 年
36p　31 × 26

地球上に初めて誕生した直径 1mm の原生動物や体長 14m で最大の肉食恐竜ギガノトサウルスの口等 18 種の古生物を実物大で紹介。

● どうぶつ、いちばんはだあれ？

佐藤見果夢 やく
評論社　1998 年
32p　21 × 26

いちばん背が高いのはキリン。体の大きさにくらべていちばん力もちなのはアリ。大きさ、速さ等いろいろな項目でいちばんの動物 14 種を見開きごとに紹介した絵本。紙の質感を生かした美しい貼り絵は、それぞれの動物の特徴をよく捉えている。各項に簡単な解説付。

● シス，ピーター

◆どうしてかわかる？
　（世界のなぞかけ昔話 1）

ジョージ・シャノン 文
福本友美子 訳
晶文社　2005 年
54p　25 × 19

2 人の父親と 2 人の息子が 1 匹ずつ魚を釣ったのに、魚が 3 匹なのはなぜ？　世界の昔話や神話を、難題や頓知に焦点を当てなぞなぞ 14 編に編集した異色の絵本。謎解きの面白さと昔話の醍醐味がうまく融け合い、点描を生かしたユニークな絵が、雰囲気を醸し出す。お話の時間にいくつか選び出題しても楽しい。

◆あたまをひねろう！
（世界のなぞかけ昔話2）

ジョージ・シャノン文
福本友美子訳
晶文社　2005年
62p　25×19

ミルク入りのバケツから蛙が助かった訳を問う「ミルクにとびこんだカエル」、息子の為に父が交わした「悪魔とのやくそく」など15編。

◆やっとわかったぞ！
（世界のなぞかけ昔話3）

ジョージ・シャノン文
福本友美子訳
晶文社　2005年
60p　25×19

地面に引いた1本の線を、どこも消さずに短くする「線」、エチオピアの土を踏むなと言われても澄まして歩く「土をふむな」等14編。

●わたしはバレリーナ

松田素子やく
BL出版　2002年
28p　21×21

テリーはバレエに夢中。今日も鏡の前でバレリーナに変身。準備体操の後、ピンクのチュチュで「くるみわり人形」、白い羽のボアで「白鳥の湖」を踊る。現実の姿が左頁に、心に描く理想の姿が右頁の鏡の中に描かれ、バレエの好きな子の気持ちが伝わり、ほほえましい。

● しのはら よしたか
　　篠原　良隆

▼

◆ぼうがーぽんあったとさ——
　あそびえかきうた　伝承編

よしだていいちへん
らくだ出版　1982年
36p　21×23

「あひる」「コックさん」等、おなじみの伝承絵かきうた20篇を、見開きの左頁に完成した絵、右頁に描き方という絵本仕立てで紹介する。「まるかいて ちょん」「あっというまに」といった決まり文句は誰でも自然と節がつく。今も昔も変わらぬ子どもの遊びを伝える。

◆たまごがひとつおだんごふたつ
　　——あそびえかきうた　続伝承編

よしだていいちへん
らくだ出版　1984年
35p　21×23

より幼い子どもから楽しめる平易な伝承絵かきうた25篇を集めた。数字の1からはじまって電灯が完成する「いっちゃん」等。

▲

● しみず こん　清水 崑

● かにむかし――日本むかしばなし

木下順二 文
岩波書店　1959年
44p　21×17

「さるかに合戦」の再話絵本。方言の響きを巧みに生かした独特の語り口で、「かにどんかにどん、どこへゆく」「さるのばんばへ　あだうちに」といったくり返しも耳に快い。漫画風の墨絵はユーモラスで迫力がある。大型本もあるが従来の判の方が手に取りやすい。

● ふしぎなたいこ――にほんむかしばなし

石井桃子 ぶん
岩波書店　1953年
68p　21×17

人の鼻を高くしたり低くしたりできる太鼓をもっているげんごろうさん。ある日、自分の鼻がどこまで伸びるか試してみたくなる。表題作のほか「かえるのえんそく」「にげたにおうさん」の2編。いずれも漫画家の力強くユニークな絵がぴったりの愉快な日本の昔話。

● シモンズ，ポージー

● チョコレート・ウェディング

角野栄子 訳
リブロポート　1992年
30p　26×22

明日はおばさんの結婚式というのに、ウェディング・ケーキの飾りの花嫁人形が消えた。当日、病気になって式に参加できなかった姪のルルは、その人形を探して不思議な冒険をする。コマ割で構成された漫画形式の絵本。柔らかな色使いで親しみやすい英国の作品。

● シーモント，マーク

● 木はいいなあ

ジャニス・メイ・
ユードリイ さく
さいおんじさちこ やく
偕成社　1976年
32p　29×17

「木がたくさんあるのはいいなあ」林に寝ころぶ少年がいる。川辺の木、牧場の1本の木。木があれば、木陰の昼寝や木登り、りんご採り、落ち葉焚きができる。そして……。木のある風景や木が与えてくれる恵みを詩的な文と清潔感のある絵で綴る。1957年コルデコット賞。

●ごちそうさまのなつ

なかがわちひろ 訳
冨山房 1993年
32p　26×21

避暑地の空き地にできた野菜畑はうさぎ家族にとって格好のレストラン。金網の囲いも罠もなんのその、夏中すっかりお世話になって。うさぎ対策を講じて失敗し、腹を立てる人間と、そうとは知らず感謝するうさぎ一家の対比が愉快。表情たっぷりの水彩画が美しい。

●のら犬ウィリー

みはらいずみ やく
あすなろ書房 2001年
30p　28×23

一家で郊外へピクニック。そこにいた子犬をウィリーと名付けて遊んだ。土曜日を待ちかねて、また同じ場所へ行くと、ウィリーが駆けてきた。野良犬係のおじさんに追いかけられて！　犬や親子の仕草や表情、周囲の情景が巧みに描かれ、それぞれの気持ちを物語る。

●はなをくんくん

ルース・クラウス ぶん
きじまはじめ やく
福音館書店 1967年
31p　31×22

雪の下で、眠っていた動物たちが目をさます。のねずみが、くまが、かたつむりが……。みんな、はなをくんくん。雪の中、柔らかな白黒の絵の中に一輪だけ黄色い花。心地よいことばのリズムにのせて、絵がいきいきと動き

だす。春を見つけた喜びにあふれた絵本。

●シャロー，ジャン

●おやすみなさいのほん

マーガレット・ワイズ・ブラウン ぶん
いしいももこ やく
福音館書店 1962年
32p　25×21

夜、鳥も魚も、獣たちも、船も飛行機もみな眠る。その姿を描き、動物は「ねむたい○○たち」で締めくくる。子守唄のように快いくり返しと、様式化した図柄に彩色した柔らかな色調の絵が、安らぎと温かさを感じさせる文字通りの「おやすみなさいの本」。

●せんろはつづくよ

M・W・ブラウン 文
与田準一 訳
岩波書店 1979年
32p　21×17

「2だいの ちいさな きかんしゃが せんろの うえを はしります」男の子を乗せた新式の機関車と、女の子を乗せた旧式の機関車が、「ぱふぱふ」「ちゃぐちゃぐ」仲良く西へ、海へと走っていく。七五調の訳文、簡潔な線にモダンな色調の絵が軽快な調子を奏でる。

●ぼくのぼうし

メルコール・フェラー さく
ふくいしげき やく
ブック・グローブ社
1992年
32p　24×24

メキシコの山の中に住むチトは新しい帽子を

買いにとうさんと町に。市場の人混みでとうさんとはぐれてしまった。でも、すてきな帽子があった。ちょっと小さいかな。町で初めての経験をした幼い男の子の一日を描く。茶色の線画に帽子の黄色が効いた民俗画風の絵。

シュテーガー，ハンス・ウルリッヒ

●南の国へおもちゃの旅

ささきたづこ やく
童話館出版　1996年
44p　22×31

捨てられたぬいぐるみのクマが、夢にみた海辺の村目指して旅立つ。壊れたトラクター、赤ちゃんをなくしたロシア人形などおもちゃたちが次々と合流する。行きかう人々の衣装や、横長の画面を生かした風景は、旅していく土地の風俗を効果的に映しだしている。

シュルヴィッツ，ユリー

●あめのひ

矢川澄子 訳
福音館書店　1972年
32p　24×26

「あめがふりだした　ほら　きこえる」窓に屋根に、街中に雨が降る。野山の丘や池にも。雨は流れて川から海へ。雨が止む。小鳥は水浴び、子どもは泥遊び。詩的な短文と、繊細な線に青と黄の淡彩が滲む絵で、静かな雨の日を描く。地味だが子どもの心に訴える絵本。

●よあけ

瀬田貞二 訳
福音館書店　1977年
32p　24×26

夜、湖の木の下で祖父と孫が眠る。突然そよ風が吹き、鳥が鳴く。命が蘇る。夜明けだ。祖父は孫を起こし、ボートで湖にこぎ出す。真夜中から早朝にかけて刻々と変化する自然の神秘的な美しさを墨絵のような筆遣いの水彩画と静かな文で描き、確かな印象を与える。

徐　楽楽　ジョ ラクラク

●ちょうちんまつり

唐亜明 文
木城えほんの郷
2003年
40p　22×29

提灯祭りの日、王七（ワンチイ）が山中で碁をうつ老人を見ているうちに何百年もたっていた。現世に戻るためには月のウサギに会って不思議の木の実をもらい、竜にも会わなければ。中国の伝承譚の再話。南京の画家による抑えた色使いの絵が物語世界を広げる。

● ジョイナー，ジェリー

●わゴムはどのくらいのびるかしら？

マイク・サーラー ぶん
きしだえりこ やく
ほるぷ出版　1976年
31p　19×24

わゴムがどのくらい伸びるか試してみた坊や。ベッドの枠に引っ掛け、もう一方を手にもって外に出る。自転車に乗って、バスに乗って、汽車に乗って、飛行機に乗って、船に乗って、ついにロケットに！　楽しいほらが子どもの遊び心をわゴムのように引っ張っていく。

● ショーエンヘール，ジョン

●月夜のみみずく

ジェイン・ヨーレン 詩
くどうなおこ 訳
偕成社　1989年
32p　29×23

冬の夜ふけ、女の子は父さんとふたりでみみずくに会いにいく。深い森、積もった雪、月の光、遠くの汽笛……。ホーホーと呼びかける父さんに、みみずくは答えてくれるだろうか。詩情豊かな作品。絵は月光に映える森の美しさをよく表す。1988年コルデコット賞。

● ジョナス，アン

●いろのダンス

なかがわちひろ 訳
福武書店　1991年
36p　24×29

赤、青、黄のレオタードを着た3人の子どもたちが、それぞれの色の布をひるがえして舞台で踊る。赤と黄色の布が重なると橙色、青はお休み。赤と青の布が重なると紫、黄と青が重なると緑に。三原色から様々な色が作られる様子をダンスで表現した、洒落た絵本。

●光の旅かげの旅

内海まお 訳
評論社　1984年
32p　25×21

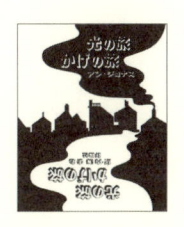

白と黒だけの、コントラストの強いデザイン的な絵。朝、車で家を出て山や海を通り、町に。本を逆さにすると光と影が逆転、今度は、夕方町を出て、花火を見たり、雨に降られたりしながら家に帰る。原題は *Round Trip* で、終わりのないおもしろい仕掛けになっている。

さ行

● ジョンソン，クロケット

◆ はろるどとむらさきのくれよん

岸田衿子 訳
文化出版局　1972年
64p　22×15

小さな男の子はろるどは、描いたものは何でも本物になる魔法のクレヨンをもっている。ある晩、月を描き、道を描いて、夜の散歩に出かけると……。空想の世界にはいりこみ、冒険を重ねていくナンセンスな話。白い画面に紫の線が自在に伸びる、漫画風の洒落た絵。

◆ はろるどまほうのくにへ

岸田衿子 訳
文化出版局　1972年
64p　22×15

ある晩はろるどはベッドから抜け出して、クレヨンと月と一緒に魔法の庭へ散歩に。次はお城を描いて王さまに会いにいこう。

◆ はろるどのふしぎなぼうけん

岸田衿子 訳
文化出版局　1971年
64p　22×15

クレヨンで小さな町を描いたはろるどは、絵の中でいつの間にか巨人に。海を歩いて渡り、しばらく進むと、今度は小さくなっていた。

● ぼくのにんじん

ルース・クラウス さく
わたなべしげお やく
ペンギン社　1980年
28p　21×16

ぼくはにんじんの種をまいた。お父さんもお母さんもお兄さんも「芽なんか出ない」っていったけど、ぼくはずっとずっと草をとり、水をやり続けた。すると……。単純な筋、黄色と茶色中心の温かい色の漫画風の絵、小さめのサイズが、幼い子どもにもなじみやすい。

す

● スカール，グレース

◆ いぬがいっぱい

やぶきみちこ やく
福音館書店　1986年
20p　18×19

おりこうないぬにいたずらいぬ……。色々な姿かたちのいぬを見開きごとに紹介、最後は「みんな　いっしょに　わんわん」。原書は1947年刊。モダンなセンスの中に素朴な温かさがある絵、耳に快い文章、小型の体裁が幼い子を引きつける、出色の赤ちゃん絵本。

◆ねこがいっぱい

やぶきみちこ やく
福音館書店　1986年
20p　18×19

おおきいねことちいさいねこ、しましまに、ぽちぽち。様々なねこが登場し、最後は「みんな　いっしょに　にゃーお」で終わる。

● スズキ コージ

● ¿あつさのせい?

福音館書店　1994年
32p　19×30

とっても暑い日、うまのはいどうさんは駅のホームで帽子を忘れ、それを拾ったきつねのとりうちくんがトイレに籠を忘れ、籠を拾ったぶたの三吉は……。とぼけた動物たちが、次々忘れ物と拾い物をくり返し、ひとめぐりするユーモラスな話。強い個性を放つ絵。

● かぞえうたのほん

岸田衿子 作
福音館書店　1990年
32p　29×22

"いちばでいぬが／にわとりにらんだ"という「すうじさがしかぞえうた」ほか、「ひのたまかぞえうた」「へんなひとかぞえうた」などナンセンスな創作数え唄を6編収載。絵は唄によって、油絵、切り絵、コラージュと、手法をいろいろ変えて面白みを加えている。

● ガラスめだまときんのつののヤギ——ベラルーシ民話

田中かな子 訳
福音館書店　1988年
32p　22×30

おばあさんが丹精した麦畑をたちの悪いヤギに荒らされ怒ると、逆に追い出された。同情した熊が退治に行くが脅され、他の動物たちも次々追い出されてしまう。そこへ蜂がやってきた。ベラルーシ民話の再話。骨太な筋とコラージュを用いた絵がよく合う。

● なんでも見える鏡——ジプシーの昔話

イェジー・
フィツォフスキ 再話
内田莉莎子 訳
福音館書店　1989年
32p　31×23

ジプシーの若者が、旅の途中で救った魚とワシの子とアリの王様の助けを借りて、美しい王女の出した課題を見事に果たし、その愛を得る。素朴な中にもロマンチックな味わいのある話。大胆で力強いタッチの絵には、話にふさわしい不思議な美しさがある。

● やまのディスコ

架空社　1989年
32p　23×30

熊の大将が山奥の一本杉の地下にディスコを開店した。新しいもの好きな馬のみねこや山羊のさんきちはじめ、ライオンのよしおまで大勢押しかけたが、蜂のミラーボールが回りはじめると会場は大混乱。強烈な個性の絵に

とぼけた文が見事にマッチしている。

さ行

● **すずき まもる**　鈴木 まもる

● ピン・ポン・バス

竹下文子 作
偕成社　1996 年
32p　21 × 26

夕方、バスが駅前を出発。「おりるかたはボタンをおして　おしらせください」「ピンポン」……バスはお客を乗せたり降ろしたりしながら夕焼けの山の中へ。バスの運行される様子を、運転手や乗客のなにげない姿を織り込んで温かく描く。素朴な絵もぴったり。

● **スタイグ，ウィリアム**

● ジークの魔法のハーモニカ

木坂涼訳
セーラー出版　1997 年
32p　27 × 22

子ブタのジークが道で拾ったのは、人を眠らせる魔法のハーモニカ。それと知らずに家族の前で演奏したら、みんなが寝てしまった。それに腹をたてたジークは家出を決行。ところがごろつき犬どもに捕まってしまう。お話、絵ともども、なんともいえぬおかしみがある。

● 歯いしゃのチュー先生

うつみまお やく
評論社　1991 年
32p　26 × 22

ネズミのチュー先生は腕ききの歯医者。"ネコなど危険な動物お断わり"だが、ある日歯痛に泣くキツネ紳士を特別に治療。ところが麻酔で夢見心地のこの患者が「なまでたべるとおいしいな」というのを聞いて……。達者でユーモラスな絵がお話を十二分に物語る。

● ぶたのめいかしゅローランド

せたていじやく
評論社　1975 年
32p　31 × 23

ぶたのローランドは歌の天才。友人に愛され、人気者だったが、もっと有名になりたいと旅に出る。だが出会ったきつねに、王様の宮殿に連れていってあげると騙され、途中何度も危険な目に。そしてとうとう！　水彩の絵が、動物たちのとぼけた雰囲気を巧みに描き出す。

● ゆうかんなアイリーン

おがわえつこ 訳
セーラー出版　1988 年
32p　27 × 22

アイリーンは、母の仕立てた奥様のドレスを夜のパーティーまでに届けなければならない。吹雪の中、日が暮れ、風でドレスは飛ぶし、足もくじく。アイリーンの悪戦苦闘は続く。

読者をハラハラさせながら満足いく結末へと導いていく話。コミカルな表情が話と合う。

● ロバのシルベスターとまほうの
　こいし

せたていじ やく
評論社　1975年
32p　31×24

願いの叶う魔法の赤い小石を見つけたロバの子シルベスター。ライオンに出くわし、とっさに岩になりたいと願ってしまう。ロバの親子が再会を果たすまでのお互いの悲しみと喜びを感動的に描いた70年コルデコット賞受賞作。季節の移ろいを映した自然描写も秀逸。

● スタイナー，ジョーン

◆ にたものランド
　──よくみてよくみて

トーマス・
リンドレイ ほか撮影
まえざわあきえ 訳
徳間書店　1999年
32p　32×24

一見普通の雑貨屋さん。よーく見ると、掃除機はカミソリだし、電気スタンドはキャンディー……。1000個以上の日用品を巧みに使い、駅、遊園地等11の場所を立体的に再現。古き良きアメリカの情景に意外なものを発見し、思わず歓声が。巻末に種明かしの品物一覧。

◆ にたものランドのクリスマス
　──よくみてよくみて

オグデン・ギグリ ほか撮影
まえざわあきえ 訳
徳間書店　2004年
36p　32×24

一面の雪景色をよーく見ると、山頂の雪は白手袋、落花生のトナカイ、クリップの橇も。聖夜の教会、新年を祝う花火など冬の9場面。

● スックスドルフ，
　アストリッド・B

● ぼくの観察日記──写真物語

木村由利子 訳
偕成社　1983年
43p　29×22

写真と文でスウェーデンの森の姿を綴る。カッレは両親の留守中、森の奥に住むおじいちゃんのところに。おじいちゃんは、毎日森の中を案内してくれる。そこは、珍しい花、蝶、鳥、動物等々、カッレには不思議な驚くものがいっぱい。巻末に文中の動植物一覧も。

さ行

● スティーブンソン, ジェームズ

● ベッドのしたになにがいる？

つばきはらななこ やく
童話館出版　2007年
32p　21×26

おじいちゃんから怖い話を聞いたメアリーとルーイは眠れない。ベッドの下に何かいる！ 寝室を飛び出したふたりに、そういえば、わしが子どもの頃にも、とおじいちゃんは語り出す。軽妙なタッチの絵。84年刊『ベッドのまわりはおばけがいっぱい』の新訳。

● ステーエフ

● ニャーンといったのはだーれ

西郷竹彦 訳
偕成社　1969年
39p　26×21

子犬が絨毯の上で寝ていると、どこかでだれかが「ニャーン」。家中探してもだれもいない。そこで、庭の雄鶏や、ネズミ、蜂にたずねてみたけれど……。声の主は一体だれ？ 好奇心旺盛で、次々悲惨な目にあう子犬を、漫画風の絵で愛嬌たっぷりに描く。旧ソ連の絵本。

● ステルツァー, ウーリ

● 「イグルー」をつくる

千葉茂樹 訳
あすなろ書房　1999年
32p　22×22

雪の塊を切り出し造る半球型の家・イグルー。カナダ北端のイヌイットの父子が伝統の家造りに黙々と取り組む様を白黒写真と簡潔な文章で追う。雪のブロックを渦巻状に積み上げ、窓には海の氷をはめる！ 自然に密着した素朴な知恵と物造りの楽しさが伝わる写真絵本。

● ストーン, カズコ・G

● おやすみ、わにのキラキラくん

いぬいゆみこ やく
福音館書店　1993年
32p　27×21

わにのアリゲーが夜空をじっと見上げていると、星と星がつながって、星座のわにのキラキラくんが出来上がる。アリゲーが呼びかけると、流れ星みたいに降りてきて、ふたりは夜のジャングルや池の中を散歩する。星月夜の幻想的な雰囲気が伝わってくる楽しい絵。

◆サラダとまほうのおみせ（やなぎむらのおはなし）

福音館書店　1997年
32p　20×27

大きな柳の下にある「やなぎむら」の住人は、バッタとカタツムリとクモと、アリの家族。ある日、サラダの店をだしていたイモムシのモナックさんがチョウに変身。引っ越したモナックさんから結婚式の招待状が届いた。繊細な色使いで小さな虫たちの世界を描く。

◆ほたるホテル（やなぎむらのおはなし）

福音館書店　1998年
32p　20×27

村では今年もホテルの営業が始まった。夜になるとホタルたちのあかりが灯り、それはきれい。そこへ、暴れ者のカエルがやってくる。

◆きんいろあらし（やなぎむらのおはなし）

福音館書店　1998年
32p　20×27

秋のある日、赤とんぼのアカネさんが「きんいろあらし」がくると飛んできた。みんなが準備を終えると、大きな風が吹いてきて……。

●スピア，ピーター

●ああ、たいくつだ！

松川真弓訳
評論社　1989年
40p　21×27

退屈した兄弟が納屋で見つけたプロペラ。飛行機を作ろう！　ふたりは、乳母車の車輪、柵の板、ドアに窓、車のエンジンと、手当たり次第に失敗し、見事な飛行機を完成、初飛行！　だが……。ペンに淡彩の絵は軽快なタッチで、この奇想天外な話をリアルに描く。

●雨、あめ

評論社　1984年
32p　27×26

雨が降ってきた。庭で遊んでいた姉弟は、レインコートに長靴、傘と用意万端、いざ雨の中へ。電線の小鳥や雨粒をつけたクモの巣を見つけたり、道路にできた急流に立ったり。文章は全くないが、コマ割の挿絵がよく語り、雨で一変する日常を姉弟とともに楽しめる。

●うんがにおちたうし

フィリス・クラシロフスキー作
みなみもとちか訳
ポプラ社　1967年
36p　21×26

舞台はオランダ。草を食べミルクを出すのにあきあきしていた雌牛のヘンドリカは、運河に落ちてしまう。木の箱に乗り込み、田園風

景を楽しみながら、あこがれの町まで流されていく。ペン画にくっきりとした明るい色彩を施し、ヘンドリカの小旅行をのどかに描く。

● **きっとみんなよろこぶよ！**

松川真弓やく
評論社　1987年
40p　21×27

両親がるすの土曜日、大量のペンキを見つけた子どもたちは、父親の代わりに家の塗り替えに取り組む。めいめい好みの色を塗りたくり、色とりどりに仕上がった家に、彼らは満足げだが……。頁を繰る度に、家も子どもも犬もべたべたになっていく惨状が愉快。

● **クリスマスだいすき**

講談社　1984年
38p　27×26

12月になると、町中クリスマス一色。カードを書いて、ツリーを飾って、買いもの……。準備完了。プレゼントの山、特別のごちそう、教会のミサ、楽しいパーティー。クリスマスシーズンの楽しさ、にぎわいを、スピア特有の明るい色と細かい絵で描いた文字のない本。

● **サーカス！**

ほずみたもつ訳
福音館書店　1993年
48p　27×26

巨大なテントに2200の座席、動物達も到着し、さあ、大サーカスの開幕だ。カラフルな舞台、世界中から集まった団員による華麗なショー、道化師達、象やライオンなどたくさんの動物達の演技、拍手喝采の観客席、そして真夜中の後片付けまでが細ごまとした水彩画で描かれ、その熱気や興奮が伝わってくる。

● **せかいのひとびと**

松川真弓やく
評論社　1982年
41p　34×26
✿

大判の頁にずらりと並んだ鼻に、色とりどりの各国の衣装、コマ絵に細かく描き込まれた様々な家。この地球上に暮らす人々を、姿や形、遊び、宗教、風習、性格と、ありとあらゆる角度から捉え、その千差万別ぶりを淡彩画でユーモアたっぷりに讃える。

● **ばしん！ばん！どかん！**

わたなべしげおやく
童話館出版　2004年
43p　21×27

踏切は「かん かん」、馬は「かっぽ かっぽ」、石けんで手を洗うと「くちゅ くちゅ」、ソーダを注ぐと「こぽこぽ ろろろろ」、鉛筆削りは「ぐらら ぐらら ぐるる」。世の中に溢れる200以上もの音を文字化し、軽妙なタッチの絵で描く。声に出して読むのも楽しい。

◆**ロンドン橋がおちまする！**

渡辺茂男 訳
ブッキング　2008 年
46p　20×23
✽

日本でもおなじみの英国童謡マザーグースの絵本。木の次は鉄、次は石……壊れては架け直されたロンドン橋の歴史を、古風でリズムのある文章と、ペンと水彩の細密な絵で描く。中世の人々の暮らしが垣間見え、探し絵のように楽しめる。楽譜と解説付。他社から続巻。

◆**ホラ すてきなお庭でしょう**

わしづなつえ 訳
瑞雲舎　1998 年
41p　20×24
✽

ああ、自分がいたい所にいられたら……。庭をテーマにした唄を連ねひとつの物語絵本に。フィレンツェ近郊を写生した風景画が美しい。

◆**バンザイ！ 海原めざして出航だ！**

わしづなつえ 訳
瑞雲舎　1998 年
42p　20×24
✽

仏の古都で作られた 3 本マストの帆船が航海に出た。海をこえ草原をこえ、さらに海をこえて。大西洋をまたぐ船旅の活況が伝わる。

◆**市場へ！ いきましょ！**

わしづなつえ 訳
瑞雲舎　1998 年
45p　20×24
✽

「朝　おんどりはコケコッコーと鳴いて　ぼくらをおこしてくれる」。農家の営みをうたった唄に、米国の古都の懐かしい風景を重ねる。

●**ズマトリーコバー，ヘレナ**

●**かあさんねずみがおかゆを
　つくった──チェコのわらべうた**

いでひろこ やく
福音館書店　1984 年
27p　18×25
▼

表題作を始め、チェコで古くから親しまれているわらべうた 4 編を収める。ストーリー性のあるものやナンセンスなものもあるが、いずれも声に出して読むと楽しい。はっきりした線と形の、様式的な絵が魅力。

●**ぼくだってできるさ！**

エドアルド・ペチシカ さく
むらかみけんた やく
冨山房インターナショナル
2005 年
47p　27×22
▼

マルチーネクは声を出して絵本を読むふり。でも本当は全部覚えていただけ。「学校へなんかいかないもん」という彼におじいさんは……。背伸びしたがる男の子の日常を一口話風に描く 8 編。くっきりした輪郭の明るい絵。字が多めだが幼い子も楽しめるチェコの作品。

◆ りんごのき

エドアルド・ペチシカ ぶん
うちだりさこ やく
福音館書店　1972年
27p　18×18

小さい男の子マルチンの家の庭にある1本のりんごの木。雪の中、棒のように見えた木は、春がくると芽吹き、花が咲く。実のなるのを心待ちにしながら家族と世話をするマルチンの言動が愛らしい。真四角の小型本で、幼い子にも四季を感じさせるチェコの作品。

◆ マルチンとナイフ

エドアルド・ペチシカ ぶん
うちだりさこ やく
福音館書店　1981年
25p　18×18

マルチンはお父さんが樫の根元に置き忘れたナイフを探しにいく。子犬と森をめぐるうち、いろいろな木に出会う。民族色の濃く出た刺繍の図案のような絵が、素朴で親しみ易い。

スミス，エルマー・ボイド

● ノアのはこ舟のものがたり

おおばみなこ やく
ほるぷ出版　1986年
66p　22×29

旧約聖書の物語がもと。箱舟を作り始めたノアが、動物を乗せ、海上での生活を経て陸地に着くまでを描く。古代ヘブライの衣装を着たノアや気難しそうなノア夫人、箱舟の中で混乱に陥る動物達等を、淡い色彩で写実的に描いた古典的な絵。訳者は芥川賞作家。

スロボドキーナ，エズフィール

● おさるとぼうしうり

まつおかきょうこ やく
福音館書店　1970年
43p　22×17

「ぼうし、ぼうし、ひとつ50えん」帽子を頭に高く積み上げて売り歩く帽子売り。木の下で昼寝して目を覚ますと帽子が全部なくなっていた。犯人は何と木の上のサル。のどかな田園を背景に、サルたちの仕草が笑いを誘う人気の絵本。絵もとぼけたおかしさがある。

スロボドキン，ルイス

● ありがとう…どういたしまして

わたなべしげお やく
偕成社　1969年
32p　23×25

ジミーくんは「ありがとう」とお礼はいえるが、「どういたしまして」ともいってみたい。おかあさんにきいて、さっそく人に親切にしてみると、「どういたしまして」がいえる！絵と文がバランスよく、ジミーや彼に対するおとなの姿に細やかな愛情が満ちている。

●スーザンのかくれんぼ

やまぬし としこ 訳
偕成社　2006年
32p　27×21

スーザンは庭で自転車に乗りながら、兄さん達から隠れる場所を探す。物置の後ろ、バラの茂み、あちこち試すが、だれかに見つかってしまってなかなか良い場所がない。やっと素敵な場所を見つけた女の子のほっとした喜びを軽やかなタッチの線と明るい色彩で描く。

●てぶくろがいっぱい

フローレンス・スロボドキン 文
三原 泉 訳
偕成社　2008年
32p　27×21

ネッドとドニーは双子の男の子。ある冬の日、ドニーが赤い手袋をなくし、友達が届けてくれた。でも、ほかの人達からも次々そっくりの手袋が。山のような手袋を持ち主に返すには？　軽妙な描線と柔らかな水彩。主人公達の表情が可愛い。米国の作家夫妻による作。

●ねぼすけはとどけい

くりやがわけいこ 訳
偕成社　2007年
40p　27×21

小さな時計屋のハト時計は、時間になるといっせいに鳴き出す。中に1分遅れて鳴くハトがいたが、かえって子ども達の人気者だった。でも、王様が店の時計を全部欲しいといいだして。作者自身による絵は、セピアの線にやさしい彩色で、お話と同じ温かさを醸し出す。

せ

●せがわ やすお　瀬川 康男

●おおさむこさむ——わらべうた

福音館書店　1977年
27p　27×20

「ほ・ほ・ほたるこい」「おおさむこさむ」等なつかしい日本のわらべうたを13編収録。見開きごとに手書きの文字と挿絵で1編ずつ紹介し、ページ全体をひとつの絵としている。多数の絵本を手がけている画家が、日本的なデザインと色調で描いたセンスのよい作品。

●こしおれすずめ

瀬田貞二 再話
福音館書店　1977年
32p　20×27

子どもの投げた石で腰が折れた雀を、おばあさんは家の人に笑われながらも親身に介抱。元気になった雀が運んできた種を蒔くと、見事な瓢箪がなり、乾くと中に米が。隣りのおばあさんはそれをうらやむ。舌切雀の類話。様式的な技法を取り入れた絵がユーモラス。

●ふしぎなたけのこ

松野正子 さく
福音館書店　1966年
27p　19×27

山奥の村に住むたろが、竹の子掘りに行く。ひょいと上着をかけた竹の子がぐっと伸び、驚いて飛びついたたろをのせたまま空へ。村人総出で竹の子を切り倒すと……。昔話風の創作。横長の見開きを生かし、勢いのある線の日本画でほら話をいきいきと描く。

●やまんばのにしき

まつたにみよこ ぶん
ポプラ社　1967年
40p　27×21

「こどもうんだで　もちついてこう」というやまんばの声がした。あかざばんばが餅を運んでいき、21日間やまんばの手伝いをすると、お礼に不思議な錦をもらう。豪快でユーモラスな日本の昔話に、闊達な筆遣いの日本画が合う。「うしかたとやまんば」も収録。

●わにがまちにやってきた

チュコフスキー 作
内田莉莎子 訳
岩波書店　1968年
38p　26×20

ずっと昔、たばこぷかぷか、トルコ語ぺらぺらのわにが、町にやってきた。このワーニ・ワニーイッチ・ワニスキーと町の人々が巻き起こす大騒動と、おもちゃの刀でわにに果敢に立ち向かうワーニャ坊やの姿を、カラフルでユニークな絵とリズミカルな文章で語る。

●せきや としたか　関屋 敏隆

●馬のゴン太旅日記

島崎保久 原作
小学館　1984年
40p　29×22

馬で日本縦断を試みた島崎氏の『猛烈乗馬旅行記』を馬から見た絵本。「馬のあつかい方も知らないばかダンナ」と心を通わせ、苦楽を共にした函館から鹿児島までの112日間の旅。絵は伝統の手法を生かした木版で、各地の風景が名所図絵の様にユーモラスに展開する。

●水晶さがしにいこう──ひけつとこころえ

童心社　1999年
33p　25×22

水晶マニアのじいちゃん、父ちゃん、そして三代目のぼくは、今日も水晶山に出かける。水晶を見つける秘訣と心得は、①欲を出さないこと、②見つからなくてもあきらめないこと……。作者の体験をふくらませた物語から、水晶の不思議と宝探しの興奮が伝わる。

●やまとゆきはら──白瀬南極探検隊

福音館書店　2002年
71p　27×31

1910年、白瀬矗（のぶ）を隊長とする南極探検隊が、

東京湾を出発した。幾度も困難に遭いながらも南極点をめざすが果たせず。同行したアイヌ隊員やカラフト犬の様子、探検隊のその後までを伝える大型絵本。型染めの技法を用いて、大自然を描いた、布地版画が味わい深い。

● ゼーマン，ルドミラ

◆ギルガメシュ王ものがたり

松野正子 訳
岩波書店　1993年
24p　27×30

太陽神からメソポタミアの都に遣わされた王ギルガメシュは、強さを誇示するため城壁造りを命じた。だが苛酷な労働に音をあげた人民は神に助けを求める。世界最古の叙事詩を基にした大型絵本。壁画のような力強い絵は、壮大なドラマの雰囲気をよく伝える。

◆ギルガメシュ王のたたかい

松野正子 訳
岩波書店　1994年
24p　27×30

王は友エンキドゥを得て改心し、安らかに過ごしていた。だが突如、都を怪物に襲われる。友と怪物退治に出かけ、敵を倒すが……。

◆ギルガメシュ王さいごの旅

松野正子 訳
岩波書店　1995年
24p　27×30

友とその恋人と死別した王は、「死」を滅ぼすため苦難の旅に出る。永遠の命のありかを知る太陽神を訪ね、死の海を越えて行く。

◆シンドバッドの冒険

脇 明子 訳
岩波書店　2002年
31p　30×24

「千一夜物語」から、シンドバッドの7回の冒険のうち、1回目、2回目を、クジラの島、ロク鳥など有名な場面を中心にまとめた物語絵本。大金持ちのシンドバッドが貧しい荷担ぎに話すという枠の中で語られる。ペルシャ絨毯の額模様を生かした絢爛で幻想的な絵。

◆シンドバッドと怪物の島

脇 明子 訳
岩波書店　2002年
32p　30×24

都への帰還中、再び冒険心にかられたシンドバッドは、商人たちと海の旅へ。しかし船は難破、漂着したのは人食い怪物の島だった。

さ行

◆シンドバッドのさいごの航海

脇 明子訳
岩波書店 2002年
32p 30×24

怪物の島から逃れたものの、今度は奴隷の身となったシンドバッド。彼が美しい踊り手の命を救い、妻にするまでの冒険を描く。

●センダック，モーリス

●あなはほるものおっこちるとこ
——ちいちゃいこどもたちのせつめい

ルース・クラウス 文
わたなべしげお 訳
岩波書店 1979年
48p 21×17

「かおは いろんな かおをするためにあるの」「いぬは ひとを なめる どうぶつ」「ては つなぐためにあるの」。お皿は洗うもの、階段は座るとこ……。子どもたちとともに試みた、素朴で新鮮なことばの定義集。子どものしぐさや表情を巧みに捉えた絵が楽しい。

◆アメリカワニです、こんにちは
—— ABCのほん
（ちいさなちいさなえほんばこ）

じんぐうてるお やく
冨山房 1981年
30p 10×7

「A　alligator」「アメリカワニです、こんにちは」26のアルファベットで始まる単語を順に並べ、口調のいい文と思わず笑いを誘うコミカルな絵で、ワニ一家の行動を描く。箱入り豆本4冊セットの1冊でいずれもとびきり楽しいナンセンスの世界。やや大きい版も。

◆ジョニーのかぞえうた
（ちいさなちいさなえほんばこ）

じんぐうてるお やく
冨山房 1981年
47p 10×7

「1にんまえのジョニーくん、ひとりぐらしをしていると、2げこんできたこねずみが」次々現れる闖入者を10まで楽しく数える。

◆チキンスープ・ライスいり——
12のつきのほん
（ちいさなちいさなえほんばこ）

じんぐうてるお やく
冨山房 1981年
31p 10×7

1月から12月まで、大好物の"チキンスープ・ライスいり"と共に過ごす1年をうたう。

◆ピエールとライオン——ために
なるおはなし はじまりのうたといつつのまき（ちいさなちいさなえほんばこ）

じんぐうてるお やく
冨山房 1981年
48p 10×7

両親が何を聞いても「ぼく、しらない！」としか言わない、悪い男の子のお話。

● **おふろばをそらいろにぬりたいな**

ルース・クラウス文
大岡信訳
岩波書店　1979年
22p　21×17

おふろばは空色に、台所は黄色に、家の回りの壁には大きい大きい絵を描いて、そう、お母さんが恥ずかしがって顔を真っ赤にしてる、そんな絵。2階には馬さんが住んでいて……。ぼくの夢はどんどんふくらむ。明るい色彩の絵が想像の世界を自由に広げていく。

● **かいじゅうたちのいるところ**

じんぐうてるお やく
冨山房　1975年
40p　24×26

ある晩、男の子マックスは狼の衣装を着て大暴れ、母親に夕飯抜きで寝室に放り込まれる。すると寝室は森になり、波が打ち寄せてくる。舟に乗り、1年と1日航海して着いたところは……。発表当初、怪獣の姿に賛否両論を巻き起こしたが、子どもに支持され代表作に。

● **きみなんかだいきらいさ**

ジャニス・メイ・
ユードリー ぶん
こだまともこ やく
冨山房　1975年
32p　16×15

ジェームズとぼくは仲良しだったけど、もう大きらいだ。いつも威張るし、砂までなげるし。もう絶対ジェームズの友だちになってやらない。ちょっと家に行って、いってやるぞ。テンポの良い展開と構成で、仲良しと喧嘩してしまった男の子の複雑な思いを巧みに描く。

● **子いぬのかいかたしってるかい？**

マシュー・マーゴーリス作
やましたはるお訳
偕成社　1980年
32p　22×18

男の子と女の子の元にほしがっていた子いぬが届いた。でも子いぬのイタズラで家の中はめちゃくちゃ。2人がすっかりうんざりしていると、不思議な人が現れる。コマ割された漫画風の絵と、ふきだしのセリフで正しい犬の飼い方を小気味良く指南する。

◆ **こぐまのくまくん**
　（はじめてよむどうわ1）

E・H・ミナリック ぶん
まつおかきょうこ やく
福音館書店　1972年
60p　23×16

小さなくまくんを主人公にしたごく短い話4編。雪の日、寒いから着るものがほしいというくまくんに、お母さんは、帽子、オーバー、ズボンと次々に着せてやる。それでも寒がるくまくんにお母さんは……。ペン画に淡彩の絵は、好奇心旺盛なこぐまを愛らしく描きだす。絵本から物語へと手をのばす時期の子に。

◆ **かえってきたおとうさん**
　（はじめてよむどうわ2）

E・H・ミナリック ぶん
まつおかきょうこ やく
福音館書店　1972年
64p　23×16

海へ魚とりに出ていたお父さんが今日帰って

くる。喜び勇んだくまくんは、友だちにお父さんは人魚を連れて帰ってくるかもしれないと話し、みんなの期待を誘う。表題作ほか3編。

◆ **くまくんのおともだち**
　　(はじめてよむどうわ3)

E・H・ミナリック ぶん
まつおか きょうこ やく
福音館書店　1972年
64p　23×16

人間の女の子エミリーと友だちになる話4編。一緒にたのしい夏を過ごすが、とうとう彼女は学校に戻ることに。お母さんは悲しむくまくんに素敵な提案をする。

◆ **だいじなとどけもの**
　　(はじめてよむどうわ4)

E・H・ミナリック ぶん
まつおか きょうこ やく
福音館書店　1972年
32p　23×16

くまくんが描いた絵をおばあちゃんに届けためんどりは、今度はくまくんへのお礼のキスを預かることに。ところが、道中かえるに代役をたのむと、キスはめぐりめぐって……。

◆ **おじいちゃんとおばあちゃん**
　　(はじめてよむどうわ5)

E・H・ミナリック ぶん
まつおか きょうこ やく
福音館書店　1986年
64p　23×16

おじいちゃんとおばあちゃんの家をたずねたくまくんは、ごちそうを食べ、おはなしをしてもらい、お迎えまでたっぷり遊ぶ。くまくんの家族の暖かい雰囲気があふれる4編。

● **そんなときなんていう？**

セシル・ジョスリン 文
たにかわ しゅんたろう 訳
岩波書店　1979年
51p　17×21

怖い龍の首を騎士がちょんぎってくれた。そんなとき、「どうもありがとう」。町でワニにぶつかったとき、パーティに熊のオーケストラがきて、みんなを食べちゃおうとしたとき……。奇想天外な状況を設定し、挨拶のことばを教える。登場人物のとぼけた顔が愉快。

● **月夜のこどもたち**

ジャニス・メイ・アドレー 文
岸田 衿子 訳
講談社　1983年
32p　26×19

夏の夜、月の光の下では、すべてが昼間とは違った美しさでよみがえる。妖精のように、子どもたちは、夜風の中で踊り、木登りし、遊び戯れる。深味のある色の絵と墨絵風の白黒の絵とを交互に入れ、子どもたちの姿と風景を神秘的な雰囲気で描きだす。

そ

● ソイダン，シェイマ

● **まほうのたいこ**——シベリアの昔話

うちだりさこ ぶん
福音館書店　2000年
36p　22×31

ツンドラに食用の草や根を探しに行って迷った女の子が、見知らぬ女の人に助けられ、ひと夏を過ごす。お別れにもらった太鼓を村人の前でたたき、歌うと……。トルコ人画家による、微妙な光と色合いの絵が、極寒地に住む人々の祈りにも似た物語を流麗に伝える。

た行

……眼は、生まれたばかりのときには、全然見えないものだ。訓練を経て、眼はその見るものを理解しうるようになる。いわゆる「無邪気な眼」などというものはありえない。民衆の眼も訓練されていないのではない。悪い訓練を受けた眼なのである。下級な、不真面目な視覚的表現を見せられてきた眼なのだ。

『ある絵の伝記』ベン・シャーン

た

● たかだ いさお　高田 勲

●かっぱ

西本鶏介文
佼成出版社　1995年
35p　28×26

水神の使いとして、あるいは妖怪として古くから親しまれてきた河童を、多角的に紹介した絵本。その風貌、岩の洞窟での暮らしぶり、好物、人間との関わり等が伝承にのっとってユーモラスに説明される。飄々とした筆遣いの、愛嬌たっぷりの河童の絵が魅力。

● たかどの ほうこ　高楼 方子

●まあちゃんのながいかみ

福音館書店　1995年
28p　20×27

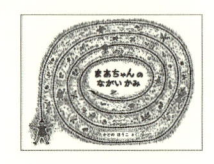

長い髪がご自慢の友だちに「わたしなんかね、もっとずっとのばすんだから」と啖呵をきったおかっぱのまあちゃん。うんと伸ばした髪を木に結んで洗濯物を干したり、ロープにして牛を捕えたり……楽しい空想が膨らんでいく。女の子の憧れを可愛らしい絵で描く。

● たかはし きへい　高橋 喜平

●あんな雪こんな氷

講談社　1994年
39p　22×20

マシュマロみたいにまんまるな冠雪、ヘビのようにくねくねのびた雪ひも、木の幹に恐竜の背骨！？　でぶっちょやのっぽのつらら、目玉みたいな氷紋等々。長年、積雪を撮り続

けてきた秋田出身の著者による写真絵本。不思議で愉快な雪と氷の世界が美しい。

● たかはし きよし　　高橋 清

● ぼく、だんごむし

得田之久 ぶん
福音館書店　2005 年
28p　26 × 24

植木鉢の下がぼくのすみか。枯れ葉や死んだ虫、ダンボールやコンクリートだって食べちゃうよ。脱皮や産卵、冬越し等ダンゴムシの生態を一人称のお話風に伝える科学絵本。柔らかな色調の貼り絵と手描きの線が文章と合って、生命の温もりを感じさせる。

たかもり としお　　高森 登志夫
→ p205『しょくぶつ』

● たけい たけお　　武井 武雄

● 九月姫とウグイス

サマセット・モーム 文
光吉夏弥 やく
岩波書店　1954 年
61p　21 × 17

シャム王の末娘、九月姫は、意地悪な姉達にそそのかされ、美しい歌声で自分を慰めてくれたウグイスを、かごに閉じ込めてしまう。自由を奪われたウグイスは……。文豪モームによる唯一の子ども向け作品に、日本の先駆的童画家がさし絵をつけた。

● たしま せいぞう　　田島 征三

● ちからたろう

いまえよしとも ぶん
ポプラ社　1967 年
36p　27 × 21

貧しい老夫婦の垢からできた子が、たくさん食べて百貫目の金棒を振り回す力太郎に育つ。のっしじゃんがと旅に出て、出会った怪力仲間と化け物を退治、最後は長者の娘を嫁にするという東北の昔話。土臭く力強い絵で怪力どもの突拍子もない活躍ぶりを豪快に描く。

● とべバッタ

偕成社　1988 年
36p　25 × 30

敵から隠れるのが嫌になったバッタは、悠々と日向ぼっこを始める。案の定、蛇とカマキリに襲われるが、高く跳び、敵を蹴散らす。弾丸のごとく鳥にぶつかり、雲を破る。最後は力尽きて落ちるが、自分の羽で再び舞い上がり空の彼方へ。大胆でエネルギッシュな絵。

● はたけのともだち

童心社　1984 年
39p　21 × 23

きれいずきなおじいさんの畑に、整然と並べて植えられた野菜たち。でも、おじいさんが一眠りすると、びりびりん、ぽこぱん、すぽん！　野菜たちは畑から飛び出し、踊ったり

遊んだり。ナンセンスでとぼけた味の絵本。躍動感溢れる絵は、土の生命を感じさせる。

●ふきまんぶく

偕成社　1973年
35p　25×28

夏の夜、ふきちゃんは山に光る所を見つけた。星だと思って行ってみると、それは蕗の葉にたまった夜露。ふきちゃんは蕗たちと遊び、一晩をすごす。やがて春が来て、そこには……。油絵具を厚く重ね、画面いっぱいに広がる個性的で力強い絵。不思議な魅力がある。

●ふるやのもり

瀬田貞二　再話
福音館書店　1969年
27p　20×27

子馬を盗みに厩に忍び込んだ泥棒と狼は、家のじいさんとばあさんがこの世で一番怖いと話す「ふるやのもり」を、恐ろしい化け物と思い込む。その時、雨が降ってきたから大変！スリルとユーモア溢れる昔話に、土臭いが個性的でダイナミックな絵がぴったりと合う。

ただ ひろし　多田 ヒロシ

●絵巻えほん動物園

こぐま社　1983年
1枚　31×31

「のんびりどうぶつえん」は大人や子ども、大勢のお客さんでいっぱい。そして、出迎えるのは、サル、パンダ、ライオン、ゾウなどの動物たち。全長270cmの絵が折りたたまれている大型絵本。ことばはないが、楽しい動物園の賑わいが大画面いっぱいに広がる。

●にわのわに

こぐま社　1985年
39p　18×18

「うまがまう」「くまためしにしめたまく」など前から読んでも後ろから読んでも同じ回文を集めた絵本。人参模様の着物を着て舞っている馬や、幕の陰から顔を出している熊など、とぼけた味の絵が愉快。ことば遊びに目覚めた幼児から小学生まで幅広く人気。

●めだかのめがね

こぐま社　1986年
39p　18×18

「めだかの　めがね／めだつ　めがね／めだかかおだか／わからない」という表題作など愉快なことば遊びの詩19編を収めた絵本。表情豊かな漫画風の絵がナンセンスなしゃれと合っている。小型の絵本形式だが、かなり大きな子にも人気がある。

●わにがわになる

こぐま社　1977年
39p　18×18

「はちとはちがはちあわせ」「こうもりのこもり」「とらのトランク」など、ごく初歩の

29のしゃれを素朴な楽しい絵で紹介。ことばの響きや遊びを楽しみながら、ことばのもついろいろな味わいや魅力を知る一歩に。

● たにがわ こういち　谷川 晃一

● ウラパン・オコサ──かずあそび

童心社　1999年
32p　27×19

1と2の組合せでものを数えるユニークな絵本。1はウラパン、2はオコサ、3はオコサ・ウラパン。「オコサ・オコサとぞうがきたぞう／のはらにやぎがオコサ・オコサ・ウラパン」単純な構成だが、素朴で大らかな色彩の絵と相まって、数の面白さが伝わる。

● たぬま たけよし　田沼 武能

● 笑顔大好き地球の子

新日本出版社　2010年
48p　26×23

「ぼくはしゃしょうさん」電車ごっこをするコロンビアの園児、「車より早いぞ」全速力で走るマラウイの小学生等、34ヵ国の子どもたちの笑顔を捉えた写真集。年齢、肌の色も様々で、貧困や飢えに苦しむ子どもの姿も。著者の子どもへのまっすぐな視線が伝わる。

● たばた せいいち　田畑 精一

● おしいれのぼうけん

ふるたたるひさく
童心社　1974年
79p　27×19

ある日、さくら保育園のさとしとあきらが先生に叱られ、押入れに入れられた。ふたりは抵抗するが、こわーいねずみばあさんが現れて無気味な世界へ。日常から非現実への転換はスリル満点。74年刊行以来変わらぬ人気を保つ絵物語。力のこもった鉛筆画も魅力。

● ダリー，ニキ

● かわいいサルマ──アフリカのあかずきんちゃん

さくまゆみこ訳
光村教育図書　2008年
25p　26×27

アフリカの女の子サルマがおばあちゃんにお使いをたのまれた。「まっすぐかえるんだよ」といわれたのに、近道しようと裏通りに入ると、怪しい犬が現れた。犬は猫なで声でサルマに話しかける。のびやかで明るいタッチの絵と文が土地の暮らしをさりげなく伝える。

● ダルビー，レジナルド

◆3だいの機関車 (汽車のえほん1)

ウィルバート・オードリー作
桑原三郎，清水周裕訳
ポプラ社　2010年
63p　12×15

個性豊かな機関車達が起こす小事件を描いたシリーズ全26冊の1冊目。働き者のエドワード、いばり屋ゴードン、お洒落なヘンリーの3台が仲良くなるまでの4話。英国での刊行は1945年、初邦訳は1973年。素朴な筋と、古風だが親しみ易い絵で、幅広い支持を保ち続けている。人間臭い機関車の表情がおかしい。シリーズ途中で画家が入れ替わる。

◆機関車トーマス (汽車のえほん2)

ウィルバート・オードリー作
桑原三郎，清水周裕訳
ポプラ社　2010年
63p　12×15

元気なちびっこ機関車トーマス。客車を置き忘れたり、いたずらして大変な目にもあったりしたが、活躍が認められ、支線を任される。

◆赤い機関車ジェームス
　(汽車のえほん3)

ウィルバート・オードリー作
桑原三郎，清水周裕訳
ポプラ社　2010年
63p　12×15

以前事故を起したジェームスは、新しいブレーキとぴかぴかの赤い車体で再出発。乱暴な仕事ぶりを戒められながら、やがて1人前に。

◆がんばれ機関車トーマス
　(汽車のえほん4)

ウィルバート・オードリー作
桑原三郎，清水周裕訳
ポプラ社　2010年
63p　12×15

失敗しながらも、支線で元気に頑張るトーマス。雪の中で立往生しトラクターに助けられる話や、バスと競争して勝つ話など4話。

◆やっかいな機関車 (汽車のえほん5)

ウィルバート・オードリー作
桑原三郎，清水周裕訳
ポプラ社　2010年
63p　12×15

「もういやだ！」うぬぼれの強いゴードン、ヘンリー、ジェームスの3台がわがままをいって仕事を放棄。機関車パーシー初登場。

◆みどりの機関車ヘンリー
　(汽車のえほん6)

ウィルバート・オードリー作
桑原三郎，清水周裕訳
ポプラ社　2010年
63p　12×15

ヘンリーが新型になった。素敵な汽笛にゴードンが嫉妬した話や石を投げたいたずらっ子をヘンリーのくしゃみで撃退した話など5話。

◆機関車トビーのかつやく
　　（汽車のえほん7）

ウィルバート・
オードリー作
桑原三郎，清水周裕訳
ポプラ社　2010年
63p　12×15

路面機関車トビーがトーマスの支線に来た経緯や、いつもトーマスに手を振る病気の夫人が、赤いガウンで土砂崩れを知らせた話など。

◆大きな機関車ゴードン
　　（汽車のえほん8）

ウィルバート・
オードリー作
桑原三郎，清水周裕訳
ポプラ社　2010年
63p　12×15

ゴードンは貨車を引くのが嫌で堀に突っ込み、ばかにしたトーマスは鉱山の穴に沈没。ヘンリーはお召列車を引けると思いこむが……。

◆青い機関車エドワード
　　（汽車のえほん9）

ウィルバート・
オードリー作
桑原三郎，清水周裕訳
ポプラ社　2010年
63p　12×15

うるさいと牛に襲われたり、子どものいたずらで無人のまま走り出したジェームスを助けたり。優しい老エドワードの様々な姿を描く。

◆4だいの小さな機関車
　　（汽車のえほん10）

ウィルバート・
オードリー作
桑原三郎，清水周裕訳
ポプラ社　2010年
63p　12×15

老機関車スカーロイと修理中のレニアスの小さな鉄道に傲慢なサー・ハンデルと気取屋ピーター・サムが加わる。狭軌の機関車達の話。

◆ちびっこ機関車パーシー
　　（汽車のえほん11）

ウィルバート・
オードリー作
桑原三郎，清水周裕訳
ポプラ社　2010年
63p　12×15

生意気な小さなタンク式機関車パーシー。先輩を騙したりヘリコプターと競争したり。洪水の中を突き進む活躍も。機関車ダック登場。

●ケニー，ジョン
◆8だいの機関車（汽車のえほん12）

ウィルバート・
オードリー作
桑原三郎，清水周裕訳
ポプラ社　2010年
63p　12×15

太っちょの局長が「汽車のえほん」で有名になったトーマスたち8台の機関車を、実在を疑う人々に見せたいとロンドンに連れて行く。

た行

◆ダックとディーゼル機関車
（汽車のえほん 13）

ウィルバート・
オードリー 作
桑原三郎, 清水周裕 訳
ポプラ社　2010 年
63p　12×15

ディーゼル機関車がやってきた。ダックは調子者の彼を嫌う。ディーゼルは貨車にダックがみんなの悪口をいっていると吹き込み……。

◆小さなふるい機関車
（汽車のえほん 14）

ウィルバート・
オードリー 作
桑原三郎, 清水周裕 訳
ポプラ社　2010 年
63p　12×15

老機関車スカーロイの修理中、仕事が増えたサー・ハンデルは愚痴って仮病をつかう。スカーロイが戻り、テレビで紹介されることに。

◆ふたごの機関車 （汽車のえほん 15）

ウィルバート・
オードリー 作
桑原三郎, 清水周裕 訳
ポプラ社　2010 年
63p　12×15

鉄道のお客が増えて忙しくなり、太っちょの局長は貨車用の機関車を1台注文。だが来たのは双子のドナルドとダグラスの2台だった。

◆機関車トーマスのしっぱい
（汽車のえほん 16）

ウィルバート・
オードリー 作
桑原三郎, 清水周裕 訳
ポプラ社　2010 年
63p　12×15

機関士の「もうひとりでも大丈夫」ということばを真に受けたトーマス。ひとりで走り、駅長の家に飛び込んだ！ 代わりに来たのは？

◆ゆうかんな機関車 （汽車のえほん 17）

ウィルバート・
オードリー 作
桑原三郎, 清水周裕 訳
ポプラ社　2010 年
63p　12×15

サー・ハンデルはローラー車とけんか、不平屋ダンカンは我儘……。それを知ったスカーロイは友レニアスの勇敢な行為を語り始める。

- エドワーズ，ガンバー
- エドワーズ，ピーター

◆がんばりやの機関車
（汽車のえほん 18）

ウィルバート・
オードリー 作
桑原三郎, 清水周裕 訳
ポプラ社　2010 年
57p　12×15

ディーゼルに押されて旗色が悪い蒸気機関車を引き取るブルーベル鉄道から、ステップニーがやってきて、パーシーやダックと大活躍。

◆山にのぼる機関車 (汽車のえほん 19)

ウィルバート・
オードリー 作
桑原三郎, 清水周裕 訳
ポプラ社　2010年
57p　12×15

登山鉄道のカルディーが語るその特別な装置や危険性、傲慢だったロード・ハリーが強風の中、遭難者を助け、心を入れかえた話等。

◆100さいの機関車 (汽車のえほん 20)

ウィルバート・
オードリー 作
桑原三郎, 清水周裕 訳
ポプラ社　2010年
57p　12×15

スカーロイとレニアスが100歳を迎える。そのお祝いの日の朝、スカーロイは100年前、自分がいかに気難し屋だったかを語り始める。

◆大きな機関車たち (汽車のえほん 21)

ウィルバート・
オードリー 作
桑原三郎, 清水周裕 訳
ポプラ社　2010年
57p　12×15

タンク式機関車の双子ビルとベンが、人のいいディーゼル車ボコや、えらそうなゴードンをからかう話、老エドワードが頑張る話など。

◆小さな機関車たち (汽車のえほん 22)

ウィルバート・
オードリー 作
桑原三郎, 清水周裕 訳
ポプラ社　2010年
57p　12×15

山から砂利を運ぶちんまり機関車3人組。時には人や羊毛も。汽笛のことでけんかしたり、脱線したり。でも、りっぱに役に立っている。

◆機関車のぼうけん (汽車のえほん 23)

ウィルバート・
オードリー 作
桑原三郎, 清水周裕 訳
ポプラ社　2010年
57p　12×15

ディーゼル機関車が進出。でもヘンリーが意地を見せたり、ダグラスが廃車寸前で逃げてきたオリバーを助けたり、蒸気機関車大活躍。

◆機関車オリバー (汽車のえほん 24)

ウィルバート・
オードリー 作
桑原三郎, 清水周裕 訳
ポプラ社　2010年
57p　12×15

貨車も結構気が荒い。気に入らないオリバーを脱線させる。他にダックがアヒルを使ってドナルドにしたいたずらやバスと戦う話も。

◆きえた機関車 (汽車のえほん 25)

ウィルバート・
オードリー 作
桑原三郎, 清水周裕 訳
ポプラ社　2010年
57p　12×15

小さな鉄道が閉鎖され、ピーター・サム達は道を得たが、老デュークは置き去りに。山崩れで埋まった彼が掘り出され蘇るまでの話。

◆わんぱく機関車 (汽車のえほん 26)

ウィルバート・
オードリー 作
桑原三郎, 清水周裕 訳
ポプラ社　2010年
57p　12×15

幽霊なんかと強がるトーマスがパーシーの扮した幽霊列車に怯える話や、我儘メイビスがトビーを危ない目にあわせ、反省する話など。

ち

●チゾン，アネット

●おばけのバーバパパ

タラス・テイラーさく
やましたはるおやく
偕成社　1972年
32p　23×26

バーバパパは少年フランソワの家の庭から生まれたピンク色のおばけ。大きすぎて家に住めないため動物園に送られてしまう。しかし、自分には、どんな形にも変形できる力があることを知って……。ユーモラスな絵と意表をつく愉快なストーリーで長年人気を保つ作品。

●チャーリップ，レミー

●いたずらこねこ

バーナディン・
クックぶん
まさきるりこやく
福音館書店　1964年
48p　19×27

小さな庭の小さな池に、小さなかめがすんでいた。ある日、隣りの家のこねこが来て、かめをポンと叩いた。すると、かめの首がなくなった！　見開きに横1本に延びた地面、左端に池という同じ場面での展開は寸劇のよう。黒の鉛筆画に、池だけ緑の彩色が印象的。

●ちいさなとりよ

M・W・ブラウン文
与田凖一訳
岩波書店　1978年
45p　17×21

死んだ小鳥を見つけた子どもたちは、森に穴を掘って小鳥を葬り、花を飾り歌を歌ってお墓を作る。緑、青、黄の単純化された絵と文が、見開き毎に交互に配され、死に出会った子どもたちが戸惑いつつもそれを受け止め、やがて忘れていくまでの様子を静かに伝える。

●ママ、ママ、おなかがいたいよ

バートン・サプリーさく
つぼいいくみやく
福音館書店　1981年
44p　19×26

男の子のお腹がパンパンに膨らんで、ママは大慌て。医者が駆けつけ緊急入院。お腹から出てきたのは、リンゴにボール、ソーセージ、ママの帽子に靴、はては自転車まで！　影絵芝居のようなシルエットに、出てきた物だけ彩色する手法が奇想天外なお話を引き立てる。

●よかったねネッドくん

やぎたよしこやく
偕成社　1969年
42p　26×21

遠い田舎のパーティーに飛行機で出かけたネッドくん。でも、たいへん！　飛行機が爆発。よかった！　パラシュートがあって。でも……。運・不運のくり返しを、見開きごとのカラーとモノクロの挿絵と組み合わせ、スピーディーに展開。幅広い年の子に喜ばれる1冊。

●チャルマーズ，メアリ

●おとうさんねこのおくりもの

まつのまさこ やく
福音館書店　1980年
32p　22×16

ぼくたちもピクニックに行きたい、とせがむ子ねこたち。それを幾日も待たせたお父さんねこが夜な夜な秘密で作っていたのは、ボートだった！　夏の日、水遊びを楽しむねこの一家を描いたほのぼのした話。柔らかい鉛筆画に、黄、緑、水色の淡彩。

●にいさんといもうと

シャーロット・ゾロトウ 文
矢川澄子 訳
岩波書店　1978年
32p　21×17

「おまえのキャンデーもらった」「おまえめがみっつもあるよ」いつも妹をからかって泣かせているにいさん。でも、それが本気じゃないことに気づいた妹は……。柔らかな鉛筆画が、ふたりの心の機微をやさしく描く。

●車 光照　チュ グワンチョウ

●いつもいっしょ──
　どうぶつとくらすアジアのこどもたち

車光照 ほか写真
松岡享子 文
福音館書店　2003年
32p　27×20

91年「ユネスコアジア太平洋写真コンテスト」の応募作品から、動物と暮らすアジアの子どもたちの姿を集めた写真絵本。犬に驚いて泣き出す幼い女の子、水牛と戯れる子どもたち等々、生き生きした表情の写真と添えられた文章に、国を越えた親しみの気持が湧く。

●チューダー，タシャ

●クリスマスのまえのばん──
　サンタクロースがやってきた

クレメント・
クラーク・ムア 詩
なかむらたえこ 訳
偕成社　1980年
54p　31×23

長くアメリカの子どもに親しまれてきたクリスマスの古い詩を絵本にした。寝静まった家、そりに乗って空を駆けてきた小人のサンタクロース。それを陰からうかがう父さん……。聖夜の神秘的な出来事を柔らかな筆致で描く。茶目っ気たっぷりのサンタの表情が印象的。

● ちょう しんた　長 新太

●あらどこだ

神沢利子 詩
国土社　1987年
24p　26×21

「ろばの耳は上むいて……」という童謡になってよく知られている表題作の他、「やまあらし」「空のおなべ」等、やさしい詩11編。見開き毎に1編ずつの絵本仕立て。クレヨンでのびのびと描いた、稚気あふれる絵。

●おしゃべりなたまごやき

寺村輝夫 作
福音館書店　1972年
32p　26×27

王様は目玉焼きが大好き。ある日、小屋にぎゅうづめにされている鶏を見て、かわいそうにと戸を開けてやるが、みんな外へ飛び出し、城じゅう大騒ぎ。小屋を開けた犯人捜しが始まる。軽いタッチのナンセンスなお話に、明るく大らかな絵がよく合っている。

●おなら

福音館書店　1983年
28p　25×22

食べたり飲んだりする時、口からはいる空気と大腸でできたガス、それがおならの素。健康な人は1回に100ml、1日500mlのおならをする等、おならについての蘊蓄を披露。とぼけた絵と文が合い、楽しい雰囲気を醸し出し、おならは恥ずかしくないという気になる。

◆クーくんツーくんとオバケ
（長新太のおでかけ絵本）

文溪堂　2007年
28p　19×14

長靴のクーくんとツーくんは双子。かくれんぼをしていたら、隠れていたツーくんが泣いていた。大変、太ってる！　中からカエル、へび、オバケまで出てきて……。はっきりとした色使いのおおらかな絵はナンセンスな話と合い、幼い子にも喜ばれる。

◆クーくんツーくんとタコとイカ
（長新太のおでかけ絵本）

文溪堂　2007年
28p　19×14

クーくんとツーくんが浜辺で遊んでいたら、タコがピューっと脚を入れた。イカも脚を入れにきた。タコとイカはケンカをはじめる。

◆クーくんツーくんとヘリコプター
（長新太のおでかけ絵本）

文溪堂　2007年
28p　19×14

ヘリコプターになったクーくんとツーくん。カラスをのせたり、雲をのせたり、雲の上の池でモーターボートになったりして遊ぶ。

● **なにもなくても――**
　　ことばあそび絵本

織田道代 作
福音館書店　1998年
28p　26×24
✿

ラッパーゴリラーリンゴ……と、はじめの文字が最後につくことばを続ける「あたまとり」、たを言ったら負けの「たぬきごっこ」、「でんぽう」ゲーム等、ことばさえあれば楽しめる遊び12種を紹介。オレンジとピンクを基調にした、大胆で愉快な絵がぴったり合う。

● **めのまどあけろ**

谷川俊太郎 ぶん
福音館書店　1984年
24p　22×21

朝起きる時から夜寝るまでの子どもの一日を愉快な詩で綴った絵本。「めのまどあけろ　おひさまままってるぞ」に始まり、「ふとんのうみにもぐったら…」と終わる。口調がよいのでごく幼い子にも喜ばれる。挿絵もユーモラス。

● **ろくべえまってろよ**

灰谷健次郎 作
文研出版　1975年
30p　29×23
📖

深い穴に落ちたイヌのろくべえを助けようと、子どもたちはさんざん知恵をしぼる。おかあさんたちは行ってしまうが、よい解決策がやっと見つかった。見開きを縦、横に使って、穴の上の子どもたちと、穴底のイヌを表情豊かに描いた絵はユニークで色のセンスもよい。

● **わたし**

谷川俊太郎 ぶん
福音館書店　1981年
28p　25×22

わたし　お兄ちゃんから見ると妹　先生から見ると生徒　犬から見ると人間……。私はひとりの山口みち子なのに、呼び名はいっぱいある。それは何故？　詩人の巧みなことばと、画家のユーモラスな絵が、世の中の不思議を感じはじめた、5歳の少女を描き出す。

● **鄭　琡香**　　チョンスクヒャン

● **おどりトラ――韓国・朝鮮の昔話**

金森 襄作 再話
福音館書店　1997年
32p　27×20
📖　✿

踊ってばかりいる「おどりトラ」のせいでトラたちは獲物を逃してしまう。仲間に追い出されたおどりトラは、踊りをみがき、不思議な力をもつようになる。地模様のある紙に墨と赤を基調とした色で描いた絵は、動きがあり、トラの滑稽な表情が愉快。

● **こかげにごろり――**
　　韓国・朝鮮の昔話

金森 襄作 再話
福音館書店　2005年
32p　20×27
📖　✿

働き者の百姓たちは、助け合いながら仲良く暮らしていたが、強欲な地主に困っていた。

木陰にはいりたければ買い取れという地主に応じて買い取ると、木陰はどんどん延びて地主の家の中へ……。韓国生まれの画家の絵がこの国の昔話の世界をコミカルに伝えている。

た行

つ

● ツェマック，マーゴット

● みっつのねがいごと

小風さち訳
岩波書店　2003年
32p　21×17
✿

貧しい木こりの夫婦が小鬼を助け、お礼に3つの願いを叶えてもらえることに。あれこれ夢は膨らむが、空腹の夫がついソーセージを願ってしまった。よく知られた昔話の再話だが、ふたりがつつましく満足するところがツェマック流。落ち着いた色合いの絵。

て

● デ・パオラ，トミー

● 青い花のじゅうたん──テキサス州のむかしばなし

いけださとる訳
評論社　2003年
32p　26×21
✿

日照りと飢饉が続いていた。「一番大切なものを捧げよ」という精霊のお告げを聞き、孤児の少女 "ひとりでいる子" は、大事な両親の形見の人形をさし出す。米国コマンチ族に伝わる話。少女のまっすぐな心が、静かな文章と、動きを抑えた絵から伝わる。

● 神の道化師

ゆあさふみえやく
ほるぷ出版　1980年
48p　29×22
📖 ✿

曲芸の得意なイタリアの孤児ジョバンニ。やがて旅芸人となるが……。仏の小説家A・フランスの「マリアさまとかるわざ師」を作者自身の人生経験と重ねて、語りかえた1978年の米国の絵本。芸人の誇りと歓び、老い、悲嘆、死、奇跡を華やかな色彩で劇的に描く。

● きみとぼくのネコのほん

もりしたみねこ やく
ほるぷ出版　1990年
32p　23×21

子猫をもらいにいったぼくが、その家のおばあちゃんに猫についていろいろ教わるという趣向の知識の絵本。猫の種類とその特徴、人間と猫との歴史、そして飼い方まで。子猫もたくさんもらって、ぼくはすっかり猫博士。ほのぼのとした絵、ふたりの会話も面白い。

◆ ジェイミー・オルークとおばけイモ——アイルランドのむかしばなし

福本友美子 訳
光村教育図書　2007年
32p　26×21

ジェイミー・オルークは国一番の怠け者。働き者のおかみさんに寝込まれ困っていたとき、偶然出会った妖精レプラコーンから手に入れたものは……。アイルランドの昔話を米国の作家が絵本化。村人を巻き込む巨大ジャガイモのほら話をとぼけた味のある絵で描く。

◆ ジェイミー・オルークとなぞのプーカ——アイルランドのむかしばなし

福本友美子 訳
光村教育図書　2007年
32p　26×21

ジェイミーはおかみさんの留守に仲間と大宴会。散らかし放題で寝てしまうと、夜中に耳の長い変な動物プーカが現れる。

● ドロミテの王子——イタリアに古くから伝わる民話より

ゆあさふみえ やく
ほるぷ出版　1985年
48p　21×26

月の王国の姫君に恋をした若い王子は、サルヴァーニという小人達に助けられて、姫を花嫁に迎える。だが、姫は地上で暮らすうち、だんだん弱っていった。ドロミテ・アルプスにまつわる伝承が基。舞台劇のような構図の様式的な絵が、静かで幻想的な雰囲気を醸す。

● ノックメニーの丘の巨人とおかみさん——アイルランドの昔話

晴海耕平 訳
童話館出版　1997年
32p　29×23

アイルランドに伝わる巨人の話。気立てのよい巨人フィン・マクールは、乱暴者のククーリンが自分をやっつけにくると聞いて、落ち着かない。そこで、おかみさんが知恵を働かせる。とぼけた味わいの絵が、勇壮な物語世界を大らかに再現し、笑いを誘う。

●ポップコーンをつくろうよ

福本友美子 訳
光村教育図書　2004年
32p　25×24

アメリカ先住民の間で何千年も前から知られていたポップコーン。どうやって食べていたの？　ポンッとはじけるのはなぜ？　双子の男の子のひとりがポップコーンを作り、もうひとりが歴史や伝説を調べて紹介。絵も文も楽しく、思わず作って食べたくなる。

デューイ，アリアーヌ
→p21　アルエゴ，ホセ

● デュパスキエ，フィリップ

●おとうさん、お元気ですか・・・

見城美枝子 訳
文化出版局　1986年
23p　28×21

遠洋航海中の父親に宛てた女の子の手紙という設定。見開きの上段には、父親の船での生活が描かれ、下段には女の子達の四季折々の暮らしが漫画風の絵で細ごまと描かれている。最後に父親が帰ってくる場面で、上下の絵が一致するという趣向が楽しいイギリスの絵本。

● デュボア，ペーン

●ものぐさトミー

松岡享子 訳
岩波書店　1977年
44p　21×17

トミー・ナマケンボの家はすべて電気仕掛け。着替えから歯磨き、食事、お風呂、すべて自動装置がしてくれる。ところがある日、嵐で送電線が切れて、とんでもないことに。抱腹絶倒のなりゆきを、まじめなタッチの絵で描き、軽やかな笑いを誘う、子どもに人気の本。

● デュボアザン，ロジャー

◆がちょうのペチューニア

まつおかきょうこ 訳
冨山房　1999年
32p　26×21

本を拾ったペチューニアは、持ち歩くだけで賢くなったと思いこみ、動物達の相談にのるが……。好奇心旺盛だがあまり利口でないペチューニアと、農場の気のいい動物達とのやりとりが愉快。軽快で巧みな線と明るい色調で、登場人物達を表情豊かに描く。

◆ペチューニアのクリスマス

乾侑美子 訳
佑学社　1978年
30p　26×21

雄のがちょうのチャールズに一目ぼれしたペチューニアは、彼がクリスマスのご馳走にされるのを助けようと、あの手この手を尽くす。

◆ペチューニアのだいりょこう

まつおかきょうこ 訳
冨山房　2002年
32p　26×21

飛行機を見て自分も空を飛びたいと思ったペチューニアは、美容体操で体重を減らし、いざ空へ。嵐に飛ばされ、大都会に辿り着く。

◆ペチューニアごようじん

まつおかきょうこ 訳
冨山房　2000年
33p　26×21

農場より丘の草の方が青々とおいしそうに見えたペチューニアは、イタチや狐に用心するようにとの仲間の忠告を無視して出かける。

◆ペチューニアすきだよ

乾侑美子 訳
佑学社　1978年
37p　26×21

森のあらいぐまはペチューニアを食べようと、上手く騙して散歩に誘うが、ことごとく失敗。ついには自分が罠にはまって、痛い目にあう。

● きんいろのとき──
　　ゆたかな秋のものがたり

アルビン・
トレッセルト 文
えくにかおり 訳
ほるぷ出版　1999年
28p　26×21

晩秋から感謝祭までの季節。黄金色の小麦、まっ青な空、赤いりんご、金色の梨、落ち葉の敷きつめられた森に射す秋の陽……。豊かな実りのときが訪れた米国の農村の営みを、黄、朱、青を主調とした鮮やかな色使いと、静かな語り口で切り取る。1951年の作品。

● くまのテディちゃん

グレタ・ヤヌス 作
湯沢朱実 訳
こぐま社　1998年
31p　16×13

「テディちゃんは つりズボンをもっています」「ほらね、テディちゃんがつりズボンをはいています」ぬいぐるみのくまの持ち物を、エプロン、コップ等ひとつひとつ確認していく。余白を生かした単純な絵と文章のくり返しが心地よい小型絵本。

た行

◆ごきげんならいおん

ルイーズ・ファティオ ぶん
むらおかはなこ やく
福音館書店　1964年
32p　26×21

仏の動物園で暮らすライオンはいつもごきげん。飼育係の息子フランソワや町の人々とも仲良し。ある朝、檻の戸が開いているのに気づき、町に出ると……。ライオンが引き起こす騒動をユーモアと風刺をきかせ描く。自在なペン運びの線画は表情豊かで洒落た味わい。

◆アフリカでびっくり

ルイーズ・ファティオ文
今江祥智 訳
BL出版　2009年
32p　26×21

ごきげんなライオンが動物園からさらわれ港へ。逃げ込んだ船が出港、着いた先はなんとアフリカ。彼を見た動物達は逃げるか追いかけるか。ライオンは途方に暮れる。

◆しっぽがふたつ

ルイーズ・ファティオ文
今江祥智 訳
BL出版　2009年
32p　26×21

自分だけひとりぼっち、とさみしがるごきげんなライオンが、サーカスの雌ライオンに一目惚れ。ある夜、彼女を動物園に連れ帰り、自分の家に隠してしまう。

◆三びきのごきげんなライオン

ルイーズ・ファティオ ぶん
はるみこうへい やく
童話館出版　2005年
32p　26×21

ごきげんなライオン夫婦に息子が誕生。将来、何になったら幸せだろう。金持ちの婦人のペットも、サーカスのライオンも務まらず、動物園に戻った息子が選んだ職業とは……。

◆ともだちさがしに

ルイーズ・ファティオ文
今江祥智,遠藤育枝 訳
BL出版　2010年
32p　26×21

ごきげんなライオンが不機嫌に。仲良しのフランソワが遠くの中学に行ってしまったから。そこで、会いに行こうと動物園を抜け出すが、おまわりさんに追いかけられることに。

◆ともだちはくまくん

ルイーズ・ファティオ文
今江祥智,遠藤育枝 訳
BL出版　2010年
32p　26×21

動物園に新しいくまが来た。ごきげんなライオンが挨拶にいくと、互いに警戒しあってうなったり吠えたりの大騒ぎ。檻を抜け出しほら穴に隠れたくまと友達になるまでを描く。

◆ごきげんなライオンのおくさん
　がんばる

ルイーゼ・ファティオ 作
清水真砂子 訳
佑学社　1981年
29p　26×21

ごきげんなライオンが骨折して入院。奥さんひとりが残され、見に来る客は激減。そこで友達のカラスたちと一計を案じ、草花を編んだたてがみで雄ライオンに変身することに。

●しろいゆきあかるいゆき

アルビン・トレッセルト さく
えくにかおり やく
ブックローン出版　1995年
32p　27×23

「しずかなよるに　ふうわり　おっとり／きたのそらから　しいんと　しろく」雪の前触れを感じる人々。一面の雪景色。そして、雪どけ……。雪の到来から春までを時を追って描写する。平明な文章と洒脱な画風で安らぎのある世界を描く。48年コルデコット賞。

◆ぼくはワニのクロッカス

今江祥智，島式子 やく
童話館出版　1995年
32p　26×21

スイートピー夫妻の農場に闖入したワニのクロッカスは、動物たちの協力で納屋に隠れるが、奥さんに見つかり驚かせてしまう。せめて親愛の情を伝えたいと、毎朝そっと花束を届ける。華やかな色彩のコラージュが活気を与える。動物たちの表情が楽しい。

◆ワニのクロッカスおおよわり

今江祥智，島式子 訳
佑学社　1980年
30p　26×21

歯痛になり、歯医者に歯を抜いてもらったクロッカス。痛みはとれたが、ご自慢の歯がすっかりなくなり、ふさぎ込んでしまう。

◆みんなのベロニカ

神宮輝夫 やく
童話館出版　1997年
32p　26×21

パンプキン農場にやってきたカバのベロニカ。でも動物たちは見なれぬ新参者に知らんぷり。すっかりしょげたベロニカは家にこもってしまう。すると病気になったと心配した動物たちが次々に声をかけにきて……。達者な線と洒落た色合いで動物の表情を愉快に描く。

◆ベロニカはにんきもの

神宮輝夫 訳
佑学社　1979年
31p　26×21

「わたし、たいくつ」とベロニカ。他の動物はみんな働いて役に立っているのに。でも大きな口を生かして人助けができると気づく。

◆ベロニカとバースデープレゼント

神宮輝夫訳
佑学社　1979年
31p　26×21

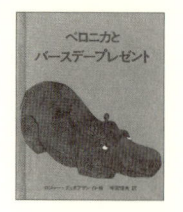

アップルグリーンさんが奥さんの誕生日に贈った子猫がパンプキン農場に迷いこみ、ベロニカと大の仲良しに。何度も引き離されるが、離れたくないベロニカは根気よく奮闘する。

●ロバのロバちゃん

くりやがわけいこ やく
偕成社　1969年
47p　26×21

自分の長い耳が変だと思いこんだロバちゃんは、犬のまねをして耳をたらしてみたり、羊のまねをして横につきだしてみたり。苦労の末に得た幸せな結論は……。幼い子の気持ちに添って無理なく進む、温かみのあるお話。登場する動物たちの表情がユーモラス。

● デュマ，フィリップ

◆まっくろローラ海のぼうけん
　（ローラのぼうけんえほん1）

末松氷海子 やく
国土社　1980年
54p　22×16

アリスが誕生日にもらった子犬ローラ。黒い毛糸玉みたいで可愛かったのに、大きくなるにつれて悪戯ばかりする一家の厄介者に。でも、海で行方不明になったアリスと弟を救い出したのは？　子どもの気持ちに添う展開。細ごまとしたペン画に、淡い水彩の仏の作品。

◆まっくろローラパリへのたび
　（ローラのぼうけんえほん2）

末松氷海子 やく
国土社　1980年
54p　22×16

両親がパリへ出かけ、姉弟は犬のローラと留守番。でも、大事な書類を届けることになり、ローラが引く小さな車に乗って出発する。

◆まっくろローラどろぼうたいじ
　（ローラのぼうけんえほん3）

末松氷海子 やく
国土社　1980年
55p　22×16

夏休み、一家は海辺にピクニックへ。楽しく過ごすが、犬のローラが怪しい洞穴を見つけた。そこには盗まれた美術品が……。

● てらしま　りゅういち
　寺島　龍一

●うみからきたちいさなひと

瀬田貞二 さく
福音館書店　1964年
27p　19×26

海から来た小さな人とは、古事記にある大空

の神の子スクナヒコナノカミのこと。昔、国造りに精を出すオオクニヌシが、小舟に乗ってやってきたスクナヒコナと出会い、技比べをしたという創作物語。十分にデッサンのきいたスケールの大きい挿絵に力がある。

● **たべられるしょくぶつ**

森谷憲 ぶん
福音館書店　1972年
23p　26×23

春、キャベツの上部を切ると、中から茎が出て、花が咲く。ねぎの花はねぎぼうず。他にすいか、落花生、人参など10種を取り上げ、種や種芋などがどのように大きくなり、食べられるようになるかを分かりやすい絵と文で伝える。身近な野菜を科学の目で見る一歩に。

● **テーンクヴィスト，マリット**

● **おじいちゃんとのクリスマス**

リタ・テーンクヴィスト文
大久保貞子訳
冨山房　1995年
33p　26×21
✽

クリスマスを祝いに、おじいちゃんの家に来たトマスは、チェコ伝統のご馳走用に市場で鯉を買う。ところが、名前をつけて可愛がるうちに情が移り……。祖父と孫との交流が温かく描かれる。季節と街、人々の暮しの雰囲気が伝わる絵。文の割合が多いので初級から。

● **デンスロウ，ウィリアム・W**

● **クリスマスのまえのばん**

クレメント・C・
ムーア ぶん
わたなべしげお やく
福音館書店　1996年
55p　29×23
▼

誰もが寝静まったクリスマス前夜。父さんが窓から見たのは、トナカイが引く小さなそり。御者は元気な小人のおじいさん。1822年に書かれた物語詩に、「オズの魔法使い」の挿絵を描いた米国の画家が絵をつけた。鮮やかな色彩の楽しげな絵に、リズミカルな訳文が合う。

● **テンペスト，マーガレット**
▼

◆ **グレー・ラビットとヘアと
スキレル スケートにいく**
（グレー・ラビットのおはなし 1）

アリスン・アトリー さく
じんぐうてるお やく
童話館出版　2003年
54p　18×15

寒い日、グレー・ラビットは、同居する大うさぎのヘアとリスのスキレルとスケートを楽しむ。帰ってみると家が荒らされ……。電気もガスもない田舎で暮らす個性的な動物たちを、繊細な水彩画と文で丹念に描いた英国の小型絵本シリーズ。初訳は評論社から全12巻。その後3巻が童話館出版より刊行された。

◆ねずみのラットのやっかいな しっぽ（グレー・ラビットのおはなし 2）

アリスン・アトリー さく
じんぐうてるお やく
童話館出版　2003 年
54p　18 × 15

グレー・ラビットの家に泥棒にはいった罰に、しっぽをお団子結びにされたねずみのラット。食べ物もとれず、日に日に痩せて、大弱り。

◆ふくろう博士のあたらしい家 （グレー・ラビットのおはなし 3）

アリスン・アトリー さく
じんぐうてるお やく
童話館出版　2004 年
58p　18 × 15

ふくろう博士の家のあったオークの大木が嵐で倒れた。グレー・ラビットたちは博士のために、3 匹それぞれ、新しい家を探しにいく。

◆グレー・ラビットパーティを ひらく（グレー・ラビットシリーズ 2）

アリスン・アトリー さく
神宮輝夫，河野純三 やく
評論社　1978 年
64p　18 × 14

農場で人間の子どもたちがパーティをしているのを目撃したグレー・ラビットたちは、パーティを開くことに。3 匹は準備に大わらわ。

◆グレー・ラビットいたちに つかまる（グレー・ラビットシリーズ 4）

アリスン・アトリー さく
神宮輝夫，河野純三 やく
評論社　1979 年
64p　18 × 14

いたちの住む＜あやしい小道＞でふしぎな盗難が相次ぐ。ついにグレー・ラビットが消えた。仲間とフクロウはかせが捜索にのりだす。

◆グレー・ラビットのクリスマス （グレー・ラビットシリーズ 5）

アリスン・アトリー さく
河野純三 やく
評論社　1982 年
64p　18 × 14

グレー・ラビットがクリスマスの買い物から帰ってきた。素敵なそりに乗って。そりには 3 匹の名前が！　スキレルもヘアーも大喜び。

◆もぐらのモールディのおはなし （グレー・ラビットシリーズ 6）

アリスン・アトリー さく
河野純三 やく
評論社　1982 年
64p　18 × 14

モールディは宝物を探しに、友達が見守る中、地下へもぐる。トンネルを進むと、昔の品々を飾った部屋が。そこはあなぐまの家だった。

◆**グレー・ラビットのおたんじょうび** (グレー・ラビットシリーズ 7)

アリスン・アトリー さく
河野純三 やく
評論社　1982 年
64p　18 × 14

6月24日はグレー・ラビットの誕生日。スキレルとヘアーはこっそりケーキを焼くことに。仲間を巻き込んで、秘密の計画が進められる。

◆**グレー・ラビットと旅のはりねずみ** (グレー・ラビットシリーズ 8)

アリスン・アトリーさく
河野純三 やく
評論社　1981 年
64p　18 × 14

グレー・ラビットは、流浪のはりねずみブラッシに出会い、その人柄に魅せられる。ヘアーとスキレルは汚いじいさんと嫌うが……。

◆**大うさぎのヘアーとイースターのたまご** (グレー・ラビットシリーズ 9)

アリスン・アトリーさく
河野純三 やく
評論社　1983 年
64p　18 × 14

3月、ヘアーはうかれて、村に行った。お店でイースターのたまごを盗み、そのおいしさにうっとり。次はちゃんとお金を持っていく。

◆**グレー・ラビットのスケッチ・ブック** (グレー・ラビットシリーズ 10)

アリスン・アトリー さく
河野純三 やく
評論社　1982 年
64p　18 × 14

野原で女の人が絵を描いていた。ヘアーが隙をみてスケッチ・ブックを盗み、仲間にみせると、絵の中に自分たちがいるので大騒ぎ。

◆**大うさぎのヘアーかいものにゆく** (グレー・ラビットシリーズ 11)

アリスン・アトリーさく
河野純三 やく
評論社　1981 年
64p　18 × 14

近くの村に赤いバスが走っていることを知ったヘアーは、それに乗って町まで買い物へ。広いお店にはピカピカの品物があふれていた。

◆**グレー・ラビットパンケーキをやく** (グレー・ラビットシリーズ 12)

アリスン・アトリーさく
河野純三 やく
評論社　1983 年
64p　18 × 14

ヘアーが見つけて磨き上げた古いフライパン。それを見たグレー・ラビットは、皆をよんでパンケーキ・パーティを開くことを思いつく。

と

た行

● トゥロートン，ジョアンナ

●天の火をぬすんだウサギ

山口文生 やく
評論社　1987年
32p　27×21

昔、地上に火がなかった頃、賢いウサギが計略をめぐらせて天の火を盗む。その火はリス、カラス、アライグマと次々渡されて……。北米先住民の火の起源伝説に、動物なぜなぜ話をからませた創作。微妙な色彩を重ねた絵はコミカルな味もあり、親しみやすい。

● ドウンズ，ベリンダ

●ししゅうでつづるマザーグース

鷲津名都江 訳
評論社　1997年
40p　29×24

イギリスの伝承童謡の中から「ハンプティ・ダンプティ」「メリーさんの羊」など48の歌を集めた絵本。柔らかな色合いの布に刺繍やアップリケをあしらった絵が表情豊かで親しみやすい。訳文もなめらかで、はじめてマザーグースに出会う子どもたちにもすすめたい。

● とくだ ゆきひさ　得田之久

◆ありのぎょうれつ

童心社　2001年
32p　21×19

巣の中から、出てきた出てきた、ありがいっぱい。行列になったありたちが、ぞろぞろぞろぞろ草の間を進んでいく。一体どこへ？ 身近な虫の暮らしを、幼い子にもわかる平明な文とくっきりした絵で描く。連作が他に3冊。小さな世界をひっそり見つめる喜びが。

◆くさむらのむしたち

童心社　2001年
32p　21×19

夏の昼間、庭の草むらに、はなむぐりが飛んできた。が、着陸に失敗し大暴れ。あわてて逃げだす虫たち。やがて静かになると……。

◆くものいえ

童心社　2001年
31p　21×19

夏の夜、くもが木の枝にぶら下がり糸を出し始めた。行ったり来たり忙しそう。次はぐるぐる糸を張る。くもの巣だ。そこへ蛾が来た。

◆みのむしがとんだ

童心社　2001年
31p　21 × 19

枝からぶら下がったみのむしは、みのから顔を出しせっせと葉を食べ、どんどん大きくなる。そして、ついに蛾になり飛んでいく。

●かまきりのキリコ

童心社　1984年
36p　21 × 23

「1983年6月4日。のぶどうの　しげみのなかで、キリコ、たんじょう。」雌かまきりのキリコの誕生から、成長し、産卵するまでを観察日記風に綴る。アルバム写真のように、大小の写実的な絵を余白を生かしてレイアウト、隠れた自然の営みを覗き見る楽しさが。

●かまきりのちょん

福音館書店　1973年
28p　20 × 27

朝、つゆくさのあいだから出てきたかまきりのちょんは、みの虫を食べ損ね、ありの群れの中にまっさかさま。あわてて逃げだしたちょんの前に、大きな獲物が。すっきりした絵と文でかまきりの1日をシンプルに描く。昆虫絵本作家として知られる作者のデビュー作。

●ドクター・スース

●王さまの竹うま

わたなべしげおやく
偕成社　1983年
46p　31 × 24

働き者のバートラム王様の楽しみは竹馬遊び。でも、遊ぶのも笑うのも嫌いなドルーン卿に竹馬を隠されて、王様は意気消沈。堤防並木を守るパトロール猫たちも怠けだし、王国は水没の危機に。大判の画面に、アメリカの漫画家による白黒赤の明快な絵を添えた絵物語。

●ぞうのホートンたまごをかえす

しらきしげるやく
偕成社　1968年
55p　29 × 22

正直者のぞうのホートンは、ある日、なまけ鳥のメイジーから、代わりにたまごを温めてくれと頼まれた。木に登ったホートンは、じっとたまごを抱き続けるが……。大判の画面いっぱいに描かれたユーモラスな絵は、ナンセンスな物語にぴったり。ぞうの表情が豊か。

●ふしぎな500のぼうし

わたなべしげおやく
偕成社　1981年
56p　31 × 24

お気に入りの帽子をかぶって町に出たバーソロミュー。王様の行列に出会い帽子を取るが、

125

取っても取っても、頭の上に帽子が現れる。王様は「いかさまこぞうをとらえよ」と命じる。白黒の大画面に描かれた、赤い帽子が印象的。巧みな展開で読者を引きつける絵物語。

ドーハーティ，ジェームズ

●アンディとらいおん

むらおかはなこ やく
福音館書店　1961年
79p　27×20

アンディは図書館で借りたライオンの本を読み耽り、祖父にライオン狩りの話を聞き、夢にも見る。翌朝、道の岩陰にいたのは本物のライオン！　足のとげを抜いてやり別れるが、後日サーカスで再会。劇的に展開する話を、黒と黄土色の躍動感溢れる絵が盛り上げる。

とみなり ただお　冨成 忠夫

●ふゆめがっしょうだん

茂木透 写真
長新太 文
福音館書店　1990年
28p　26×24

「みんなは／みんなは／きのめだよ」。落葉した木の枝に出る小さな冬芽。よく見ると、帽子をかぶった子どもがいたり、サルやウサギやコアラの顔が……。様々な連想を誘う冬芽をアップで捉えた写真に、ユーモラスで調子のよいことばを添えたユニークな写真絵本。

ドラモンド，バイオレット・H

●空とぶゆうびんやさん

白木茂 訳
講談社　1972年
33p　29×23

マスおじさんはヘリコプターに乗って空から手紙を届ける郵便屋さん。でも、ある日禁止された曲芸飛行で教会の塔に衝突、ヘリコプターは壊れ、おじさんは配達をクビに。でも奥さんは新しい仕事を思いつく。英国の小さな村の愉快なお話。軽妙な線画がぴったり。

トレ，デニス
トレ，アレイン

●3人のちいさな人魚

麻生九美 やく
評論社　1979年
32p　29×22

歌がへたな3人の人魚たち。練習しようと大声をだしたら近くを通った船が難破。人魚たちはひとり逃げ遅れた女の子を助け、無人島で一緒に遊び暮らし……。シンプルで軽快な話。明るい青緑色の地に青い線の漫画風の絵。

- ドーレア，イングリ
- ドーレア，エドガー・パーリン

●オーラのたび

吉田新一訳
福音館書店　1983年
56p　30×22

ノルウェーの森に住むオーラは、ある朝オーロラを見た途端、外へ出かけたくなる。ラップ人の集落を訪ねたり、北極海で漁をしたり。少年の旅に託し、北国の風物を描く米国の古典絵本。丸みのある線と陰影に富んだ石版画には、現代絵本にない素朴な温かさが。

●トロールのばけものどり

いつじあけみ訳
福音館書店　2000年
43p　31×23

オーラと妹たちは、森でトロールの飼うばけもの鳥に出くわした。オーラが銀ボタンをこめた銃で退治して、みんなで鳥を丸焼きに。人間も動物も精霊も大喜び。明け方、2匹のトロールが……。ノルウェー民話が素材。手織物のような風合いの絵が話を包む大型絵本。

●トロールものがたり

へんみまさなおやく
童話館出版　2001年
63p　31×23

大昔、ノルウェーの山々はトロールだけのものだった――厳しい風土が生んだ怪物を昔話風に紹介する米国の絵本。12人のお姫さまをさらって頭を掻かせる12頭、太陽の光を浴びて石になる巨人族などが次々に登場。伝承世界を大らかに伝える石版画が魅力。

●ひよこのかずはかぞえるな

せたていじやく
福音館書店　1978年
38p　29×22

毎日卵を産む雌鶏を飼うおばさんは、卵を売りにいく道々考える。この卵を売ったら雌鶏をもう2羽、ガチョウを2羽、子羊も1匹買って……。でも、空想にふけりすぎて大事な卵を落っことした！　諺を基にした笑い話。白黒とカラー交互の絵が軽快なリズムを生む。

な行

……一人の少年が、その弟といっしょに坐って、ウィリアム・ニコルソンの『かしこいビル』の本を開いたことがある。「ね、トミー、字が読めなくても、だいじょうぶだよ。」と、兄さんはいった。「順にページをあけてゆきさえすれば、絵でお話がわかるからね。」

『児童文学論』L.H. スミス

な

● ナイト，ヒラリー

● ウォーレスはどこに

きじまはじめやく
講談社　1983年
41p　24×21

ウォーレスは小さな動物園に住むオランウータン。檻の外を見物してみたくて、仲良しの飼育員フランビーさんに話を聞いては、こっそり抜け出す。デパートや博物館、野球場など、見開きに細ごまと描かれた場面からウォーレスを探す遊び絵本。漫画風の絵。

● なかがわ そうや　中川 宗弥

● ありこのおつかい

石井桃子さく
福音館書店　1968年
40p　28×22

アリのありこはおつかいの途中で道草を食い、カマキリのきりおに飲み込まれる。きりおはムクドリのむくすけに飲み込まれ、むくすけも……。入れ子になった動物たちが、逆の順に出てくるシンプルな話。繰り返される悪口もおかしい。明るい色、洒落た感覚の水彩画。

● おてがみ

なかがわりえこさく
福音館書店　1998年
27p　27×20

子ねこのにおにカード付きの真っ赤な風船が届いた。「あそびにきてね。たまこ。」でも風船はにおの手からぬけ、みけねこみーたのところへ。ところが、風船はみーたの手からもぬけ……。色鉛筆と水彩による柔らかな色合

いの絵が、楽しいストーリーとよく合う。

●こだぬき6ぴき

なかがわりえこ 文
岩波書店　1972年
83p　26×20

つきみ山のてっぺんに住む音楽家のたぬきちさんの家には、元気な子だぬきが6ぴきいる。夕方、お父さんの音楽会に出かけるまでの大騒ぎの1日をユーモラスに描く。ほのぼのとしたパステル画がぴったりの絵物語。

●こぶたのバーナビー

U・ハウリハンさく
やまぐちまさこやく
福音館書店　2006年
33p　27×20

子ぶたのバーナビーは、おばさんから風船を買うようにと6ペンスもらった。風船って、どんなものかしら？　うさぎは丸くて赤いといい、犬は八百屋に行くといいという……。幼い子向けのお話の絵本化。余白を生かした達者な描線に鮮やかな色彩がきいた絵。

●ぞうさん

まどみちおし
なかがわりえこ せん
福音館書店　1981年
24p　22×21

「ぞうさん　ぞうさん　おはながながいのね……」おなじみの表題作をはじめ、「せっけんさん」「やぎさんゆうびん」等童謡として親しまれている12編を見開きごとに収めた絵本。淡いタッチの水彩画が、詩の雰囲気に合っている。見返しに楽譜付き。

●とらたとまるた

なかがわりえこ ぶん
福音館書店　1982年
24p　22×21

とらの子とらたが丸太を見て「あ、うまだ」というと、丸太は「そりゃ、もちろんわたしはうまだ」と、とらたを乗せて走る。次に丸太はカヌーに、橋に。リズムのある文と、ラフな線に色づけした勢いのあるシンプルな絵から、ごっこ遊びの冒険の楽しさが伝わる。

●ながくら ひろみ　　長倉 洋海

●おおきな一日

坂文子文
佑学社　1994年
39p　29×22

手をつないで遊ぶラオスの難民キャンプの子どもたち、弓を持って狩りに出かけるブラジルの少年等、アジア、アフリカ、中南米12ヵ国の子どもたちを捉えた写真集。厳しい状況下にいながらも、彼らの表情は美しい。写真に添えられた短い詩のような文も温かい。

● なかたに ちよこ　中谷 千代子

●かえるのいえさがし

石井桃子，川野雅代 さく
福音館書店　1968年
27p　27×20

夏の間、田んぼで楽しく暮らしていたかえるの親子。ある日気がつけば、辺りは秋の景色。そこで、冬ごもりの穴を探しに出かける。落ち着いた色使いの背景にモノトーンで描かれたかえるの親子のクレヨン画は、どこかユーモラスで、心地よい温もりを届ける。

◆かばくん

岸田衿子 作
福音館書店　1966年
27p　20×27

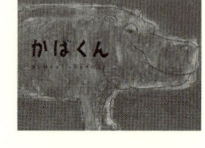

男の子が子亀を連れてやってきた。「かばよりちいさいかばのこ/かばのこよりちいさいかめのこ/かめよりちいさいものなんだ？　あぶく……」動物園のかばの1日を、詩のようにリズミカルな文章と、柔らかい中間色を使った絵で描く。ほのぼのとした雰囲気の絵本。

◆かばくんのふね

岸田衿子 さく
福音館書店　1990年
28p　19×27

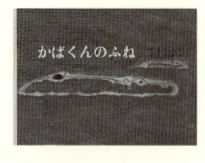

雨が降り動物園が洪水に。困った動物達は自分の子ども達を連れてきた。「のせてくれかばくん」。かばくんは舟になり、岸に向かう。

●くいしんぼうのはなこさん

いしいももこ ぶん
福音館書店　1965年
35p　21×24

子牛のはなこは放牧場で他の子牛たちを負かして女王になり、いばり放題。ある日たくさんのおいもとかぼちゃを独り占めしたら、一晩でアドバルーンのように体が膨れた！　我がままな子牛をユーモラスに描く。のどかな山の雰囲気を醸しだす、柔らかな色調の絵。

●みんなのこもりうた

トルード・アルベルチ ぶん
いしいももこ やく
福音館書店　1966年
40p　21×23

「あざらしの　こが　ねています」けれども誰もこもりうたをうたってやりません。うさぎのこにも、らいおんのこにも。では、人間の赤ちゃんには？　静かに眠る動物たちを、のびやかな油絵で描く。温かいリズムの訳文が、こもりうたのように優しく響く。

● ながの しげいち　長野 重一

●よるのびょういん

谷川俊太郎 作
福音館書店　1985年
32p　20×27

朝からおなかが痛かったゆたかが、夜になって救急車で病院へ運ばれ、盲腸の手術を受ける過程を、モノクロ写真と簡潔な文章でドキュメンタリー風に描く。緊迫感溢れる題材と、迫力ある画面で、怖いけど覗いてみたい子ど

もたちの興味を満足させる異色の人気絵本。

に

● ニコルソン，ウィリアム

● かしこいビル

まつおかきょうこ，
よしだしんいちやく
ペンギン社　1982年
25p　19×26

おばさんに招かれたメリーは、大事な玩具や旅の道具をトランクにつめて出発。ところがなんとお気に入りの兵隊人形"かしこいビル"を入れ忘れた！　ビルはメリーの汽車を追い、走りに走る。手書き文字の文と、物語を十二分に伝える雄弁な絵。英国の古典絵本。

● にしまき かやこ　　西巻 茅子

● ボタンのくに

なかむら しげおさく
こぐま社　1967年
41p　20×22

うさぎのぬいぐるみの目だった赤いボタンが取れてしまった。コロコロコロコロ転がって、着いたところはボタンの国。五つ子の黄色いボタンと出会い、遊園地に出かけた。柔らかな色使いの絵から、素朴な温かさが伝わる。

● まこちゃんのおたんじょうび

こぐま社　1968年
29p　20×22

3歳の誕生日にたくさんプレゼントをもらった、まこちゃん。皆に見せようと外に出たら、動物達が困っているので、次々と貸してしまう。夕方その動物達がやってくる。クレヨン画の風合いを生かしたリトグラフ。金茶と赤の組み合わせがお洒落で優しい雰囲気。

● もしもぼくのせいがのびたら

こぐま社　1980年
39p　25×20

もしも背が伸びたらと考えながら眠りにつくたろう。ベッドの中で背はぐんぐん伸びていく。天井も屋根も突き抜け、川も山もひとまたぎ、入道雲と背比べ、ついにお日さまに近寄りすぎて……。白地に黒の線、黄緑と青が映えるすっきりした絵が空想の世界を広げる。

● わたしのワンピース

こぐま社　1969年
43p　20×22

天から落ちてきたまっ白い布で、子うさぎがワンピースを作る。「ラララン ロロロン わたしに にあうかしら」それを着て花畑へ行くと花模様、草原では草の実模様に変わり、その実を小鳥が食べにきて……。明るい色ののびやかな絵。リズミカルなくり返しも楽しい。

● にしむら しげお　西村 繁男

● おおずもうがやってきた
（かがくのとも 154）

福音館書店　1982 年
28p　25 × 23

たけしの住む島に大相撲が巡業にきた。力士の到着から稽古、待望の取組み、そして次の土地に向かうまでを、熱気が伝わる絵と共に丁寧に説明。土俵づくりや本場所では見られない出し物なども紹介され、楽しめる。ひと昔前の力士が登場するが、今も子どもに人気。

● おふろやさん

福音館書店　1983 年
32p　27 × 20

あっちゃんは家族でお風呂屋さんにでかける。破風のある建物、暖簾、壁の富士山の絵。沢山の広告、はしゃぐ子どもたち……。お風呂を出てお父さんと牛乳を飲み、外でお母さんと赤ちゃんを待つ。60 年代まで一般的だった風景を、時代のもつ温もりと共に映し出す。

● なきむしようちえん

長崎源之助 作
童心社　1983 年
39p　25 × 26

入園当初は泣いてばかりいたみゆき。でも、少しずつ園の生活を楽しむようになる。お泊まり保育、いもほり、そり遊び等、1 年の行事を追いつつ女の子の成長を描く。少し泥臭いが温かみのある絵から、園の日常や子ども達の様子がよく見えて親しみを感じられる。

● にちよういち

童心社　1979 年
47p　25 × 26

高知市、並木のある大通りで、日曜日毎に開かれる市。おばあちゃんと孫娘あっちゃんは、野菜を買ったり顔見知りと話したりしながらゆっくりと歩いていく。市のにぎわいが画面いっぱいに丹念に描かれ、子どもたちは隅々まで楽しむ。土佐弁での会話が味わい深い。

● やこうれっしゃ

福音館書店　1983 年
32p　20 × 27

夜上野発、翌朝金沢着の夜行列車。乗客でにぎわう駅構内、夜更けと共に静まる車内、そして終着駅へ、時間を追って画面は進む。起伏のある物語展開はないが、読者も旅をしている気分になる。横長の頁を生かして描いた車内の断面に、旅の様子と人情がよく出ている。

● **ニューベリー，クレア・ターレイ**

●クリスマスのこねこ

光吉夏弥訳
大日本図書　1988年
36p　24×19

8歳の女の子チャッティがひとりで留守番をしていると、ドアを引っ掻く音が。子猫だった。チャッティはバベットと名付けてかわいがるが……。猫の画家として有名な絵本作家1937年の作。縦書きの文章の幼年童話の造本。墨絵風の絵が柔らかな毛並みを表現。

ぬ

● **ぬまた さなえ**　沼田 早苗

●ぼくのおじいちゃんのかお

天野祐吉文
福音館書店　1992年
24p　22×21

「おじいちゃんは、よくわらう」「あ、またねてら」など孫のことばを右頁に、左頁には大写しのおじいちゃんの顔。とぼけてみたり、遠くを見ていたり。生きてきた長い長い時間を感じさせる、名優加藤嘉の味のある表情が集まる写真絵本。何度見ても飽きない。

● **ぬまの まさこ**　沼野 正子

●おばけのひっこし

さがらあつこ文
福音館書店　1989年
32p　26×21

今は昔、子沢山のおとどが広い家を探して京の町中へ。ところが、見つけた家にはお化けが住むという。夜更け、噂どおりお化けが次々現れるが、おとどは一向に驚かない。遊び心のある絵。のびのびと大胆な筆遣いで、とぼけたお化けたちを描き、おかしみがある。

●さらわれたりゅう──
　今昔物語より

福音館書店　1974年
32p　20×27

昔、日照りになると、村人たちは池にすむ竜に雨乞いをした。それをやっかんだ天狗はトンビに化け、小蛇になって昼寝をしていた竜をさらい、岩の隙間に閉じ込めた。その上、雨乞いをする坊さんまで……。水墨画風の絵が今昔物語の世界をダイナミックに伝える。

の

な行

● **のぐち やたろう**　野口 彌太郎

● **まいごのふたご**

あいねす・
ほーがん おはなし
石井桃子 やく
岩波書店　1954年
57p　21×17

カンガルーのふたご、いたずらっこのきっぷとおとなしいきむ。おかあさんのいいつけを守らず、遠くにいってしまったきっぷが怖い目にあって良い子になる話と、象のふたごが迷子になる話を収載。2話とも教訓話だが、素直な文と絵で、楽しめる。

● **ノッツ，ハワード**

● **かぜはどこへいくの**

シャーロット・
ゾロトウ さく
まつおか きょうこ やく
偕成社　1981年
30p　24×19

「どうして、ひるはおしまいになってしまうの？」「かぜはやんだら、どこへいくの？」小さな男の子の中に次々とわき上がる疑問に、おかあさんはやさしく簡潔に答えていく。柔らかな響きの詩的な文章と墨一色の繊細な絵。静かで地味だがどこか懐かしさを感じさせる。

● **ふゆねこさん**

まつおか きょうこ やく
偕成社　1977年
31p　19×18

ひらひら降ってくる初雪。夏の野原で生まれた灰色ねこは、茂みの中で体を震わせ、子どもたちの歓声を聞く。やがて真冬になり、寒さに戸惑うねこは、家へと誘う子どもたちの呼びかけに……。静かな文章と細やかな墨一色の絵が心に残る米国の佳作。

● **ノルドクビスト，スベン**

● **トムテンのミルクがゆ**

岸野郁枝 訳
宝島社　1993年
24p　22×30

カールソン家の納屋に住む守り神、小人のトムテン一家は、クリスマス・イブにもらえるはずのミルクがゆを今や遅しと待っている。でも、出てこない。小人たちの機転のきいた行動や、壁のなかの快適な暮らしぶりが伝わる北欧の作。細部まで描き込まれた楽しい絵。

● **フィンダスのたんじょうび**

すどう ゆみこ 訳
宝島社　1993年
23p　31×22

農夫のペテルソンさんは、飼い猫フィンダスの誕生日ケーキ作りを始めるが、肝心の粉がない。粉を買いにいこうと自転車に乗ればパンクを発見。修理道具は納屋の中だが鍵がな

い……。ドタバタ劇を漫画風の水彩画で描いたスウェーデンの愉快な作品。

● ノールベルグ，ハーラル

● リーベとおばあちゃん

ヨー・テンフィヨール 作
山内清子 訳
福音館書店　1989 年
35p　23 × 25

春まで陽が射さないノルウェーの山村。復活祭の朝、山の上で太陽が踊るとき願い事をすると叶うんだよ。そう教えてくれた祖母の病気がよくなるように、少女リーベは父と夜明けの山へ向かう。冬の薄闇と春の光を際立たせた絵が少女のひたむきさと響き合う。

は行

> 子どもたちは、私たちと同様、自分の心でものを見たがります。想像力というこの貴重な資質は、ゆっくり発達させなければなりませんし、経験という栄養を与えられて育てられなければなりません。よい絵本は経験そのものです。
>
> 『庭園の中の三人』マーシャ・ブラウン

は

● ハイルブローナー, ジョーン

● おかあさんたんじょうび おめでとう！

なかやまともこやく
旺文社　1977年
64p　23×16

今日はお母さんの誕生日。幼い兄弟はプレゼントを買いに出かけるが、持っているお金で買えるものはなかなか見つからない。でも、あちこちのお店で色々なものをただでもらって……。素直でほほえましい話。柔らかなタッチの絵が合う。

ハインリヒ, リヒャルト
→ p75 『うさぎ小学校のえんそく』

● パーカー, ナンシー・ウィンスロー

● あした、がっこうへいくんだよ

ミルドレッド・カントロウィッツぶん
せたていじやく
評論社　1981年
32p　18×18

「おやすみ、ウィリー」「あした、きみがっこうへいくんだよ」「まだ、おきてる？」くまのぬいぐるみウィリーを励ましながら眠りにつく、入学前夜の男の子の気持ちを自然に描く。線画に淡く彩色した絵。地味だが愛らしい小型絵本。

● ハグブリンク, ボディル

● ゆきとトナカイのうた

山内清子訳
福武書店　1990年
61p　31×23

北極圏のラップランドでトナカイと共に暮らす人々。広大な高原を移動するテント生活、ジープやスノーモービルを使いつつも、大自

然の中で昔ながらの生活を続ける様子を、5歳の女の子の言葉で語る。真っ白な雪景色に民族衣装の赤青、トナカイの茶が印象的な絵。

● ハーシュ，マリリン

● リーラちゃんとすいか

マヤ・ナラヤン ぶん
おかべ うたこ やく
ほるぷ出版　1976年
32p　29×22

インドの女の子リーラはすいかが大好き。ある日、種まで飲み込んでしまい、兄さんに「お腹の中にすいかがなるぞ」といわれて心配でたまらなくなる。主人公の気持ちに沿って展開する話に、地方色豊かでのびやかな絵がよく合う。著者はインド滞在体験のある米国人。

● ハース，アイリーン

● わたしのおふねマギーB

うちだ りさこ やく
福音館書店　1976年
32p　24×26

自分の名前のついた船で海を走りたい。願いは叶い、目を覚ましたマーガレットは船の中にいた。かいがいしく掃除に料理、弟のお世話をする少女の表情はなんとも誇らしげ。温かい雰囲気のカラー挿絵と想像をかき立てられる白黒の挿絵が交互に並ぶ。

● バスネツォフ

● 3びきのくま

トルストイ ぶん
おがさわら とよき やく
福音館書店　1962年
17p　28×23

森の中の家に住む大きいお父さんぐまと中くらいのお母さんぐまと小さいこぐま。3匹の散歩中に女の子が家に入ってきて……。文豪トルストイによる再話。くり返しの言葉と共にくま達のロシア名も子どもに人気。民族色豊かな絵がロシアの深い森の雰囲気を伝える。

● バックス，ペッツィー

● フィーンチェのあかいキックボード

のざか えつこ やく
BL出版　2000年
31p　20×26

女の子フィーンチェは赤いキックボードにのって町をシューン。わーっ！　買物袋を提げたおじさんにぶつかった。品物はバラバラ。拾い忘れたクッキーを渡そうと後を追うが、曲がり角にはおでぶの犬が！　洒脱な描線と水彩が軽快な動きを感じさせるオランダの作。

● ヤンとスティッピー

のざかえつこ やく
ブックローン出版
1996年
48p　20×26

駅員の若者ヤンは踊りが大好き。仕事中もつい踊ってしまい、駅から追い出されてしまう。が、公園で出会った捨て犬スティッピーと一緒に踊り、一躍町の人気者になる。軽やかで柔らかい雰囲気を醸しだすペン画と水彩。

● ハッチンス，パット

● いくつかくれているかな？──
　動物かずの絵本

偕成社編集部 文
偕成社　1984年
24p　26×21

ジャングルの中を1人のハンターが、鉄砲を構えて進んでいく。すると、木陰に2頭の象、次には3頭のキリン……と、1頭ずつ増えたいろいろな動物が、隠れてハンターを待ち受ける。ハッチンス独特の装飾的な凝った絵で、数の絵本にさがし絵の面白さを加味している。

● おたんじょうびおめでとう！

わたなべしげお やく
偕成社　1980年
32p　26×21

今日はサムくんのお誕生日。ひとつ大きくなったのに、灯りのスイッチに手が届かないし、たんすの服にも、流しの蛇口にも届かない。そこへおじいちゃまの贈り物が届く。繰り返しの手法を用い、子どもの心をホッとさせるストーリー。暖色系の色彩がお話にぴったり。

● おまたせクッキー

乾侑美子 やく
偕成社　1987年
24p　21×26

お母さんの焼いたクッキーを兄弟2人で分けていると、「ピンポーン」、ベルが鳴り、友だちが2人。4人で食べようとすると……。ベルが鳴る度に分け前は減るが、最後はクッキーを持参したおばあちゃんの登場でめでたく終わる。繰り返しも面白く、絵もユーモラス。

● おやすみみみずく

わたなべしげお やく
偕成社　1977年
34p　25×21

みみずくが、あーねむたい。昼間、蜂がぶんぶん、りすがカリカリ、からすがカーカーうるさいから。やっと暗くなってみんなが眠ると、今度はみみずくが「ぶっきょっこー」とみんなを起こす。色彩と構成がすばらしい絵。英国のK・グリーナウェイ賞作家72年の作。

◆ せかい一わるいかいじゅう

乾侑美子 やく
偕成社　1990年
24p　21×26

怪獣の女の子ヘイゼルに弟ができた。親達は「世界一悪い怪獣になるぞ」と期待し、弟が

悪さをする度に大喜び。気に食わないヘイゼルは……。年下のきょうだいへの嫉妬をテーマにした幼い子の共感をよぶ話。黄緑色の怪獣の姿はグロテスクなようで実にユーモラス。

◆いたずらかいじゅうはどこ？

いぬい ゆみこ やく
偕成社　1991年
32p　21×26

ヘイゼルのおばあさんが来て「世界一悪い坊やはいるかい？」皆で弟ビリーを捜すと、台所も居間も浴室も散らかり放題、足跡だらけ。

◆いたずらかいじゅうビリー！

いぬい ゆみこ やく
偕成社　1993年
32p　21×26

ヘイゼルは自分の真似をしたがる弟に閉口。何をしていても「ぼくも！」すると、遊びかけの人形の家も積木も、たちまちバラバラに。

◆いたずらビリーとほしワッペン

いぬい ゆみこ やく
偕成社　1995年
32p　21×26

幼稚園に行きたくないと泣くビリー。絵具を投げつけたり、歌の時間にどなったりするが、逆に怪獣らしくてよいと褒められ、ご満悦。

◆ティッチ

いしい ももこ やく
福音館書店　1975年
32p　26×21

ティッチは小さな男の子。兄さんと姉さんが大きい自転車を持っているのに自分は小さな三輪車、兄さんたちは高く上がる凧を持っているのに自分は小さなかざぐるま。でもティッチのまいた種は……。結末の逆転が満足を誘う。ペン画に落ち着いた色彩の現代的な絵。

◆ぶかぶかティッチ

いしい ももこ やく
福音館書店　1984年
32p　27×21

兄姉のお下がりばかり着せられていた末っ子のティッチ。弟が生まれると、大得意で赤ちゃんに自分の小さくなった服を差し出す！

◆きれいずきティッチ

つばきはら ゆき やく
童話館　1994年
32p　26×21

兄姉の部屋は散らかり放題。ティッチは片づけを手伝うが、姉さんの玩具も、兄さんの宇宙服も、いらなくなったものは全部……。

は行

●ロージーのおさんぽ

わたなべしげおやく
偕成社　1975年
30p　21×26

お散歩に出ためんどりのロージーを背後からきつねが狙う。ところがいつも間が悪く、飛びかかろうとすると鋤の柄にぶつかるわ、池に落ちるわ。最後は蜂の巣箱に体当たり。黄、オレンジ色を基調とした様式化された絵は、動物たちの表情もよくとらえる。68年処女作。

はつやま しげる　初山 滋

●おそばのくきはなぜあかい──にほんむかしばなし

石井桃子文
岩波書店　1954年
56p　21×17

寒い日、おそばと麦は見知らぬ老人に、川の向こう岸までおぶってほしいと頼まれた。麦は断るが、おそばは冷たい水の中を足を真っ赤にして渡る、という表題作の他、「おししのくびはなぜあかい」「うみのみずはなぜからい」の3編の昔話を収録。抽象的でモダンな絵。

●ききみみずきん

木下順二文
岩波書店　1956年
60p　21×17

孝行息子の藤六は、父の形見の頭巾を被って動かすと、鳥や木の話す言葉がわかると気づく。早速、長者の娘の病を治す方法を耳にし……。表題作の他、「うりこひめとあまんじゃく」も収載。柔軟な筆遣いの絵が、日本の昔話のもつゆったりとした空気によく合う。

●たなばた

君島久子再話
福音館書店　1976年
28p　20×27

牛飼いに着物を隠された織姫は、天へ戻れず彼の妻に。子も授かり、人間界で幸せに暮らすが、王母さまの怒りを買い、連れ戻される。牛飼いと子ども達は織姫を追っていく。中国の七夕伝説の絵本化。淡い水彩で描かれた気品漂う絵が、物語の雰囲気を詩的に伝える。

バーディック，マーガレット

●ボビーとそらいろのヨット──カエデのもりのものがたり

わたなべしげおやく
童話館出版　1995年
32p　18×21

アナグマさんのお店に飾られた、素敵なヨットの模型。「いいものと交換します」の札を見たカワウソの坊やは、きれいな落葉やおいしいニレの小枝を持っていくが……。幼い子の共感を誘う素直な話に、細かな描きこみが楽しい小型絵本。原書は1986年アメリカ刊。

ハード，クレメント

●おやすみなさいおつきさま

マーガレット・ワイズ・
ブラウンさく
せたていじやく
評論社　1979年
32p　18×21

「おやすみくまさん」、「おやすみてぶくろ」、こうさぎがベッドにはいり、子どもべやの品々に順々におやすみのあいさつをして眠りにつくまでを描く。文章は詩的で短い。絵は、月の光に照らされて刻々と変化していく部屋の様子を巧みに描いている。

バード，マルカム

●魔女図鑑──
　　　魔女になるための11のレッスン

岡部史訳
金の星社　1992年
95p　27×24

魔女にふさわしい家は？　占いの仕方、魔法のかけ方は？　ファッションは？　魔女のすべてを漫画風のイラストで紹介する。使い古された雰囲気の表紙、巻末に索引付、細部までユーモア溢れる本作り。ぞっとするような魔女の暮らしぶりについ引き込まれてしまう。

バートン，バイロン

●うちゅうひこうしになりたいな

ふじたちえ訳
インターコミュニケーションズ　1998年
32p　23×26

宇宙飛行士になりたい。スペースシャトルに乗って飛んでいくんだ。逆立ちで宇宙食を食べ、人工衛星の故障を直し、宇宙基地の組み立てもする。宇宙飛行士への憧れの視点から、その仕事を描く。太い黒の線と、青色が主調の鮮やかな絵が宇宙の広がりを感じさせる。

●きょうりゅうきょうりゅう

なかがわちひろやく
徳間書店　2000年
32p　22×25

「おおむかし／きょうりゅうがいた／つののはえたきょうりゅう／とげのはえたきょうりゅう……」単純でリズミカルなことばと、色鮮やかな絵で、太古の世界を大らかに再現した絵本。トリケラトプス等、代表的な恐竜の名前も覚えられ、ごく幼い子から楽しめる。

●とべ、カエル、とべ！

ロバート・カランぶん
松川真弓やく
評論社　1988年
32p　21×26

カエルは池から飛び上がったトンボを狙う。「とべ、カエル、とべ！」ところが、今度はカエルが魚に狙われて再び「とべ、カエル、とべ！」カエルに危険が迫る度にくり返され

る掛け声。大胆に描かれたベタ塗りの絵がシンプルな話とよく合い、不思議な魅力を放つ。

●はたらくくるま

あかぎかずまさ 訳
インターコミュニケーションズ　1999年
32p　23×26

工事現場で活躍する車と作業員たちの様子を、ごく幼い子向けに描いた、のりもの絵本。クレーンで古いビルをこわし、ブルドーザーで木をどけて、それをトラックにのせてゴミて場へ……。リズミカルな文章、鮮やかな配色で単純にデザイン化した絵は力強い。

●ほね、ほね、きょうりゅうのほね

かけがわやすこ 訳
インターコミュニケーションズ　1998年
31p　23×26

「ほねはないか、ほねはないか、ほねをさがしてあるく」。シャベルやツルハシを手に化石を探す人たち。あった！　発掘から博物館での骨格復元までを、簡潔な文章とシンプルだが力強い絵で描く。恐竜の初歩的知識を、わくわくする発見の喜びと共に伝える米の作品。

●バートン, バージニア・リー

●いたずらきかんしゃちゅうちゅう

むらおかはなこ やく
福音館書店　1961年
45p　31×23

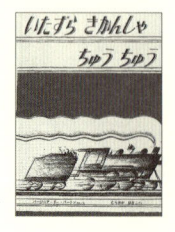

小さな機関車ちゅうちゅうは、ある日、重い客車を外して突然逃げ出した。信号も踏切も無視、好き勝手に走ってみたが……。画面いっぱいに描かれた木炭画は、ダイナミックでスピード感にあふれ、活気ある物語と相まって子ども達を強く惹きつける。米の古典絵本。

●ちいさいおうち

いしいももこ やく
岩波書店　1965年
40p　24×25

静かな田舎にたつ小さいおうちは、四季折々の自然を眺め、幸せに暮らしていた。ところが、年と共に田舎は町となり、小さいおうちは大都会のビルの谷間に埋もれ……。細やかな美しい絵で、四季の変化を丹念に描きながら、時の流れを詩情豊かに表現する。

●ちいさいケーブルカーのメーベル

かつらゆうこ,
いしいももこ やく
ペンギン社　1980年
44p　24×25

サンフランシスコ名物のケーブルカーが時代

遅れだと廃止されかかるが、熱心な市民の住民投票でバスと共存していくことになる。ケーブルカーの構造や民主主義の原理をわかりやすく伝える。緻密に描きこまれた装飾的な絵は眺めるだけでも楽しい。

●はだかの王さま

ハンス・クリスチャン・アンデルセン作
乾侑美子訳
岩波書店　2004年
48p　24×19

新しい服が何より好きで、きれいに着飾るためなら時間もお金も惜しくない。そんな王さまの前に、魔法の布を織るという機織りが現れ……。アンデルセンの有名な話に軽妙洒脱な絵をつけた。ユーモラスで流れるような動きをもった繊細な絵が美しい。

●はたらきもののじょせつしゃ　けいてぃー

いしいももこやく
福音館書店　1978年
40p　23×26

真っ赤な除雪車けいてぃーは、町を埋め尽くす程の大雪の中を出動し、通りの雪をかきのけていく。白一色だった画面に次々建物が現れ、車が走り、町が再生していく様子が見事。男の子に人気で、描きこまれた細部まで楽しむ。白地に赤と水色がきいた美しい絵本。初版は、やや小ぶりの判型で1962年に刊行。

●マイク・マリガンとスチーム・ショベル

いしいももこやく
童話館　1995年
48p　23×25

蒸気で働くパワーショベルのメアリ・アンは、新式作業車が発明されたため、都会ではお払い箱。そこで持ち主のマイク・マリガンとともに田舎町へ行き、市役所の地下室を1日で掘りあげる仕事に挑戦する。原書初版は1939年だが、躍動感あふれる画面は今なお新鮮。

●名馬キャリコ

せたていじやく
岩波書店　1979年
58p　17×21

キャリコはめっぽう頭が切れ、とびきり足の速い名馬。命の恩人カウボーイのハンクと共に、悪人相手に獅子奮迅の大活躍。ふんだんに盛り込まれたダイナミックな白黒の版画と生きのよい文で最後まで引きつける。展開ごとに地色が変わるデザインも洒落ている。

はなぶさ　しんぞう　英 伸三

●みず

長谷川摂子文
福音館書店　1987年
28p　26×24

いろんなところにみず、みず、みず。雨、プール、川、海、滝……と様々に姿を変える水の光と影、水に戯れる子どもたちの表情をい

143

きいきと捉えた写真絵本。ゆぁあん、よぁあん、うっくん、どっくんなど水の音を効果的に表現した詩的な短文もきいている。

● **バーニンガム，ジョン**

◆ **ガンピーさんのふなあそび**

みつよしなつややく
ほるぷ出版　1976年
32p　26×26

川辺に住むガンピーさん。舟で出かけると、子どもやウサギ、ネコ、ブタや羊までが次々乗りたがる。おとなしくしているなら、と乗せてやるが……。抑えた色調の柔らかなタッチの絵が、のどかでとぼけた味わいを醸し出す。1971年ケイト・グリーナウェイ賞受賞作。

◆ **ガンピーさんのドライブ**

みつよしなつややく
ほるぷ出版　1978年
32p　26×26

ガンピーさんが車で出かけると、子どもや動物たちがどやどや乗りこんでくる。お日さまが輝き、エンジンもいい調子だったが……。

● **クリスマスのおくりもの**

長田弘やく
ほるぷ出版　1993年
40p　31×27

袋の底に配り忘れた贈り物を見つけたおじいさんサンタ。疲れた体に鞭打って飛行機、ジープ、バイク……と乗り継いで、貧しい子どもの住む遠い山に向かう。次々に乗り物を替える生真面目なサンタが何ともいえずおかしい。コラージュの手法が味わい深い大型絵本。

● **たいほうだまシンプ**

おおかわひろこやく
ほるぷ出版　1978年
32p　27×22

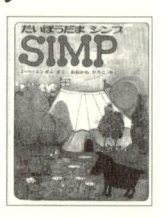

みにくいために捨てられた小犬のシンプは、サーカスのピエロのおじさんに拾われる。おじさんは曲芸に新たな工夫をするよう言われて困っていた。そこでシンプが大砲玉の代わりになってみると……。微妙な色を重ねた味わいのある絵が内容に合っている。

● **バラライカねずみのトラブロフ**

せたていじやく
童話館出版　1998年
32p　28×22

酒場に住んでいるねずみ一家の子トラブロフは、音楽が大好き。大工ねずみにロシアの伝統の楽器であるバラライカをつくってもらい、ジプシーの楽士たちについて旅に出る。絵具

を塗り重ねた深みのある色調の絵が、北の国の美しさや風俗を映し出している。

● ボルカ——
　　　はねなしガチョウのぼうけん

きじまはじめやく
ほるぷ出版　1993年
32p　27×21

生まれつき羽のないがちょうのボルカは、お母さんに灰色の毛で羽を編んでもらう。冬になると仲間も旅立つが、飛び方を知らないボルカは、乗り込んだ船の中で優しい犬に助けられて……。筆遣いに勢いの感じられる初期の作品。1964年K・グリーナウェイ賞受賞。

● パーノール，ピーター

● アニーとおばあちゃん

ミスカ・マイルズ作
北面ジョーンズ和子訳
あすなろ書房　1993年
48p　24×22

ナバホ・インディアンの少女アニーは、大好きなおばあちゃんから自らの死が近いことを告げられ、何とかその時をのばそうとするが……。すべての生き物は大地から生まれ大地へ帰るという、インディアンの死生観を静かに語りかけた絵本。繊細で硬質なペン画。

● ばば のぼる　　馬場 のぼる

● 絵巻えほん 11ぴきのねこ
　　マラソン大会

こぐま社　1984年
1枚　31×31

11ぴきのねこがマラソン大会に出場。スタートからゴールまでの選手たちの健闘ぶりは勿論、沿道の様子から、マラソンに関係のない町の隅々のドラマまで、細ごまと描きこんだ遊び心溢れる絵巻。絵本の形に折ってあるが、伸ばして横一枚の絵としても楽しめる。

◆ かえるがみえる

まつおかきょうこさく
こぐま社　1975年
39p　18×18

「かえるがみえる／かえるにあえる」のように"かえる"に"える"のつく動詞を添えた短文だけで話が進む、ナンセンスな絵本。リズミカルな文章と線画で表情たっぷりに描かれたかえるたちの絵がぴったり合う。幼児から中学生まで幅広い年齢の子に人気がある。

◆ いまはむかしさかえるかえるの
　　ものがたり

まつおかきょうこさく
こぐま社　1987年
47p　20×22

『かえるがみえる』と手法は同じだが、今度

145

は時代物。いばりかえる殿様がえるが、あることをきっかけに"こころいれかえる"まで。

●きつね森の山男

こぐま社　1974年
47p　27×19

人のいい山男がねぐらを求めて入った森では、きつね達が毛皮を欲しがる殿様と戦争中。きつね軍として訓練に駆り出された山男だが、好物の大根作りの方が気になって……。ふろふき大根のおかげで、大団円に。とぼけた味の物語に、飄々とした絵が合っている。

◆11ぴきのねこ

こぐま社　1967年
39p　27×19

11匹ののらねこはいつもおなかがぺこぺこ。山向こうの湖に怪物のように大きな魚がいると聞いて出かけるが……。画面一杯に動き回るねこ達の姿がユーモラス。「ニャゴニャゴ」等の擬音やテンポのよい語りが、大らかなタッチの漫画風の絵とぴったり合う。

◆11ぴきのねことあほうどり

こぐま社　1972年
39p　27×19

コロッケの店を開いた11匹。コロッケに飽きて、鳥の丸焼を食べたいと思っていると、1羽のあほうどりがコロッケを買いにきた！

◆11ぴきのねことぶた

こぐま社　1976年
43p　26×19

11匹は空き家を手に入れる。訪ねてきたぶたに協力して新しい家を建ててやるが、結局、そちらを自分達のものにしてしまう。

◆11ぴきのねこふくろのなか

こぐま社　1982年
43p　27×19

遠足に出かけた11匹。禁止の札を無視して花を摘んだり、木に登ったり。入るなと書かれた袋に入ったら、化け物ウヒアハに捕まった。

◆11ぴきのねことへんなねこ

こぐま社　1989年
39p　27×19

11匹の前に水玉模様のねこが現れる。破れ傘をさし、丘向こうの変な家に住み、口調も独特。魚釣りがうまいとわかるが、その正体は？

◆11ぴきのねこどろんこ

こぐま社　1996年
39p　27×19

11匹のねこは、山の中で恐竜の子が泥遊びをしている姿を見た。翌日、その恐竜が、崖から落ちたところを助けて仲良くなる。

◆ぶたたぬききつねねこ

こぐま社　1978年
39p　18×18

漫画家としても知られる著者による、しりとり遊びの絵本。おひさま、まど、どあ、あほうどり、りんご、ごりら……と続くことばに合わせ、思わず笑い出してしまうような絵が描かれている。ちょっと意表をつく展開もあり、子どもはあれこれ想像しながら楽しむ。

◆ぶたたぬききつねねこ　その2

こぐま社　1981年
39p　18×18

ぶた、たぬき、きつね、ねこの他、スカンクやマントヒヒなど、みんなで十五夜のお祝いをする、お話仕立てのしりとり遊び絵本。

◆こぶたたんぽぽぽけっととんぼ

こぐま社　1990年
39p　20×22

こぶた、まめだぬき、こぎつね、こねこが登場。たんぽぽを摘んだり、スケートボードに乗ったり。前2作と同じ趣向のしりとり絵本。

●ぶどう畑のアオさん

こぐま社　2001年
31p　27×19

馬のアオさんが夢で見たぶどう畑が本当にあった。次の日友だちと食べにいくと、オオカミが柵をつくってひとり占めにしていた。人のいいアオさんと仲間たちのほのぼのとしたやりとりがおかしい。20年前の作品を温かく澄んだ色合いで描き直した遺作。

● ハモンド，エリザベス

● まどそうじやのぞうのウンフ

アン・ホープさく
いしいももこやく
福音館書店　1979年
32p　15×19

青い服を着て、白いぽちぽち模様のついた赤いスカーフを首に巻いた象のウンフが、ベルのついたまっかな三輪車に乗り、家々を巡り窓ガラス拭きの仕事をする。単純なストーリーだが、子どもの喜ぶ細部をきちんとおさえている。明るい色の絵、小型の判型も魅力。

● はやし あきこ　林 明子

● いもうとのにゅういん

筒井頼子さく
福音館書店　1987年
32p　27×20

いつもあさえの大事なお人形を勝手に持ち出していた妹が、盲腸炎で突然入院。母も付添いで不在になり、あさえはひとりで不安な思いをする。その一晩でちょっぴり"おねえさん"に成長する少女の姿を描く。少し甘いが、明るく柔らかい色調に都会的雰囲気の絵。

● おふろだいすき

松岡享子作
福音館書店　1982年
40p　26×27

ぼくが玩具のアヒルと一緒におふろにはいっていると、湯舟の底から大きなカメが顔を出した。続いて双子のペンギンにオットセイ、なんとカバや鯨まで現れて……。日常の出来事に、とてつもない空想を織り込んだおかしな話。絵ものびやかで明るい。

● かみひこうき

小林実ぶん
福音館書店　1976年
23p　26×23

尖った形に折った紙飛行機はまっすぐ、翼の広いのはすいーっと環をかいて飛ぶ。折り方を考えよう。翼の両側を折るとバランスがいい、墜落するのは翼の先をあげてごらん。希望通りに飛ばすための工夫を伝授。挿絵は分かりやすく、子どもと紙飛行機の世界を描く。

● きょうはなんのひ？

瀬田貞二作
福音館書店　1979年
32p　25×22

「ケーキのはこをごらんなさい」「つぎはげんかん、かさたてのなか」まみこが指示する不思議な手紙を追ってお母さんは家じゅうぐるぐる。さて、その手紙を全部並べると……。宝探しの趣向で展開するほのぼのした話。柔

らかい色調で家の内外を細ごまと丁寧に描く。

●とんことり

筒井頼子 さく
福音館書店　1989年
32p　20×27

家族と知らない町へ引っ越してきたかなえ。郵便受けから〝とんことり〟と音がして、行ってみると玄関にはすみれの花束が落ちていた。次の日も同じ音がして、今度はたんぽぽ。友だちを求める幼い子どもの気持ちをやさしく描いた絵本。絵も話に合っている。

●はじめてのおつかい

筒井頼子 さく
福音館書店　1976年
32p　20×27

5歳の女の子みいちゃんは、ママに、赤ちゃんの牛乳をひとりで買ってきてと頼まれる。途中の坂で転んでお金を落としたり、お店のおばさんに気づいてもらえなかったり。初めてひとりでお使いに行く幼い子の緊張と達成感が伝わる。明るい色彩の絵。

●びゅんびゅんごまがまわったら

宮川ひろ 作
童心社　1982年
48p　21×22

冬、小学校の遊び場で1年生のこうすけが骨折したため、遊び場に鍵がついた。春、鍵を開けてと頼むこうすけ達に新校長はびゅんびゅんごまを回せたら開けるという。早速練習し、回して見せるが……。のびのびと遊ぶ子ども達と校長の交流を描く。作者は元教師。

●バラジ，T

●マンゴーとバナナ──まめじかカンチルのおはなし

ネイサン・クマール・スコット 文
なかがわちひろ 訳
アートン　2006年
32p　29×22

まめじかカンチルと猿のモニェは楽に食べものを手に入れるため、マンゴーとバナナの木を植えた。でも実が食べ頃になると、木登りの得意なモニェが食べ放題。そこでカンチルは考える。頓知のきいたインドネシアの昔話。インド伝統の布染色による絵が美しい。

●パラン，ナタリー

●まほうつかいバーバ・ヤガー──ロシア民話

松谷さやか 再話
福音館書店　1987年
27p　24×21

娘は継母に伯母の所へ使いにやられるが、そこは魔法使いバーバ・ヤガーの家だった。食べられそうになり、猫や犬に助けてもらって逃げ出すが……。ウクライナ出身の画家の絵は、切り絵のようなすっきりした形と抑えた色使い。洒落た中に愛らしさが出ている。

● バリー，ロバート

● おおきいツリーちいさいツリー

光吉夏弥 やく
大日本図書　2000年
32p　26×20

ウィロビー邸にクリスマスツリーが届く。でも天井につかえたので先をちょん切り、小間使いに。ここでも大きすぎて、先っぽは庭師に。そのまた先はクマに……。1本のツリーが次々に幸せを運ぶ様をコミカルな絵で描く。

● バルハウス，フェレーナ

● わたしたち手で話します

フランツ＝ヨーゼフ・
ファイニク 作
ささき たづこ 訳
あかね書房　2006年
25p　30×22
✻

耳の不自由なリーザと男の子が手話で話していると、他の子たちも寄ってきた。「それって、秘密の言葉？」「手で話せると便利だね」「星や雪も音がする？」互いに理解しあう子どもたちの様子が自然で気持ちよい。洒落たデザインセンスを感じさせるオーストリアの絵本。

● バレット，ロン

● 1ねんに365の
たんじょう日プレゼントを
もらったベンジャミンのおはなし

ジュディ・バレット さく
まつおか きょうこ やく
偕成社　1978年
37p　28×19
▼

9歳の誕生パーティーで、プレゼントをたくさんもらった犬のベンジャミン。このとき知った、包みをあける楽しみを毎日味わいたくて、思いついた名案とは？　奇抜な発想と巧みな筋運びで共感を呼ぶ1冊。地味だが、ほのぼのとしたユーモアを感じさせる絵。

● ハワード，アラン

● ピーターとおおかみ

セルゲイ・
プロコフィエフ 作
小倉朗 訳
岩波書店　1975年
32p　23×29
▼

朝、ピーターは小鳥やアヒルと草原へ行くが、森には狼がいるからと、おじいさんに連れ戻される。そこへ狼が現れ、アヒルをひと呑みに。ロシアの作曲家が子どものために書いた有名なシンフォニーの絵本化。動物達の表情が豊かで、楽しい舞台を観るような51年の作。

● ハンドフォード，マーティン

◆ ウォーリーをさがせ！

唐沢則幸 訳
フレーベル館　1987 年
26p　33 × 26

大判の画面いっぱいに、びっしりと描き込まれた漫画風の絵から、縞のシャツのウォーリーを探し出して遊ぶ絵本。海岸やスキー場など 12 の場面は、いずれも楽し気で、子どもを引き付ける。デジタル処理された新版は微妙な色合いや動きが失われており残念。

◆ タイムトラベラーウォーリーをおえ！

唐沢則幸 訳
フレーベル館　1988 年
26p　33 × 26

歴史の本を読んだウォーリーが、想像力で様々な時代へタイムトラベル。石器時代へ、古代ローマへ、はては戦国時代の日本へ。

◆ ウォーリーのふしぎなたび

唐沢則幸 訳
フレーベル館　1989 年
26p　33 × 26

"大食らいの国"で魔法使いしろひげに出会ったウォーリーは、12 の巻物を探す使命を帯び、"空飛ぶ絨毯乗りの国"などを巡る。

◆ ウォーリーのゆめのくにだいぼうけん！

唐沢則幸 訳
フレーベル館　1997 年
26p　33 × 26

「ゆめのくにのほん」の中にある、フルーツやおもちゃの国……。それぞれの場面から、ウォーリーや犬のウーフなど 5 人の旅人を探す。

ひ

● ピアス，ヘレン

◆ ねずみのいえさがし（ねずみのほん 1）

まつおかきょうこ やく
童話屋　1984 年
18p　21 × 16

小型の写真絵本。ねずみが家を探しています。ここがいいかな？　いや、ここは寒すぎる。ここがいいかな？　いや、ここは暑すぎる。空っぽの植木鉢、ストーブのそば、あちこち探す。簡潔でリズミカルな文章と素朴な写真が魅力のシリーズ。ごく幼い子から。

◆ねずみのともだちさがし
（ねずみのほん 2）

まつおか きょうこ やく
童話屋　1984年
18p　21×16

ねずみは友達を探しに出かける。人形は座ってるだけ、小鳥は飛んでいってしまうだけ。友達を見つけるのはむつかしい。でも、おや？

◆よかったねねずみさん
（ねずみのほん 3）

まつおか きょうこ やく
童話屋　1984年
18p　21×16

家も友達もできたねずみは、食べ物を探す。サボテン、インク、石けん。ねずみのきらいなものばかり。しかたなく家に戻ると……。

● ひがし くんぺい　東 君平

●くろねこかあさん

福音館書店　1990年
24p　22×21

「くろねこかあさん　あかちゃんうむよ　どんな　あかちゃん　うまれるのかな」生まれたのは甘えんぼの白ねこ3匹と元気な黒ねこ3匹。6匹がすくすく育つ様子を白黒の切り絵とリズミカルな文で描く。単純な内容の中にも、作者独特のおおらかなユーモアが光る。

●だれとだれかとおもったら

福音館書店　1990年
24p　22×21

「さっき　そらから　ふってきた　おおきな　りんごが　ありました　たべよと　おもって　さわったら……」りんごはふたつに分かれて象と狐に。レモンやバナナからも思いがけない動物が。切り絵の面白さと、はずむような言葉の調子がとけあったユニークな絵本。

●つりめいじんめだる

ひくまの出版　1985年
31p　25×19

魚釣りにいく白犬のしろわんさんと、魚を横取りしようとついていく黒猫のくろにゃんさん。しろわんさんに釣りあげられた大なまずは彼の腕前をほめ、釣り名人メダルをあげるといって水中に取りに戻る。幼い子から楽しめる単純なお話。明るく愉快な切り絵。

● ひじかた ひさかつ　土方 久功

●ぶたぶたくんのおかいもの

福音館書店　1985年
27p　27×20

最後に「ぶたぶた　ぶたぶた」と付け加える癖があるこぶたのあだ名はぶたぶたくん。ある日初めて一人で買い物にでかけ、パン屋に

八百屋にお菓子屋に。途中でからすのかあこに出会い……。大きな出来事もないが、幼い子の共感を呼ぶ内容。素朴で力強さのある絵。

● ゆかいなさんぽ

福音館書店　1998年
28p　19×27

散歩に出たこぶたは、あひるやとらに出会い、「ぶたぶた がおがお うぉお」とみんなで山へ向かう。すると、山から下りてきた鳥たちと鉢合わせ。歌の上手さを競い「ぶたつぴがおちぺ」と大騒ぎに。独特の線で表現する白黒の模様を背景に、ゆかいな動物たちを描く。

● ビショップ，ニック

● アカメアマガエル

ジョイ・カウリー文
大澤晶訳
富田京一監修
ほるぷ出版　2005年
32p　22×26

熱帯の森に夜がきて、目覚めたアカメアマガエル。まっかな目をギョロギョロさせ、さあ何を食べようか。ねらうヘビから大ジャンプで逃れ、遠くの葉っぱにぴたっ。あそこにいるのは好物のガだぁ！　色鮮やかなクローズアップ写真に目を奪われる、米国の写真絵本。

● パンサーカメレオン

ジョイ・カウリー文
大澤晶訳
富田京一監修
ほるぷ出版　2005年
32p　22×26

木の上で目覚めたおなかのすいたカメレオン。じーっと見ても食べ物がない。引っ越さなくちゃ。ゆっくり別の木に移動。いも虫をみつけてしゅるっ！　舌を伸ばし餌を捕る瞬間は大迫力。カメレオンの表情や、気持ちを伝えるという体色も鮮やかに捉えた写真絵本。

● ビースティー，スティーヴン

● 宝さがしの旅

メレディス・フーパー文
山田順子訳
岩波書店　2002年
45p　31×24

ビッグバン時、地球の地殻に隠された金。それがファラオのマスク〜神殿の杯〜女王の指輪〜英国青年の金ボタン等々、姿と持ち主を変えて世界を旅する様子を19の時代に分け辿る。臨場感のある文章、精密な拡大図と俯瞰図の連続も魅力。探し絵的な面白さも。

● ビーナー，マーク

● ふうせんばたけのひみつ

ジャーディン・
ノーレン 文
山内智恵子 訳
徳間書店　1998 年
28p　29×23

ハーベイ・ポッターはかわってる。畑で風船を育てているんだもの。いろんな形の風船がどうやって生えてくるのか知りたくなった"あたし"が夜中のぞきに行くと……。ほら話を思わせる奇想天外な物語を、遊び心に富んだカラフルな絵で表現した米国の作品。

● ヒムラー，ロナルド

● あかちゃんでておいで！

フラン・
マヌシュキン さく
まつなが ふみこ やく
偕成社　1977 年
31p　19×22

おかあさんのお腹の中の赤ちゃんは、居心地が良くて「でていくの　いや！／ここが　いいの！」といって生まれたがらない。困った家族は、次々とお腹に向かって呼びかけ、赤ちゃんを説得しようと試みるが……。白黒の現代風の絵が内容によく合い、洒落ている。

● ひらやま かずこ　平山 和子

◆ くだもの

福音館書店　1981 年
24p　22×21

ページ一杯の、大きな丸ごとの「すいか」。切ってお皿にのせて「さあ　どうぞ」。桃やぶどう、梨など馴染みのある果物の丸ごとと、切ったり洗ったりして、「どうぞ」とさし出される様子のシンプルな繰り返し。瑞々しさが伝わる写実的な絵に、思わず子どもの手が伸びる。

◆ やさい

福音館書店　1982 年
23p　22×21

大根やキャベツ、トマトなど身近な野菜が畑に植わっている姿と、泥を落とされ、きちんと八百屋の店先に並ぶ様子を交互に見せる。

● たんぽぽ

北村四郎 監修
福音館書店　1976 年
23p　26×23

冬、葉を寝かせていたタンポポが、春には新しい葉を出して立ち上がり、花を咲かせ、それが綿毛となり根付く、という一生を描く。4 頁に亘って描かれる長い根や、240 の小さな花の絵を含む細密な絵と、的確な説明文で、

子どもの興味に沿って展開する科学絵本。

● ピルキングトン，ブリアン

● 女トロルと8人の子どもたち
―― アイスランドの巨石ばなし

グズルン・
ヘルガドッティル作
やまのうちきよこ 訳
偕成社　1993年
25p　27×21

女トロルのフルンブラは、醜い男トロルに夢中になり彼の子を8人産んだ。可愛い子ども達への授乳が終わり、離れて暮らす父親に子どもを見せようと出かけたが……。火山活動の活発な風土を映し出す大らかな話。大きく迫力のあるトロルだが、表情には愛嬌がある。

ふ

● フィアメンギ，ジョーヤ

◆ ぼく、ひとりでいけるよ

リリアン・ムーア さく
じんぐうてるお やく
偕成社　1976年
39p　21×16

あらいぐまの子リトル・ラクーンは、満月の夜、お母さんに頼まれて小川にザリガニをとりに行く。一人でも怖くないと思ったが、丸木橋からのぞくと、水の中に自分のまねをする何かがいる。幼い主人公の冒険を素直に描く米の作品。軽いタッチの絵が親しみやすい。

◆ もりのむこうになにがあるの？

リリアン・ムーア さく
じんぐうてるお やく
偕成社　1980年
39p　21×16

「もりがおわると、なにがあるの？」とリトル・ラクーンが尋ねると、お母さんの答えは「広い世界！」どんな所か知りたくて……。

◆ おかあさんはおでかけ

リリアン・ムーア さく
じんぐうてるお やく
偕成社　1977年
47p　21×16

お母さんがシマリスおばさんと出かけるので、子リスの兄妹のお守りを頼まれたリトル・ラクーン。でも、初めてのお守りは大変！

● フィッシャー，ハンス

● こねこのぴっち

石井桃子 訳
岩波書店　1987年
31p　23×33

ちびのこねこぴっちは、兄弟ねこと遊ばずに、オンドリや山羊の真似をしては失敗。挙句にウサギになろうとして小屋に閉じ込められてしまう。夜、恐ろしいけものが現れ……。動物たちが自在な線と美しい色彩でいきいきと描かれたスイスの絵本。初訳1954年、「岩波の子どもの本」として親しまれてきた。

は行

●たんじょうび

おおつかゆうぞう やく
福音館書店　1965年
32p　23×31

リゼットおばあちゃんの76歳の誕生日。猫のマウリとルリ、犬のベロをはじめ動物たちは、誕生祝いの支度に大張りきり。すばらしい誕生会の終わりに、おばあちゃんが屋根裏で見た贈りものとは？　はずむような線で描かれた絵が心温まるお話をよく伝える。

●長ぐつをはいたねこ

シャルル・ペロー 原作
矢川澄子 やく
福音館書店　1980年
30p　28×22

粉屋が死に、3人兄弟の末息子に残ったのは雄猫1匹。しょげる末っ子に猫は長靴と袋をねだる。こっそり長靴で歩く練習をした猫は、機転をきかせて主人を伯爵にする。仏の昔話をスイスの画家が遊び心を加味し、絵物語に仕立てた。達者な線で描かれた猫は表情豊か。

●ブレーメンのおんがくたい──グリム童話

［グリム兄弟 再話］
せた ていじ やく
福音館書店　1964年
30p　31×22

年取ってお払い箱になったロバと犬と猫とニワトリが、町の楽隊に雇ってもらおうとブレーメン目指して旅に出る。有名なグリムの昔話に画家が絵をつけた。機智とユーモアにあふれた物語を軽快な線で表現、白地に鮮やかな色が美しく、洒落た雰囲気がある。

●ふかざわ こうこ　深沢 紅子

●ことらちゃんの冒険

石井桃子 お話
婦人之友社　1971年
25p　22×22

虎に似たいたずら子猫ことらちゃんは、虎になりたい。夜、動物園に忍び込み、虎のお乳を飲ませてもらうことに成功……。思わずくすっと笑ってしまう、ことらちゃんの冒険を描く8話。4コマ漫画のようなユーモアのある文と絵が品よく調和し心地よい。

◆やまのこどもたち

石井桃子 文
岩波書店　1956年
55p　21×17

梅の花咲く春、梨の実る夏、秋の運動会、冬の年越し。山村の四季折々の風物を背景に、来年1年生の男の子たけちゃん等明るく元気な子どもたちの日常を、優しい祖母の存在や飼い犬の活躍と共に生き生きと映し出す。山里の雰囲気を伝える素朴なタッチの水彩画。

◆やまのたけちゃん

石井桃子 文
岩波書店　1959年
43p　21×17

1年生になった山の村のたけちゃん。からすおどしに友達と絵をつけたり、みんなで落ち

葉かきに行って、籠ごと山をころげおちたり。

● ふじえだ りゅうじ
藤枝 リュウジ

● きつねのぱんとねこのぱん

小沢正文
国土社　1996年
24p　31×22

ねこのパン屋の方がおいしい、といわれたきつねのパン屋。変装して出かけ、食べてみると、本当に自分のよりおいしい気がして自信喪失。そこへ、ねこが変装してやってきて……。厚塗りのくっきりとした絵がストーリーのおかしさと合って効果的。

◆ ぞうからかうぞ──
ことばあそびの絵本

石津ちひろ文
BL出版　2003年
31p　27×18

「かんけりよりけんか」「くつがきらりごりらきがつく」「つるわくわくわるつ」等、上から読んでも下から読んでも同じになる文章33編を集めた言葉遊び絵本。ユーモラスなデザイン風の絵が、回文のイメージを膨らませ、洒落た味わいに。声に出して読むと楽しい。

◆ ころころラッコこラッコだっこ
──ことばあそびの絵本

石津ちひろ文
BL出版　2003年
31p　27×18

「となりのいもりがやもりをおもり」「ちきゅうのききゅうがきゅうにうちゅうに」」等、創作早口言葉32編。絵も愉快で親しみやすい。

● ふたまた えいごろう
二俣 英五郎

● きつねをつれてむらまつり

こわせたまみ作
教育画劇　1990年
32p　25×21

玩具を積んだ車を引いて、あちこちの祭りで売り歩くごんじいは、峠道で化けそこなって顔が狐のままの男の子に会う。その子に売り物の狐のお面をかぶせて祭りへ行くが……。古風だがほのぼのとした味のあるお話。和紙に柔らかく描かれた絵も内容に合っている。

● こぎつねコンとこだぬきポン

松野正子文
童心社　1977年
47p　26×26

友だちを探しに出かけたコンとポンは、谷川を挟んで出会い、仲良くなった。でも、狐と狸は敵同士、互いの親たちは遊ぶのを禁止す

157

る。ありふれた話だが、筋運びにユーモラスな味がある。柔らかな筆遣いの漫画風の絵が、子どもたちを最後まで引っぱる。

は行

● ブッシュ，ヴィルヘルム

◆ マクスとモーリツのいたずら

上田真而子 訳
岩波書店　1986年
56p　31×21

1865年発表のドイツの古典絵本。2人の悪童が、未亡人の鶏を殺すやら先生のパイプに火薬を仕掛けるやら、村の6人に悪さの限りを尽くした末、おかしくも悲しい最期を遂げる。ブラックユーモア漂う韻文とコミカルな絵。作者は後の漫画や映画の生みの親といわれる。

◆ いたずらカラスのハンス

上田真而子 訳
岩波書店　1986年
38p　31×21

子ガラスのハンスが散々悪戯をした挙句、酔って首を吊ってしまう表題作と、男の子が凍りついてしまう「アイスペーター」の2編。

● ブテンコ，ボフダン

● しずくのぼうけん

マリア・テルリコフスカ さく
うちだりさこ やく
福音館書店　1969年
24p　21×24

バケツから飛び出した水のしずくが、ひとりぼっちで長い旅に出た。埃で汚れて病院へ行き、日に照らされ、空に昇って雨になり、凍るときには岩を割り……。様々に変化するしずくの性質を、リズミカルな文章と漫画風の絵で冒険に仕立てたポーランドの古典絵本。

● ふなだ えいこ　舟田 詠子

● アルプスの村のクリスマス

リブロポート　1989年
32p　20×25

オーストリアの山奥の小さな村に住む、ある一家のクリスマスを紹介した写真絵本。一家の末っ子である10歳の男の子を中心に、伝統的なクリスマスの行事を追う。カラー写真は大変美しく、キリストの生誕を心から喜び祝う人々の敬虔な気持ちを伝える。

● ブライト，ロバート

● おばけのジョージー

光吉夏弥 やく
福音館書店　1978 年
44p　20 × 25

ホイッティカー家の屋根裏にすむ小さなおばけジョージーは、毎晩同じ時刻に階段やドアをギーと鳴らす。それを合図に主人達は床につく。が、家の修繕で音が鳴らなくなり、ジョージーは家出。悩む主人公の姿が愛らしく共感をよぶ。夜の趣を伝える紺 1 色のペン画。

● なかよしのくまさん

小林いづみ 訳
冨山房　1994 年
29p　21 × 26

マーくんは、大好きな本を読んでもらおうとおじいちゃんを訪ねたが、留守。そこで、おじいちゃんそっくりのくまさんに上着を着せ、眼鏡もかけてもらったけれど……。原書は 57 年刊。茶・黒 2 色の素朴な絵。ゆったりした語り口が、幼い子の気持ちに沿っている。

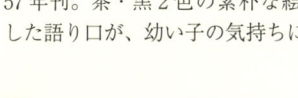

● プラウエン，e. o.

◆ おとうさんとぼく 1

岩波書店　1985 年
168p　18 × 12

太っちょでハゲ頭、大きな口ひげのお父さんと、チビでいたずらなぼく。2 人が繰り広げる日常のおかしな出来事をほのぼのと描く独のコマ割漫画 72 編。言葉はなく、単純明快な線画に表れるユーモアが楽しい。ナチスを批判し獄死した作家の週刊誌の連載を纏めた。

◆ おとうさんとぼく 2

岩波書店　1985 年
158p　18 × 12

莫大な遺産を相続した「お金持ちになったおとうさんとぼく」や、無人島で暮らす「おとうさんとぼくの漂流記」等、3 章構成の 68 編。

● ブラウン，アイリーン

◆ ハンダのびっくりプレゼント

福本友美子 訳
光村教育図書　2006 年
25p　22 × 27

ケニアの女の子ハンダは 7 種の果物をかごに盛り、頭にのせて友達のアケヨの村へ。アケヨはどれが好きかしら？　そのときサルが木から手を伸ばしバナナを失敬。ダチョウ、シマウマも次々と……。作者は英国人。陽光あふれる明るい絵。ごく幼い子から楽しめる。

は行

◆ハンダのめんどりさがし

福本友美子 訳
光村教育図書　2007年
25p　22×27

おばあちゃんの鶏モンディがいないので、ハンダは友達と捜しに。鶏小屋の外に蝶が2匹、穀物小屋の下には鼠3匹。でもモンディは？

ブラウン，バーバラ

●クリスマスのはじまり

レイチェル・
ビリントン作
太田愛人 訳
佑学社　1983年
31p　23×26

キリスト降誕を描いたイギリスの絵本。類書は多いが、これは、話を子どもらしくせず、宗教用語も用いて、受胎告知から3人の王の訪れまで、聖書の物語を忠実に追っている。金縁で囲んだ古典的な絵はやや甘いが、豪華な宗教画の雰囲気をよく伝えている。

ブラウン，マーシャ

●あるひねずみが…──インドのむかしがたり

やぎたよしこやく
冨山房　1975年
32p　25×23

ちいさなネズミがカラスに捕まりそうになって行者に助けられる。その後いろいろな動物に襲われるたびに、行者はネズミの姿を変えて助けてやるが、最後にトラに変えられたネズミは慢心して……。インド寓話。木版画が物語世界を豊かに表す。62年コルデコット賞。

●三びきのやぎのがらがらどん──アスビョルンセンとモーによるノルウェーの昔話

アスビョルンセン，
モー [再話]
せた ていじ やく
福音館書店　1965年
32p　26×21

名前はどれも「がらがらどん」という3匹のヤギが、山の草場へ出かけていくと、途中の谷川の橋の下に恐ろしいトロルがいて……。単純明快な始まり、3度のくり返し、クライマックス、大団円と典型的な昔話の構成。北欧の魅力を伝える力強いタッチの迫力のある絵。

●シンデレラ──ちいさいガラスのくつのはなし

まつのまさこやく
福音館書店　1969年
32p　26×21

ペロー再話の「サンドリヨン」をもとにした、米国絵本作家によるシンデレラ。2人の姉との関係や最後はみんなが幸せになる結末など全体的におだやかな話にまとまっている。多くの色を使わずに描かれた繊細な絵は軽快さとともに、幻想的で上品な雰囲気をもつ。

●スズの兵隊

アンデルセン［文］
光吉夏弥訳
岩波書店　1996年
31p　27×22

一本足のスズの兵隊は、子ども部屋で見た紙の踊り子に恋心を抱くが、嫉妬した小鬼の仕業か、風のせいか、3階の窓から真っ逆さま。運命に翻弄されながらも律儀に想いを貫く兵隊の姿が感動的な作。原書に近い大判で、繊細な線と洒落た色使いが魅力的。

●せかい1おいしいスープ──あるむかしばなし

わたなべしげおやく
ペンギン社　1979年
52p　27×21

はらぺこ兵隊が3人やってきたのを見て、村人たちは食べものを隠して知らん顔。すると兵隊は、たった3個の石でおいしいスープを作るという。何？　皆が見守る中、その技が披露される。仏の昔話を米国の作家が絵本化。セピアと朱、2色の絵が洒落た味わい。

●空とぶじゅうたん──アラビアン・ナイトの物語より

松岡享子訳
アリス館　2008年
48p　26×20

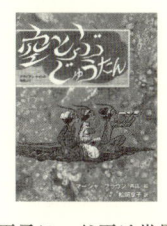

同じ王女を愛した3人の王子に、父王は世界一の宝物を持ち帰った者に結婚を許すと告げる。長男は空とぶ絨毯、二男は魔法の遠眼鏡、三男は魔法の林檎を持ち帰る。「アラビアンナイト」中の一話。トルコ石色を基調にしたモザイク風の絵が異国情緒を際立たせる。

●ダチョウのくびはなぜながい？──アフリカのむかしばなし

ヴァーナ・アーダマ文
まつおかきょうこ訳
冨山房　1996年
31p　29×23

動物の由来を説くケニアの昔話。ずーっとむかしダチョウは首が短かった。ある時ワニに虫歯を抜いてくれと頼まれ、ワニの口に頭を突っ込むと……。豪快な筆遣いで動物の表情をユーモラスに描く。コルデコット賞受賞作家・画家コンビによる米国の絵本。

●ディック・ウイッティントンとねこ──イギリスの昔話

まつおかきょうこやく
アリス館　2007年
32p　26×21

ロンドンに出てきた孤児のディック・ウイッティントンは、飢えで倒れたところを金持ちの商人に拾われる。主人の貿易船のために唯一の財産である猫を差し出したことから、思わぬ幸運が始まる。英国の昔話を素朴な力強さをもつ版画で絵本化した1950年の作。

●長ぐつをはいたネコ

ペロー［文］
光吉夏弥訳
岩波書店　1996年
30p　27×22
✽

粉屋の三男坊は親の遺産分けでネコしかもらえなかったが、知恵のあるそのネコのおかげで大変な幸せをつかむという有名なフランス昔話の再話。ネコの得意気な表情や豪華な王様たちの様子を繊細な線としゃれた色使いで描いた絵が、物語の世界を豊かに広げる。

●パンはころころ──
　　ロシアのものがたり

やぎたよしこ訳
冨山房　1976年
32p　26×21

おばあさんのやいたパンがころがって、広い世間へ出ていった。食べようとする野うさぎやおおかみ、ひぐまからは逃げ出したが、きつねからは……。数ある"おだんごぱん"絵本の一冊。無駄のない場面展開。絵には迫力があり、パンの表情も生き生きしている。

▼
◆めであるく
　　（マーシャ・ブラウンの写真絵本1）

谷川俊太郎訳
佑学社　1980年
30p　29×22
✽

「みること／それは　めで　あるくこと／あたらしい　せかいへと」雨にぬれた花びら、砂の上の鳥の足跡、水に映る森……。意識して"見る"ことで新たな世界が見えることを伝える。自然の造形を画家の目で美しく捉えたカラー写真に詩的な短文を添えた写真絵本。

◆かたちをきく
　　（マーシャ・ブラウンの写真絵本2）

谷川俊太郎訳
佑学社　1980年
30p　29×22
✽

丸まったシダの芽、水晶の固まりの中の四角、動物の足のような木の根、白鳥のひなのS字形の首など、自然の中の様々な形を見せる。

◆さわってみる
　　（マーシャ・ブラウンの写真絵本3）

谷川俊太郎訳
佑学社　1980年
30p　29×22
✽

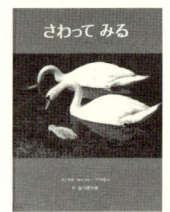

ふわふわの子犬やサボテンのするどい棘、泥の中のカエルなど。触ってみることで感じられる世界があることを伝える。
▲

●もりのともだち

八木田宜子訳
冨山房　1977年
32p　27×21

野うさぎときつねが木の皮と氷で隣合わせに家を建てる。が、春になって氷がとけると、きつねはうさぎの家に居すわってしまう。お

おかみやひぐまが追い出そうとするが……。無駄のない場面割に、力強い線で動物たちが表情豊かに描かれる。単純な色使いも効果的。

● フラック，マージョリー

◆ アンガスとあひる

瀬田貞二やく
福音館書店　1974年
32p　17×25

知りたがりのスコッチテリアの子アンガス。隣の庭から聞こえるガーガー、ゲーック、ガー！　という音が気になり、垣根の向こう側に出ると……。あひると子犬の攻防が横長の画面一杯にユーモラスに展開。白黒とカラーの頁を交互に配し、斬新さが光る米の古典絵本。

◆ アンガスとねこ

瀬田貞二やく
福音館書店　1974年
32p　18×25

日ごといろいろなことを覚えるアンガス。ところが、ある日、家のソファーに見知らぬ子猫が。アンガスはその猫を追いかけまわす。

◆ まいごのアンガス

瀬田貞二やく
福音館書店　1974年
32p　18×25

新しいものを求めて大通りへ来たアンガス。足の長い犬を追いかけたり、ヤギに襲われたり。やがて日が暮れ、雪が降ってくる。

● おかあさんだいすき

大澤昌助絵
光吉夏弥訳・編
岩波書店　1954年
58p　21×17

おかあさんの誕生日に何をあげようかと探しに出かけただに一。動物達に尋ねるが、よい知恵がでない。でも、最後にくまがいいことを教えてくれた。幼い子の好奇心をかきたてる昔話風の筋立てと暖色の素朴な絵。併収「おかあさんのあんでくれたぼうし」は大澤絵。

● ふわふわしっぽと小さな金のくつ

デュ・ボウズ・ヘイワード作
羽島葉子訳
パルコ出版　1993年
48p　26×22

21匹の子どもをもつふわふわしっぽの夢は、世界中の人に幸せの卵を届ける5匹のうさぎ"イースター・バニー"になること。夢を諦めかけていたが、ある日欠員があると聞き宮殿に行くと、なんと選ばれる。原書1939年刊の米国の絵物語。柔らかな色使いの絵。

● フランソワーズ

◆ まりーちゃんとひつじ

与田準一訳
岩波書店　1956年
64p　21×17

まりーちゃんと羊のぱたぽんの問答で綴られるお話。ぱたぽんが子どもを1匹産んだら好きなものが買えるわぁ……。歌うような調子

163

の文章。明るい色調の絵も素朴で温かく、幼い子に安心感を与える。後半は行方不明のあひる・まぐろんを捜す「まりーちゃんのはる」。

◆まりーちゃんのくりすます

与田準一訳
岩波書店　1975年
32p　21×17

まりーちゃんはぱたぽんにいう。もうすぐクリスマス。くつをおいておくとプレゼントがもらえるの。当日、ふたりのくつには？

◆まりーちゃんとおおあめ

きじまはじめやく
福音館書店　1968年
32p　26×21

雨がふって、あたり一面水びたし。おばあちゃんは2階へ、生き物はみんな山の上へ連れていくんだよ。まりーちゃんも必死で働く。

●ロバの子シュシュ

ないとうりえこやく
徳間書店　2001年
32p　27×21

ミルク運びのロバの子シュシュは、若いカメラマンに買われ、客を背中に乗せる写真のモデルに。人気者になって楽しく暮らすが、ある日、角砂糖をくれた男の子の指をかんでしまって大変なことに。明るい色の絵は穏やかで、幸せな結末が幼い子を満足させる。

●ブリッグズ，レイモンド

●さむがりやのサンタ

すがはらひろくにやく
福音館書店　1974年
32p　26×22

12月24日の朝「やれやれまたクリスマスか！」と目を覚ましたサンタはぶつぶつ不平をいいながら出発する。世界中の家を回り、クリスマスの朝、仕事を終えて床に就くまでの1日をコマ割の描きこまれた絵と、吹き出しに配したサンタの独り言で描く。英国の作。

●スノーマン

評論社　1998年
48p　31×22

男の子が作った雪だるまが夜中に歩き出して、その子の家を訪れる。家中を案内すると、今度は雪だるまが男の子を連れて空を飛び……。文章は一切なく、色鉛筆を使った淡い色調のコマ絵が、幻想的な出来事を静かに物語る。

フリーマン，ドン

くまのコールテンくん

まつおかきょうこやく
偕成社　1975年
30p　23×25

コールテンくんは、デパートで売られているくまのぬいぐるみ。女の子が欲しがるが、ズボンのボタンが取れていて買ってもらえない。そこでコールテンくんは閉店後……。友達と家ができるまでを、強い黒の線と明るい水彩でくっきり描き、幼い心を幸せで満たす。

くまのビーディーくん

まつおかきょうこやく
偕成社　1976年
46p　19×25

男の子セイヤーくんのもっているおもちゃのくま・ビーディーくん。ある日、本来くまは洞穴に住んでいることを知り、書き置きをして丘の洞穴に家出する。子どもとおもちゃの交流をおもちゃの側から描いた絵本。白黒の版画が素朴で、幅広い子に親しまれている。

くれよんのはなし

さいおんじさちこやく
ほるぷ出版　1976年
40p　15×18

8色のクレヨンが、順番に箱からとび出し、白い画用紙の上に絵を描く。まず青色が空と海、次に黄色が太陽と鳥、そして茶色は島に立つ男の子と2本の木……。1色ずつ描き足していく。頁をめくるごとに、単純な絵とストーリーが少しずつ進み、幼い子に喜ばれる。

ターちゃんとペリカン

さいおんじさちこやく
ほるぷ出版　1975年
44p　23×27

夏休み、両親と海辺に来たターちゃんを、去年会ったペリカンが迎える。ターちゃんは魚釣りを始めるが、長靴が流されてしまう。静かな浜辺を舞台に、小さな男の子とペリカンとの交歓を描く。黄、茶、灰緑色の絵は、海辺の感じをよく表す。地味だが心に残る作品。

とんでとんでサンフランシスコ

やましたはるおやく
BL出版　2005年
56p　29×21

ビルの看板のBの字の部分にすむ雄鳩シッドは、雌鳩ミッジと巣作りをはじめたが、留守中に看板が取り外されてしまう。必死に家族を探すシッドの姿が、港町の風景やそこに暮らす人々の温もりと共に躍動感溢れるタッチで描かれる。58年コルデコット賞オナーブック。

みつけたぞぼくのにじ

大岡信訳
岩波書店　1977年
30p　21×17

ぼくは窓から虹を見つけた。捕まえようと追いかけたけど、姿が見えない。でも、少ししたら、今度は虹がぼくの後をついてきた。黒

っぽい背景に、自在に変化する赤、黄、青の虹を描く水彩画。虹に憧れ、想像の中で虹と戯れる幼い子どもの表情がよく見える。

● **ふりや ようこ** 降矢洋子

◆ **どうぶつえんのおいしゃさん**

増井光子 監修
福音館書店　1982年
28p　25×22

動物園獣医の毎日の仕事をわかりやすく描く科学絵本。ワニの歯槽膿漏やゾウの便秘の治療、くちばしの折れたツルに人工くちばしを作ってやる話等エピソードの数々が興味深い。水彩の絵は状況をよく伝えるが、やや暗い。

● **ブリュノフ，ジャン・ド**

◆ **ぞうのババール――こどものころのおはなし**（ぞうのババール1）

やがわすみこ やく
評論社　1974年
48p　28×20

森の国で暮らす象の子ババールは、散歩中、母親が猟師に撃たれ、夢中で逃走。辿りついた町で親切な老婦人に拾われた。教養ある象に成長し、森に帰って王様になる。好奇心旺盛、賢さも備えた主人公と、生活の細部を丁寧に描いた絵が幅広い読者を魅了する仏の古典絵本。シリーズ後半は著者の息子ロランの作。

◆ **ババールのしんこんりょこう**（ぞうのババール2）

やがわすみこ やく
評論社　1974年
48p　28×20

いとこのセレストと結婚したババールは、気球に乗って新婚旅行へ。ところが、途中で嵐に遭い、どこかの島へ不時着して……。

◆ **おうさまババール**（ぞうのババール3）

やがわすみこ やく
評論社　1974年
48p　28×20

ババールは学校、劇場等を備えた都を建設。午前中、子どもたちは学校で勉強、大人たちは仕事、午後からは好きなことをして過ごす。

◆ **ババールのこどもたち**（ぞうのババール4）

やがわすみこ やく
評論社　1982年
40p　28×20

セレスト王妃に三つ子が誕生。子育ては大変。ピクニックでは、いたずらっ子アレクサンドルが、帽子に乗ったまま水に流されてしまう。

◆ババールとサンタクロース
　（ぞうのババール 5）

やがわすみこ やく
評論社　1975 年
40p　28 × 20

象の国にも来てもらおうと、ババールはサンタクロース探しの旅へ。ホテルのネズミや支配人に尋ね、小犬と雪山へ向かう。

◆さるのゼフィール──
　　なつやすみのぼうけん
　（グランドアルバム・ぞうのババール 6）

やがわすみこ やく
評論社　1988 年
40p　37 × 27

猿のゼフィールは夏休みに猿の国へ里帰り。ある日、ババールから贈られたボートに乗って釣りをしていると、人魚が引っ掛かった！大型版シリーズのみに含まれる番外編。

● ブリュノフ，ロラン・ド

◆ババールといたずら
　　アルチュール（ぞうのババール 6）

やがわすみこ やく
評論社　1975 年
28p　28 × 20

ババール一家といとこのアルチュール、ゼフィールは夏休みを海辺で過ごす。が、アルチュールが飛行機の翼の上で遊んでいると……。

◆ババールとりのしまへ
　（ぞうのババール 7）

やがわすみこ やく
評論社　1975 年
40p　28 × 20

ババール一家とアルチュール、ゼフィールは鳥の島へ招かれた。羽根の衣装を着たり、ダチョウの競争を見たり。が、小さな事件も。

◆ババールのはくらんかい
　（ぞうのババール 8）

やがわすみこ やく
評論社　1975 年
40p　28 × 20

都の創立記念日に博覧会を開くことになり、森中の動物たちが集まった。水中散歩をしたり、人形芝居を見たり、会場は大盛り上がり。

◆ババールとグリファトン
　　きょうじゅ（ぞうのババール 9）

やがわすみこ やく
評論社　1975 年
30p　28 × 20

親切な老婦人の兄グリファトン教授がババールの国を訪問。偶然発見された洞窟を探検することに。奥深くには地下を流れる川が……。

◆ババールのひっこし
（ぞうのババール 10）

やがわすみこ やく
評論社　1975 年
28p　28 × 20

ババール一家は古めかしいボンヌトロンプ城に引っ越した。みんなが城の手入れをしていると、アレクサンドルは秘密の抜け穴を発見。

●ババールの美術館

せなあいこ やく
評論社　2005 年
41p　31 × 23

ぞうのババール夫妻は古い駅を美術館に改装。開館日、子どもたちやアルチュール、コルネリウスたちお馴染みの面々が、館内を巡り"名画"を鑑賞する。「モナリザ」「叫び」など全35点がぞうの姿に描き換えられていて、おかしい。原画と重ねて違いを笑える年長の子に。

●ブルーナ，ディック

◆ちいさなうさこちゃん

いしいももこ やく
福音館書店　1964 年
25p　17 × 17

「おおきなにわのまんなかに……ふわふわさんにふわおくさん　2ひきのうさぎがすんでます」この夫婦に女の子が生まれ、うさこちゃんと名付けられる。うさこちゃんやいろいろな主人公が登場するオランダの絵本シリーズ第1話。ほぼ正方形の小型本で、太い描線と原色の絵が人気。きちんとしたストーリーがあるので、いわゆる赤ちゃん絵本ではない。

◆うさこちゃんとうみ

いしいももこ やく
福音館書店　1964 年
25p　17 × 17

とうさんと海に行ったうさこちゃん。水着になって砂遊びに貝拾い。海にもはいり大喜び。

◆うさこちゃんとどうぶつえん

いしいももこ やく
福音館書店　1964 年
25p　17 × 17

うさこちゃんは、とうさんと汽車に乗って動物園へ。いっぱい動物を見て大満足の1日。

◆ゆきのひのうさこちゃん

いしいももこ やく
福音館書店　1964 年
25p　17 × 17

雪の中でそりやスケート。いっぱい遊んだ後、泣いている小鳥を見つけたうさこちゃん……。

◆うさこちゃんのたんじょうび

いしいももこ やく
福音館書店　1982年
25p　17×17

うさこちゃんは早起きしておめかし。だって今日は誕生日。お客さまもやってきて……。

◆うさこちゃんとじてんしゃ

まつおかきょうこ やく
福音館書店　1984年
28p　17×17

大きくなったら自転車に乗るんだ。そして……。うさこちゃんは想像の中でいろんな所へ。

◆うさこちゃんひこうきにのる

いしいももこ やく
福音館書店　1982年
25p　17×17

おじさんの飛行機に一緒に乗ったうさこちゃん。森や海の上を飛び、まるで夢の中みたい。

◆うさこちゃんがっこうへいく

まつおかきょうこ やく
福音館書店　1985年
28p　17×17

うさこちゃんは友達と一緒に学校へ。勉強したり絵を描いたり。先生はお話もしてくれる。

◆うさこちゃんとゆうえんち

いしいももこ やく
福音館書店　1982年
25p　17×17

うさこちゃんは一家で遊園地に。ブランコ、シーソー、トランポリン。楽しい1日を描く。

◆うさこちゃんおとまりにいく

まつおかきょうこ やく
福音館書店　1993年
28p　17×17

初めて友達のうちへお泊りに。おしゃべりしたりかくれんぼをしたり、1日たっぷり遊ぶ。

◆うさこちゃんのにゅういん

いしいももこ やく
福音館書店　1982年
25p　17×17

のどが痛くて入院したうさこちゃん。大きな建物、注射、はじめは怖いと思ったけど……。

◆うさこちゃんのおじいちゃんとおばあちゃん

まつおかきょうこ やく
福音館書店　1993年
28p　17×17

大工仕事が得意なおじいちゃん、編物上手のおばあちゃん。ふたりの家で和やかに過ごす。

は行

◆うさこちゃんのさがしもの

まつおかきょうこやく
福音館書店　2008年
28p　17×17

夜、くまのぬいぐるみを抱いて寝るうさこちゃん。でも朝起きたら、くまさんがいない！

◆うさこちゃんのてんと

まつおかきょうこやく
福音館書店　2008年
28p　17×17

今日はいい天気。大喜びで庭にテントを出すうさこちゃん。サンドイッチ食べて水遊びも。

◆うさこちゃんのだいすきな　おばあちゃん

まつおかきょうこやく
福音館書店　2008年
28p　17×17

大好きなおばあちゃんが亡くなった。みんな大粒の涙をながし、森のお墓に棺を運ぶ。

◆うさこちゃんびじゅつかんへいく

まつおかきょうこやく
福音館書店　2008年
28p　17×17

両親と一緒に美術館へ。本物そっくりの彫刻から自分で描けそうな絵まで、あれこれ鑑賞。

◆うさこちゃんおばけになる

まつおかきょうこやく
福音館書店　2010年
28p　17×17

シーツを被っておばけになったうさこちゃん。お友達も怖がって逃げた。おばさんまで……。

◆うさこちゃんとあかちゃん

まつおかきょうこやく
福音館書店　2005年
28p　17×17

赤ちゃんが生まれる！　うさこちゃんは大喜び。絵を描いたり、毛糸のねずみを作ったり。

◆うさこちゃんのはたけ

まつおかきょうこやく
福音館書店　2005年
28p　17×17

1人で畑仕事をしたうさこちゃん。もらった種をまいたら、それはそれは美味しい人参が。

◆うさこちゃんとふえ

まつおかきょうこやく
福音館書店　2007年
28p　17×17

おじいちゃんに手作りの笛をもらった。うさこちゃんは練習し、すてきな曲をお礼に披露。

◆おかしのくにのうさこちゃん

まつおか きょうこ やく
福音館書店　2007年
28p　17 × 17

おかゆを食べたくないうさこちゃん。ここがお菓子の国なら、アイスもケーキも食べ放題。

◆うさこちゃんのおじいちゃんへのおくりもの

まつおか きょうこ やく
福音館書店　2009年
28p　17 × 17

おじいちゃんの誕生日の贈り物。一所懸命考えたうさこちゃんは毛糸で何か編み始め……。

◆こいぬのくんくん

まつおか きょうこ やく
福音館書店　1972年
28p　17 × 17

迷子の女の子をくんくんが捜し歩く。かたつむり、小鳥、兎にきくが、みんな分からない。

◆くんくんとかじ

まつおか きょうこ やく
福音館書店　1972年
28p　17 × 17

黒い鼻が煙の臭いをかぎつけた。火事を発見！　消防署へかけつけ、大活躍のくんくん。

◆じのないえほん── みんなでおはなしをつくりましょう

いしい ももこ やく
福音館書店　1968年
28p　17 × 17

コケコッコー！　顔を洗いご飯を食べ、散歩に行くと……。絵だけで子どもの1日を描く。

◆じのないえほん2── みんなでおはなしをつくりましょう

福音館書店　1985年
28p　17 × 17

コート、帽子に手袋、支度が整ったら外へ出て……。雪遊びをする男の子を絵だけで描く。

◆しろ、あか、きいろ

まつおか きょうこ やく
福音館書店　1984年
28p　17 × 17

わたしのしゃつは しろ くつしたは あか……。身につけるものと色をシンプルに伝える。

◆まる、しかく、さんかく

まつおか きょうこ やく
福音館書店　1984年
28p　17 × 17

まる──ボール、お皿……。しかく──窓、本……。それぞれの形のものを絵で教える。

◆ぶたのうたこさん
　（ブルーナのうたこさんのえほん 1）

まつおか きょうこ やく
福音館書店　1991年
26p　17×17

きれい好きのうたこさんは早起き。きりりとエプロンをしめ、家中のそうじに取りかかる。

◆うたこさんのにわしごと
　（ブルーナのうたこさんのえほん 2）

まつおか きょうこ やく
福音館書店　1991年
26p　17×17

うたこさんが庭の手入れをしていると、いとこのふがこちゃんがやって来て、お手伝い。

◆うたこさんのおかいもの
　（ブルーナのうたこさんのえほん 3）

まつおか きょうこ やく
福音館書店　1991年
26p　17×17

うたこさんは市場へお買いもの。何を買おうか迷っていたら、大好物のさくらんぼが……。

◆わたしほんがよめるの

まつおか きょうこ やく
福音館書店　1972年
25p　17×17

黒白で描かれた女の子の鼻だけ赤。「これはわたしのはな」口、手……と絵を読んでいく。

◆もっとほんがよめるの

まつおか きょうこ やく
福音館書店　1972年
28p　17×17

「これはわたしのいぬ　しろとくろのいぬ」木、猫、テーブル。身の回りのものを紹介。

●おーちゃんのおーけすとら

まつおか きょうこ やく
福音館書店　1985年
27p　17×17

11人編成の子どもオーケストラ。指揮者のおーちゃんが、メンバーと楽器を紹介する。

●おひゃくしょうのやん

まつおか きょうこ やく
福音館書店　1984年
25p　17×17

やんが花の種をまいたら、小鳥が食べにきた。怒ったやんはかかしを作る。

●きいろいことり

いしい ももこ やく
福音館書店　1964年
25p　17×17

黄色いことりがとんできて、黒い小犬が牧場案内。奥さん、にわとり、牛にひまわり……。

● こねこのねる

いしいももこ やく
福音館書店　1968 年
25p　17 × 17

インデアンになりたいと泣くこねこのねる。
魚に連れられ、インデアンの国へ行く。

● さーかす

いしいももこ やく
福音館書店　1964 年
25p　17 × 17

赤と黄色の旗立てたサーカス。音楽隊に馬の
行進、自転車に乗るおさるさん、綱渡りも。

● だんふねにのる

まつおかきょうこ やく
福音館書店　1985 年
27p　17 × 17

天気が悪いのに、いうことも聞かず海に出た
男の子だんの船が、大波にのまれ、転覆する。

● ちいさなさかな

いしいももこ やく
福音館書店　1964 年
25p　17 × 17

おなかぺこぺこの小さな魚。水の上の鳥達は
うまそうなパンくずくわえてる。でも……。

● ぴーんちゃんとふぃーんちゃん

いしいももこ やく
福音館書店　1968 年
25p　17 × 17

双子の女の子ぴーんちゃんとふぃーんちゃん。
今日は 2 人の誕生日。友達が来て楽しく祝う。

● ふしぎなたまご

いしいももこ やく
福音館書店　1964 年
25p　17 × 17

緑の野原にまっ白なたまごがあった。「私の
よ」とめんどり、おんどり、ねこまでも。

● ようちえん

いしいももこ やく
福音館書店　1968 年
25p　17 × 17

みんな揃って幼稚園。歌にお絵かき、積木に
組紙遊び。誕生日のお祝いもして楽しい 1 日。

● ブレイク，クェンティン

● ピエロくん

あかね書房　1996 年
32p　33 × 24

仲間の人形たちと一緒に捨てられたピエロは、
ひとりゴミバケツから抜け出し、助けを求め

て街を歩く。大判の頁に数コマずつ描いた字のない絵本。リズム感のある軽妙な絵で、パントマイムを見るような面白さがある。

●ふしぎなバイオリン

たにかわしゅんたろう 訳
岩波書店　1976年
32p　21×17
✿

パトリックという若者がバイオリンを買った。彼がそれをひくと魚が歌ったり、リンゴの木にバナナやお菓子やアイスクリームが実ったり、不思議なことが次々起こって……。カラフルで軽やかな絵が物語を盛り上げる。

●りこうねずみとよわむしねこ

ジョン・ヨーマン 作
神鳥統夫 訳
岩崎書店　1984年
27p　25×22

風車に住むねずみ退治のために粉屋は猫を飼う。しかしケチで意地悪な粉屋の仕打ちに、弱虫の猫は意気消沈。ねずみ達はそんな猫を気の毒がり、猫に自信をもたせようと、策を練る。達者なペンの線描に水彩。コミカルで洒落た味のある愉快な絵本。

●ブレグバッド，エリック

●海時計職人ジョン・ハリソン
——船旅を変えたひとりの男の物語

ルイーズ・ボーデン 文
片岡しのぶ 訳
あすなろ書房　2005年
47p　26×21
✿

18世紀、航海中の経度測定のため、揺れに強く精度の高い船舶時計を発明した英国職人の伝記絵本。大工の息子が独学で工夫を重ね、権威の嫌がらせにもめげず、40年以上かけ偉業を成し遂げるまでを追い、静かな感動を誘う。時代の空気を伝える緻密な線画。

●プロベンセン，アリス
●プロベンセン，マーティン

◆かえでがおか農場のなかまたち

乾侑美子 訳
童話館出版　1998年
57p　33×25
✿

農場の動物たちを1匹ずつ紹介する大型絵本。猫のマックスはヘビが嫌い。犬のダイナは石が好き。ストーリーはないが動物たちの豊かな個性を、ペンと洒落た色合いの水彩で描く。大判の画面のレイアウトに工夫を凝らし、楽しませてくれる。幅広い年齢の子に。

◆かえでがおか農場のいちねん

きしだえりこやく
ほるぷ出版　1980年
38p　32×24
❋

1月は冬の月。農家の動物は納屋のそばをはなれません。──農場の暮らしを12ヵ月に分け、季節の移り変わりとともに順々に綴る。

◆みみずくと3びきのこねこ

きしだえりこやく
ほるぷ出版　1985年
32p　32×23
❋

倒木のうろから出てきたみみずくの赤ん坊といたずらな3匹の子ねこ。農場の子と動物達との交流を淡々と語る。コミカルな場面も。

●動物げきじょう──21幕

乾侑美子訳
童話館出版　1997年
51p　33×26
❋

動物が登場する詩やお話21編を集めた大型絵本。頭巾をかぶった女の子が指南する「オオカミのみわけかた」、ライオンが居眠りしているうちに丸坊主にされる「とこや」など、幼い子にもわかる愉快な話が多い。コマ割、見開きいっぱいの風景画、絵物語とバラエティに富んだ構成。洒落た色合いの絵が魅力。

●パパの大飛行

脇明子訳
福音館書店　1986年
39p　22×27
◾ ❋

世界初の英仏海峡横断飛行の歴史的事実を絵本化。フランスのルイ・ブレリオは幾度も失敗を重ね、実用飛行機を完成。1909年、妻子の見守る中、英国に向けて発つ。渋い色を使った絵が、その時代の雰囲気を伝える。小さい子よりむしろ絵を楽しむ大きい子どもに。

へ

●ヘイリー，ゲイル・E

●郵便局員ねこ

あしのあきやく
ほるぷ出版　1979年
32p　21×26
❋

猫のクレアが新しい住みかを求めて街へ出ると、街の郵便局では、ネズミの害で大騒動が！放浪の末、クレアは正式の局員に採用される。今も英国に実在する猫の郵便局員。19世紀中頃のロンドンを舞台に、その始まりを物語る。淡色だが、画面から溢れる勢いの水彩で描く。

ヘイル，キャスリーン

◆ねこのオーランドー

脇 明子訳
福音館書店　1982年
32p　37×27

ママレード色の縞猫オーランドーは、ご主人に休みをもらい、家族5人で車に乗りキャンプへ行く。魚釣り、水泳、ハイキング……。まるで人間のように休暇を満喫する様子を柔らかな石版画でユーモラスに描く。原書38年刊。隅々まで楽しめるイギリスの大型絵本。

◆ねこのオーランドー農場をかう

脇 明子訳
童話館出版　1996年
32p　37×27

オーランドー一家は、ひょんなことから荒れた農場を買い取った。家畜の世話から野菜作り、麦刈まで人間そっくりに農場を切り回す。

◆ねこのオーランドー海へいく

小沢 正訳
童話館出版　1997年
32p　37×27

馬のバルカンの誘いで海辺へ避暑に出かけた一家。母猫グレイスが溺れかけたり、難破した船を助けたりと、次々に事件が起こる。

ヘグルンド，アンナ

●かきねのむこうはアフリカ

バルト・ムイヤールト 文
佐伯愛子訳
ほるぷ出版　2001年
32p　24×21

庭にカリフラワー6株分の菜園と物置がある同じ造りの家が8軒、左端がぼくの家。ある雨の日、隣りの茶色の肌をした奥さんが楽しそうに物置を壊し始めた……。少年の素直な好奇心と共に、自然に異文化と出会う絵本。ベルギーの作家とスウェーデンの画家の作。

ベスコフ，エルサ

●ウッレのスキーのたび

石井登志子 やく
フェリシモ出版　2002年
29p　28×22

6歳の誕生日、ウッレは初めて本物のスキーをもらった。待ちに待った冬、新しいスキーをはいて、冬の森へ行ったウッレは、霜じいさんに会い、冬王さまの雪のお城に案内される。スウェーデンの代表的絵本作家の手で北国の冬の楽しみを美しく描いた古典絵本。

●おひさまのたまご

石井登志子 訳
徳間書店　2001年
29p　22×28

北の森に住むダンスの好きな妖精の女の子が見つけた橙色の丸いもの。「お日様がじぶんのたまごをおとしたんだ」森の動物たちは大騒ぎ。北国の人々の太陽への愛おしみが感じられる温かい作品。絵も素朴でやさしい。

●おりこうなアニカ

いしいとしこ やく
福音館書店　1985年
25p　22×28

小さな女の子アニカは、お母さんに頼まれてひとりで牝牛の番をしに行く。ところが、牛は壊れた柵を抜け出して逃走。困っているアニカのもとへ親切な犬や小人の一家が現れて助けてくれる。素朴なストーリーと古風な愛らしい絵。

●しりたがりやのちいさな魚のお話

石井登志子 訳
徳間書店　2000年
25p　27×20

スズキの子スイスイは知りたがりや。ミミズに食いつき、人間の男の子に釣り上げられてしまった。育ての親のカレイ、コイ、カワカマスは魔女蛙に足をつけてもらって、救出に向かう。ユーモアただよう語り口と清々しい水彩画が古さを感じさせない。原書1933年刊。

●どんぐりぼうやのぼうけん

石井登志子 やく
童話館出版　1997年
32p　28×22

どんぐりの兄弟がのった葉っぱのひこうきが嵐に飛ばされ、森の外へ。そこでリスのおじさんとはしばみの女の子が2人を探しに出かける。深い森に住む生き物たちを愛らしく描く、落ち着いた秋の色合いが印象的。

●ブルーベリーもりでのプッテのぼうけん

おのでらゆりこ やく
福音館書店　1977年
36p　25×32

おかあさんの誕生日の贈り物にと、ブルーベリーとこけももをつみにでかけた男の子プッテは、ブルーベリー森の王様やこけもも母さんら小人達と出会い、楽しい時間を過ごす。ストーリーも絵もオーソドックスで、小さな世界へはいりこむときめきが自然に伝わる。

●ペレのあたらしいふく

おのでらゆりこ やく
福音館書店　1976年
15p　24×32

ペレは自分で育てた子羊の毛を刈り取る。それをおばあちゃんにすいてもらう代わりに畑の草取りをし、糸紡ぎの代わりに牛の番をし……。小さな男の子が自分の服を手に入れるまでを、横長の画面に丹念に描く。農村の素朴な暮らしとペレの喜び、誇らしさが伝わる。

◆みどりおばさん、ちゃいろおばさん、むらさきおばさん
(3人のおばさんシリーズ)

ひしきあきらこやく
福音館書店　2001年
32p　25×31

いつも同じ色の服を着ていることから呼び名がついた3人のおばさん。ある日、立ち話をしている間に飼い犬が行方不明になってしまう。小さな町が舞台の心温まる物語。散りばめられたユーモアと落ち着いた色調の水彩は、スウェーデンを代表するこの作家ならでは。

◆ちゃいろおばさんのたんじょうび (3人のおばさんシリーズ)

ひしきあきらこやく
福音館書店　2002年
24p　25×31

ちゃいろおばさんの誕生日が近づいたある日、みどりおばさんとむらさきおばさんは、プレゼントのためにちゃいろおばさんの服を持ち出す。が、泥棒と勘違いされ、町中大騒ぎに。

◆ペッテルとロッタのぼうけん
(3人のおばさんシリーズ)

ひしきあきらこやく
福音館書店　2001年
32p　25×31

3人のおばさんに引き取られた、みなしごの兄妹ペッテルとロッタ。2人は生まれた子猫の引きとり手をさがしに出かけるが、道に迷ったうえ、服までなくしてしまう。

◆あおおじさんのあたらしいボート (3人のおばさんシリーズ)

ひしきあきらこやく
福音館書店　2002年
36p　25×31

おばさんたちとペッテルとロッタは、お向かいのあおおじさんに誘われ、ボートで湖の小島へ。だが、子どもたちは大人の昼寝中にボート漕ぎの練習をし、オールを流してしまう。

◆ペッテルとロッタのクリスマス
(3人のおばさんシリーズ)

ひしきあきらこやく
福音館書店　2001年
36p　25×31

ペッテルとロッタは、クリスマスにプレゼントを届けてくれた「やぎおじさん」が忘れられない。やぎおじさんの正体は魔法にかけられた王子様と聞き、森に探しに出かける。

●もりのこびとたち

おおつかゆうぞうやく
福音館書店　1981年
34p　24×32

深い森の奥、両親と住む4人の小人の子どもたちの四季折々の暮らし。トロルの潜む神秘的な森の雰囲気、小動物との遊び、そして森の生活の細部を、古典的な絵と詩的な文で綴った大型絵本。幅広い年齢の子に。

● ラッセのにわで

石井登志子 訳
徳間書店　2001 年
32p　22 × 28

庭でボール投げをしていたラッセは、不思議な男の子"くがつ"に会う。ふたりでボールを追っていくと、さやえんどうやりんご、花の精が顔を出す。個性的な妖精たちをやさしい色使いで描き、初秋の実りの喜びと美しさを感じさせる。1920 年の作品。

ベックマン，ペール

● あたし、ねむれないの

カイ・ベックマン さく
やまのうちきよこ やく
偕成社　1977 年
27p　26 × 21

リーセンは、お人形が一緒でないと眠れない。そこでお人形をベッドに入れたけれど、今度はお人形がくまを連れてきて、と言い出す。さらに、くまはいぬを、いぬはねこを……。ついにリーセンのベッドは満員になってしまう。単純なストーリーと、現代的で明るい絵。

ペティ，ハリス

● りすがたねをおとした

わたべようこ やく
ペンギン社　1978 年
32p　24 × 19

リスが落としたたねから、芽が出て、木になり、花が咲き、やがてさくらんぼが実る。最後に、男の子がとれた実をタルトにして食べるまでを、短い文章を繰り返しながら次々たたみかけていく調子の詩で、リズミカルに描く。細かく描きこまれた絵が美しい。

ベーメルマンス，ルドウィッヒ

◆ げんきなマドレーヌ

瀬田貞二 訳
福音館書店　1972 年
47p　31 × 23

パリの小さな寄宿学校。12 人の女の子が修道女の先生と住んでいた。1 番おちびさんのマドレーヌはいつも元気で怖いものなし。だが、ある夜、わーわー泣きだした。子どもの気持ちをうまくとらえたストーリー。お話の背景となるパリの街を、大判紙面いっぱいに描いた絵は美しく、洗練された味をもつ。

は行

◆マドレーヌといぬ

瀬田貞二訳
福音館書店　1973年
55p　31×23

川に落ちたマドレーヌを助けた犬を寄宿舎で飼うことに。利口なその犬をみんなで可愛がり世話をするが、検査に来た評議員は渋い顔。

◆マドレーヌといたずらっこ

瀬田貞二訳
福音館書店　1973年
55p　31×23

学校の隣にスペイン大使が越してくる。息子のペピートはいたずらし放題で、女の子達は大迷惑。でもいたずらがすぎて痛い目に。

◆マドレーヌとジプシー

瀬田貞二訳
福音館書店　1973年
55p　31×23

ジプシーのサーカスに行ったマドレーヌとペピートはサーカス団と旅をすることに。芸を教わり、楽しく自由に暮らしていたが……。

●山のクリスマス

光吉夏弥訳編
岩波書店　1953年
88p　21×17

町の子ハンシは、クリスマスのお休みに、チロルの山に住むハーマンおじさんの家へ、ひとり旅をする。いとこのリーザールや犬のワルドルと共に送った冬の山の生活を、ゆったりとしたテンポで物語る。素朴でちょっとコミカルな味のある絵が楽しい。

●ベルイ，ビョーン

◆スプーンおばさんちいさくなる

アルフ・
プリョイセン さく
おおつか ゆうぞう やく
偕成社　1979年
31p　22×27

突然スプーンくらいの大きさになってしまうおばさんの活躍を描いたノルウェーの物語から第1話を絵本化。小さくなったらなったで、うまくいくようにやらなきゃと、掃除、洗濯、料理をちゃんとやってのける逞しいおばさんが魅力的。のびやかでユーモラスな水彩画。

◆スプーンおばさんのクリスマス

アルフ・
プリョイセン さく
おおつか ゆうぞう やく
偕成社　1979年
31p　22×27

クリスマス、またおばさんが小さく。でも、クリスマスの買い物に出かけるご亭主のリュックに入って、欲しいものを買わせてしまう。

ヘンクス，ケヴィン

●おてんばシーラ

斉藤美加 訳
金の星社　1990年
32p　26×21

ねずみの女の子シーラはおてんばで怖いものなし。弱虫の妹ルイーズは、そんなお姉さんにあきれたり感心したり。ところがある日、シーラが学校帰りに道に迷ってしまい……。ほほえましいお話に、明るい色使いの絵。ねずみの女の子の表情が愉快で楽しい。

●ジェシカがいちばん

こかぜさち やく
福武書店　1991年
24p　24×20

ルーシーには遊びも食事もいつも一緒のジェシカがいる。でも仲よしのジェシカはルーシーにしか見えない。入園式の日も2人でいると、見知らぬ女の子がやって来た。空想の世界で遊んでいた幼い女の子が、本物の友だちを得るまでを描く。子どもの表情を捉えた絵。

●せかいいちのあかちゃん

小風さち 訳
徳間書店　1996年
32p　26×21

リリーはねずみの女の子。生まれたばかりの弟に両親が夢中なのが気に入らず、しっぽをつねったり、お面でおどかしたり。でも、いとこが弟の悪口をいうのを聞いて……。お姉さんの微妙な気持ちを素直に描いて共感を呼ぶ。コマ割画面を入れたコミカルな絵。

ほ

ホイヤー，アンドレア

●ぼくとオペラハウス

宮原峠子 訳
カワイ出版　2001年
24p　28×22
✿

オペラ「ヘンゼルとグレーテル」を観たぼくは、翌日、元舞台美術家のおじいちゃんに舞台裏を案内してもらう。魔女は男の歌手！　石のアーチは布に描いた絵で通れない！　衣裳室や稽古場、大道具を作る裏方等々。細ごました絵から劇場の活気が伝わる。

ポガニー，ウイリー

●金のニワトリ

エレーン・ポガニー 文
光吉夏弥 やく
岩波書店　1954年
72p　21×17
✿

ご馳走を食べ呑気に暮らすダドーン王を妬み、暗闇山の魔法使いは手下に王国を攻めさせる。苦戦する王に、敵の所在を知らせる金のニワトリが献上されるが……。ハンガリー出身の夫婦がロシアの物語詩を基に絵本化。バレエ

を思わせる劇的なストーリーと絢爛豪華な絵。

●ホークス，ケビン

●大森林の少年

キャスリン・ラスキー 作
灰島かり 訳
あすなろ書房　1999 年
48p　29 × 25

1918 年米国、流感の猛威から息子を守ろうと、両親は 10 歳のマーベンを北の大森林の伐採現場に送る。そこは仏語しか通じない。家族から離れた日々と、それを包む大人たちの愛情が、子どもの視線を崩さず抑えた筆致で語られる。絵がゆったりとその空気を伝える。

●としょかんライオン

ミシェル・ヌードセン さく
福本友美子 やく
岩崎書店　2007 年
41p　30 × 26

図書館にライオンが来た。お話をもっと聞きたいとほえ、館長に叱られるが、翌日からは規則を守り、お手伝いもする人気者に。ところがある日、館長のけがを知らせようと大声でほえた。ひと昔前の米国を思わせる図書館で、皆に愛されるライオンを温かく描く。

●ほしかわ ひろこ　星川 ひろ子

●ぼくのおにいちゃん

星川治雄 写真
小学館　1997 年
35p　21 × 24

「ぼくのおにいちゃんは、みんなのおにいちゃんと少しちがっています。」写真家の夫妻が障害をもつ長男の成長を追った写真絵本。あれこれとまどいながらも兄を自然に受け入れる弟の視点から語られる。温かく寄り添う家族の姿が素直に伝わり共感をよぶ。

●ポター，ビアトリクス

◆ピーターラビットのおはなし
（ピーターラビットの絵本 1）

いしいももこ やく
福音館書店　1971 年
55p　15 × 12

こうさぎのピーターはお母さんときょうだい 3 匹と森で暮らしている。父親はお百姓のマグレガーさんに肉のパイにされた。だがピーターはその畑に行き、捕まりそうになり、上着と靴も失う。簡潔で巧まざるユーモア溢れる文章と、丹念なスケッチから生まれた柔らかい色調の水彩画の魅力で、百年以上にわたって版を重ねてきた英国の小型絵本シリーズ。

◆ベンジャミンバニーのおはなし
　　（ピーターラビットの絵本 2）

いしいももこ やく
福音館書店　1971 年
55p　15 × 12

ピーターは、逃げるとき脱げた上着を畑のかかしに着せられてしまって元気がない。いとこのベンジャミンが取り返しに行こうと誘う。

◆フロプシーのこどもたち
　　（ピーターラビットの絵本 3）

いしいももこ やく
福音館書店　1971 年
55p　15 × 12

ピーターのきょうだいフロプシーと結婚したベンジャミンは子沢山。マグレガーさんのレタスで満腹になった子ども達はぐっすり。

◆こねこのトムのおはなし
　　（ピーターラビットの絵本 4）

いしいももこ やく
福音館書店　1971 年
55p　15 × 12

ある日、お母さん猫がお茶の会を開くので、ミトン、トム、モペットの 3 匹の子猫たちもお洒落させられる。でも外に出た途端、大変！

◆モペットちゃんのおはなし
　　（ピーターラビットの絵本 5）

いしいももこ やく
福音館書店　1971 年
31p　15 × 12

自分をからかったねずみに仕返ししよう。子猫のモペットちゃんは頭を小さな布でしばり、気分が悪いふり。そこへねずみがやってきた。

◆こわいわるいうさぎのおはなし
　　（ピーターラビットの絵本 6）

いしいももこ やく
福音館書店　1971 年
31p　15 × 12

あらあらしいひげの怖い悪いうさぎが、おとなしい、いいうさぎの人参を横取り。そこへ鉄砲をもった男の人がやってきて、ズドン！

◆2 ひきのわるいねずみの
　　おはなし（ピーターラビットの絵本 7）

いしいももこ やく
福音館書店　1972 年
55p　15 × 12

人形の家の主人が外出中、ねずみが 2 匹やってきてハムや魚を食べようとする。ところが、カチカチで食べられないと知ると……。

◆のねずみチュウチュウおくさんの
　おはなし（ピーターラビットの絵本8）

いしいももこやく
福音館書店　1972年
55p　15×12

きれい好きなチュウチュウおくさん。でも、蜂やらクモやら、蛙のジャクソンさんまでやってきて家を汚すので、後片付けに躍起。

◆まちねずみジョニーのおはなし
　　（ピーターラビットの絵本9）

いしいももこやく
福音館書店　1972年
55p　15×12

農家が出荷する野菜籠にはいり、街に行ってしまったチミー。そこで街ねずみのジョニーに出会い、歓待されるが、何か落ち着かない。

◆りすのナトキンのおはなし
　　（ピーターラビットの絵本10）

いしいももこやく
福音館書店　1973年
55p　15×12

秋、あかりす達は、筏で湖の島に向かう。仲間は島主・老ふくろうへ礼を尽くすが、ナトキンは好き放題。怒ったふくろうは……。

◆あひるのジマイマのおはなし
　　（ピーターラビットの絵本11）

いしいももこやく
福音館書店　1973年
55p　15×12

ジマイマは自分の産んだ卵を自分で孵すために森に行く。そこで会ったのは、突き立った耳と髭のある紳士。その親切に甘えるが……。

◆「ジンジャーとピクルズや」の
　おはなし（ピーターラビットの絵本12）

いしいももこやく
福音館書店　1973年
67p　15×12

雄猫のジンジャーとテリヤ種の犬のピクルズがやっている雑貨屋は、いつも大盛況。でも、現金が全然ない。掛け売りをしているから。

◆キツネどんのおはなし
　　（ピーターラビットの絵本13）

いしいももこやく
福音館書店　1974年
83p　15×12

キツネどんの空家に住むアナグマ・トミーがうさぎの子7匹をさらった。父ベンジャミンといとこピーターは必死に取り返そうとする。

◆ひげのサムエルのおはなし
　　（ピーターラビットの絵本 14）

いしいももこ やく
福音館書店　1974 年
75p　15 × 12

いたずら猫のトムは煙突の中に入った挙句、ねずみ部屋に落ち、大ねずみのサムエル夫妻に"ねこまきだんご"にされそうになる。

◆グロースターの仕たて屋
　　（ピーターラビットの絵本 15）

いしいももこ やく
福音館書店　1974 年
56p　15 × 12
✽

まだ人が襟に花飾りのある長い上着を着ていたころ。立派な上着とチョッキを頼まれた貧乏な仕立屋が、病気で寝込んでしまった。

◆ティギーおばさんのおはなし
　　（ピーターラビットの絵本 16）

いしいももこ やく
福音館書店　1983 年
55p　15 × 12

農家の少女ルーシーはハンケチ 3 枚とエプロンをなくした。探しにいくと、山の家でとげだらけの背の低い人がアイロンをかけていた。

◆ジェレミー・フィッシャーどんのおはなし　（ピーターラビットの絵本 17）

いしいももこ やく
福音館書店　1983 年
55p　15 × 12

雨合羽を着て釣りに出かけた蛙のフィッシャーどん。が、魚は釣れないし、小魚たちには笑われる。挙句の果てに、大マスがぱくり！

◆カルアシ・チミーのおはなし
　　（ピーターラビットの絵本 18）

いしいももこ やく
福音館書店　1983 年
55p　15 × 12

冬が近い日、リスのチミー夫婦はせっせとクルミを拾い、穴にため込んだ。だが、仲間に自分たちのクルミを盗んだと邪推され……。

◆パイがふたつあったおはなし
　　（ピーターラビットの絵本 19）

いしいももこ やく
福音館書店　1988 年
64p　15 × 12

猫のリビーが、犬のダッチェスをお茶に呼んだ。ねずみのパイ？　と疑った犬は、自分の作ったパイを猫のオーブンにこっそり入れる。

は行

◆ずるいねこのおはなし
（ピーターラビットの絵本 20）

まさきるりこやく
福音館書店　1988年
35p　15×12

年寄り猫が、ねずみをお茶に招待。でも、ねずみには屑やら残り物ばかり。無礼に怒ったねずみは……。折り畳み式の手製本が元。

◆こぶたのピグリン・ブランドのおはなし（ピーターラビットの絵本 21）

まさきるりこやく
福音館書店　1988年
84p　15×12
✿

市にやられることになった、こぶたのピグリン。途中、弟とはぐれ、迷い、お百姓に捕まり、でも"おかのむこうのはるかなくに"へ。▲

●ボーテン、ヘレン

●雨とひょう

フランクリン・M・ブランリーぶん
川西伸男やく
福音館書店　1968年
40p　21×24
📖 ✿

雨は雲から降ってくる。雲は水滴の集まり。水滴は水蒸気からできる。寒いとき出る白い息も雲。水は蒸発して水蒸気に、それが高く上って雲になる。雲、雨、雹のでき方をきちんと順序だて、わかりやすく教える科学絵本。寒色系の抑えた色の絵が理解を助けている。

●ボナーズ、スーザン

●るすばんねこのぼうけん

メリー・カルホーン作
猪熊葉子訳
佑学社　1982年
30p　26×21
✿

若いねこのヒルダは、ひとりお留守番。ところが、飼い主が置いていったえさをリスやネズミに食べられてしまう。ヒルダは鳥を捕まえようとするが……。鳥はやっぱり見るだけの方がいいとキャットフードを食べる結末が愉快。丁寧に柔らかく仕上げた写実的な絵。

●ホーバン、タナ

●ぼくはこどものぞうです

ミエラ・フォードぶん
ごみたろうやく
リブロポート　1996年
24p　22×25
📖

動物園の子象がひとりで水浴びをして、母象のもとに戻っていくまでを追った写真絵本。「もぐりますよ」「ぼくが、みえますか？」といった子象のセリフが、大きな活字で1頁に1文ずつ添えられ、それが表情を巧みに捉えた写真とぴったり合ってほほえましい。

●ホーバン，リリアン

◆アーサーのクリスマス・プレゼント

木島始訳
文化出版局　1977年
64p　22×16

クリスマス前の日曜日、プレゼント作りにいそしむ妹を見て、アーサーもクッキーを焼くことに。でも砂糖と塩を間違え大失敗。そこでいいことを思いつく。チンパンジーの兄妹の日常のひとこまをユーモラスに描く。柔らかな雰囲気の絵がぴったり。

◆アーサーのくまちゃん

木島始訳
文化出版局　1977年
64p　22×16

アーサーは、古い玩具を片付けて大売り出しを始める。でも、仲良しだったくまのぬいぐるみだけは売りたくない。すると妹が……。

◆アーサーのてがみともだち

木島始訳
文化出版局　1977年
64p　22×16

妹なんて面白くない。腕相撲したってすぐに泣き出すし、僕が叱られてばかり。文通相手のサンディみたいな弟がいたらいいのになあ。

◆アーサーといもうと

光吉夏弥訳
文化出版局　1979年
64p　22×16

妹のバイオレットは1年生。本読みコンクールで1等を目指すけれど、難しい字が読めない。ところが、兄さんを手伝ううち……。

●ウィリアムズ，ガース

◆おやすみなさいフランシス

ラッセル・ホーバンぶん
まつおかきょうこやく
福音館書店　1966年
31p　26×21

小さなアナグマの女の子フランシスは、寝る時間になっても眠くない。ベッドにはいっても、部屋に怖いものがいるといっては起きだしてくる。どこの家庭でも見られる子どもの日常生活のひとこまを描いたほほえましい作品。柔らかいタッチの鉛筆画。続編4冊の絵は作者ホーバンの妻リリアンの筆による。

◆フランシスのいえで

ラッセル・ホーバンさく
まつおかきょうこやく
好学社　1972年
30p　26×21

妹のグローリアが生まれ、おかあさんは赤ん坊の世話で大忙し。やきもちを焼いたフランシスは食堂のテーブルの下に家出することに。

187

◆ジャムつきパンとフランシス

ラッセル・ホーバン さく
まつおか きょうこ やく
好学社　1972年
30p　26×21

ジャムつきパンが好物のフランシスは、ほかのごはんは食べたくない。すると、ジャムつきパンばかりが出てくるようになり……。

◆フランシスとたんじょうび

ラッセル・ホーバン さく
まつおか きょうこ やく
好学社　1972年
32p　26×21

明日はグローリアの誕生日。家ではパーティの用意をしているけれど、フランシスは素直に喜べない。でもプレゼントにお菓子を買う。

◆フランシスのおともだち

ラッセル・ホーバン さく
まつおか きょうこ やく
好学社　1972年
30p　26×21

友だちのアルバートに女ぬきで野球をすると言われたフランシスは、妹と「男の子お断り」の仲良し同士の運動会をすることに。

●ハービーのかくれが

ラッセル・ホーバン 作
谷口由美子 訳
あかね書房　1979年
39p　26×19

ジャコウネズミのハービーは、姉のミルドレッドといつもけんかばかり。けれども、実はふたりとも友だちがいなくてさびしい思いをしていたと気づいた。姉弟間のけんかや意地の張り合い、仲直りをほほえましく描き、子どもたちの共感を得る。カラフルな絵。

●ホフ，シド

●きょうりゅうくんとさんぽ

いぬい ゆみこ 訳
ペンギン社　1980年
64p　22×16

ぼくはダニー。このあいだ博物館へ行った。恐竜の前で「こいつがいきていたら……」とつぶやくと「あそぼう」と恐竜が！　長い首にまたがり町を歩き、野球を観戦。道行く人を助けたり、友達と遊んだり。優しい恐竜との夢のような時を米漫画家が親しみ易く描く。

ホプクラフト, キサン

●ぼくのともだちドゥームズ

キャロル・コースラ・
ホプクラフト文 [写真]
あかおひでこ 訳
BL出版　2001年
64p　22×26

赤ん坊チータ、ドゥームズが家に来たのはぼくが生まれるより前のことだった……。ケニヤに住む7歳の男の子が、ともに育ったチータの一生と彼との思い出を語り、母親が写真を添えてまとめた。サバンナでの暮らし、人と動物の種を越えた愛情と信頼が伝わる。

ホフシンド, ロバート

●アメリカ・インディアンの えもじのえほん

金石教子 編
至光社　1980年
26p　25×25

インディアンの間で古くから使われ、今も生きている絵文字264例を紹介。牛、シカ狩などの名詞から、凍えて死ぬ、発見するなどの動詞まで、複雑な内容を単純な線画で表している。巻末の絵文字の手紙も面白い。ベージュの紙に茶色で統一された文字が合う。

ホフマン, ハインリッヒ

●もじゃもじゃペーター

佐々木田鶴子 訳
ほるぷ出版　1985年
48p　25×20

爪は1年も伸び放題、髪にも櫛を入れさせない、汚いもじゃもじゃペーターや、ゆびしゃぶりこぞうなど悪い子どもたちの行く末を、韻を踏んだリズミカルな文と濃厚な色彩で描く。ドイツの精神科医が3歳の息子のために描き、大成功した1845年初版の古典絵本。

ホフマン, フェリクス

●うできき四人きょうだい── グリム童話

[グリム兄弟 再話]
寺岡寿子 訳
福音館書店　1983年
32p　22×31

運だめしにでかけた4人の息子が、4年後それぞれ、腕利きの泥棒、星のぞき、狩人、仕立屋になって戻ってくる。その腕前を発揮し、竜にさらわれたお姫様を助けだすというグリムの昔話を絵本化したもの。落ち着いた色調の絵は深みがあり話にぴったり添う。

●おおかみと七ひきのこやぎ──グリム童話

［グリム兄弟 再話］
せた ていじ やく
福音館書店　1967年
32p　22×30

お母さんヤギの留守にオオカミがやってきて、7匹の子ヤギを騙し、末っ子を残して丸飲みに。帰ってきたお母さんヤギは野原で高いびきのオオカミを見つけ……。グリムの昔話の中でも幼い子に人気の話を絵本に。甘さを排した絵でお話の世界を手にとるように見せる。

●おやゆびこぞう──グリム童話

［グリム兄弟 再話］
大塚勇三 やく
ペンギン社　1979年
36p　22×30

親指ほどの小さな主人公が、泥棒に一杯食わせたり、オオカミの腹の中から上手く抜け出したり、知恵を働かせて次々危機を脱する痛快な昔話。絵は比較的明るい石版画。大判の画面を生かした構図で小さなおやゆびこぞうを際立たせ、昔話のおもしろさを高めている。

●クリスマスのものがたり

しょうのこうきち やく
福音館書店　1975年
32p　22×31

2000年を遡るキリスト降誕物語。天使ガブリエルによるマリヤへの受胎告知から、3賢者の来訪、命を狙うヘロデ王の死後、親子でナザレに戻るまでを描く。見事な構図に落ち着いた色彩で、聖書の世界を格調高く表現する。スイスの著名絵本作家の遺作。

●ねむりひめ──グリム童話

［グリム兄弟 再話］
せた ていじゃく
福音館書店　1963年
32p　31×22

お姫さまが、うらない女の呪いによって、15の誕生日につむに刺され、100年の眠りにつく有名なグリムの昔話を、スイスの画家が絵本化。繊細な線に、地味な色使いで、この話のもつ劇的な、品格のある雰囲気を的確に表現している。古典的な味わいのある作品。

●ヨッケリなしをとっといで──スイスのわらべうた

おかしのぶ やく
小さな絵本美術館,
架空社　2000年
31p　10×23

ヨッケリという男の子が、親方に言われ梨を取りに行くが、梨は落ちたくない。親方は犬をけしかけるが、犬はかみたくない。棒、火、水と登場するが……。積み重ね式のわらべうたに、木版の素朴で明るい絵をつけた。横長で小さな判型もかわいらしい。

ほりうち せいいち　堀内 誠一

●いぬとにわとり

石井桃子 さく
福音館書店　1990年
23p　22×21

おばあさんと犬の暮らしに鶏5羽が加わった。「仲良く」といわれたけれど、犬は「みてるだけ」「なでるだけ」といってはちょっかい

を出す。とうとう木につながれた犬に、鶏達は反撃開始。幼児がぴったり沿える展開は、語りにも向く。柔らかい色彩のパステル画。

●ぐるんぱのようちえん

西内みなみ さく
福音館書店　1966年
28p　19×26

いつもめそめそしていたゾウのぐるんぱは、町に働きに出されるが、作る物はビスケットも靴も超特大。どこに行ってもクビになり、しょんぼり、しょんぼり。でも、子沢山のお母さんに頼まれ……。発想の面白さ、リズミカルな文章、元気な絵で、長く愛される絵本。

●くろうまブランキー

伊東三郎 再話
福音館書店　1967年
19p　27×19

黒馬ブランキーは、意地悪な主人のもとで働き続け、クリスマスの晩に道に倒れてしまう。そこへサンタクロースが降りてきて、ブランキーは天の道で銀のそりを引く馬になる。原作は仏のフレネ学校の子ども達による共同制作。パステルカラーの絵が素朴な物語に合う。

●こすずめのぼうけん

ルース・
エインワース さく
いしいももこ やく
福音館書店　1977年
32p　20×27

初めて飛び方を教わり、気を大きくして遠くへ飛びすぎたこすずめ。疲れた羽を休めたいと、色々な鳥の巣を訪ねるが、同じように鳴

けるかと尋ねられる度「ちゅん、ちゅん、ちゅん」としか鳴けず断られる。幼い子が繰り返し聞きたがる話にくっきりした絵を添えた。

●たいようの木のえだ──
　　ジプシーの昔話

フィツォフスキ 再話
内田莉莎子 訳
福音館書店　1985年
32p　31×22

片目のジプシーの若者が、后を亡くした王の命令で、病を治し死者を蘇らせる"太陽の木の枝"を探しにいく冒険譚。若者は助けたワシの背に乗り、太陽の王に捧げる雲の国の姫をさらいにでかける。ポーランド人が再話した壮大な昔話を、大胆な力強い絵で絵本化。

◆たろうのおでかけ

村山桂子 作
福音館書店　1966年
27p　19×27

たろうは、犬と猫とアヒルとニワトリを連れ、仲良しのまみちゃんの家へ誕生日のお祝いに。嬉しくて走ったり、黄色で信号を渡ろうとしたりすると周りの大人達が「だめだめだめ」。たろう達の弾んだ気持ちが表れたリズミカルな文章と、明るい色の元気な絵が楽しい。

◆たろうのひっこし

村山桂子 さく
福音館書店　1985年
32p　20×27

古じゅうたんで自分の部屋を作ったたろうは、猫のみーやや犬のちろー達に注文を出されて引越しの連続。最後に皆が満足したのは……。

●ちのはなし

福音館書店　1978年
23p　26×24

転んで擦りむいた膝から血がでた。それは血管が体中に通っているから。懐中電灯に手をかざすと赤く見えるのも血のため。心臓が絶え間なく血液を送りだす様子、その音を聞く……。実験をおりまぜながら、単純化された絵で血や心臓の働きを簡潔に説く科学絵本。

●てがみのえほん

福音館書店　1972年
27p　20×27

「こどものとも」200号を記念して、あちこちからきたお祝いの手紙。魔女やトロル、透明人間に混じって、もじゃもじゃペーターやイーハトーブのやまねこからの手紙もある。見開きに1通、手紙の差出人によって画風を工夫した絵と、ふさわしい切手も描かれる。

●どうぶつしんぶん

岸田衿子，谷川俊太郎，
松竹いね子 ぶん
福音館書店　1988年
4枚　29×21

表紙の内側に貼った袋の中に四つ折にした春夏秋冬4号の新聞。狸と狐のけんか等の森のニュース、豚夫人の料理教室、ふるいけかわず・選の俳壇、サルモフ作のSF連載等盛り沢山。作者達の遊び心いっぱいで、子どもに人気の1冊。カラフルな挿絵も魅力。

●ほね

福音館書店　1981年
24p　25×22

さかなには　ほねがある。でも　たこにはほねがない。もし　きみのからだのなかにもほねが　なかったら……。人間や動物の骨格の構造や働きについて、温かくユーモラスな絵で、わかりやすく解説する科学絵本。

●ポリティ，レオ

●ツバメの歌／ロバの旅

アン・ノーラン・
クラーク 文
石井桃子 訳
岩波書店　1954年
88p　21×17

カピストラノという小さな村の教会には、春祭りの日、ツバメが飛んでくる。少年ジュアンは、自分の家にもツバメを招きたいと考え

る。少年の一途な想いと喜びを四季の変化とともに描く。併載「ロバの旅」は、ロバが自分の居場所を見つけるまでを詩のような文で綴る。柔らかな色調の、地方色豊かな絵。

● ボンソル，クロスビイ

●くらやみこわいのだあれ

渡辺南都子 訳
岩崎書店　1987年
46p　22×19

男の子が、友だちの女の子に飼い犬のステラがいかに暗闇を怖がるかを訴える。でも実は怖がりなのは男の子の方らしい。男の子の言い分と正反対の事実、そして女の子のとっておきの助言によって暗闇を克服する様子を、少し甘いが表情のある絵でユーモラスに描く。

● ボンド，フェリシア

●おおきなあかいなや

マーガレット・ワイズ・ブラウンさく
えくにかおりやく
偕成社　2001年
32p　26×22

緑の牧場に日が昇る。大きな赤い納屋から動物たちが出てくる。鳴き方を覚えたばかりのピンクの子豚、馬の親子、羊にロバに鶏……。日が暮れるまで遊び、夜、納屋で眠る。のんびりとした牧場の1日をさわやかな色使いでゆったりと描き、生命の喜びを静かに伝える。

ま行

おとうさんやおかあさんが子どもに本を読んでやるとき、その声を通して、物語といっしょに、さまざまのよいものが、子どもの心に流れ込みます。そのよいものが、子どもの本を読むたのしみを、いっそう深く、大きなものにしているのです。

『えほんのせかい こどものせかい』松岡享子

ま

● マザーズ，ペトラ

● ローザからキスをいっぱい

えんどういくえやく
BL出版　2000年
40p　23×29
✽

お母さんが結核で入院したため、幼いローザは都会から遠く離れたおばさんの家に預けられ、周囲の人に温かく迎えられる。母への思慕をキスを入れた手紙に託しつつ、田園生活になじんでいく少女の姿を、静かな筆致と清澄な色合いの絵で描きだす。

● ましま　せつこ　真島 節子

● あんたがたどこさ──
おかあさんと子どものあそびうた

こぐま社　1996年
32p　25×20

「おてらのおしょうさん」「いないいないばあ」「てってのねずみ」等、日本に伝わる15のわらべうたや手遊びを、見開きにひとつずつ紹介。頁右下に簡単な遊び方、別刷りの楽譜付き。親子で楽しむきっかけに。

● うめぼしさんのうた──
わらべうた

福音館書店　1967年
34p　21×23

「やまでらのおしょうさん」「ほうほうほたるこい」「かごめかごめ」など、よく知られたうたをはじめ、「うめぼしさん」「おたまじゃくし」など、16編を収めるわらべうた絵本。見開きにひとつのうたと、和風の温かみのあ

る絵を配して、わらべうたの雰囲気を伝える。

● 十二つきのうた

神沢利子文
福音館書店　1979年
31p　21×19

1月は「たこたこあがれ」の詩に、大空に揚がる奴凧の絵、2月は「ゆきこんこ」、3月は「さんがつひなさま」と、12月まで1編ずつの詩と色彩豊かな絵を組み合わせ、春夏秋冬の見開きの絵も入る。どの絵にも子どもの遊ぶ姿がほのぼのと描かれ、楽しさが伝わる。

● まるかいてちょん——えかきうた

童話館出版編集部 編
童話館出版　2003年
39p　22×29

「ぼうがいっぽん　あったとさ」など節に合わせて描き足していくと絵ができあがる絵かきうた。「へのへのもへじ」「コックさん」等、伝承歌を中心に45種を紹介。クレヨン画で説明された描き方は大きくて分かりやすい。大判のソフトカバー。

● わらべうた

福音館書店　1998年
27p　19×27

「おおさむこさむ」「ひらいたひらいた」「はないちもんめ」等、おなじみの日本の伝承わらべうた13編を収録した絵本。民芸調の様式にモダンな味を加えた絵が親しみやすい。子どもと歌いながら楽しめる。

● マーシャル，ジェイムズ

● トロルのもり

エドワード・
マーシャルさく
ももゆりこやく
さ・え・ら書房　1983年
55p　21×17

エルシーのお母さんは、昔、森でトロルに会ったという話を始めるが、お父さんは信じない。ところが森を通ってお使いにいくエルシーの目の前に……。巧みな筋運びで子どもを惹きつける。茶と緑を基調に色付けされたどことなくユーモラスな絵が話の雰囲気に合う。

● メアリー・アリスいまなんじ？

ジェフリー・アレン文
小沢正訳
童話館　1995年
31p　24×19

あひるのメアリーは電話サービス会社の時報係。きびきびとした応対で評判がよい。ある日メアリーが病気になり、臨時職員を募集すると、やってきたのはヘビ、アルマジロ、ハイエナ……。動物たちの滑稽な仕事ぶりと、漫画風のとぼけた表情が愉快。

● わにのアーサーおよばれにいく

ラッセル・ホーバン文
さかいきみこ訳
偕成社　2001年
37p　24×23

アーサーの食事マナーは最悪！　音は立てるし、食べ物をほおばったまましゃべる。そんな彼が妹の友だちアルベルタに一目ぼれ。夕

食に招かれた途端、お行儀の特訓を始める。文化的な生活を送るワニ一家の日常のひとこまを、軽妙な会話とコミカルな絵で綴る。

● マチーセン，エゴン

● あおい目のこねこ

せた ていじ やく
福音館書店　1965 年
109p　22 × 16

大きな青い目をした白い子猫が、ねずみの国を探しに出かける。魚に笑われ、黄色い目の猫たちに意地悪されるが、犬の背中に飛び乗っていった先に……。頁数は多いが、筋は単純で、幼い子も楽しめる。白地に墨の絵は大胆でユーモラス。青と黄のみの洒落た彩色。

● さるのオズワルド

松岡享子 訳
こぐま社　1998 年
48p　20 × 22

ちっちゃなさるのオズワルドが仲間とおしゃべりしていると、ボスざるのいばりやがやってきた。わがままな命令に、オズワルドたちは従わなくてはならない。言葉遊びをちりばめた軽やかな筋に自在な筆遣いの絵。飄々としたユーモアの漂うデンマークの絵本。

● まつおか たつひで　松岡 達英

● かぶとむしはどこ？

福音館書店　1990 年
28p　26 × 24

かぶと虫の生態を、幼い子にもわかるように描いた科学絵本。幼虫が土の中に楕円の部屋を作り、その中で変態していく過程や、地表に出た成虫の生活等を、丁寧に段階を追って説明。やさしい文章と克明な描写の絵。特に成虫の迫力ある絵は魅力的。

◆ 恐竜物語――ブロンのぼうけん

ジェームス・H・マドセン Jr.,
小畠郁生 監修
小学館　1990 年
47p　29 × 23

中生代ジュラ紀。北米の森で生まれたアパトサウルスの赤ちゃんブロンの成長を追って展開する絵物語。科学研究に基づいて、恐竜だけでなく同時代の昆虫や植物を描いた絵は迫力があり、読者を太古の世界に誘いこむ。巻末に詳しい解説。

◆恐竜物語——ミムスのぼうけん

ジェームス・H・マドセン Jr.,
小畠郁生 監修
小学館　1991 年
48p　29 × 23

約 8000 万年前、白亜紀後期の北アメリカ大陸が舞台。小型恐竜オルニトミムスの子ミムスの行きて帰りし物語を中心に、様々な恐竜たちの生存競争を描くユニークな絵本。

◆ぼくのロボット大旅行

福音館書店　1984 年
54p　26 × 24

2 人の子どもが、人工頭脳を備えた巨大ロボットに乗って、深海から熱帯のジャングル、はては宇宙まで旅行する。ロボットの内部が細かく描かれ、見開きごとにたくさんの動植物が登場。コマ割や吹き出しのあるイラストが興味を誘う。巻末に動植物の名前を付記。

◆ぼくのロボット恐竜探検

福音館書店　1994 年
40p　26 × 23

ロボットと恐竜のおもちゃで遊んでいたぼくは、気がつくとロボットの操縦席に。時代は白亜紀。ロボットに案内され探検に出発する。

● マッキー，ロイ

● ゆき、ゆき

P・D・イーストマン 作・絵
きしだえりこ 訳
ペンギン社　1984 年
64p　24 × 17

あ、ゆき！　犬がはしゃいで、男の子と女の子を呼ぶ。雪合戦、そり、人がた、スキー、雪の家、雪だるまと遊んでいるうちに、お日さまが出てきて、世界一の雪だるまをとかしてしまう。そこで子どもたちは……。雪遊びの楽しさを弾むようなユーモラスな絵で描く。

● マックロスキー，ロバート

● 海べのあさ

石井桃子 訳
岩波書店　1978 年
62p　32 × 24

朝、サリーが歯を磨こうとすると、たいへん、歯が 1 本ぐらぐらしている！　新しい経験に驚きながらも、期待と誇りに満ちた女の子の心の動きを、米国メイン州の美しい海岸風景の中で描く。紺一色でのびやかに描かれた大判の画面からは潮の香りが感じられる。

197

●沖釣り漁師のバート・ダウじいさん──昔話ふうの海の物語

わたなべしげおやく
童話館出版　1995年
61p　30×23

古い小舟で釣りに出かけたバートじいさんが釣り上げたのは、なんとクジラのしっぽ！釣り針であいた穴にバンソウコウをはってやっている間に海が荒れだし、じいさんはクジラの腹の中に一時避難する。ほら話を思わせる豪快な物語を、色彩豊かで大胆な筆遣いの絵が盛り上げる。少々長いが読み聞かせにも。

●かもさんおとおり

わたなべしげおやく
福音館書店　1965年
64p　31×23

巣を作る場所を探してボストンまできたカモのマラードさん夫婦。川の中洲で無事ひながかえると、一家は公園へお引越し。街中を堂々と行進するカモ達のため、大通りや交差点は大わらわ。セピア一色の柔らかいコンテの絵で、大都会のカモ一家をのびのびと描く。

●サリーのこけももつみ

石井桃子訳
岩波書店　1986年
55p　23×29

小さな女の子サリーはお母さんと山へ。山の反対側には子ぐまと母ぐま。双方、冬に備えてこけももを夢中で摘むうち、いつの間にか親子が入れ替わり……。横長の、白地に紺一色の力強い絵は、山野の広がりを見事に表現。人間や動物の表情もユーモラスに描かれる。

●すばらしいとき

わたなべしげおやく
福音館書店　1978年
61p　31×24

「……小島のつらなりの上で、みてごらん、世界のときがゆきすぎる……季節から季節へと」米メイン州の小島で一緒に暮らす娘達に、春から夏の終わりの「すばらしいとき」を父が語る。詩情溢れる文章と水彩画が深い印象を残す。1958年コルデコット賞。

●ハーモニカのめいじんレンティル

まさきるりこやく
国土社　2000年
62p　32×24

歌も口笛もからきしだめな少年レンティルは、ハーモニカの名人目指して猛練習。ある日、町の名士の帰郷歓迎会で楽隊が演奏できなくなる珍事件が……。米国の田舎町での騒動を黒一色で大らかに描く1940年処女作。

●マニケ，リーセ

●運命の王子――古代エジプトの物語

大塚勇三 訳
岩波書店　1984年
43p　23×29

エジプト王が授かった待望の王子は、ワニか蛇か犬に殺される運命と定められた。しかし成長した王子は、思うままに生きたいと旅に出る。パピルス文書に残された断片をふくらませて再話。エジプト美術品から写し取って描いた絵が古代の物語の世界を広げる。

●ライオンとねずみ――古代エジプトの物語

大塚勇三 訳
岩波書店　1984年
26p　30×22

ライオンに踏み潰されそうになるが、助けてもらった小ネズミが、あとでライオンの命を救う有名な寓話。エジプト学者が象形文字のテキストから訳した再話で、イソップ等よりも細かく書き込まれている。古代の絵をもとにした色鮮やかな絵が魅力。

●マリ，イエラ

●あかいふうせん

ほるぷ出版　1976年
32p　22×22

子どもが赤い風船をふくらますと、飛んでいって木にとまり、りんごの実になる。木から落ちて蝶々になり、草にとまって花になり、子どもがその花を摘んだら、赤い傘になる。シンプルな線画に、変化する風船だけを印象的に赤で描いた、イタリアの文字なし絵本。

●マリッツ，ニコラース

●ひとつ、アフリカにのぼるたいよう

ウェンディ・ハートマン 文
さくまゆみこ 訳
文化出版局　2000年
32p　22×25

大地に朝日が昇り、夜が訪れ、また朝が来る。アフリカの1日を背景に、2羽のチョウゲンボウ、3頭のゾウ……と動物達が登場するかぞえうた絵本。10まで行って、また1まで別の動物で戻るのがユニーク。色彩のコントラストを際立たせた力強い絵。動物の説明付。

● マリノ，ドロシー

▼

◆くんちゃんのだいりょこう

石井桃子 訳
岩波書店　1986年
35p　26×20

冬、南へ渡る鳥を見た子ぐまのくんちゃんは自分も南の国へ行くことにする。ところが、忘れ物をとりに何度も家へ戻るうちに……。幼いくまの子の無邪気な言動がほほえましい。ペン画に1色のみで彩色した絵は一見地味だが、温かみがあり、素直なお話によく合う。続編は版元が移り、訳者も変わる。

◆くんちゃんとにじ

まさきるりこ やく
ペンギン社　1984年
36p　26×20

虹の根元に金が埋まっていると聞いたくんちゃんは、両親や森の動物たちがただのお話だと止めるのもきかず、虹を追っていく。

◆くんちゃんのもりのキャンプ

まさきるりこ やく
ペンギン社　1983年
36p　26×20

いとこのアレックに誘われ、森へキャンプに出かけたくんちゃん。途中、こまどりに巣の作り方を、あひるには泳ぎ方を教わるが……。

◆くんちゃんとふゆのパーティー

あらいゆうこ やく
ペンギン社　1981年
36p　26×20

はじめて雪を見たくんちゃん。雪ぐま作り、ツリー飾りを楽しみながら、雪で食べもののない小鳥や兎たちのことも忘れない。

◆くんちゃんのはたけしごと

まさきるりこ やく
ペンギン社　1983年
36p　26×20

畑仕事を手伝うことになったくんちゃんは、はじめは失敗してばかり。でも、お父さんのする事をじっと見ているうちに……。

◆くんちゃんはおおいそがし

まさきるりこ やく
ペンギン社　1983年
36p　26×20

くんちゃんは両親に何をしたらいいか尋ねてばかり。でも小川で木切れを浮かべ、小石を拾ううち、次々とすることができて大忙しに。

◆くんちゃんのはじめてのがっこう

まさきるりこやく
ペンギン社　1982年
36p　26×20

入学の日、くんちゃんは勇んで学校に出かけたものの、お母さんが帰ってしまい、ちょっと不安。いたたまれず教室を飛び出す。

●ふわふわくんとアルフレッド

石井桃子 訳
岩波書店　1977年
41p　21×17

おもちゃのくまのふわふわくんは、アルフレッドが赤ん坊のときからの友だち。いつもいっしょに遊んでいたが、新しいトラのおもちゃ、しまくんが届くと、アルフレッドはそちらに夢中。そこでふわふわくんは思い切った抗議行動に。赤と黒が基調の素朴な絵。

● まるき とし　丸木俊

●うしかいとおりひめ──
ちゅうごくみんわ

きみしまひさこやく
偕成社　1977年
31p　22×18

七夕にまつわる中国民話の昔話絵本。貧しい牛飼いの若者が牛の言葉を聞き、七月七日に天から水浴びに降りてきた天女、織姫の衣を隠す。織姫は牛飼いの妻になるが、あるとき衣を見つけ、天に戻る。牛飼いは後を追い……。墨絵風の流れるような線に淡い色彩の絵。

●こまどりのクリスマス──
スコットランド民話
（こどものとも年中向き 201 号）

渡辺茂男 訳
福音館書店　2002年
19p　26×19

赤い胸をしたこまどりが王様のお城へクリスマスの歌を歌いにいくスコットランドの昔話。途中、猫や鷹などの危険な動物に行く手を邪魔されそうになりながらも、最後にはお城で歌い、ごほうびにみそさざいをお嫁にもらう。色鮮やかな水彩画が可愛らしいお話に合う。

● マレーク ベロニカ

●ラチとらいおん

とくながやすもとやく
福音館書店　1965年
44p　16×23

世界一弱虫の男の子ラチ。犬も暗い部屋も友達さえ怖い。ライオンがいたら何も怖くないのにと思っていると、小さな赤いライオンが現れ、強くなる訓練をしてくれる。幼い子の共感を呼ぶハンガリーの作。軽妙な線に赤や緑であっさり彩色した絵はユーモアに富む。

み

● みずき しげる　水木 しげる

●絵巻えほん妖怪の森

こぐま社　1995年
1枚　27×26

森に迷い込んだ２人の子どもが、様々な妖怪に会いながら森を出るまでの物語を、全長約2.8ｍの頁に描いた一枚絵。一つ目小僧、貧乏神、ぬらりひょん、口裂け女、漫画の鬼太郎など古今169の妖怪の生活ぶりが一面に細ごまと描き込まれていて楽しい。別冊解説付。

● ミード，ホリー

●しーっ！ぼうやがおひるねしているの

ミンフォン・ホ作
安井清子訳
偕成社　1998年
32p　27×23

ハンモックに揺られお昼寝する坊や。母親は、その眠りを妨げないように、近寄る動物たちを静かにさせる。ビルマ生まれタイ育ちの作者による"おやすみなさいの本"。米国人画家によるコラージュの絵が南アジアのゆったりした空気を伝える。

● ミトゥーリッチ，M

●おおわるもののバルマレイ

コルネイ・
チュコフスキー作
宮川やすえ訳
らくだ出版　1974年
28p　28×22

「こどもたち／アフリカには　いくな」子どもを食べる悪者バルマレイがいるから。両親の忠告を聞かずにアフリカに行ったふたりの子はその悪者につかまる。旧ソで親しまれていた詩に絵をつけた。原色の大胆な筆遣いの絵がアフリカの空気を醸す。原書1970年。

●なぞなぞ100このほん

M・ブラートフ採集
松谷さやか編・訳
福音館書店　1994年
32p　28×22

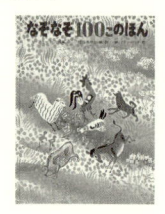

「あたまのうえに／もりを　のせている」（トナカイ）「五つの　へやに／いりぐちが　ひとつ」（手袋）等、旧ソ連の諸民族伝承のなぞなぞを100題紹介。答えは動物や野菜、体の部分等身近なものが多く、それぞれに軽妙なタッチ、洒落た色彩の絵がヒントについている。

みなみづか なおこ　南塚 直子

わたしのあかいぼうし

岩崎書店　1987年
28p　25×22

お母さんが作ってくれた赤い帽子が、風に吹き飛ばされて海へ。追いかけたわたしは波にのまれて海の底へ行き、イソギンチャクやカニにきいてまわる。お話に無理がなく、素直に海の世界にはいっていける。銅版画風の素朴な線に、淡い彩色の絵で本造りも美しい。

みやざき まなぶ　宮崎 学

からす

福音館書店　1976年
32p　27×20
✿

かぁーお。春、雄のカラスが雌を呼び、飛んできた雌と巣を作る。やがて2羽の作った巣には卵が4つ。孵った雛は家族いっしょにすごす。餌を探したり、兄弟喧嘩をしたり。自然豊かな長野県伊那谷で、カラス一家が過ごした四季を簡潔な文とともに写真で伝える。

ふくろう

福音館書店　1977年
40p　27×20
✿

春の松林、昼間じっとしていたふくろうは、夜、活動を開始する。羽音もさせずに飛び、餌を探す。巣では雌が卵を温めている。狩りや巣の雛の様子など、雛が巣を離れるまでを観察した写真絵本。闇の中、翼を広げて野ねずみを捕まえた瞬間を捉えた写真は迫力満点。

ミューラー，ゲルダ

ぼくの庭ができたよ

ささきたづこ訳
文化出版局　1989年
36p　29×21

春、町なかの広い庭のある家に越してきたぼくたち一家4人は、荒れた庭を耕し、芝を植える。ぼくと妹も自分の庭をもらって……。こまごまと描きこまれた絵で、幼い兄妹の庭づくりの過程や、庭での遊びが見え、楽しめる。四季折々の変化も美しいドイツの絵本。

● **みよし せきや**　三好 碩也

●子うさぎましろのお話

ささきたづぶん
ポプラ社　1970年
32p　25×21

子うさぎましろはサンタクロースのおじいさんから、真っ先に贈り物をもらった。でも、他にも何かほしくなり、体に炭をぬって別のうさぎになりすまし、タネをもらったけれど。色鉛筆の線描画が、灰色の枠をもつ白地に映える。クリスマスにふさわしい素朴な絵物語。

● **みよし ていきち**　三芳 悌吉

◆こんちゅう（はじめてであうずかん1）

矢島稔しどう
福音館書店　1980年
43p　19×20

蜂や蝶などの庭の虫、犬の蚤、ゴキブリ、ダンゴムシ、灯に集まる蛾やコガネムシ等180種近くの虫を写実的な絵で紹介。巻末には、取り上げた虫の索引と分かり易い解説がつく。昆虫に興味をもち始めた幼い子といっしょに調べたい。同シリーズにはほかに、それぞれ異なる画家による右記の4冊がある。

● **あいがさ まさよし**　相笠 昌義

◆けもの（はじめてであうずかん2）

小森厚しどう
福音館書店　1980年
43p　19×20

秋田犬やコリー、三毛猫、シャム猫などの犬や猫、畑や山林にいる野兎や鹿、動物園にいる象やパンダ等、子どもに馴染みの約80種。

● **あんとく あきら**　安徳 瑛

◆とり（はじめてであうずかん3）

高野伸二しどう
福音館書店　1980年
43p　19×20

家で飼う色々なインコやカナリア、近所で見かけるハトやツバメ、野山や海、動物園の鳥など子どもに身近な約80種、雌雄の別も。

● **かさぎ みのる**　笠木 實

◆さかな（はじめてであうずかん4）

久田迪夫しどう
福音館書店　1980年
43p　19×20

家で飼う金魚や熱帯魚、田んぼや小川のドジョウやメダカ、海のマグロやサメ、磯のヤドカリやフジツボ、貝類まで、約110種。

● たかもり としお　　高森 登志夫

◆ しょくぶつ　（はじめてであうずかん 5）

古矢一穂 しどう
福音館書店　1980 年
43p　19 × 20

季節の野草、庭の花、木の花や葉、池や海辺の草花、観葉植物、豆や稲、トマトなどの野菜、果物など、身近で見られる約130種。

● みずのなかのちいさなせかい

福音館書店　1972 年
23p　26 × 23

秋の終り、静まりかえった池。でも、虫眼鏡で水の中をのぞいてみると、生まれて間もないヤゴやプランクトンが。春になるとメダカや貝も卵を産み、池の中は賑やかになっていく。水中の小さな生き物の命の営みを見開きいっぱいの絵と平易な文で描きだす。

● ミレル，ズデネック

● ひよことむぎばたけ

フランチシェク・
フルビーン さく
ちのえいいち やく
偕成社　1978 年
23p　17 × 25

農家の裏の畑でお母さんや兄弟とはぐれた1羽のひよこが、麦畑に迷いこんだ。からす麦や大麦、小麦に尋ねながら、ライ麦畑までくると……。チェコの詩人のシンプルな詩に、柔らかなタッチで丁寧に描かれた絵を配した。原書1953年。

● もぐらとずぼん

エドアルド・
ペチシカ ぶん
うちだりさこ やく
福音館書店　1967 年
32p　21 × 29

何でも入る大きなポケットのついたズボンがほしくなったもぐらは、亜麻の花に教わって亜麻を育て、糸を紡ぎ、布を織る。アリやコウノトリなど、様々な生き物に手伝ってもらいながら、もぐらがズボンを手に入れるまでをはっきりした色使いのアニメ調の絵で描く。

む

● むらやま ともよし　　村山 知義

● おなかのかわ

瀬田貞二 再話
福音館書店　1977 年
28p　27 × 20

オウムの家に招待されたネコは、ご馳走を食べつくし、オウムまでぺろり。道で会った王様も兵隊も象も次々ぺろり、最後に呑まれた蟹がお腹の中で腕をふるう。「ついでにペロリ」の類話。強い輪郭と独特の色彩の平面的な絵が、凄みとナンセンスな味を出している。

● 3びきのこぐまさん

むらやまかずこ さく
婦人之友社　1986年
44p　29×22

1920年代、月刊誌「子供之友」に連載された絵ばなしを、1冊の大型絵本にまとめて復刻したもの。仲の良い3匹のこぐまの兄弟の日常を描いた12話。お話は素朴で他愛ないが、温かく、安定感のある雰囲気が魅力的。白地に原色を使った洒落たデザインの絵。

● しんせつなともだち

方　軼羣 作
（ファン イーチュン）
君島久子 訳
福音館書店　1987年
27p　19×27

雪の朝、食べ物を探しにいったこうさぎは蕪(かぶ)を2つ見つける。友だち思いのこうさぎは1つをろばに持っていくが、ろばは留守。置いて帰った蕪を見つけたろばは、蕪をやぎに、やぎはしかに……。単純なくり返しの素朴な話は幼い子に喜ばれる。落ち着いた色調の絵。

め

● メイヤー，マーサー

◆ こんにちはかえるくん！
　（かえるくんのほん1）

ほるぷ出版　1977年
32p　15×12

バケツと網を持ち、カエルとりに出かけた少年と愛犬。ところが勢い余って、池にボチャン！　それをカエルがからかって……。文章はなく、セピア色のペン画のみで物語る小型絵本シリーズ全6巻の1冊目。コミカルで饒舌な表情が笑いを誘うアメリカの作品。

◆ かえるくんどこにいるの？
　（かえるくんのほん2）

ほるぷ出版　1977年
32p　15×12

仲間になったカエルがある日、突然いなくなった。少年は犬と一緒に探しにいく。

◆ しょうねんといぬとかえると
　ともだち（かえるくんのほん3）

マリアンヌ・
メイヤー　さく
ほるぷ出版　1977年
32p　15×12

少年と犬とカエル、3人でつりに出かけると、いたずら好きのカメに出会って……。

◆ レストランのかえるくん
　　（かえるくんのほん4）

ほるぷ出版　1977年
32p　15×12

少年の家族とレストランに出かけたカエル。が、お客や店員に次々いたずらし始める。

◆ かえるくんのぼうけん
　　（かえるくんのほん5）

ほるぷ出版　1977年
32p　15×12

公園に出かけたカエル。少年達から離れ、人をからかって楽しむが、ついに猫につかまる。

◆ めいわくなおくりもの
　　（かえるくんのほん6）

マリアンヌ・メイヤー
さく
ほるぷ出版　1977年
32p　15×12

少年と犬とカメとカエルに、もう1匹仲間が加わった。それが面白くないカエルは……。

● メドー，スーザン

● こまった鳥の木

長谷川集平やく
あすなろ書房　1990年
32p　27×21

ハリーは事故にあった渡り鳥を連れ帰って懸命に看病。けがは治ったが、季節は秋、小鳥はだんだん元気がなくなる。それでもハリーが手離せずにいると、ある朝、窓の外の木に鳥の群れが……。意表をついた結末。コミカルな挿絵は鳥の表情を巧みに描いて笑わせる。

も

● モーエセン，ヤン

◆ バンセスのクリスマス

矢崎節夫訳
フレーベル館　1984年
27p　26×20

バンセスはぬいぐるみのくま。持ち主のマリーがなくした金のハートの首飾りを見つけて、クリスマスにプレゼントしたい。空腹で行き倒れたカラスを助けたバンセスは、カラスの背に乗って首飾りを探しに。素朴な水彩画が単純なストーリーに合うデンマークの作品。

◆バンセスのともだち

矢崎節夫 訳
フレーベル館　1985 年
31p　26 × 20

電車に置き忘れられたバンセスは、終点の駅で、やはり忘れ物のぬいぐるみうさぎ・ヌースと友達になる。不安な一夜を明かしたふたりは遺失物室に連れていかれた。

● もとなが さだまさ　元永 定正

●もこもこもこ

谷川俊太郎 作
文研出版　1977 年
31p　29 × 23

夜明けの空のような光を含んだ藍色の下から、何かが「もこ」と盛り上がる。それは「もこもこ」と大きくなり、その隣りにも何かが「にょき」。現れ、消え、そして現れ……。ナンセンスだが、何か繋がりのあるような、美しい色彩とことばが不思議な魅力を醸す。

● モリス，ジャッキー

●サバンナのともだち

キャロライン・
ピッチャー 文
さくまゆみこ 訳
光村教育図書　2002 年
26p　22 × 28

少年ジョセフは憧れのライオンを探しに、お父さんに内緒でサバンナへ。太陽のような雄の姿に初めは恐れを感じるが、共に時間を過ごすうちに深い信頼で結ばれていく。そこへ仔ライオンを買う商人が……。力強い水彩画がアフリカの自然や風景を伝える英国の絵本。

● モントレソール，ベニ

●クリスマス・イブ

マーガレット・ワイズ・
ブラウン ぶん
やがわすみこ やく
ほるぷ出版　1976 年
48p　26 × 23

雪降るクリスマス・イブ。眠れない子どもたちは、夜中にそっとベッドを抜け出した。橙色の地に黒の描線と黄の配色が効果的な絵が簡潔な文章と調和し、聖夜の静けさと喜びを伝える。ブラウンの遺作にコルデコット賞受賞画家が絵をつけた。

● ともだちつれてよろしいですか

ベアトリス・シェンク・
ド・レーニエ ぶん
わたなべ しげお やく
童話館出版　2003年
48p　25×21

王さまとおきさきさまから、お茶やごはんのご招待。ぼくは、「ともだちつれてよろしいですか」と、毎回びっくりするような友だちを連れていく。次は誰？　と思わせるくり返しが楽しい。暖色を多く用いた絵は親しみやすい。1965年コルデコット賞。

や行

子どもの本は子どものためのものです。このことはあまりに明白なので、かえって見過ごされたり忘れられたりします。子どもは、いろいろな意味で、大人とは違った、自分たちの世界に住んでいます。ですから、子どもの本は、そうした子どもの世界の物事を扱わなくてはならないのです。

V・L・バートン
1943年コルデコット賞受賞挨拶

や

やぎゅう げんいちろう
柳生 弦一郎

● あしのうらのはなし

福音館書店　1982年
28p　26×24

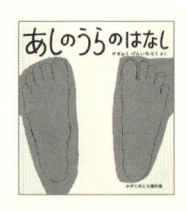

普段は意識しない足の裏。赤ちゃんや大人はどんな大きさ？　鉄棒をするときは役に立つし、芝生や砂浜、床に落ちた輪ゴムの感触も分かるよ。木の上で暮らしていた人間の先祖の足の裏は、手のひらによく似ていた……。足の裏のあれこれを、愉快な絵で見せる。

● パトカーのピーすけ

さがら あつこ さく
福音館書店　1992年
32p　27×22

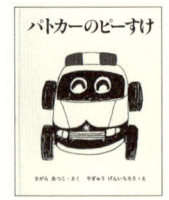

ゆっくんのおもちゃ、パトカーのピーすけは、ある日、公園に置き去りにされてしまう。ぬいぐるみのうさこと一緒に、歩いて家まで帰ろうとするが、枯葉の山に埋まったり、犬に襲われたり。無事ゆっくんのもとに帰るまでを、元気たっぷりのユーモラスな絵で描く。

● はなのあなのはなし

福音館書店　1982年
28p　26×24

「このほんは、はなのあなをしっかりとふくらましてよんでください」の前書きからはじまり、鼻の穴の形や役目、鼻くそ、鼻血等、鼻の中の構造を図解。最後は骸骨の鼻の穴で終わる。滑稽な趣向で、子どもの興味を引く科学絵本。漫画風で元気いっぱいのイラスト。

やしま たろう　八島 太郎

●あまがさ

福音館書店　1963年
33p　21×24

NYに暮らす少女モモは、3歳の誕生日に雨傘と赤い長靴をもらう。お天気続きの中、心待ちにした雨。モモは傘をさし、初めて手を引かれず、誇らしげに街を歩く。米国で活躍した絵本作家が、強いタッチと洗練された色彩で、一人娘の幼い日を瑞々しく切り取る。

●からすたろう

偕成社　1979年
35p　31×23

村の学校に入学以来、皆からのけ者にされてきた少年ちび。それでも雨の日も嵐の日も遠い山奥から休まず通い続けた。そして6年目、ちびは自分の才能に目を向ける新任の教師と出会い、学芸会で烏の鳴き声を発表することに。黒を基調としつつも鮮やかで重厚な絵。

●道草いっぱい

八島 光文・絵
マコ岩松 訳
創風社　1998年
37p　31×23

学校の帰り道にある、タンコタンコという音がする桶屋、色が溢れる染物屋、砂糖と小麦粉の匂いに満ちたお菓子屋……。どこにも働く人がいて、それを見て子どもは胸を躍らせた。初版は1954年米国。時がゆったり流れていた日本の農村の空気が読者を包む。

やなぎはら りょうへい　柳原 良平

●絵巻えほん船

こぐま社　1990年
1枚　31×31

折りたたんだ頁を広げると3.3mもの長さになるパノラマ画面。1本の丸太から始まり、いかだ、帆船、蒸気船、豪華客船そして未来の船へと続く約6000年の船の歴史を、絵のみで見せる。歴史上の出来事も組み込んで、じっくり眺める楽しさがある。別冊に解説。

●しょうぼうていしゅつどうせよ

渡辺茂男 さく
福音館書店　1973年
28p　19×27

港は船がいっぱい。貨物船やタンカー、タグボート。港を見下ろす丘の信号所で無線をキャッチ。「かさいあり、えんじょたのむ！」さあ、救助艇と消防艇の出動だ。リズム感のある文章と、洗練されたデザインの絵が港の活気を伝える。

● ヤーノシュ

● おばけリンゴ
やがわすみこ やく
福音館書店　1969年
32p　29×21

貧乏なワルターのリンゴの木には実がならない。ひとつでいいからと祈ると、大きな実が1個なるが、あまりに大きくなりすぎてもてあます。ところが、それが悪い竜への貢物にさしだされることになり……。ポーランド出身の画家による独特な構図のユーモラスな絵。

● やぶうち まさゆき　　薮内 正幸

● しっぽのはたらき
川田 健 ぶん
今泉吉典 監修
福音館書店　1972年
24p　26×24

くもざるは長いしっぽで果物をもぎ、からめて枝から枝に移る。りすのしっぽはパラシュートの役目を、ガラガラヘビのしっぽは音をたて危険を知らせる。11種の動物の尾の役割を写実的な絵と文で伝える。身体の部位を活かしたレイアウト、色の配分も美しい。

◆ どうぶつのおかあさん
小森 厚 ぶん
福音館書店　1981年
23p　22×21

「おかあさんねこは こどもを くわえて はこびます」猫、ライオン、コアラなど、11種類の動物のお母さんが子どもを連れて歩く様子を、細密な絵と簡潔な文で見開きごとに描く。「母が子をはこぶ」という動作から、それぞれの動物の習性が端的に見えてくる。

◆ どうぶつのこどもたち
小森 厚 ぶん
福音館書店　1989年
24p　22×21

「いぬのこどもたちは、おいかけっこをしてあそびます」続いて、馬、きりん、やぎ等11種類の動物の子ども達が遊ぶ姿を描く。

● どうぶつのおやこ
福音館書店　1966年
16p　19×25

母猫のしっぽにじゃれつく子猫達や、鼻を絡ませて親愛を表すゾウの親子など、9種類の動物の親子を見開きの画面ごとに描く、文章のない絵本。百科事典の挿絵も手掛ける画家による緻密だが温もりのある絵からは、柔らかな毛の手触りや息遣いまでもが感じられる。

▼
◆ **どうやってねるのかな**
（薮内正幸のどうぶつ絵本）

福音館書店　1987年
31p　19×19

「シマリスはどうやってねるのかな」「まるくなってねます」。コウモリは？　フラミンゴは？　表紙絵を含め9種の動物の、起きている姿と寝ている姿に焦点を当てた幼い子向きの図鑑。前頁で問いかけ、次頁で答える形式。動物の生態や特徴を精緻な筆ではっきり描く。

◆ **どうやってみをまもるのかな**
（薮内正幸のどうぶつ絵本）

福音館書店　1987年
31p　19×19

兎は走る、アルマジロは堅い甲羅を丸くし、オポッサムは死んだふり……。9種の動物が敵から身を守る方法を問いと答えで紹介。

◆ **なにのあしあとかな**
（薮内正幸のどうぶつ絵本）

福音館書店　1987年
32p　19×19

前頁に足跡の絵が描かれ、何の足跡かな？次頁に持ち主の動物の絵。ハトに猫、兎にカバ……。違いが面白い9種の動物の足跡。

◆ **なにのこどもかな**
（薮内正幸のどうぶつ絵本）

福音館書店　1987年
31p　19×19

子鹿、瓜坊、ひよこ……何の子どもかな？問いの答えとして、次頁見開きに描かれた動物親子の情景。9組それぞれがほほえましい。
▲

● **やまだ さぶろう**　山田 三郎

● **かもときつね**
（こどものとも73号）

ビアンキ さく
内田 莉莎子 やく
福音館書店　1962年
27p　19×26

秋、キツネに襲われ翼を折られたカモは、キツネにつきまとわれながら厳しい冬をしのぐ。そして春、傷のいえたカモは、翼を広げて飛びたち、キツネから逃げる。単純な話の中に、四季の移り変わりと野山の動物たちの生態がおりこまれて、小さい子どもに喜ばれる。

● **きつねとねずみ**

ビアンキ さく
内田 莉莎子 やく
福音館書店　1967年
19p　26×19

狐のだんながやってきた。「おい、ねずみ、鼻がどろんこ、どうしたんだい？」「地面をほったのさ」「なんだって地面をほったんだい？」ねずみが狐からうまく逃げ出すまでを、2匹の会話で詩的に綴る。動物を忠実に描く線画に

213

水彩の絵は、ねずみと狐の性格もよく表す。

● 三びきのこぶた──イギリス昔話

瀬田貞二 やく
福音館書店　1967年
19p　27×19

貧乏のため母親から自立した3匹のこぶた。わらや木で家を建てた2匹は狼にたべられるが、れんがで家を建てた3匹目は、知恵を使って最後は狼に勝つ。イギリスの原話に忠実な再話。甘さを排し、動物を写実的に描写しながら擬人化した絵は、巧みで動きがある。

やまもと　ただよし　　山本 忠敬

● しょうぼうじどうしゃじぷた

渡辺茂男 さく
福音館書店　1966年
27p　19×27

ジープを改良した消防自動車じぷたは、はしご車や力強い高圧車、人を助ける救急車にほかにされ、悲しい思いをしていた。ある日、山小屋が火事になり、出動のチャンスが。小さなじぷたの活躍を軽快に語り、読者をひきつける。正確で動きのある絵が魅力的。

● ずかん・じどうしゃ

福音館書店　1981年
23p　22×21

乗用車、バス、トラック、消防車、ごみ収集車等身近な車40余種を紹介。乗用車なら「は
ーどとっぷ」「せだん」「りむじん」等、バスなら「はいうぇいばす」「まいくろばす」等、見開きに数台ずつ同種類の車の絵とその名前だけのシンプルな構成。写実的な美しい絵。

● とらっくとらっくとらっく

渡辺茂男 さく
福音館書店　1966年
20p　20×27

明け方、港の倉庫から荷物を積み、トラックが出発。高速道路の工事現場を徐行しながら通り過ぎ、ほいきた！　いそげ！　ガソリン運ぶローリーを追い越し、70キロ！　しまった、白バイだ……。夜、山向こうの町に着くまでを緊迫感あふれる文章と力強い絵で描く。

● のろまなローラー

小出正吾 さく
福音館書店　1967年
27p　19×27

でこぼこ道を平らにしながらゆっくり進むローラー車。その傍を乗用車やトラックが「邪魔だ。どいたり」と追い越していく。ところが、どの車も山道でパンク。そこでローラーの活躍が。ゆったりした文章の調子が快い。背景を一色に単純化した絵が効果的。

◆ はたらくじどうしゃ1──
　こうじばのくるま

福音館書店　1972年
31p　21×19

身近な所で働く車の構造と役割を、図面のよ

うに正確な絵とともに易しく紹介するソフトカバーの乗り物図鑑。ブルドーザ、パワーショベル、ロードローラー、トラッククレーン等、工事現場で働く車の仕事と、その仕組みがよく分かり興味を引く。シリーズ全4冊。

◆はたらくじどうしゃ2 ── まちなかのくるま

福音館書店　1975年
31p　21×19

道路清掃車や散水車、ごみ収集車など身近なものから、除雪車、テレビ中継車、レントゲン車、高所作業車、図書館車までを紹介。

◆はたらくじどうしゃ3 ── はこぶくるま

福音館書店　1977年
31p　21×19

ミキサー車やタンクローリー、冷凍車、フォークリフト等、運搬に使う車を取り上げる。運ぶ中身に合わせた工夫がよく伝わってくる。

◆はたらくじどうしゃ4 ── しょうぼうじどうしゃ

福音館書店　1978年
31p　21×19

化学車、梯子車等、火事の原因や現場の環境に応じた各種の消防自動車を紹介。災害時用の機材を積む救助車や救急車、照明電源車も。

●ひこうじょうのじどうしゃ

福音館書店　1994年
24p　22×21

飛行機が滑走路に着陸。乗客がパッセンジャー・ステップ車の階段を降り、リムジンバスに乗り移ると、集まった作業車の仕事が始まる。荷物を降ろすベルトローダー、高所の点検をするジラフ車等、着陸から離陸までの様々な作業を担う空港ならではの29種を紹介。

●ブルドーザとなかまたち

福音館書店　1988年
24p　22×21

セルフローダが工事場にブルドーザを運んできた。ブルドーザが土をけずり、押して集めると、その土をショベルローダがすくい、ダンプトラックへ運ぶ。工事場で見られる様々な車の種類や機能を説明した図鑑風の絵本。働く車たちのパワーを感じさせる力強い絵。

やまわき ゆりこ　山脇 百合子

●あひるのバーバちゃん

かんざわとしこさく
偕成社　1974年
31p　22×18

黄色い帽子のあひるバーバちゃんが町へ買い物に。買込んだたくさんの食べ物を持ち帰るのに買ったのは5つもポケットのついた青いリュックサック！　苺やクッキーと一緒に、帰り道で会った迷子のひよこたちもポケット

に……。素朴な線の絵が合うユーモラスな話。

●おたんじょうびのおくりもの

むらやまけいこさく
教育画劇　1984年
31p　27×19

雪がやみ、遊びにいこうとしたうさぎの男の子ぴょんぴょんは、友だちのみみーの誕生日だと思いだす。大切にとっておいたりんごを贈ろうと、しまったはずの場所をたどって家じゅう探し回るが、なかなか見つからない。幼い子にもよくわかる話に、可愛い絵。

●おひさまおねがいチチンプイ

なかがわりえこさく
福音館書店　1991年
40p　22×25

"そらをとぶひと　このゆびとまれ……かぜかぜ　おねがい　チチンプイ"。おまじないを唱えて蝶になったり、パンダと遊んだり、季節ごとに、自由気ままに遊ぶ子どもたちの想像の世界を描く。元気のよい詩と親しみやすい絵が、幼い読者を楽しませる。

●木いちごつみ——
　　子どものための詩と絵の本

きしだえりこ詩
福音館書店　1983年
32p　22×25

「シーソーにのったら」「きりんのくびに」「むしばとケーキ」等、子どもが身近に感じるものを題材にした、素直で分かりやすい詩15編。詩の内容にふさわしい愛らしい絵で、幼い子の気持ちにぴったり添う。繰り返し読まれる作品。声に出して読んであげたい。

◆ぐりとぐら

なかがわりえこ［文］
福音館書店　1967年
27p　19×27

森の奥で大きな卵を見つけた野ねずみのぐりとぐら。お料理すること食べることが大好きなふたりが、その卵で特大のカステラを焼くと……。リズミカルな文章と、明るく、どこか素人っぽい幼さのある絵が無理なく空想の世界へ誘う。初版以来変わらぬ人気の絵本。

◆ぐりとぐらのおきゃくさま

なかがわりえこ［文］
福音館書店　1967年
27p　27×19

ぐりとぐらが雪の上の大きな足跡を追っていくと、辿りついたのは自分たちの家。中では白いひげのおじいさんがケーキを焼いていた。

◆ぐりとぐらのかいすいよく

なかがわりえこさく
福音館書店　1977年
32p　20×27

波打ち際で拾ったビン。中には「しんじゅ・とうだいへきてください」という海坊主からの手紙が。ぐりとぐらは浮き袋をつけて……。

◆ぐりとぐらのえんそく

なかがわりえこ［文］
福音館書店　1983年
31p　20×27

ぐりとぐらがお弁当を持って遠足に行くと、ほどけた毛糸にひっかかる。毛糸を丸めてころがしていくと、チョッキを着たくまさんが。

●そらいろのたね

なかがわりえこ文
福音館書店　1967年
27p　19×27

ゆうじは自分の模型飛行機をきつねの空色の種と交換、蒔いて水をやると空色の家がはえてきた。家はぐんぐん大きくなり、やがてたくさんの子どもや動物がはいれるほどに。そこにきつねが現れて……。素朴な愛らしい絵で、幼い子の空想のままに進む楽しい作品。

●たからさがし

なかがわりえこ［文］
福音館書店　1994年
27p　19×27

宝探しに出かけたゆうじは、原っぱで"まほうのつえ"を見つけるが、うさぎのギックと取り合いに。かけっこや相撲、幅とびで勝った方がもらうことにするが、勝負はなかなかつかない。子ども同士のとりっこや力くらべ、仲直りが素直に描かれる。素朴なタッチの絵。

◆なぞなぞえほん1のまき

中川李枝子さく
福音館書店　1988年
56p　13×13

おつかいにいくときいっぱいだったのに、かえりはからっぽ（財布）。1冊に27ずつ身近な題材を扱った創作なぞなぞを収録。見開き右になぞなぞ、左にヒントとなる絵。答えは次のページ端に小さく表示。ぐりとぐら等、作者コンビが生み出した主人公達も登場、小ぶりな判型も手に取りやすく、いつも人気。

◆なぞなぞえほん2のまき

中川李枝子さく
福音館書店　1988年
56p　13×13

◆なぞなぞえほん3のまき

中川李枝子さく
福音館書店　1988年
56p　13×13

ゆ

● ユネスコ・アジア文化センター 編

● どこにいるかわかる？——アジア・太平洋の子どもたちのたのしい一日

アジア太平洋地域共同
出版計画会議 企画
松岡享子 訳
こぐま社　1988年
46p　22×31

アジア太平洋地域のユネスコ加盟国が共同制作した絵本。西はイランから東は日本、北はモンゴル、南はパプア・ニューギニア、オーストラリアまで20場面、それぞれ市場やお祭りの雑踏の中から特定の子を捜す趣向。どれも各国の作家、画家の手による。別冊解説付。

● なにをしているかわかる？——世界の子どもがみんなでいっしょにたのしむ絵本

ユネスコ・
アジア文化センター，
ユネスコ 企画編集
松岡享子 訳
朝日新聞社　1990年
47p　22×31

東アフリカの草原のカロ少年、北米の大都会で子ども世界会議に出る少女スーザン……。地理的、文化的背景の違う世界11の地域の子どもの姿を、その地域の画家の絵で紹介する国際識字年記念絵本の日本語版。ゲームの要素も取り入れて識字の意義と楽しさを伝える。

● わたしの村わたしの家——アジアの農村

アジア地域共同出版
計画会議 企画
渡辺茂男 編訳
福音館書店　1981年
68p　19×27

イラン、パキスタン、バングラデシュ、日本などアジア15ヵ国の農家での、朝の屋外の風景、夕食時の室内の様子を各国の作家と画家が描く。アジアの国々が協力し、同じ本を各国で翻訳出版する共同出版計画で作られた。人々の誠実な暮らしぶりが見える。

● ユーレン，アンドレア

● メアリー・スミス

千葉茂樹 訳
光村教育図書　2004年
32p　21×27

夜明け前。豆をチューブに詰め、プッとひと吹き。カチン！　パン屋の窓に見事命中。次は車掌の家。目覚まし時計普及前の英国に、人を起こして回る「めざまし屋」がいた。実在の女性をモデルにその仕事ぶりを絵本にした。力強い絵と歯切れのよい文が小気味よい。

よ

● 楊 永青　ヨウ エイセイ

●鳳凰と黄金のカボチャ

崔 岩崎（サイ ガンシュン）文
片桐 園 訳
岩崎書店　1990年
27p　25×22
✽

兄の家を追い出された正直者の弟は、翼を傷めた小鳥を助ける。傷が治った小鳥がくれた1粒のカボチャの種からたくさんの実が。しかし、夜ごとに鳳凰がひとつずつ実をさらっていく。漢族の民話を元にした創作。民俗芸術の影響を受けた様式的な絵。日中共同出版。

● よこうち じょう　横内 襄

●ちいさなねこ

石井桃子 さく
福音館書店　1967年
27p　19×26
◆

「ちいさなねこ　おおきなへやに　ちいさなねこ」子猫は、母猫の見ていない間に縁側からひとりで外へ。子どもに捕まったり、車にひかれそうになったり、大きな犬に追われたり……。簡潔な語り口の文で、幼い子をひきつける。水彩の、写実的で親しみやすい絵。

● よこむら かずお　横村 一男

●おもしろめいろせかいのたび

らくだ出版　1980年
34p　18×19
✽

迷路遊びの絵本。「ぼく」と犬のちびが世界をめぐる。インドの象の壁画、ブルガリヤの民族衣装の人形、パリのノートルダム寺院、古代ギリシャの劇場、ナスカの地上絵等、世界各地の15の絵を細ごました線画で複雑な迷路に仕立ててある。後ろ見返しに解答付。

● よこやま りゅういち　横山 隆一

●もりのおばあさん

ヒュウ・ロフティング おはなし
光吉夏弥 やく
岩波書店　1954年
55p　21×17

森はずれの小さな家に、たっぷすおばあさんが犬とあひると豚の子と住んでいた。だが、突然、家主の甥がやってきて、追い出される。動物たちはおばあさんを助けるために、知恵をしぼり……。漫画家の軽妙な絵が物語に動きをつける。

● **よしざき まさみ**　吉崎 正巳

● **とびうお**

末広恭雄 さく
福音館書店　1970 年
27p　20 × 27

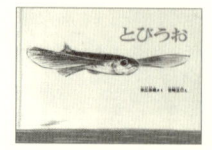

4 月の終わり、南からきた飛魚たちが海藻に卵をうみつけた。卵からかえった飛魚の赤ちゃんは、大きな魚や人間に仲間を奪われながらも、泳ぎや飛び方を習得していく。そして秋、再び南の海へ。春から秋までの飛魚の成長を、コンテの力強いタッチの絵で見せる。

● **よしむら のりと**　吉村 則人

● **杉山きょうだいのしゃぼんだまとあそぼう**

吉村則人 写真
杉山弘之,
杉山輝行 文・構成
平野恵理子 絵
福音館書店　1993 年
28p　26 × 24

石鹸をお湯に溶かしてしゃぼん玉を飛ばそう。針金で輪を作って大きいしゃぼん玉に挑戦、台所道具やビーチサンダルでも作れる。絵文字入りの平明な文と、子どもたちがしゃぼん玉を作って遊ぶ姿を捉えた大判の写真が楽しさを伝える。上手なしゃぼん液の作り方付。

ら・わ行

……子どもに、ものを与える立場のおとなの目がくもっていたら、その子の選ぶものすべてが、よごれたフィルターにかけられたものばかりになるし、その子が、くもりガラスでおおわれた世界の中に、とじこめられることにもなります。

『絵本の与え方』渡辺茂男

ら

ライス, イヴ

サムはぜったいわすれません

よこやままさこ やく
ブック・グローブ社
1992年
32p　19×21

動物園の餌の時間は午後3時。飼育係のサムが忘れたことは1度もない。今日もみんなの好物をワゴンに積み、キリンやサルやワニのところへ。でもゾウは何ももらっていない！サムはゾウのことを忘れてる？ シンプルなお話に明るい色調の平面的な絵が合う。

ラダ, ヨゼフ

おおきくなったら──チェコのわらべうた

内田莉莎子 やく
福音館書店　1982年
24p　22×21

「のっぽとうさん　ふとっちょかあさん　にんぎょうみたいなこどもたち」などのわらべうた12編。調子のよい文章は声に出して読むと面白く、何度もくり返して読みたい。チェコを代表する画家の、ちょっとコミカルな味をもつ挿絵が、のどかな世界を作りあげる。

ラチョフ，エフゲーニ・M

●てぶくろ——ウクライナ民話

うちだりさこ やく
福音館書店　1965年
16p　28×22

冬の森でおじいさんが落とした片方の手袋。その中に、ネズミやカエル、イノシシ、熊までが次々に住み着き、手袋ははちきれそうになる。動物たちがくり返す問答が面白く、手袋がだんだん家らしく変化する様子が幼い子を喜ばせる。民族色豊かで空想が広がる絵。

●マーシャとくま——ロシア民話

M・ブラトフ さいわ
うちだりさこ やく
福音館書店　1963年
12p　28×23

マーシャは森で友達とはぐれ、熊の家に迷い込む。熊がなかなか家に帰してくれないので、マーシャは、考えに考えた。幼い女の子が大きな熊をうまく騙すくだり、ふたりの問答のくり返しが子どもを喜ばせる。力強いデッサンと重厚な色彩がロシアの風土を感じさせる。

ラマチャンドラン，A

●おひさまをほしがったハヌマン——インドの大昔の物語「ラーマーヤナ」より

松居 直 やく
福音館書店　1997年
32p　20×27

風の神の子ハヌマンは美しいお日様が欲しくなり、空を昇っていくが、神々の王インドラの怒りをかって倒される。嘆いた父はこの世から姿を消す。すると、世界中が死で溢れ……。インドに古くから伝わる話を丁寧な文章と原色を使ったエキゾチックな絵で再現。

● 10にんのきこり

田島伸二 やく
講談社　2007年
31p　22×24

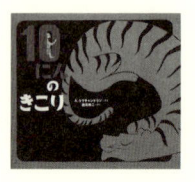

10人のきこりが10本の木を切る。1番目が1本切って「のこりは9」。2番目が切って「のこりは8」。木に隠れていたものが見えてきた！　インドの画家による数の絵本。零を発見した国らしい結末はちょっと怖いが、素朴さとモダンな感覚が融合した絵におかしさが。

●ヒマラヤのふえ——インド民話

きじまはじめ やく
木城えほんの郷
2003年
41p　25×28

谷間に住む夫婦の畑は岩だらけで作物が育たない。ある晩泊めてあげた老人が竹の笛をく

れる。吹くと、たちまち畑は美しい花園に……。ヒマラヤ地方に伝わる物語。様式的で鮮やかな色彩の絵が、音という抽象的な題材の話を美しく伝える。

● まるのうた

たにかわしゅんたろう やく
木城えほんの郷
2002年
24p　20×27

「まるいひとみで　だれかがみてる／まるいおひさま　まるいつき」ひとみ、おれんじ、はすのはな……。丸という形からうまれた詩に、印象的な色合いの抽象画が添えられる。宇宙の広がりをも感じさせる絵本。

り

● リーフ，マンロー

● みんなの世界

光吉夏弥訳
岩波書店　1953年
83p　21×17

もし世界にあなたしかいなかったら？　法律や規則はなんのためにあるのか、自分勝手な行動をとるとどうなるのか等、具体的な例を挙げて、みんなで楽しく生きるための方法を教える。長さを感じさせないテンポのよい文章と落書き風の絵で笑いと共感を呼ぶ。

る

● ルイス，ロブ

● ちいさなひつじフリスカ

かねはらみずひと やく
ほるぷ出版　1991年
32p　25×20

羊のフリスカは、いつまでたっても小さいままで、仲間にからかわれてばかり。雪や花びらで体を大きくみせようとするがうまくいかない。でも、オオカミが襲ってきたとき……。羊たちのユーモラスな表情がほのぼのとした話を引き立てる。微妙な色の重なりが美しい。

● ル・カイン，エロール

● アーサー王の剣

灰島かり訳
ほるぷ出版　2003年
32p　29×23

狩に出かけたアーサー王は森の湖で、女神から魔法の剣をもらう。剣はアーサーを守り続けたが、彼を恨む父違いの姉、魔女モルガナに奪われてしまう。英国に古くから語り継がれるアーサー王剣伝説のひとつ。東洋的魅力をもつ独特の絵で知られる作家のデビュー作。

●ルーベル，ニコール

●あくたれラルフ

ジャック・ガントス さく
いしいももこ やく
童話館出版　1994年
48p　22×24

猫のラルフはどうしようもない悪たれ。それでも飼い主のセイラはラルフが好きだ。しかしある日、サーカスを見物中に綱渡り芸人を突き落とすなど、悪たれの度が過ぎて、ラルフはサーカスに置き去りにされる。痛快な物語に、凄みとユーモアが調和した絵。

れ

●レイ，H・A

●いぬおことわり！

マーグレット・ワイズ・ブラウン さく
ふくもとゆみこ やく
偕成社　1997年
30p　27×24

動物園のそばに住んでいる小犬は、中をのぞいてみたくてたまらない。ある日、念願かなって飼い主のおじさんと出かけていくと「いぬおことわり！」の札が。それならと人間に変装して出かけるが……。ワンピースにサングラス姿の犬が思わず笑いを誘う。

●おかえりなさいスポッティ

マーグレット・E・レイ文
中川健蔵訳
文化出版局　1984年
30p　26×20

白うさぎの家族の中で1匹だけ茶色のブチのスポッティ。お藤でひとり留守番の憂き目にあい、悲しくなって家出をするが、森で自分そっくりのブチうさぎの一家に会う。その家族には1匹だけまっ白な子がいた。子どもの共感を呼ぶ素直な話。愛らしい漫画風の絵。

●どうながのプレッツェル

マーグレット・レイ ぶん
わたなべしげお やく
福音館書店　1978年
32p　26×20

プレッツェルは世界一胴長のダックスフント。ショーでも優勝した自分の胴長ぶりが自慢だが、想いを寄せる雌犬グレタだけは知らん顔、プロポーズにも胴長は嫌いというばかり。ところがある日……。満足のいくハッピーエンドの話。のびやかでコミカルな絵が楽しい。

●なにをかこうかな

マーグレット・レイ作
中川健蔵訳
文化出版局　1984年
22p　26×22

うさぎのビリーが絵を描き始めた。そこにやってきた小犬のペニーが自分の頭を描き加えた。次々とやってきた動物たちも、絵に自分の羽やとさか、しっぽを勝手に描き加え……。得意気な動物たちと泣きそうなビリー。子ど

もの気持ちのままに描かれた素朴な絵本。

◆ひとまねこざるときいろいぼうし

光吉夏弥訳
岩波書店　1983年
55p　28×22

アフリカに暮らす子猿のじょーじは黄色い帽子のおじさんに捕まり、船で大きな町へ。でも船から鳥をまねて飛んだり、おじさんの電話をいたずらしたり。知りたがりで人真似が大好きな子猿が次々しでかす愉快な騒動が子どもを惹きつける米国の作。達者な線の漫画風の絵が合う。原書は1941年刊。

◆ひとまねこざる

光吉夏弥訳
岩波書店　1983年
47p　28×22

動物園に暮らすじょーじは、ある日番人からこっそり鍵を盗む。おりを抜け出して町に行き、皿洗いや窓掃除の仕事をするが……。初邦訳は1954年「岩波の子どもの本」。

◆じてんしゃにのるひとまねこざる

光吉夏弥訳
岩波書店　1983年
48p　28×22

じょーじがアフリカから来て3年目の日、おじさんが自転車をくれた。遠くへ行くなと言われたが新聞配達の少年を手伝ううちに……。

◆ろけっとこざる

光吉夏弥訳
岩波書店　1984年
48p　28×22

じょーじは留守番中に自分宛の手紙をもらい、内容を知りたくて騒動をおこす。その手紙はロケットに乗ってほしいというものだった。

◆たこをあげるひとまねこざる

マーガレット・レイ文
光吉夏弥訳
岩波書店　1984年
80p　28×22

じょーじが窓の外を見ると小さな家が。見にいくとうさぎ小屋だった。その後じょーじは釣り人や凧を持った男の子のまねをする。

◆ひとまねこざるびょういんへいく

マーガレット・レイ文
光吉夏弥訳
岩波書店　1984年
48p　28×22

黄色い帽子のおじさんの机に大きな箱が。開けてみたじょーじは、中にあった小さなはめ絵のこまを飲み、具合が悪くなって入院する。

ら行

●ポケットのないカンガルー

エミイ・ペインさく
にしうちミナミやく
偕成社　1994年
31p　29×24

カンガルーのケイティのお腹には、袋がなく、小さい息子フレディを運べない。ワニやサルをまねてもうまくいかず、とうとうフクロウに聞いて町へ。男の人にポケットの沢山あるエプロンをもらい、他の動物の子どもたちも入れてやる幸せな結末。明るい色の絵。

●レイ，ジェーン

●クリスマスのおはなし

奥泉光訳
徳間書店　1994年
32p　31×23

「あなたは神の子の母になるのです」大工のいいなずけマリアに大天使が告げるところから始まるキリスト生誕の物語。聖書の叙述をもとに、平明ながら格調ある文章で綴る。鮮やかな色彩の中に金色を効果的に配した様式的な絵が、中近東の雰囲気をよく伝えている。

●レイ，デボラ

●わたしの妹は耳がきこえません

ジーン・ホワイトハウス・
ピーターソン作
土井美代子訳
偕成社　1982年
31p　26×21

ピアノを鳴らしてその響きを感じるのが好きだけど、歌は歌えない妹。人の話を目や表情からも読み取るけど、話せない妹。耳が聞こえないとはどういうことかを、姉のわたしの目を通して伝える米国の絵本。静かに語りかける文章と白黒の鉛筆画が合っている。

●レイナー，メアリー

●こぶたのおるすばん

おかもとはまえやく
偕成社　1979年
32p　27×21

豚のピッグさん一家には子どもが10人。ある夜、おとうさんとおかあさんは外出するので、留守番のおばさんを頼む。ところがやって来たウルフと名乗るおばさんは、夜中にオーブンに火をつけ……。ペンと水彩の表情豊かな絵が、スリルある話をユーモラスに語る。

レオニ, レオ

●あおくんときいろちゃん

藤田圭雄 訳
至光社　1967年
40p　21×21

ちぎり紙の青い小さな丸があおくん、黄色い丸がきいろちゃん。街角でばったり出会って抱き合うと、ひとりの緑の子になる。抽象的な絵が主人公たちの気持ちをいきいきと表現、幼い子をお話の世界に誘い込む。白地に散った様々な形の面白さ、色の美しさが印象的。

●ひとあしひとあし──なんでもはかれるしゃくとりむしのはなし

谷川俊太郎 訳
好学社　1975年
30p　28×23

身長1インチの尺取虫は、こまどりに襲われ、しっぽの長さを計ってやることで命拾いする。フラミンゴの首や他の鳥も次々計るが、ナイチンゲールには歌の長さを計れといわれる。米の著名な絵本作家が、大判の紙面に大胆な色とデザインで繰り広げる美しい切り紙絵。

●フレデリック──ちょっとかわったねずみのはなし

谷川俊太郎 訳
好学社　1969年
29p　28×23

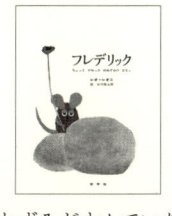

古い石垣の中、5匹の野ねずみがすんでいた。冬が近い日、4匹はせっせと食物を集めているのにフレデリックは動かない。冬のために彼が集めているのは光と……。生きるために必要なものは何か、柔らかな色使いの貼り絵と優しい文から詩の世界がたおやかに広がる。

レーベデフ

●アイスクリーム／かんながかんなをつくったはなし

マルシャーク 文
うちだりさこ 訳
岩波書店　1978年
30p　21×17

アイスクリームを食べつづけたふとっちょは、ついに雪の山になってしまう。ユーモラスな詩の文とコミカルな絵。併載の「かんなが…」は年とったかんなが、大工道具らの助けを借りて、跡継ぎの孫かんなをつくる話。ロシア絵本の黄金期を築いた芸術家コンビによる作。

●うさぎとおんどりときつね

うちだりさこ 訳
岩波書店　1977年
26p　21×17

氷の家が解けてしまい、うさぎの家を占領したきつね。犬と熊が追い出そうと試みるがうまくいかない。そこへ鎌を担いだ雄鶏がやって来て……。クリーム色の地に、黒と2色の彩色が洒落た、素朴なパステル画のロシア絵本。表題作の他「きんのたまご」を収録。

●おひげのとらねこちゃん──
マルシャークおはなしの詩

マルシャーク 原作
与田凖一,
橋本眞鳩 訳
童心社　1968年
51p　27×19

4歳の女の子は子猫を自分の子のように扱いたいのに、子猫は勝手気まま。そのたびに「なんておばかなこねこでしょう！」と結ぶ楽しい標題詩など、子どもの心に添った詩が7編。詩が子どもにも身近なロシアで生まれた国民的作家の詩集。ややアンティークな趣。

●こねこのおひげちゃん

マルシャーク 文
うちだりさこ 訳
岩波書店　1978年
32p　21×17

お母さんになったつもりで、子猫をしつけようとする女の子と、思いどおりにならない子猫。「なんてばかちゃん　こねこちゃん」というロシアの詩人の文と柔らかな色調の石版画が愛らしい姿を描く。前書の別訳。他1編。

●三びきのくま

レフ・トルストイ さく
うちだりさこ やく
偕成社　1989年
24p　22×28

文豪トルストイが再話した有名な昔話を、ロシアの画家が1952年に絵本化。同じ話にバスネツォフが絵をつけたものもあるが、それに比べ、この絵は写実的で一種の古めかしさがあり、森の深さや昔の暮らしぶりを印象づける。迫力あるくまには、どことなく愛嬌も。

●しずかなおはなし

サムイル・マルシャーク　ぶん
うちだりさこ やく
福音館書店　1963年
12p　28×23

夜の森へ散歩に出たハリネズミの親子は、2匹の狼に気づき、針を逆立て丸くなって身を守る。狼はかみつけず辺りをうろうろ。そのとき遠くで銃声が……。美しい詩のような文と、写実的でいて幻想的な絵は、静かな森の情景を見事に伝え、子どもの心深くに届く。

●どうぶつのこどもたち

チャルーシン え
サムイル・マルシャーク おはなし
石井桃子 訳編
岩波書店　1954年
59p　21×17

ロシア児童文学の重鎮、マルシャークの動物を詠った詩3編を絵本にしたもの。動物園の動物の子どもを軽妙に紹介する「おりのなかのこども」、あひるの卵をかえして果敢に育てるめんどりを詠った「めんどりと十ぱのあひるのこ」など。素朴で温かみのある絵。

レンスキー，ロイス

◆ちいさいじどうしゃ

わたなべしげお やく
福音館書店　1971年
48p　18×18

紳士のスモールさんは自慢の赤い自動車でドライブに。雨が降ってきたと思ったらタイヤがパンク！　運転方法や交通規則も簡潔に織

り込んだ、幼い子向けの"行きて帰りし物語"。34年米国刊だが、丸っこい独特のスタイルの主人公は親しみ易く、続巻ともども長く読み継がれている。多色刷りも出たが、黒にアクセント１色の２色刷りの方が明快で力強い。

◆ちいさいヨット

わたなべしげおやく
福音館書店　1971年
48p　18×18

船長のスモールさんが子犬のティンカーを連れてヨットに乗る。風に向って進んだ後、帆を移動させ方向転換。ちょっと入江で魚釣り。

◆ちいさいひこうき

わたなべしげおやく
福音館書店　1971年
48p　18×18

パイロットとして空を飛ぶスモールさん。格納庫から出した飛行機は、点検、給油後に離陸する。水平飛行に宙返り、着陸までを描く。

◆ちいさいきかんしゃ

わたなべしげおやく
福音館書店　1971年
48p　19×22

スモールさんは機関士。機関車に給水、石炭を積み、客車を引いて駅へ。各部位の名称や信号の役割など、始発から終点までを見せる。

◆スモールさんののうじょう

わたなべしげおやく
福音館書店　1971年
48p　18×18

お百姓のスモールさんは早起きして、動物たちに餌をやり、牛乳を搾る。春にトラクターで畑を耕し、夏に麦刈り、秋はリンゴの収穫。

◆ちいさいしょうぼうじどうしゃ

わたなべしげおやく
福音館書店　1970年
48p　19×22

消防署で待機するスモールさんと消防車。ベルが鳴り出動だ！　消火までの一部始終を描き、ポンプ車の構造や消防士の仕事を見せる。

◆カウボーイのスモールさん

わたなべしげおやく
福音館書店　1971年
48p　18×18

カウボーイのスモールさんは牧場で自分の馬カクタスに乗り、牛の群れを追って、世話をする。夜はギターを弾いて歌い、小屋で眠る。

◆スモールさんはおとうさん

わたなべしげおやく
福音館書店　1971年
48p　18×18

スモールさんと奥さんと３人の子ども。一家は丘の上の大きな家に住んでいる。朝の髭剃りから就寝、月曜から一週間の暮らしを描く。

ろ

● ロイ，インドラプラミット

● はらぺこライオン──インド民話

ギタ・ウルフ ぶん
酒井公子 やく
アートン　2005年
23p　27×22
✿

ライオンのシンガムは楽して獲物をとろうと市場へ行く途中雀を襲うが、逆に騙されてしまう。あろうことか子羊や鹿にも……。インドのワルリー族に伝わる民俗画を手捺染で仕上げたのびやかな絵。どこか憎めないライオンと動物達の掛合いが愉快な昔話絵本。

● ロジャンコフスキー，フョードル

● かえるだんなのけっこんしき

ジョン・ラングスタッフ 再話
さくまゆみこ 訳
光村教育図書　2001年
32p　29×22
📖 ✿

「かえるだんなが　おでかけだ　かたなとピストル　いさましく……」400年以上歌いつがれてきたスコットランドの「おはなし歌」の絵本。絵は、元気で色鮮やか、田園の楽しさを伝える。訳文も調子がよい。1956年コルデコット賞。

● 川はながれる

アン・ランド 文
掛川恭子 訳
岩波書店　1978年
30p　17×21

寒い北国の山奥で小さな川が生まれた。どこへ行けばいいんだろう？　川が海まで流れゆくさまを簡明で詩的な文章で描き出す。パステルタッチの絵は、抑えた色調で移り変わる周辺の景色や動植物、人間の暮らしを活写、哲学的な要素も含むが素直に受け取れる。

◆ りすのパナシ

リダ・フォシェ 文
いしいももこ 訳編
童話館出版　2003年
34p　27×24
✿

森のリス夫婦に4匹の子リスが誕生。4匹はリスとして身につけるべきことを習得しつつ育っていくが、やんちゃなパナシは森番に捕まってしまう。フランスの有名な絵本シリーズを創刊した夫妻とロシアから渡仏した作家の合作。自然観察に基づく精緻で色彩豊かな絵。

◆ かものプルッフ

リダ・フォシェ 文
いしいももこ 訳編
童話館出版　2005年
38p　27×24
✿

8つの卵から孵った元気な子ガモたち。その中の1羽はプルッフと名付けられた。池へ遠足、タカの襲撃、空を飛ぶ喜び……。カモ一家の1年を中心に、水辺の動物や自然をその生態を生かして描く。詩情あふれる仏の古典。

◆野うさぎのフルー

リダ・フォシェ 文
いしいももこ 訳編
童話館出版　2002年
34p　27×24
✿

ひとりぽっちになった野うさぎの子フルーが、豊かだが厳しい自然の中で成長し、美しい配偶者と結ばれるまでの1年。躍動感溢れる絵と簡潔な文から、自然の息吹と摂理が伝わる。

◆くまのブウル

リダ・フォシェ 文
いしいももこ 訳編
童話館出版　2004年
38p　27×24
✿

冬ごもりの間に生まれた2頭の子熊ポルカとブウルを母熊と兄熊が教育する。2頭が自立するまでの2年間の成長と森の豊かな自然を、生態に忠実に美しい絵で物語る。

◆かわせみのマルタン

リダ・フォシェ 文
いしいももこ 訳編
童話館出版　2003年
34p　27×24
✿

谷間の水辺に青い稲妻のように1羽のかわせみが現れた。結婚、子育て、そして死……。その一生を追いつつ、川岸の生き物たちの生態や、連綿と続く自然の営みを綴る。

●ローソン，ロバート

●おかのうえのギリス

マンロー・リーフ 文
こみやゆう 訳
岩波書店　2010年
68p　26×18
✿

谷と山、どちらの親戚と住むか決めなければならない少年ギリス。谷で牛を大声で追い、山で息を止め鹿を待ち伏せするうち、肺が強大に。決断の日、バグパイプを持った男が通りかかる。スコットランドの牧歌的情景や風俗を映す力強い線画。原書は米国1938年刊。

●はなのすきなうし

マンロー・リーフ おはなし
光吉夏弥 やく
岩波書店　1954年
69p　21×17
📖 ✿

子牛のふぇるじなんどは、ほかの子牛と跳ねまわるより、草の上にすわって花の匂いを嗅ぐのが好き。でも思わぬことから"猛牛"と誤解され、闘牛場へ連れていかれる。白地に墨一色の絵で物語の情景を豊かに描く。スペインが舞台の静かなユーモアをたたえた絵本。

●ローベル，アニタ

●アンナの赤いオーバー

ハリエット・
ジィーフェルト ぶん
松川真弓 やく
評論社　1990年
32p　27×20

店に品物のなかった戦争直後、母はアンナのオーバーを手に入れるため、まず金時計と羊毛を交換。それをランプと引き換えに紡いでもらい、できた毛糸をコケモモの実で……。多くの時間と手を経てできた赤いオーバー。母の願いとアンナの喜びが伝わる温かい絵。

●ABCのおかいもの

アーノルド・ローベル 文
偕成社編集部 訳
偕成社　1985年
40p　26×21

マーケットにやってきた少年、「さあ、なにを買おうかな」最初はAppleりんご、次はBook本……。Zまでの買い物が1頁にひとつずつ、それぞれ、ひとりの人の衣装や飾りになって美しく描かれる。センスのよいデザインが魅力の絵本。夫の文に妻が絵をつけた。

●おんどりとぬすっと

アーノルド・
ローベル さく
うちだりさこ やく
偕成社　1982年
32p　21×25

真夜中、納屋に忍び込んだ泥棒は、朝の時を告げる邪魔な雄鶏を殺そうとする。ところが、雄鶏は、ワンワン吠えていたから、ブウブウ鳴いていたから等と、耳が聞こえないふり。ついに泥棒自身が……。ユーモアたっぷりの話が、枠に囲まれた劇場風の挿絵で描かれる。

●スヴェンさんの橋

松井るり子 訳
セーラー出版　1993年
32p　25×24

はね橋の番人スヴェンさんは、仕事熱心な村の人気者。橋も村人に愛用されていた。でもある日、船に乗った王様が、橋がはね上がるのを待ち切れず、怒って橋を壊してしまった。テキスタイルデザイナーだった著者の処女作。細かいペンタッチの装飾的な絵。

●りんごのきにこぶたがなったら

アーノルド・ローベル
ぶん
佐藤凉子 やく
評論社　1980年
32p　21×26

お百姓はこぶたを沢山買ったが、世話をせず、「今度手伝うから。庭にこぶたが咲いたらな」「りんごの木にこぶたがなったらな」といって寝てばかり。とうとうおかみさんは我慢できなくなる。ウィットに富んだ話に、華やかな色彩の額に入ったような挿絵が合う。

●わらむすめ

松井るり子 訳
セーラー出版　1991年
56p　24×18

孝行娘が牛を売りにいく途中、3人組の泥棒に捕まってしまった。泥棒たちにこき使われ

ていた娘は、ある日、大きな藁人形をこしらえ、自分の服を着せ、枕カバーに宝を持てるだけ詰め込み、変装して逃げ出す。ペン画に淡彩の絵が昔話風の話をよく物語っている。

● ローベル，アーノルド

●いろいろへんないろのはじまり

まきたまつこやく
冨山房　1975年
32p　28×16

昔、世界に色がなかった灰色の時、魔法使いが青色を作り出した。世界中を青色で塗ってみたら、みんな悲しい気持ちになった。黄色にするとまぶしすぎ、赤は怒りっぽくなった。そこで色を混ぜると……。色の効果がさりげなく含まれ、描き込まれた街の様子も楽しい。

●おはなしばんざい

三木 卓訳
文化出版局　1977年
64p　22×16

1匹のねずみがいたちに捕まって、スープにされそうに。でもねずみは窮地を免れようといたちにアドバイス。おいしいスープを作るにはお話を入れるのだと。そこでねずみが次々と語ったお話4つを含むオムニバス形式。文、絵とも地味だが洒落た雰囲気がある。

●カヌーはまんいん

ナサニエル・
ベンチリー文
三木 卓訳
文化出版局　1978年
64p　22×16

大きな大きなカヌーをお父さんに作ってもらったインディアンの少年レッド・フォックス。魚を50万匹近く釣り上げたところに熊が乗り、魚を全部食べた上に他の動物も次々乗ってきた！　大変な騒動を愉快なタッチで描く。憎めない動物たちの姿と男の子の機転が快い。

▼

◆こぶたくん
（こぶたくんのおはなしシリーズ1）

ジーン・バン・
ルーワンさく
三木 卓やく
童話館出版　1995年
64p　23×16

お母さんのために砂のケーキを作りたかったこぶたくん。でも、雨降りなので、台所でクッキーを焼くことにする「おかしをやく日」、妹アマンダへの態度が変わる「いもうと」等、日常の何気ない出来事を綴った5編の絵物語。ほほえましいお話に合った柔らかな絵。

◆しりたがりやのこぶたくん
（こぶたくんのおはなしシリーズ2）

ジーン・バン・
ルーワンさく
三木 卓やく
童話館出版　1995年
64p　23×16

こぶたくんが畑の隅にまいた種が芽を出した。実がなるのを心待ちにするこぶたくんとお父さんのやりとりを描く「かぼちゃ」など5編。

▲

ら行

●たつのおとしご

ロバート・A・モリス文
杉浦 宏訳
文化出版局　1976年
64p　22×16

「うみに　すむ、かわった　かたちの　さかな」たつのおとしごの生態や彼らの暮らす生態系を、ホーという名の一匹のたつのおとしごの生活を通して教える。静かな文章、青と黒のみの静謐な雰囲気をもつ絵が海にたゆたっているような心地よさを与える。

●とうさんおはなしして

三木 卓訳
文化出版局　1973年
64p　22×15

ベッドに入った7匹の子ねずみに、父さんねずみが語る7つの話。願い事をしようとお金を投げ込むたびに井戸が「いたいよ！」という「ねがいごとのいど」他、「くもとこども」「おふろ」等、多彩で楽しい。茶、灰、紫、渋い色味の小さな挿絵が魅力的な絵物語。

●どろんここぶた

岸田衿子訳
文化出版局　1971年
63p　22×15

お百姓に飼われているこぶたは、どろの中が大好き。ある日、大掃除した奥さんがそのどろんこを片付けてしまう。怒ったこぶたは家出。都会の道でどろんこに座ったら、それがセメントで……。楽しい絵でこぶたの受難と飼い主夫婦の愛情を描き、ほっとする絵本。

●ふくろうくん

三木 卓訳
文化出版局　1976年
64p　22×16

独り暮らしのふくろうのお話を5話収めた絵物語。玄関を叩くふゆくんに暖炉のそばに座ってもらおうと家に招き入れたら、風や雪が大暴れして、大変な目にあう「おきゃくさま」など。短くて、ちょっぴりおかしみのある話に、茶と薄桃の抑えた色調の絵を添える。

◆ふたりはともだち

三木 卓訳
文化出版局　1972年
64p　22×16

4月、かえるくんは冬眠中のがまくんを起こしにいく。5月まで寝るというがまくんに、かえるくんはカレンダーを5月までめくって……。「はるがきた」他、友情厚いふたりのやりとりを中心にした、短くておかしな味のある4話。茶と深緑を基調にした絵物語。

◆ふたりはいっしょ

三木 卓訳
文化出版局　1972年
64p　22×16

今日する事を書きだした予定表にこだわるがまくん。その言動に気長につきあうかえるくん。でも予定表が風に飛ばされた。全5編。

◆ふたりはいつも

三木 卓訳
文化出版局　1977年
64p　22×16

10月、がまくんはかえるくんの家に、かえるくんはがまくんの家に、知られないようにこっそり落ち葉かきにいく「おちば」他4編。

◆ふたりはきょうも

三木 卓訳
文化出版局　1980年
64p　22×16

がまくんの誕生日にぼうしをあげたかえるくん。大きすぎたぼうしをめぐって、互いにさりげない思いやりを示す「ぼうし」他4編。
▲

●やどなしねずみのマーサ

三木 卓訳
文化出版局　1975年
32p　28×21

雨の中、震えている宿無しねずみのマーサが飛び込んだのは映画館。映写技師のダンとも仲良くなって、毎日たのしく映画鑑賞。でも、ある日、映画に夢中になったマーサが大声で歌を歌うと……。ダンとマーサの友情の描写が古きよき時代の映画のような味わいをもつ。

わ

● ワイスガード，レナード

●あめがふるときちょうちょうはどこへ

メイ・ゲアリック文
岡部うた子訳
金の星社　1974年
32p　25×19

雨の日、もぐらは穴にもぐるし、みつばちは巣に飛んで帰る。でも、ちょうちょうは？色々な動物の雨の日の生態を詩情豊かに表現し、自然観察の興味を子どもたちから素直に引き出す絵本。青の濃淡と少しの黄色を使い、柔らかい質感で描かれた絵が文と調和する。

●つきへいったら

クロウディア・ルイス文
藤枝澪子訳
福音館書店　1969年
36p　26×21

月へ行ったら、地球を眺めよう。新しい月のような球。ひとつの海、堤防や壁で仕切られているところはない。半分は暗く、何千万という人が月を見ている。直截に語りかけるような文と紺青を基調とした絵。月から見える地球とそこに生きる人々を静かに瞑想する。

● ワイルドスミス, ブライアン

● どうぶつ

わたなべしげお訳
らくだ出版　1969年
32p　22×29

雪山いっぱいの「トナカイのむれ」、今にもケンカしそうな「サイのしょうとつ」、獲物を薮から狙う「トラのまちぶせ」……。見開き毎に大胆な構図で描かれる18種類の野生動物たち。その生態を、簡潔な言葉と躍動感たっぷりの色彩豊かな絵で切り取る。

● ポールとペリカン

長瀬禮子訳
太平社　1987年
63p　31×25

男の子ポールが拾った大きな卵を雌鶏が温めたら、孵ったのはペリカン。ところが、魚の捕り方を知らないペリカンは、父さんや漁師、お店の魚を横取りするばかり。ついに動物園行きだと言われてしまう。画面いっぱいの多彩な水彩画を見開きで2度楽しめる仕掛け付。

● ライオンとネズミ

ラ・フォンテーヌ ぶん
わたなべしげお やく
らくだ出版　1969年
29p　29×23

足元に迷い込んだネズミを見逃してやったライオン。ある日、わなにかかってもがくが、他の動物達は誰も助けてくれない。そこへネズミが現れて……。仏詩人の寓話を絵本化。見開きの画面構成を生かした絵は迫力があり、色鮮やか。動物達の表情を生命力豊かに描く。

● わきた かず　脇田 和

● おだんごぱん――ロシア民話

せた ていじ やく
福音館書店　1966年
24p　31×22

おばあさんが焼いたおだんごぱん。窓辺で冷やすうち、ころころと家の外へ。ウサギやクマに食べられそうになるが、歌を歌ってうまく逃れる。でも、ついにはキツネに騙されてしまう。日本の洋画家による柔らかな色調の絵。軽快なリズムの歌が楽しいロシアの昔話。

● わだ まこと　和田 誠

● あな

谷川俊太郎 作
福音館書店　1983年
32p　27×20

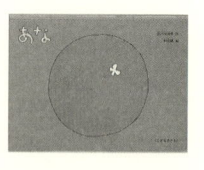

日曜の朝、何もすることがないひろしは地面に穴を掘る。誰が来ても掘り続け、穴に座って「これはぼくのあなだ」。縦に開いた見開き一杯に、終始固定して描かれる空と地中の構図は斬新。簡潔な文とのんびりした絵がゆったりした時の流れと少年の充足感を伝える。

●いちねんせい

谷川俊太郎 詩
小学館　1988年
47p　27×19

「あ」「せんせい」「わるくち」等、「小学一年生」に連載された23編の詩が絵本に。期待、不安、感動……。1年生の微妙な気持ちをテンポ良く、様々な角度から瑞々しくうたう。見開きに1つの詩が、ほのぼのとした絵とともに描かれる。子どもと声に出して読みたい。

●ことばのこばこ

瑞雲舎　1995年
38p　31×27

しりとり、回文、かぞえ唄など著者の創作したことば遊びを集めた大型絵本。柔らかな色調のユーモラスな絵と、大きさや並べ方を工夫した描き文字の組み合わせが、ことば遊びを視覚的にも楽しませてくれる。幅広い年齢の子に人気。いくつか選んで読み聞かせにも。

●これはのみのぴこ

谷川俊太郎 作
サンリード　1979年
31p　29×22

「これはのみのぴこ」「これはのみのぴこのすんでいるねこのごえもん」見開きの左に文、右に絵で、頁を繰る度に言葉が積み重なっていく。明るく軽快な言葉遊び絵本。大判に柔らかな風合いの描き文字と大胆なデザインの絵が合う。声に出すとより楽しめる。

●パイがいっぱい

文化出版局　2002年
31p　27×19

「がちょうはがあがあ／からすはかあかあ」「きりはつめたい／つめはきりたい」韻を踏む、かぞえうた、しりとりなど、マザー・グースのような言葉遊びを日本語で試みた絵本。著者独特の絵は、洒落た色合いととぼけた味わいで、言葉の楽しさを盛り上げる。

●びりのきもち

阪田寛夫 詩
童話館出版　1998年
39p　27×20

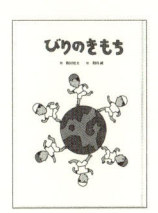

「おなかのへるうた」「サッちゃん」等おなじみの詩のほか、運動会のときの心境をうたった表題作等17篇を集めた詩の絵本。日常のひとこまを子どもの話しことばを生かしてユーモラスに綴る。大らかで洒落たセンスの挿絵が魅力を添える。

● わたなべ あきひと　渡辺 章人

●まじょのひ——
パプア・ニューギニアの昔話

大塚勇三 再話
福音館書店　1997年
28p　20×27
✽

人間が火をもたなかった頃、犬が魔女の火を取ってくるように頼まれた。犬はオウム、豚、その頃は尻尾のあった蛙たちと魔女の住む山へ行き、盗んだ火をリレー方式で運ぶ。動物のなぜなぜ話も含んだ素朴な話。デザイン性のある民族色溢れた絵が合う。

● ワード，リンド

●おおきくなりすぎたくま

渡辺茂男 訳
ほるぷ出版　1985年
87p　27×20
📖 ✽

谷あいの村に住む少年ジョニーは、クマ狩りに出かけるが、出会ったのは赤ん坊のクマ。ジョニーはクマを飼うことにするが、成長するにつれ、手に負えなくなる。セピア1色の絵は、素朴で力強く、クマの表情を魅力的に描く。開拓時代の米国の空気が伝わる。

● 白銀の馬

冨山房　1974年
176p　24×21
✽

農場の夏の朝、少年は家畜に餌をやり、牛を放牧させていると、ペガサスが現れる。両親には否定されるが、翌日再びその馬に出会った少年はその背中に乗って、世界中を飛び回り、宇宙まで……。字はないが、白黒の丹念に描きこまれた絵がたっぷりと物語る。

● ワトソン，ウェンディ

●クラシンスキ広場のねこ

カレン・ヘス 作
菊池京子 訳
柏艪舎　2005年
30p　23×28
✽

第二次世界大戦中のワルシャワ。「わたし」は、ゲットーから逃れ、壁の外で姉と暮らす。壁の中に食料を届ける計画がゲシュタポに発覚しそうになったとき、一役買ったのは広場のねこたちだった。史実に基づく物語。温かな色彩の絵で戦争のひとこまを伝える。

索引

この索引は、本リストに収録した図書全点の書名、人名（画家、作者、訳者等）および件名の索引です。

索引の見方

1. 書名索引と人名索引は、それぞれの項で50音順に配列しました。
   件名索引については、271ページの「件名索引利用の手引き」をご参照ください。

2. 助詞の「は」「へ」「を」は、表記のとおり配列しました。
   （例）「子どもは…」→発音はコドモワだが、表記どおり「こどもは」の位置に配列。

3. 長音、濁音、半濁音は無視しました。ァ、ィ、ェ、ッ、ャ、ュ、ョなどは、大きい表記と同列に配列しました。
   （例）「マッキー」→「まつき」「ヴァインライヒ」→「うあいんらいひ」

4. 複数の作品がある著者で、名前の表記が漢字とかな等、数とおりある場合は、1行にまとめました。
   （例）松岡 享子（まつおか きょうこ）

5. 末尾の数字は収載ページを示しています。
   （例） ……………………………91, 122

書名索引

あ

ああ、たいくつだ！ 91
あいうえおの本 22
アイスクリーム / かんながかんなをつくったはなし 227
アイラのおとまり 34
青い機関車エドワード 107
青い蓮 43
青い花のじゅうたん 114
あおい目のこねこ 196
あおおじさんのあたらしいボート 178
あおくんときいろちゃん 227
赤い機関車ジェームス 106
あかいふうせん 199
赤いぼうし 23
赤い目のドラゴン 30
あかちゃんでておいで！ 154
あかてぬぐいのおくさんと7にんのなかま 25
アカメアマガエル 153
あかりの花 10
あくたれラルフ 224
あくまのおよめさん 64
あげは 75
アーサー王の剣 223
アーサーといもうと 187
アーサーのくまちゃん 187
アーサーのクリスマス・プレゼント 187
アーサーのてがみともだち 187
あした、がっこうへいくんだよ 136
あしのうらのはなし 210
あたし、ねむれないの 179
あたしもびょうきになりたいな！ 20
あたまをひねろう！ 81
¿あつさのせい？ 87
あっちへいってよ、かげぼうし 16
あな 236
あなたのいえわたしのいえ 55
あなたのはな 63
あなはほるものおっこちるとこ 98
アニーとおばあちゃん 145
あひるのジマイマのおはなし 184
あひるのバーバちゃん 215
あひるのピンのぼうけん 31
アブドルのぼうけん 59
アフリカでびっくり 118
あまがさ 211
あまのいわと 11
雨、あめ 91
あめがふるときちょうちょうはどこへ 235
雨とひょう 186
あめのひ 84
あめのひきのこは… 21
あめのひってすてきだな 58
アメリカ・インディアンのえもじのえほん 189
アメリカワニです、こんにちは 98
嵐のティピー 76
あらどこだ 112
あり 75
ありがとう…どういたしまして 94
ありこのおつかい 128
ありのぎょうれつ 124
あるあさ、ぼくは… 38
あるきだしたゆきだるま 51
あるひねずみが… 160
アルプスの村のクリスマス 158
あれ、お空がもえてるよ 16
アレキサンダーとりゅう 72
アンガスとあひる 163
アンガスとねこ 163
アンジェリーナとおうじょさま 72
アンジェリーナとおまつり 72
アンジェリーナとなかよしアリス 73

アンジェリーナのクリスマス 72
アンジェリーナのはつぶたい 73
あんたがたどこさ 194
アンディとらいおん 126
アンナの赤いオーバー 232
あんな雪こんな氷 102

い

イエペさんぽにいく 26
イエペはぼうしがだいすき 26
いくつかくれているかな？ 138
「イグルー」をつくる 90
いしになったかりゅうど 10
いたずらかいじゅうはどこ？ 139
いたずらかいじゅうビリー！ 139
いたずらカラスのハンス 158
いたずらきかんしゃちゅうちゅう 142
いたずらこねこ 110
いたずらだいさくせん 40
いたずら2にんぐみ 40
いたずらハービーはどこ？ 22
いたずらビリーとほしワッペン 139
いちねんせい 237
1ねんに365のたんじょう日プレゼントを
　もらったベンジャミンのおはなし 150
いちねんのりんご 65
市場へ！ いきましょ！ 93
いちばんのなかよし 68
いっしょにあそぼう 50
いっすんぼうし 14
いつもいっしょ 111
いなばのしろうさぎ 11
いぬおことわり！ 224
いぬがいっぱい 86
いぬとにわとり 190
いまはむかしさかえるかえるのものがたり 145
いもうとのにゅういん 148
いろいろへんないろのはじまり 233
いろのダンス 85

う

うえきやのくまさん 36
ウォーリーのふしぎなたび 151
ウォーリーのゆめのくにだいぼうけん！ 151
ウォーリーをさがせ！ 151
ウォーレスはどこに 128
うさぎ小学校 75
うさぎ小学校のえんそく 75
うさぎとおんどりときつね 227
うさぎのみみはなぜながい 66
うさこちゃんおとまりにいく 169
うさこちゃんおばけになる 170
うさこちゃんがっこうへいく 169
うさこちゃんとあかちゃん 170
うさこちゃんとうみ 168
うさこちゃんとじてんしゃ 169
うさこちゃんとどうぶつえん 168
うさこちゃんとふえ 170
うさこちゃんとゆうえんち 169
うさこちゃんのおじいちゃんとおばあちゃん
　........................ 169
うさこちゃんのおじいちゃんへのおくりもの
　........................ 171
うさこちゃんのさがしもの 170
うさこちゃんのだいすきなおばあちゃん 170
うさこちゃんのたんじょうび 169
うさこちゃんのてんと 170
うさこちゃんのにゅういん 169
うさこちゃんのはたけ 170
うさこちゃんひこうきにのる 169
うさこちゃんびじゅつかんへいく 170
うしかいとおりひめ 201
うたこさんのおかいもの 172
うたこさんのにわしごと 172
うちのペットはドラゴン 48
うちゅうひこうしになりたいな 141
ウッレのスキーのたび 176
うできき四人きょうだい 189
馬のゴン太旅日記 96
馬のたまご 65

243

うみからきたちいさなひと	120
うみさちやまさち	12
海時計職人ジョン・ハリソン	174
海のおばけオーリー	38
海べのあさ	197
うみべのハリー	71
うめぼしさんのうた	194
うらしまたろう	14
ウラパン・オコサ	105
ウルスリのすず	61
うんがにおちたうし	91
運命の王子	199

え

Aはアフリカの A	50
ABCのおかいもの	232
ABCの本	23
笑顔大好き地球の子	105
絵本きりなしばなし	57
絵巻えほん 11ぴきのねこマラソン大会	145
絵巻えほん新・恐竜たち	73
絵巻えほん動物園	104
絵巻えほん船	211
絵巻えほん妖怪の森	202
エミールくんがんばる	37
えんにち	25

お

王さまと九人のきょうだい	10
王さまの竹うま	125
おうさまババール	166
大うさぎのヘアーかいものにゆく	123
大うさぎのヘアーとイースターのたまご	123
おおかみと七ひきのこやぎ	190
おおきいツリーちいさいツリー	150
おおきくなったら	221
おおきくなりすぎたくま	238
おおきなあかいなや	193
おおきな一日	129
おおきなおおきなおいも	11
おおきなかぶ	78

大きな機関車ゴードン	107
大きな機関車たち	109
大きな山のトロル	51
おおさむこさむ	95
おおずもうがやってきた	132
大雪	61
おおわるもののバルマレイ	202
おかあさんだいすき	163
おかあさんたんじょうびおめでとう！	136
おかあさんはおでかけ	155
おかえし	52
おかえりなさいスポッティ	224
おかしのくにのうさこちゃん	171
おかのうえのギリス	231
沖釣り漁師のバート・ダウじいさん	198
おさらをあらわなかったおじさん	68
おさるとぼうしうり	94
おじいちゃんとおばあちゃん	100
おじいちゃんとのクリスマス	121
おしいれのぼうけん	105
おしゃべりなたまごやき	112
おしょうがつさん	47
おそばのくきはなぜあかい	140
おだんごぱん	236
おたんじょうびおめでとう！	138
おたんじょうびのおくりもの	216
おちゃのじかんにきたとら	54
おーちゃんのおーけすとら	172
おつきさんどうしたの	69
おてがみ	128
おてんばシーラ	181
おとうさん、お元気ですか・・・	116
おとうさんとぼく 1・2	159
おとうさんにもらった……	39
おとうさんねこのおくりもの	111
おとうとは青がすき	50
オトカル王の杖	43
おとなしいめんどり	63
おとぼけくまのバーナビー	68
おどりトラ	113
おなかのかわ	205

おなら	112
おばあちゃんにおみやげを	50
おばあちゃんのたんじょうび	20
お化けの海水浴	64
おばけのジョージー	159
おばけのバーバパパ	110
おばけのひっこし	133
お化けの真夏日	64
オバケやかたのひみつ	46
おばけリンゴ	212
おはなしばんざい	233
おひげのとらねこちゃん	228
おひさまおねがいチチンプイ	216
おひさまのたまご	177
おひさまをほしがったハヌマン	222
おひゃくしょうとえんまさま	79
おひゃくしょうのやん	172
おふろだいすき	148
おふろばをそらいろにぬりたいな	99
おふろやさん	132
おませクッキー	138
おみせ	26
おもいでのクリスマスツリー	69
おもしろめいろせかいのたび	219
おやすみなさいおつきさま	141
おやすみなさいのほん	83
おやすみなさいフランシス	187
おやすみみみずく	138
おやすみ、わにのキラキラくん	90
おやゆびこぞう	190
オーラのたび	127
おりこうなアニカ	177
おんどりとぬすっと	232
女トロルと8人の子どもたち	155

▶か

かあさんねずみがおかゆをつくった	93
かあさんのいす	32
かいじゅうたちのいるところ	99
カウボーイのスモールさん	229

かえってきたおとうさん	99
かえでがおか農場のいちねん	175
かえでがおか農場のなかまたち	174
かえるがみえる	145
かえるくんどこにいるの？	206
かえるくんのぼうけん	207
かえるだんなのけっこんしき	230
かえるのいえさがし	130
かえるのごほうび	57
かえるのつなひき	67
かおかけちゃうよ	45
かきねのむこうはアフリカ	176
かけた耳	43
かさじぞう	11
かさどろぼう	33
かしこいビル	131
かじってみたいな、お月さま	16
カスタフィオーレ夫人の宝石	42
かぜはどこへいくの	134
かぞえうたのほん	87
かぞえてみよう	23
かたちをきく	162
がちょうのペチューニア	116
かっぱ	102
かにむかし	82
カヌーはまんいん	233
かばくん	130
かばくんのふね	130
かぶとむしはどこ？	196
かまきりのキリコ	125
かまきりのちょん	125
がまどんさるどん	46
神の道化師	114
かみひこうき	148
かもさんおとおり	198
かもときつね	213
かものプルッフ	230
からす	203
からすたろう	211
ガラスめだまときんのつののヤギ	87
カルアシ・チミーのおはなし	185

カルイタの伝説	64
かわ	56
かわいいサルマ	105
かわせみのマルタン	231
川はながれる	230
川をはさんでおおさわぎ	20
がんばりやの機関車	108
がんばれ機関車トーマス	106
ガンピーさんのドライブ	144
ガンピーさんのふなあそび	144

き

木いちごつみ	216
きいろいことり	172
きえた機関車	109
機関車オリバー	109
機関車トビーのかつやく	107
機関車トーマス	106
機関車トーマスのしっぱい	108
機関車のぼうけん	109
きかんしゃやえもん	48
ききみみずきん	140
北の魔女ロウヒ	69
きっときってかってきて	59
きっとみんなよろこぶよ！	92
きつねとトムテ	31
きつねとねずみ	213
キツネどんのおはなし	184
きつねのぱんとねこのぱん	157
きつねのホイティ	33
きつね森の山男	146
きつねをつれてむらまつり	157
きのこはげんき	26
木はいいなあ	82
きみとぼくのネコのほん	115
きみなんかだいきらいさ	99
きょうはおやすみだよ	20
きょうはなんのひ？	148
きょうりゅうきょうりゅう	141
きょうりゅうくんとさんぽ	188
恐竜物語　ブロンのぼうけん	196
恐竜物語　ミムスのぼうけん	197
ギルガメシュ王さいごの旅	97
ギルガメシュ王のたたかい	97
ギルガメシュ王ものがたり	97
きれいずきティッチ	139
きんいろあらし	91
きんいろのしか	14
きんいろのとき	117
金のニワトリ	181
金のはさみのカニ	43

く

くいしんぼうのはなこさん	130
くうきはどこにも	63
九月姫とウグイス	103
クーくんツーくんとオバケ	112
クーくんツーくんとタコとイカ	112
クーくんツーくんとヘリコプター	112
くさはらのこびと	70
くさむらのむしたち	124
くだもの	154
くにのはじまり	11
くまくんのおともだち	100
くまのコールテンくん	165
くまのテディちゃん	117
くまのビーディーくん	165
くまのブウル	231
くもさんおへんじどうしたの	62
くものいえ	124
クラシンスキ広場のねこ	238
くらやみこわいのだあれ	193
クリスマス・イブ	208
クリスマスだいすき	92
クリスマス・トムテン	31
クリスマスのうさぎさん	32
クリスマスのおくりもの	144
クリスマスのおはなし	226
クリスマスのこねこ	133
クリスマスのねこヘンリー	29
クリスマスのはじまり	160
クリスマスのまえのばん（チューダー）	111

クリスマスのまえのばん（デンスロウ）	121
クリスマスのものがたり	190
クリスマスまであと九日	38
ぐりとぐら	216
ぐりとぐらのえんそく	217
ぐりとぐらのおきゃくさま	216
ぐりとぐらのかいすいよく	216
ぐるんぱのようちえん	191
くれよんのはなし	165
グレー・ラビットいたちにつかまる	122
グレー・ラビットと旅のはりねずみ	123
グレー・ラビットとヘアとスキレル　スケートにいく	121
グレー・ラビットのおたんじょうび	123
グレー・ラビットのクリスマス	122
グレー・ラビットのスケッチ・ブック	123
グレー・ラビットパーティをひらく	122
グレー・ラビットパンケーキをやく	123
黒い島のひみつ	41
くろうまブランキー	191
グロースターの仕たて屋	185
くろねこかあさん	152
黒ねこジェニーの誕生日	20
くわずにょうぼう	12
くんくんとかじ	171
くんちゃんとにじ	200
くんちゃんとふゆのパーティー	200
くんちゃんのだいりょこう	200
くんちゃんのはじめてのがっこう	201
くんちゃんのはたけしごと	200
くんちゃんのもりのキャンプ	200
くんちゃんはおおいそがし	200

け

月世界探険	43
けもの	204
げんきなマドレーヌ	179
げんきなやさいたち	50

こ

こいぬがうまれるよ	33

子いぬのかいかたしってるかい？	99
こいぬのくんくん	171
紅海のサメ	42
こうさぎたちのクリスマス	15
子うさぎましろのお話	204
洪水のあとで	55
氷の海とアザラシのランプ	74
こかげにごろり	113
ごきげんならいおん	118
ごきげんなライオンのおくさんがんばる	119
こぎつねキッコ	57
こぎつねキッコあめふりのまき	57
こぎつねキッコうんどうかいのまき	57
こぎつねコンとこだぬきポン	157
こぐま学校のバザー	59
こぐまのくまくん	99
こぐまのたろ	66
こしおれすずめ	95
こすずめのぼうけん	191
こだぬき6ぴき	129
ごちそうさまのなつ	83
コックのジンジャー	18
こっぷ	27
ことばのこばこ	237
ことらちゃんの冒険	156
こねこのおひげちゃん	228
こねこのチョコレート	45
こねこのトムのおはなし	183
こねこのねる	173
こねこのぴっち	155
こぶじいさま	12
こぶたくん	233
こぶたたんぽぽけっととんぼ	147
こぶたのABC	54
こぶたのおるすばん	226
こぶたのバーナビー	129
こぶたのピグリン・ブランドのおはなし	186
コブタをかぞえて I から MM	54
こまった鳥の木	207
こまどりのクリスマス	201
こりないふたり	40

これあのあれ	26
これがほんとの大きさ！/続	80
これ、なあに？	25
これはおひさま	47
これはのみのぴこ	237
ころころラッコラッコだっこ	157
こわいわるいうさぎのおはなし	183
こんちゅう	204
こんにちはあかぎつね！	62
こんにちはかえるくん！	206

さ

西遊記1～3	29
さかさま	24
さーかす	173
サーカス！	92
さかな	204
サバンナのともだち	208
さむがりやのサンタ	164
サムはぜったいわすれません	221
さよならエルマおばあさん	47
さよならさんかく	23
ザラザラくん、どうしたの？	25
サラダとまほうのおみせ	91
さらわれたりゅう	133
サリーのこけももつみ	198
さるとびっき	58
さるとわに	63
さるのオズワルド	196
さるのゼフィール	167
さわってみる	162
3だいの機関車	106
サンタクロースのおくりもの	51
3人のちいさな人魚	126
3びきのくま	137
三びきのくま	228
三びきのごきげんなライオン	118
3びきのこぐまさん	206
三びきのこぶた	214
三びきのやぎのがらがらどん	160

し

ジェイミー・オルークとおばけイモ	115
ジェイミー・オルークとなぞのプーカ	115
ジェシカがいちばん	181
ジェレミー・フィッシャーどんのおはなし	185
しかのハインリッヒ	73
ジークの魔法のハーモニカ	88
ししゅうでつづるマザーグース	124
しずかなおはなし	228
しずくのぼうけん	158
しぜんのきせつ	61
しぜんのひかりとかげ	60
したきりすずめ	12
しーっ！ぼうやがおひるねしているの	202
しっぽがふたつ	118
しっぽのはたらき	212
じてんしゃにのるひとまねこざる	225
シドニー行き714便	44
シナの五にんきょうだい	31
じのないえほん	171
じのないえほん2	171
ジャムつきパンとフランシス	188
11ぴきのねこ	146
11ぴきのねことあほうどり	146
11ぴきのねことぶた	146
11ぴきのねことへんなねこ	147
11ぴきのねこどろんこ	147
11ぴきのねこふくろのなか	146
十二支のお節料理	65
十二支の年越	64
十二つきのうた	195
10にんのきこり	222
十万本の矢	29
しょうねんといぬとかえるとともだち	207
しょうぼうじどうしゃじぷた	214
しょうぼうていしゅつどうせよ	211
しょうぼうねこ	20
しょくぶつ	205
ジョニーのかぞえうた	98
しりたがりやのこぶたくん	233

しりたがりやのちいさな魚のお話 177
ジルベルトとかぜ 38
しろ、あか、きいろ 171
しろいうさぎとくろいうさぎ 32
しろいゆきあかるいゆき 119
ジローとぼく 46
じんごのはなし 49
「ジンジャーとピクルズや」のおはなし 184
しんせつなともだち 206
シンデレラ 160
シンドバッドと怪物の島 97
シンドバッドのさいごの航海 98
シンドバッドの冒険 97

す

水晶さがしにいこう 96
スヴェンさんの橋 232
ずかん・じどうしゃ 214
杉山きょうだいのしゃぼんだまとあそぼう ... 220
スキーをはいたねこのヘンリー 28
すさのおとおおくにぬし 12
スーザンのかくれんぼ 95
スズの兵隊 161
すてきな三にんぐみ 37
ステラのえほんさがし 44
すにっぴいとすなっぴい 55
スノーマン 164
すばらしいとき 198
スプーンおばさんちいさくなる 180
スプーンおばさんのクリスマス 180
スーホの白い馬 12
スモールさんののうじょう 229
スモールさんはおとうさん 229
ずるいねこのおはなし 186

せ

せかいいちうつくしいぼくの村 76
せかいいちうつくしい村へかえる 76
せかい1おいしいスープ 161
せかいいちのあかちゃん 181
せかい一わるいかいじゅう 138

せかいのひとびと 92
せきたんやのくまさん 36
雪原の勇者 15
せみとりめいじん 60
セルコ 77
せんたくかあちゃん 79
せんろはつづくよ 83

そ

ぞうからかうぞ 157
ぞうさん 129
ぞうのババール 166
ぞうのホートンたまごをかえす 125
そらいろのたね 217
空とぶじゅうたん 161
空とぶゆうびんやさん 126
ソリちゃんのチュソク 25
そんなときなんていう？ 100

▶た

だいくとおにろく 13
だいじなとどけもの 100
大森林の少年 182
たいほうだまシンプ 144
タイムトラベラーウォーリーをおえ！ 151
たいようの木のえだ 191
太陽の神殿 42
たからさがし 217
宝さがしの旅 153
だごだごころころ 58
たこのオクト 60
たこをあげるひとまねこざる 225
ターちゃんとペリカン 165
ダチョウのくびはなぜながい？ 161
ダックとディーゼル機関車 108
たつのおとしご 234
たなばた 140
たなばたまつり 70
たのしいおまつり 51
たのしいふゆごもり 58

249

書名索引

旅の絵本	23
旅の絵本2	23
旅の絵本3	24
旅の絵本4	24
たべられるしょくぶつ	121
たまごがひとつおだんごふたつ	81
たまごからうま	52
だるまちゃんとかみなりちゃん	56
だるまちゃんとてんぐちゃん	56
だれだかわかるかい？	28
だれとだれかとおもったら	152
たろうのおでかけ	191
たろうのひっこし	192
たろとなーちゃん	66
たろのえりまき	66
だんごだんごどこいった	46
たんじょうび	156
タンタンチベットをゆく	41
タンタンとピカロたち	44
だんふねにのる	173
たんぽぽ	154

ち

ちいさいおうち	142
ちいさいきかんしゃ	229
ちいさいケーブルカーのメーベル	142
ちいさいじどうしゃ	228
ちいさいしょうぼうじどうしゃ	229
ちいさいひこうき	229
ちいさいヨット	229
ちいさなうさこちゃん	168
小さなきかんしゃ	17
小さな機関車たち	109
ちいさなきかんしゃレッドごう	36
ちいさなさかな	173
ちいさなたいこ	15
ちいさな天使と兵隊さん	77
ちいさなとりよ	110
ちいさなねこ	219
ちいさなひつじフリスカ	223
小さなふるい機関車	108

ちいさなふるいじどうしゃ	38
ちいさなもみのき	69
ちいさなろば	78
ちからたろう	103
チキンスープ・ライスいり	98
ちさとじいたん	52
ちのはなし	192
ちびっこ機関車パーシー	107
チムききいっぱつ	18
チムさいごのこうかい	18
チム、ジンジャーをたすける	17
チムとうだいをまもる	18
チムとシャーロット	17
チムとゆうかんなせんちょうさん	17
チムとルーシーとかいぞく	17
チムのいぬタウザー	18
チムひとりぼっち	18
ちゃいろおばさんのたんじょうび	178
チャンティクリアときつね	69
ちょうちんまつり	84
チョコレート・ウェディング	82

つ

つきのぼうや	52
つきへいったら	235
月夜のこどもたち	100
月夜のみみずく	85
ツバメの歌/ロバの旅	192
つりめいじんめだる	152
つるにょうぼう	13

て

ティギーおばさんのおはなし	185
ディック・ウイッティントンとねこ	161
ティッチ	139
ティリーのクリスマス	80
ティリーのねがい	79
てがみのえほん	192
てぶくろ	222
てぶくろがいっぱい	95
天使のクリスマス	77

天の火をぬすんだウサギ 124

と

とうさんおはなししして 234
どうしてかわかる？ 80
どうながのプレッツェル 224
どうぶつ 236
どうぶつ、いちばんは だあれ？ 80
どうぶつえんのおいしゃさん 166
どうぶつかけちゃうよ 44
動物げきじょう 175
どうぶつしんぶん 192
どうぶつのおかあさん 212
どうぶつのおやこ 212
どうぶつのこどもたち（薮内） 212
どうぶつのこどもたち（レーベデフ） 228
どうやってねるのかな 213
どうやってみをまもるのかな 213
時計つくりのジョニー 19
とこちゃんはどこ 56
とことんいたずら 40
どこにいるかわかる？ 218
どこへいったの、お月さま 16
とこまさのはなし 49
としょかんライオン 182
とびうお 220
とびねこヘンリー 28
とべ、カエル、とべ！ 141
とべバッタ 103
トムテ 31
トムテンのミルクがゆ 134
ともだちさがしに 118
ともだちつれてよろしいですか 209
ともだちはくまくん 118
とらたとまるた 129
とらっくとらっくとらっく 214
とり 204
ドルジェのたび 59
どれがぼくかわかる？ 58
どろにんぎょう 27
どろぼうだどろぼうよ 21

ドロミテの王子 115
トロールのばけものどり 127
トロルのもり 195
トロールものがたり 127
どろんここぶた 234
どろんこハリー 71
どんぐりぼうやのぼうけん 177
とんことり 149
とんでとんでサンフランシスコ 165

な

ないしょのゆきだるま 46
長ぐつをはいたねこ 156
長ぐつをはいたネコ 162
なかよしのくまさん 159
なきむしようちえん 132
なぞなぞえほん 1のまき／2のまき／3のまき
 217
なぞなぞ100 このほん 202
なぞのユニコーン号 41
なつのかわ 19
ナップとウインクル 33
ななつの水晶球 41
なにのあしあとかな 213
なにのこどもかな 213
なにもなくても 113
なにをかこうかな 224
なにをしているかわかる？ 218
なんげえはなしっこしかへがな 47
なんでもかけちゃうよ 45
なんでもパパといっしょだよ 16
なんでも見える鏡 87

に

にいさんといもうと 111
にぎりめしごろごろ 13
にぐるまひいて 69
にげだしたひげ 33
にたものランド 89
にたものランドのクリスマス 89

251

に

- にちよういち 132
- 二ひきのこぐま 28
- ２ひきのわるいねずみのおはなし 183
- 二ほんのかきのき 70
- ニャーンといったのはだれ 90
- にわのわに 104

ぬ

- ぬまばばさまのさけづくり 52

ね

- ねえさんといもうと 22
- ねこがいっぱい 87
- ねこのオーランドー 176
- ねこのオーランドー海へいく 176
- ねこのオーランドー農場をかう 176
- ねこのくにのおきゃくさま 34
- ねずみくんのチョッキ 34
- ねずみのいえさがし 151
- ねずみのとうさんアナトール 63
- ねずみのともだちさがし 152
- ねずみのラットのやっかいなしっぽ ... 122
- 根っこのこどもたち目をさます 53
- ねっこぼっこ 53
- ねぼすけはとどけい 95
- ねむりひめ 190

の

- ノアのはこぶね 44
- ノアの箱舟 55
- ノアのはこ舟のものがたり 94
- 野うさぎのフルー 231
- ノックメニーの丘の巨人とおかみさん ... 115
- のねずみチュウチュウおくさんのおはなし ... 184
- のら犬ウィリー 83
- のりものかけちゃうよ 45
- のろまなローラー 214

は

- パイがいっぱい 237
- パイがふたつあったおはなし 185
- 歯いしゃのチュー先生 88
- はがぬけたらどうするの？ 61
- 白銀の馬 238
- はじめてのおつかい 149
- はしれちいさいきかんしゃ 52
- ばしん！ばん！どかん！ 92
- はだかの王さま 143
- はたけのともだち 103
- はたらきもののじょせつしゃけいてぃー ... 143
- はたらくくるま 142
- はたらくじどうしゃ　１〜４ .... 214, 215
- はちうえはぼくにまかせて 71
- ８だいの機関車 107
- バッファローのむすめ 76
- パトカーのピーすけ 210
- はなのあなのはなし 210
- はなのすきなうし 231
- はなをくんくん 83
- パパの大飛行 175
- はははのはなし 56
- ババールといたずらアルチュール 167
- ババールとグリファトンきょうじゅ ... 167
- ババールとサンタクロース 167
- ババールとりのしまへ 167
- ババールのこどもたち 166
- ババールのしんこんりょこう 166
- ババールのはくらんかい 167
- ババールの美術館 168
- ババールのひっこし 168
- ハービーのかくれが 188
- ハーモニカのめいじんレンティル ... 198
- はらぺこあおむし 62
- はらぺこライオン 230
- バラライカねずみのトラブロフ 144
- バランティヌと小犬のツッキー 74
- バランティヌの夏休み 74
- ハリーのセーター 71
- ハリーのだいかつやく 71
- はるにれ 19
- バレエのすきなアンジェリーナ 72

はろるどとむらさきのくれよん	86
はろるどのふしぎなぼうけん	86
はろるどまほうのくにへ	86
バンザイ！海原めざして出航だ！	93
パンサーカメレオン	153
バンセスのクリスマス	207
バンセスのともだち	208
ハンダのびっくりプレゼント	159
ハンダのめんどりさがし	160
パンはころころ	162
パンやのくまさん	36

ひ

ピエールとライオン	98
ピエロくん	173
ビーカー教授事件	43
ぴかっごろごろ	45
光の旅かげの旅	85
ひげのサムエルのおはなし	185
飛行士フレディ・レグランド	37
ひこうじょうのじどうしゃ	215
ピーターとおおかみ	150
ピーターのいす	67
ピーターのくちぶえ	67
ピーターの自転車	53
ピーターのてがみ	67
ピーターのとおいみち	70
ピーターラビットのおはなし	182
ぴちぴちカイサとクリスマスのひみつ	30
ひっこしした子してきた子	21
ひとあしひとあし	227
ひとつ、アフリカにのぼるたいよう	199
ひとまねこざる	225
ひとまねこざるときいろいぼうし	225
ひとまねこざるびょういんへいく	225
ヒマラヤのふえ	222
100さいの機関車	109
100まんびきのねこ	55
びゅんびゅんごまがまわったら	149
ひよことむぎばたけ	205
ひよこのかずはかぞえるな	127

びりのきもち	237
ぴーんちゃんとふぃーんちゃん	173
びんぼうこびと	47
ピン・ポン・バス	88

ふ

ファラオの葉巻	42
フィンダスのたんじょうび	134
フィーンチェのあかいキックボード	137
ふうせんばたけのひみつ	154
ぶかぶかティッチ	139
ふきまんぶく	104
ふくろう	203
ふくろうくん	234
ふくろう博士のあたらしい家	122
ふしぎなえ	24
ふしぎな500のぼうし	125
ふしぎなさーかす	24
ふしぎなたいこ	82
ふしぎなたけのこ	96
ふしぎなたまご	173
ふしぎな流れ星	41
ふしぎなバイオリン	174
ふしぎなやどや	27
ふたごの機関車	108
ぶたたぬききつねねこ／その2	147
ぶたのうたこさん	172
ぶたのめいかしゅローランド	88
ぶたぶたくんのおかいもの	152
ふたりはいっしょ	234
ふたりはいつも	235
ふたりはきょうも	235
ふたりはともだち	234
ぶどう畑のアオさん	147
ふねにのったねこのヘンリー	28
ふゆねこさん	134
ふゆのはなし	70
ふゆめがっしょうだん	126
フランシスとたんじょうび	188
フランシスのいえで	187
フランシスのおともだち	188

ブルドーザとなかまたち	215
ブルーベリーもりでのプッテのぼうけん	177
ふるやのもり	104
フルリーナと山の鳥	61
フレデリック	227
ブレーメンのおんがくたい	156
フロプシーのこどもたち	183
ふわふわくんとアルフレッド	201
ふわふわしっぽと小さな金のくつ	163
プンクマインチャ	14

へ

へそもち	13
ペチューニアごようじん	117
ペチューニアすきだよ	117
ペチューニアのクリスマス	117
ペチューニアのだいりょこう	117
ペッテルとロッタのクリスマス	178
ペッテルとロッタのぼうけん	178
ベッドのしたになにがいる？	90
ペニーさん	39
ペニーさんと動物家族	39
へびのクリクター	37
ペレのあたらしいふく	177
ヘレン、ようこそどうぶつえんへ	71
ベロニカとバースデープレゼント	120
ベロニカはにんきもの	119
ベンジーのふねのたび	72
ベンジャミンバニーのおはなし	183
へんなどうつぶ	55

ほ

鳳凰と黄金のカボチャ	219
ぼうが一ぽんあったとさ	81
ぼく、お月さまとはなしたよ	16
ぼくじょうのくまさん	36
ぼくだってできるさ！	93
ぼく、だんごむし	103
ぼくとオペラハウス	181
ぼくのいぬがまいごです！	67
ぼくのおじいちゃんのかお	133
ぼくのおにいちゃん	182
ぼくの観察日記	89
ぼくのともだちドゥームズ	189
ぼくの庭ができたよ	203
ぼくのにんじん	86
ぼくのぼうし	83
ぼくの村にサーカスがきた	76
ぼくのロボット恐竜探検	197
ぼくのロボット大旅行	197
ぼくはこどものぞうです	186
ぼくはワニのクロッカス	119
ぼく、ひとりでいけるよ	155
ポケットのないカンガルー	226
ほしになったりゅうのきば	13
ほたるホテル	91
ボタンのくに	131
ポップコーンをつくろうよ	116
ホッホーくんのおるすばん	77
ほね	192
ほね、ほね、きょうりゅうのほね	142
ボビーとそらいろのヨット	140
ホラすてきなお庭でしょう	93
ボルカ	145
ポールとペリカン	236

ま

まあちゃんのながいかみ	102
マイク・マリガンとスチーム・ショベル	143
まいごになったおにんぎょう	19
まいごのアンガス	163
まいごのふたご	134
マウルスと三びきのヤギ	62
マウルスとマドライナ	62
マクスとモーリツのいたずら	158
まこちゃんのおたんじょうび	131
マーシャとくま	222
魔女図鑑	141
魔女たちのあさ	15
まじょのひ	238
またもりへ	39

まちねずみジョニーのおはなし 184
町のけんきゅう 48
町のねずみといなかのねずみ 73
まっくろローラ海のぼうけん 120
まっくろローラどろぼうたいじ 120
まっくろローラパリへのたび 120
まどそうじやのぞうのウンフ 148
マドレーヌといたずらっこ 180
マドレーヌといぬ 180
マドレーヌとジプシー 180
まのいいりょうし 13
まほうつかいバーバ・ヤガー 149
まほうのたいこ 101
ママ、ママ、おなかがいたいよ 110
まりーちゃんとおおあめ 164
まりーちゃんとひつじ 163
まりーちゃんのくりすます 164
マリールイズいえでする 21
まるいちきゅうのまるいちにち 62
まるかいてちょん 195
まる、しかく、さんかく 171
マルチンとナイフ 94
まるのうた 223
まんげつのよるまでまちなさい 32
マンゴーとバナナ 149
マンヒのいえ 68

み

みず 143
みずのなかのちいさなせかい 205
道草いっぱい 211
みつけたぞぼくのにじ 165
みっつのねがいごと 114
みどりおばさん、ちゃいろおばさん、
　むらさきおばさん 178
みどりの機関車ヘンリー 106
南の国へおもちゃの旅 84
みのむしがとんだ 125
みみずくと3びきのこねこ 175
みんなのかお 78
みんなのこもりうた 130

みんなの世界 223
みんなのぶなのき 66
みんなのベロニカ 119

む

虫のかくれんぼ 37
むっつりのはなし 49

め

メアリー・アリスいまなんじ？ 195
メアリー・スミス 218
名馬キャリコ 143
めいわくなおくりもの 207
めざすは月 42
めだかのめがね 104
めであるく 162
めのまどあけろ 113
めんどりのさがしもの 22

も

燃える水の国 42
もくたんじどうしゃもくべえ 48
もぐらとずぼん 205
もぐらのモールディのおはなし 122
もこもこもこ 208
もしもぼくのせいがのびたら 131
もじゃもじゃペーター 189
もっくりやまのごろったぎつね 49
もっとほんがよめるの 172
ものぐさトミー 116
モペットちゃんのおはなし 183
ももたろう 14
もりえほん 24
もりのおばあさん 219
もりのこびとたち 178
もりのともだち 162
もりのなか 39
もりのむこうになにがあるの？ 155
モンスターをかこう！ 45

や

- やかまし村のクリスマス ... 30
- やこうれっしゃ ... 132
- やさい ... 154
- やさいのおなか ... 65
- やっかいな機関車 ... 106
- やっとわかったぞ！ ... 81
- やどなしねずみのマーサ ... 235
- やまたのおろち ... 11
- やまとゆきはら ... 96
- 山にのぼる機関車 ... 109
- 山のクリスマス ... 180
- やまのこどもたち ... 156
- やまのたけちゃん ... 156
- やまのディスコ ... 87
- やまんばのにしき ... 96
- ヤンとスティッピー ... 138

ゆ

- ゆうかんなアイリーン ... 88
- ゆうかんな機関車 ... 108
- 郵便局員ねこ ... 175
- ゆうびんやのくまさん ... 36
- ゆかいなかえる ... 74
- ゆかいなさんぽ ... 153
- ゆかいなふたり ... 40
- ゆきとトナカイのうた ... 136
- 雪の写真家ベントレー ... 15
- ゆきのひ（加古） ... 56
- ゆきのひ（キーツ） ... 67
- ゆきのひのうさこちゃん ... 168
- ゆきむすめ ... 79
- ゆき、ゆき ... 197
- 夢はワールドカップ ... 30

よ

- よあけ ... 84
- ようちえん ... 173
- よかったねねずみさん ... 152
- よかったねネッドくん ... 110
- ヨッケリなしをとっといで ... 190
- よるのねこ ... 27
- よるのびょういん ... 130
- 4だいの小さな機関車 ... 107

ら

- ライオンとねずみ ... 199
- ライオンとネズミ ... 236
- ラチとらいおん ... 201
- ラッセのにわで ... 179
- ラニーのねがい ... 60
- ランパンパン ... 21

り

- りこうねずみとよわむしねこ ... 174
- りすがねをおとした ... 179
- りすのナトキンのおはなし ... 184
- りすのパナシ ... 230
- リーベとおばあちゃん ... 135
- リーラちゃんとすいか ... 137
- リンゴとカラス麦 ... 17
- りんごのき ... 94
- りんごのきにこぶたがなったら ... 232

る

- ルーシーのしあわせ ... 19
- るすばんねこのぼうけん ... 186

れ

- レストランのかえるくん ... 207
- レッド・ラッカムの宝 ... 41

ろ

- ろくべえまってろよ ... 113
- ろけっとこざる ... 225
- ローザからキスをいっぱい ... 194
- ロージーのおさんぽ ... 140
- ロッタちゃんとじてんしゃ ... 30
- ロバの子シュシュ ... 164

ロバのシルベスターとまほうのこいし 89
ロバのロバちゃん 120
ロミラのゆめ 60
ロンドン橋がおちまする！ 93

わ

わゴムはどのくらいのびるかしら？ 85
わたし 113
わたしたち手で話します 150
わたしとあそんで 39
わたしのあかいぼうし 203
わたしの妹は耳がきこえません 226
わたしのおふねマギーB 137
わたしの村わたしの家 218
わたしのろばベンジャミン 49
わたしのワンピース 131
わたしはバレリーナ 81
わたしほんがよめるの 172
わにがまちにやってきた 96
わにがわになる 104
わにのアーサーおよばれにいく 195
ワニのクロッカスおおよわり 119
ワニのライル、おかあさんをみつける 35
ワニのライルがやってきた 34
ワニのライル、動物園をにげだす 35
ワニのライルとたんじょうパーティー 35
ワニのライルとどろぼうじけん 35
ワニのライルとなぞの手紙 35
ワニのライルは会社のにんきもの 35
わらべうた（赤羽） 14
わらべうた（真島） 195
わらむすめ 232
わんぱく機関車 109

人名索引

あ

相笠 昌義 204
青木 信義 21
あかお ひでこ 189
あかぎ かずまさ 142
赤羽 末吉（あかば すえきち）...10, 11, 12, 13, 14
阿川 弘之 17, 48
秋野 亥左牟 14
秋野 不矩（あきの ふく） 14, 15
アジア（太平洋）地域共同出版計画会議 218
アジア・ユネスコ文化センター
　　　　→ユネスコ・アジア文化センター
あしの あき 175
アスビョルンセン 160
アズラー 60
アゼアリアン, メアリー 15
麻生 九美 126
アーダマ, ヴァーナ 161
アダムズ, エイドリアン（エドリアン） 15
アッシュ, フランク 16, 17
アーディゾーニ, A 19
アーディゾーニ, エドワード（E）..... 17, 18, 19
アトリー, アリスン 121, 122, 123
アドリー（アドレー）, ジャニス・メイ
　　　　→ユードリイ
姉崎 一馬 19
アービダ 60
アフマッド, アフタル 60
あべ きみこ 19
アベリル, エスター 20
天野 祐吉 133

アーメド, ジャラール 14
あらい ゆうこ 200
アリキ（アリキ・ブランデンバーグ）...... 20, 21
アルエゴ（アルエーゴ）, ホセ 21
アルカラス, フランシス 22
アルベルチ, トルーデ 130
アレキサンダー, マーサ 22
アレン, ジェフリー 195
アンヴィン, ピッパ 22
アングラー, トミー　→ウンゲラー
アンデルセン, ハンス・クリスチャン ... 143, 161
安徳 瑛 204
安野 光雅 22, 23, 24, 62

い

イオクベ 25
イ ヨンギョン 25
イエンセン, バージニア・アレン（イェンセン,
ヴァージニア・アレン） 25, 53
五十嵐 豊子 25, 26
いけだ さとる 114
伊沢 正名 26
石井 登志子（いしい としこ）...... 176, 177, 179
石井 桃子（いしい ももこ）
　　　　...... 12, 14, 19, 31, 36, 38, 53,
　　　　55, 74, 78, 82, 83, 128, 130, 134,
　　　　139, 140, 142, 143, 148, 155, 156,
　　　　168, 169, 171, 172, 173, 182, 183,
　　　　184, 185, 190, 191, 192, 197, 198,
　　　　200, 201, 219, 224, 228, 230, 231
石亀 泰郎 26
石黒 娯子 58
石津 ちひろ 157
イーストマン, P・D 197
市村 久子 11
いつじ あけみ 127
いで ひろこ 93
伊藤 久美子 68
伊東 三郎 191
伊藤 秀男 48
いとう ひろし 26

稲田 和子 12
稲村 哲也 64
乾 侑美子（いぬい ゆみこ）
　.... 15, 90, 117, 138, 139, 143, 174, 175, 188
井上 洋介（いのうえ ようすけ）............ 27
猪熊 葉子（いのくま ようこ）..... 28, 29, 33, 186
イプカー、ダーロフ 27
今泉 吉典 212
今江 祥智（いまえよしとも）.. 37, 103, 118, 119
今村 昌昭 27
今森 光彦 28
イーラ 28
岩松、マコ 211
イングラハム、エリック 28, 29

う

于 大武（ウ タイブ）........................... 29
ヴァイナー、ティム 30
ヴァーレンベルイ、アンナ 51
ヴィークランド、イロン 30
ヴィーゼ、クルト 31
ウィーベリ、ハラルド（ヴィベリィ、ハーラルド）
　... 31
ウィリアムズ、ガース 32, 187
ウィリアムズ、ベラ・B. 32
ウィル 32, 33
ウィルソン、B・K 45
ウェクスラー、ジェローム 33
上田 真而子 73, 158
ウェッタシンハ（ウェッタシンヘ）、シビル
　.. 33, 34
上野 紀子 34
ウェーバー、バーナード 34, 35
ウォージントン、ジョーン 36
ウォージントン、セルビ 36
ウォージントン、フィービ 36
内田 莉莎子（うちだりさこ）
　.................. 27, 47, 77, 78, 79, 87,
　94, 96, 101, 137, 158, 191, 205,
　213, 221, 222, 227, 228, 232
ウッド、レスリー 36

内海 まお（うつみ まお）............. 85, 88
うめもと のりこ 54
ウルフ、ギタ 230
ウンゲラー、トミー 37
海野 和男 37

え

エイジー、ジョン 37
エインズワース（エインワース）、ルース
　.. 78, 191
えくに かおり 117, 119, 193
エッツ、マリー・ホール 38, 39
エドワーズ、ガンバー 108, 109
エドワーズ、ピーター 108, 109
えびな みつる 39
エルジェ 40, 41, 42, 43, 44
エルンスト、リサ・キャンベル 44
エレ、アンドレ 44
遠藤 育枝（えんどう いくえ）...... 118, 194
エンバリー、エド 44, 45

お

大江 ちさと 46
大岡 信 99, 165
おおかわ ひろこ 144
大久保 貞子 121
大社 玲子 45
大澤 晶 153
大澤 昌助 163
大島 妙子 46
太田 愛人 160
太田 大八 46, 47
大塚 敦子 47
大塚 勇三（おおつか ゆうぞう）
　............................. 10, 12, 14, 61, 62, 70,
　156, 178, 180, 190, 199, 238
おおば みなこ 94
大橋 歩 47
おおむら ゆりこ　→山脇 百合子
おか しのぶ 190
おがさわら とよき 137

259

岡部 うた子（おかべ うたこ） 137, 235	笠木 實 204
岡部 史 141	梶山 俊夫 57, 58
岡部 冬彦 48	カスキン，カーラ 58
岡本 信也 48	片岡 しのぶ 174
おかもと はまえ 31, 226	片桐 園 219
岡本 靖子 48	片山 健 58
おがわ えつこ 88	片山 令子 58
奥泉 光 226	かつお きんや 20, 21
オクセンバリー，ヘレン 48	かつら ゆうこ 142
奥田 継夫 15	角野 栄子 46, 82
奥本 大三郎 60	カートリッジ，ミシェル 59
小倉 朗 150	金川 禎子 59
おざき よし 30	金森 襄作 113
長田 弘 144	金石 教子 189
小沢 正 157, 176, 195	金田 卓也 59, 60
小沢 良吉 49	金田 常代 60
小塩 節 55	金田 直子 64
小塩 トシ子 55	かねはら みずひと 223
オスベック，レナート 49	川平 慈英 30
小田 まゆみ 50	カーペンティア，ラルフ 60
オッペンハイム，ジョーン 20	かみじょう ゆみこ 69
オードリー，ウィルバート .. 106, 107, 108, 109	かみや しん 60
オニェフル，イフェオマ 50, 51	かみや にじ 25
おのでら ゆりこ 177	亀田 龍吉 60, 61
小畠 郁生 196, 197	唐沢 則幸 151
オプゲノールト，ヴィンフリート 51	カラス，ブライアン 61
オームロッド，ジャン 51	カラン，ロバート 141
織田 道代 113	カリジェ，アロワ 61, 62
織茂 恭子 51, 52	カール，エリック 62
オルセン，イブ・スパング（スパン） 52, 53	ガルスター，ロバート 63
オルファース，ジビュレ（ジビレ）・フォン ... 53	カールソン，ナタリー・サヴィッジ 21
	ガルドン（ガルドーン），ポール 63
か	カルピオ，アナ・マリア・デル 64
	カルホーン，メリー 28, 29, 186
カー，ジュディス 54	カルマチャリャ，イシュワリ 64
ガイサート，アーサー 54, 55	カルレス，デリオ 64
偕成社編集部 138, 232	川口 恵子 41, 42, 43, 44
カウリー，ジョイ 153	川口 澄子 50
ガーグ（ガアグ），ワンダ 55	川崎 みさを 58
掛川 恭子（かけがわ やすこ） 142, 230	川田 健 212
加古 里子 55, 56	河津 千代 33

川西 伸男 186
川野 雅代 130
川端 誠 64, 65
カーン, アブル・ハシム 65
神沢 利子（かんざわ としこ）......112, 195, 215
ガントス, ジャック 224
神鳥 統夫 174
カントロウィッツ, ミルドレッド 136

き

きうち かつ 65
きくしま いくえ 25
菊池 京子 238
菊地 清 65
ギグリ, オグデン 89
木坂 涼 88
岸田 衿子（きしだ えりこ）
　　　　...............69, 85, 86, 87, 100,
　　　　130, 175, 192, 197, 216, 234
岸野 郁枝 134
木島 始（きじま はじめ）
　　　.......... 57, 67, 83, 128, 145, 164, 187, 222
北 彰介 47
北川 民次 66
きたむら えり 66
北村 四郎 154
きたむら まさお 72, 73
きたむら よりはる 63
キーツ, エズラ・ジャック 67
木下 順二 82, 140
キープス, ジュリエット　→ケペシュ
儀間 比呂志 67
君島 久子（きみしま ひさこ）
　　　　............... 10, 13, 79, 140, 201, 206
木村 由利子（きむら ゆりこ）........... 52, 53, 89
ギャルポ, ペマ 59
キラカ, ジョン 68
キングマン, リー 70
ギンズバーグ, ミラ 21

く

クォン　ユンドク 68
日下 弘 27
クック, バーナディン 110
くどう なおこ 85
クードレイ, フィリップ 68
クーニー, バーバラ（B）................. 68, 69, 70
熊谷 元一 70
久美 沙織 54
クライドルフ, エルンスト 70
クラウス, ルース 83, 86, 98, 99
クラーク, アン・ノーラン 192
クラーク, エリザベス 51
クラジラフスキー（クラシロフスキー）, フィリス
　　　　.. 68, 91
グリム兄弟 156, 189, 190
くりやがわ けいこ 21, 95, 120
グリーン, グレアム 17
グレアム, マーガレット・ブロイ 71, 72
クレイグ, ヘレン 72, 73
クレムケ, ヴェルナー 73
黒川 みつひろ 73
クロムス, ベス 74
桑原 三郎 106, 107, 108, 109

け

ゲアリック, メイ 235
ゲイ, ミシェル 74
ケニー, ジョン 107, 108
ケペシュ, ジュリエット 74
見城 美枝子 116

こ

小出 正吾 214
河野 純三 122, 123
小風 さち（こかぜ さち）................. 114, 181
小杉 佐恵子 34, 35
こだま ともこ 61, 99
コッホ＝ゴータ, フリッツ 75
ごとう かずこ 72

261

ことばあそびの会 59	佐野 洋子（さの ようこ）........................ 32, 62
小林 勇 75	サプリー，バートン 110
小林 いづみ 45, 79, 80, 159	サーラー，マイク 85
小林 輝子 13	
小林 実 148	## し
こばやし ゆかり 22	
小林 豊 76	ジィーフェルト，ハリエット 232
ゴーブル，ポール 76	ジェイクス，フェイス 79, 80
ごみ たろう 186	シェール，パット 67
こみや ゆう 231	ジェンキンズ，スティーブ 80
小森 厚 204, 212	ジオン，ジーン 71
こやま なおこ 48	ジクストゥス，アルベルト 75
コリントン，ピーター 77	シス，ピーター 80, 81
コール，ジョアンナ 33	しのはら よしたか 81
ゴルディチューク，ワレンチン 77	島 式子 119
コールト＝ザンダー，イムケ 77	島崎 保久 96
こわせ たまみ 157	清水 崑 82
	清水 周裕 106, 107, 108, 109
## さ	清水 奈緒子 37, 73
	清水 真砂子 119
崔 岩崎（サイ ガンシュン）....................... 219	シモンズ，ポージー 82
さいおんじ さちこ 82, 165	シーモント，マーク 82, 83
西郷 竹彦 90	肖 甘牛（シャオ カンニュウ）.................... 10
斉藤 美加 181	シャノン，ジョージ 80, 81
サイモント，マーク →シーモント	シャーリップ，R →チャーリップ
佐伯 愛子 176	シャロー，ジャン（J）................................... 83
坂 文子 129	シャワーズ，ポール 63
酒井 公子（さかい きみこ）......... 52, 195, 230	シュテーガー，ハンス・ウルリッヒ 84
酒井 信義 78	シュルヴィッツ，ユリー 84
阪田 寛夫 52, 237	ショー，エブリン 60
さがら あつこ 133, 210	徐 楽楽（ジョ ラクラク）............................ 84
さくま ゆみこ	ジョイナー，ジェリー 85
........50, 51, 67, 68, 69, 105, 199, 208, 230	松竹 いね子 192
ささき たづ 204	生野 幸吉（しょうの こうきち）...... 53, 61, 190
佐々木 田鶴子（ささき たづこ）	ショーエンヘール，ジョン 85
.... 51, 77, 84, 150, 189, 203	ジョスリン，セシル 100
さとう あきら 78	ジョナス，アン 85
佐藤 忠良 78, 79	ジョンソン，クロケット 86
佐藤 見果夢 80	白木 茂（しらき しげる）................... 125, 126
佐藤 凉子 232	神宮 輝夫（じんぐう てるお）
さとう わきこ 79	......98, 99, 119, 120, 121, 122, 155

す

末広 恭雄 220
末松 氷海子 74, 120
すがはら ひろくに 164
スカール，グレース 86, 87
杉浦 宏 60, 234
杉山 輝行 220
杉山 弘之 220
スコット，ネイサン・クマール 149
スズキ コージ 87
鈴木 まもる 88
スタイグ，ウィリアム 88, 89
スタイナー，ジョーン 89
スックスドルフ，アストリッド・B 89
スティーブンソン，ジェームズ 90
ステーエフ 21, 90
ステルツァー，ウーリ 90
すどう ゆみこ 134
ストーン，カズコ・G 90, 91
スピア（スパイアー スペアー），ピーター
　.. 91, 92, 93
ズマトリーコバー，ヘレナ 93, 94
スミス，エルマー・ボイド 94
スロボドキーナ，エズフィール 94
スロボドキン，フローレンス 95
スロボドキン（スロボトキン），ルイス 94, 95

せ

瀬川 康男（せがわ やすお） 95, 96
関屋 敏隆 96
瀬田 貞二（せた ていじ）
　.....11, 13, 17, 84, 88, 89, 95, 104, 120,
　127, 136, 141, 143, 144, 148, 156, 160,
　163, 179, 180, 190, 196, 205, 214, 236
せな あいこ 168
せな あつこ 59
ゼーマン，ルドミラ 97, 98
センダック，モーリス 98, 99, 100

そ

ソイダン，シェイマ 101
征矢 清 49
ゾロトウ，シャーロット 22, 111, 134
ゾンマー＝ボーデンブルク，アンゲラ 77

た

タイタス，イブ 63
高田 勲 102
たかどの ほうこ 102
高野 伸二 204
高橋 喜平 102
たかはし きよし 103
高森 登志夫 205
武井 武雄 103
竹下 文子 88
武田 正 58
田島 伸二（たじま しんじ） 65, 222
田島 征三（たしま せいぞう） 103, 104
多田 ヒロシ 104
ただ ひろみ 19
田中 かな子 87
田中 弘美 26
たなべ いすず 38
谷川 晃一 105
谷川 俊太郎（たにかわ しゅんたろう）
　................. 27, 47, 63, 100, 113, 130,
　162, 174, 192, 208, 223, 227, 236, 237
谷口 由美子 188
田沼 武能 105
たばた せいいち 105
ダフ，マギー 21
ダリー，ニキ 105
ダルビー，レジナルド 106, 107

ち

チゾン，アネット 110
ちの えいいち 205
千葉 茂樹 15, 74, 76, 90, 218

チャーリップ，レミー（レミイ） 110
チャルーシン 228
チャルマーズ，メアリ（メアリー） 111
車 光照（チュ グワンチョウ）.................. 111
チュコフスキー，コルネイ 96, 202
チューダー，タシャ 111
長 新太 112, 113, 126
チョーサー，ジェフリー 69
鄭 俶香（チョン スクヒャン） 113

つ

ツェマック，マーゴット 114
筒井 頼子 148, 149
つばきはら ななこ 90
つばきはら ゆき 139
つぼい いくみ 33, 110

て

テイラー，タラス 110
デ・ゲレツ，トニ 69
デ・パオラ（デパオラ），トミー
　　　　　　　　　　　　 .... 114, 115, 116
デューイ，アリアーヌ（エーリアン） 21
デュパスキエ，フィリップ 116
デュボア，ペーン 116
デュボアザン（デュボワザン），ロジャー
　　　　　　　　　　 .... 116, 117, 118, 119, 120
デュマ，フィリップ 120
寺岡 寿子 189
寺島 龍一 120, 121
寺村 輝夫 112
テルリコフスカ，マリア 158
テーンクヴィスト，マリット 121
テーンクヴィスト，リタ 121
デンスロウ，ウィリアム・W 121
テンフィヨール，ヨー 135
テンペスト，マーガレット 121, 122, 123

と

土井 美代子 226
唐 亜明 29, 84

ドウィ，アリアンヌ　→デューイ
トゥロートン，ジョアンナ 124
童話館出版編集部 195
ドウンズ，ベリンダ 124
時田 史郎 14
ドクター・スース 125
得田 之久 103, 124, 125
とくなが やすもと 201
とだ きょうこ 78
戸田 早紀 51
ドーハーティ，ジェームズ 126
富田 京一 153
冨成 忠夫 126
ともの ふゆひこ 71
ドラモンド，バイオレット・H 126
トルストイ，レフ 137, 228
トレ，アレイン 126
トレ，デニス 126
ドーレア，イングリ 127
ドーレア，エドガー・パーリン 127
トレッセルト，アルビン 117, 119
ド・レーニエ，ベアトリス・シェンク 209

な

ナイト，ヒラリー 128
ないとう りえこ 164
なかえ よしを 34
中川 健蔵 224
中川 宗弥（なかがわ そうや） 128, 129
なかがわ ちひろ 17, 18, 83, 85, 141, 149
中川 李枝子（なかがわ りえこ）
　　　　　　　　　　 .... 128, 129, 216, 217
長倉 洋海 129
長崎 源之助 132
長瀬 禮子 236
中谷 千代子（なかたに ちよこ） 130
中野 完二 37
長野 重一 130
なかむら しげお 131
なかむら たえこ 111

に

なかやま ともこ 136
ナラヤン，マヤ 137

に

ニコラス 32, 33
ニコルソン，ウィリアム 131
西内 みなみ（にしうち ミナミ）......... 191, 226
にしまき かやこ 131
西村 繁男 132
西本 鶏介 102
ニューベリー，クレア・ターレイ 133

ぬ

ヌードセン，ミシェル 182
沼田 早苗 133
沼野 正子 133

の

のぐち ただし 33
野口 彌太郎 134
のざか えつこ 137, 138
野崎 昭弘 23
ノッツ，ハワード（ハーワード）............ 134
ノルドクビスト，スベン 134
ノールベルグ，ハーラル 135
ノーレン，ジャーディン 154

は

灰島 かり 182, 223
灰谷 健次郎 113
ハイルブローナー，ジョーン 136
ハインリヒ，リヒャルト 75
ハウリハン，U 129
パーカー，ナンシー・ウィンスロー 136
ハグブリンク，ボディル 136
羽島 葉子 20, 163
橋本 雎鳩 228
ハーシュ，マリリン 137
ハース，アイリーン 137
バスネツオフ 137

長谷川 集平 207
長谷川 摂子（はせがわ せつこ）.......... 27, 143
はたさわ ゆうこ 75
バックス，ペッツィー 137, 138
ハッチンス，パット 138, 139, 140
初山 滋 140
バーディック，マーガレット 140
ハード，クレメント 141
バード，マルカム 141
ハートマン，ウェンディ 199
バートン，バイロン 141, 142
バートン，バージニア・リー 142, 143
英 伸三 143
バーニンガム，ジョン 144, 145
パーノール，ピーター 145
馬場 のぼる 145, 146, 147
ハモンド，エリザベス 148
林 明子 148, 149
林 淳一 63
ハラー，ドーカス・ウッドバリー 25
バラジ，T 149
パラン，ナタリー 149
バリー，ロバート 150
バルア，ビブラダス 65
バルハウス，フェレーナ 150
晴海 耕平（はるみ こうへい）...54, 63, 115, 118
バレット，ジュディ 150
バレット，ロン 150
ハワード，アラン 150
バン・ルーワン，ジーン 233
ハンドフォード，マーティン 151

ひ

ピアス，ヘレン 151, 152
ビアンキ 213
東 君平 152
ひがし はじめ 20
久田 迪夫 204
土方 久功 152, 153
菱木 晃子（ひしき あきらこ）............ 51, 178
ビショップ，クレール・H 31

265

ビショップ, ニック 153
ビースティー, スティーヴン 153
ビーゼ, クルト　→ヴィーゼ
ピーターソン, ジーン・ホワイトハウス 226
ピッチャー, キャロライン 208
ビーナー, マーク 154
ヒムラー, ロナルド 154
ヒューストン, グロリア 69
ビーラー, セルビー 61
平野 恵理子 220
ひらの けいいち 69
平山 和子 154
ビリントン, レイチェル 160
ピルキングトン, ブリアン 155

ふ

ファイニク, フランツ=ヨーゼフ 150
ファティオ, ルイーズ (ルイーゼ) 118, 119
方 軼羣 (ファン イーチュン) 206
フィアメンギ, ジョーヤ 155
フィツォフスキ, イェジー 87, 191
フィッシャー, ハンス 155, 156
フィッシュ, ヘレン・ディーン 53
フェラー, メルコール 83
フォシェ, リダ 230, 231
フォーシュルンド, カール=エリック 31
フォード, ミエラ 186
深沢 紅子 156
ふくい しげき 83
福本 友美子 (ふくもと ゆみこ)
　.... 20, 80, 81, 115, 116, 159, 160, 182, 224
藤枝 澪子 235
藤枝 リュウジ 157
藤田 圭雄 20, 227
ふじた ちえ 141
藤原 宏之 44
ふせ まさこ 22
二俣 英五郎 157
ブッシュ, ヴィルヘルム 158
ブテンコ, ボフダン 158
舟崎 克彦 11, 12

舟田 詠子 158
フーパー, メレディス 153
ブライト, ロバート 159
プラウエン, e. o. 159
ブラウン, アイリーン 159, 160
ブラウン, バーバラ 160
ブラウン, マーガレット・ワイズ (M・W)
　.......... 32, 69, 83, 110, 141, 193, 208, 224
ブラウン, マーシャ 160, 161, 162
ブラッカー, テレンス 22
フラック, マージョリー 31, 163
ブラートフ (ブラトフ), M 202, 222
フランソワーズ 163, 164
ブランデンバーグ, アリキ　→アリキ
ブランデンバーグ (ブランデンベルク), フランツ
　.. 20, 21
ブランリー, フランクリン・M 45, 63, 186
ブリッグズ, レイモンド 164
フリーマン, ドン 165
降矢 洋子 166
ブリュノフ, ジャン・ド 166, 167
ブリュノフ, ロラン・ド 167, 168
プリョイセン, アルフ 180
ふるた たるひ 105
ブルーナ, ディック
　.......... 168, 169, 170, 171, 172, 173
フルビーン, フランチシェク 205
古矢 一穂 205
ブレイク, クェンティン 173, 174
ブレグバッド, エリック 174
プレストン, E・M 69
プロコフィエフ, セルゲイ 150
プロベンセン (プロヴェンセン), アリス
　... 174, 175
プロベンセン (プロヴェンセン), マーティン
　... 174, 175
文化出版局編集部 26

へ

ヘイリー, ゲイル・E 175
ヘイル, キャスリーン 176

ヘイワード，デュ・ボウズ 163
ペイン，エミイ 226
ヘグルンド，アンナ 176
ヘス，カレン 238
ベスコフ，エルサ 176, 177, 178, 179
ペチシカ，エドアルド 93, 94, 205
ベックマン，カイ 179
ベックマン，ペール 179
ペティ，ハリス 179
ベーメルマンス，ルドウィッヒ（ルドウィヒ）
.... 179, 180
ベルイ，ビョーン 180
ヘルガドッティル，グズルン 155
ペロー，シャルル 156, 162
ヘンクス，ケヴィン（ケビン）.............. 181
ベンチリー，ナサニエル 233
ヘンツ，ゼリーナ 61
へんみ まさなお 127

ほ

ホ，ミンフォン 202
ホイヤー，アンドレア 181
ポガニー，ウイリー 181
ポガニー，エレーン 181
ほーがん，あいねす 134
ホークス，ケビン 182
北面 ジョーンズ和子 145
星川 菜津代 21
星川 治雄 182
星川 ひろ子 182
ほずみ たもつ 92
ポター，ビアトリクス
.... 182, 183, 184, 185, 186
ボーテン，ヘレン 186
ボーデン，ルイーズ 174
ボナーズ，スーザン 186
ホーバン，タナ 186
ホーバン，ラッセル 187, 188, 195
ホーバン，リリアン 187, 188
ホープ，アン 148
ホフ，シド 188

ホプクラフト，キサン 189
ホプクラフト，キャロル・コースラ 189
ホフシンド，ロバート 189
ホフマン，ハインリッヒ 189
ホフマン，フェリクス（フェリックス）
.... 189, 190
ホラバード，キャサリン 72, 73
堀内 誠一（ほりうち せいいち）
.... 44, 190, 191, 192
ほりうち もみこ 40
ポリティ，レオ 192
ホール，ドナルド 69
ボンソル，クロスビイ 193
ボンド，フェリシア 193

ま

マイルズ，ミスカ 145
まえざわ あきえ 34, 89
まきた まつこ 233
マーゴーリス，マシュー 99
まさき るりこ
...... 31, 36, 38, 39, 110, 186, 198, 200, 201
マザーズ，ペトラ 194
真島 節子（ましま せつこ）.......... 194, 195
マーシャル，エドワード 195
マーシャル，ジェイムズ（ジェームズ）....... 195
増井 光子 166
マチーセン，エゴン 196
松居 直（まつい ただし）......... 12, 13, 14, 222
松井 るり子 232
松岡 享子（まつおか きょうこ）
.... 15, 28, 32, 33, 34, 39, 49, 56,
94, 99, 100, 111, 116, 117, 131, 134、
145, 148, 150, 151, 152, 161, 165, 169,
170, 171, 172, 173, 187, 188, 196, 218
松岡 達英 196, 197
松川 真弓 91, 92, 141, 232
マッキー，ロイ 197
マックロスキー，ロバート 197, 198
松田 道郎 63

松田 素子 81
まつたに みよこ 96
まつなが ふみこ 154
松野 正子（まつの まさこ）
　　　　　　　　........... 57, 96, 97, 111, 157, 160
松谷 さやか 149, 202
マーティン, ジャクリーン・ブリッグズ .. 15, 74
まど みちお 129
マドセン Jr., ジェームス・H 196, 197
マニケ, リーセ 199
マヌシュキン, フラン 154
マーヒー, マーガレット 48
マリ, イエラ 199
マリッツ, ニコラース 199
マリノ, ドロシー 200, 201
丸木 俊（まるき とし）...............................201
マルシャーク, サムイル 227, 228
マレーク　ベロニカ 201

み

三木 卓 70, 233, 234, 235
水木 しげる 202
みせ けい 25, 68
光吉 夏弥（みつよし なつや）
　　　　　　　........... 27, 68, 103, 133, 144,
　　　　　　　　　150, 159, 161, 162, 163, 180,
　　　　　　　　　181, 187, 219, 223, 225, 231
ミード, ホリー 202
ミトゥーリチ, M（ミトウリッチ, マイ）.....202
南塚 直子 203
みなみもと ちか 91
ミナリック, E・H 99, 100
三原 泉（みはら いずみ）............... 36, 83, 95
宮川 ひろ 149
宮川 やすえ 202
宮崎 学 203
宮原 峠子 181
ミューラー, ゲルダ 203
みよし せきや 204
三芳 悌吉 204, 205

ミレル, ズデネック 205

む

ムア, クレメント・クラーク (C) 111, 121
ムーア, リリアン 155
ムイヤールト, バルト 176
むらおか はなこ 118, 126, 142
むらかみ けんた 93
むらやま かずこ 206
村山 桂子（むらやま けいこ）
　　　　　　　　　　....... 52, 191, 192, 216
村山 知義（むらやま ともよし）.......... 205, 206

め

メイヤー, マーサー 206, 207
メイヤー, マリアンヌ 207
メドー, スーザン 207

も

モー 160
モアサール, ボリス 74
モーエセン, ヤン 207, 208
もき かずこ 69
茂木 透 126
モードヴィノフ, ニコラス　→ニコラス
元永 定正 208
モーム, サマセット 103
もも ゆりこ 195
もり ひさし 62, 71
もりした みねこ 76, 115
モリス, ジャッキー 208
モリス, ロバート・A 234
森谷 憲 121
モントレソール, ベニ 208, 209

や

矢川 澄子（やがわ すみこ）
　　　　　　　　..... 13, 22, 84, 111, 156,
　　　　　　　　　　166, 167, 168, 208, 212
八木田 宜子（やぎた よしこ）....... 110, 160, 162

やぎゅう げんいちろう 210
矢崎 節夫 207, 208
八島 太郎（やしま たろう） 211
八島 光 211
矢島 稔 204
安井 清子 202
柳原 良平 211
ヤヌス，グレタ 117
ヤーノシュ 212
薮内 正幸（やぶうち まさゆき） 212, 213
やぶき みちこ 86, 87
山内 智恵子 154
山口 文生 16, 17, 21, 124
やまぐち まさこ 129
やました はるお 99, 110, 165
山田 三郎 213, 214
山田 順子 153
山田 大介 45
やまぬし としこ 95
山内 清子（やまのうち きよこ）
　　　　...... 30, 31, 52, 135, 136, 155, 179
やまむろ しずか 30
山本 忠敬 214, 215
山脇 百合子（やまわき ゆりこ） ...215, 216, 217
ヤンソン 由実子 30

ゆ

ゆあさ ふみえ 114, 115
結城 史隆 64
湯沢 朱実 117
ユードリィ，ジャニス・メイ 82, 99, 100
ユネスコ 218
ユネスコ・アジア文化センター 218
ユーレン，アンドレア 218

よ

楊 永青（ヨウ エイセイ） 219
横内 襄 219
横村 一男 219
よこやま なおこ 44, 45
よこやま まさこ 221

横山 隆一 219
吉崎 正巳 220
吉田 新一（よしだ しんいち） 69, 127, 131
よしだ ていいち 81
吉村 則人 220
よだ しずか 58
与田 準一（よだ じゅんいち）
　　　　...... 39, 58, 83, 110, 163, 164, 228
ヨーマン，ジョン 174
ヨーレン，ジェイン 85

ら

ライス，イヴ 221
ラスキー，キャスリン 182
ラダ，ヨゼフ 221
ラチョフ，エフゲニー（エウゲーニー）・M 222
ラバスティダ，アウロラ 38
ラ・フォンテーヌ 236
ラマチャンドラン，A 222, 223
ラングスタッフ，ジョン 230
ランド，アン 230

り

リーフ，マンロー 223, 231
リプキンド，ウィリアム　→ウィル
リマー，ハンス 49
リュードベリィ（リードベリ），ヴィクトール
　　　　................................ 31
リンドグレーン，アストリッド 30
リンドレイ，トーマス 89

る

ルイス，クロウディア 235
ルイス，ロブ 223
ル・カイン，エロール 223
ルーベル，ニコール 224
ルンガ＝ラーセン，リーザ 15

れ

レイ，H・A 224, 225, 226

269

レイ, ジェーン 226
レイ, デボラ 226
レイ, マーグレット（マーガレット）・E
　　　　 .... 224, 225
レイナー, メアリー 226
レオニ（レオーニ）, レオ 227
レーベデフ（レーベジェフ）, ウラジミル
　　　　 .... 227, 228
レンスキー, ロイス 228, 229

ろ

ロイ, インドラプラミット 230
ロジャンコフスキー, フョードル（フェードル）
　　　　 .... 230, 231
ロス, ダイアナ 36
ローソン, ロバート 231
ロドリアン, フレッド 73
ロフティング, ヒュウ 219
ローベ, ミラ 51
ローベル, アニタ（アニータ）............ 232
ローベル, アーノルド 232, 233, 234, 235

わ

ワイスガード, レナード（レオナード）......... 235
ワイルドスミス, ブライアン 236
脇 明子 97, 98, 175, 176
わきた かず 236
鷲津 名都江（わしづ なつえ）............. 93, 124
和田 誠 236, 237
渡辺 章人 238
渡辺 茂男（わたなべ しげお）
　　　　 .... 13, 32, 48, 55, 71, 72,
　　　　 86, 92, 93, 94, 98, 121, 125, 138,
　　　　 140, 161, 198, 201, 209, 211, 214,
　　　　 218, 224, 228, 229, 236, 238
渡辺 南都子 193
わたべ ようこ 179
ワード, リンド 238
ワトソン, ウェンディ 238

件名索引

件名索引利用の手引き

この件名索引は、ことばから本を探すための索引です。本リストに収録された図書が扱っている主な題材、出来事、登場人物、場所、時代、事物などを、見出しとなることば（＝件名）で表現し、次ページのような大項目、中項目のもとに体系的に整理しました。

●シリーズ全体で同じ件名をもつものについては
　・シリーズ名がある場合は、シリーズ名で表記しました。
　・シリーズ名がないときは、シリーズ初巻の書名の後に◆をつけました。
●シリーズのうちの何冊かのみが、同じ件名をもつ場合は、カンマ（,）でつなぎ列記しました。
●タイトルが重複している部分を省略した箇所もあります。

また、目指す件名を探すために、すべての件名と、件名に選定されなかった同義語などからの参照を加えた50音順の件名総索引を巻末に付しました。末尾の数字は件名索引中の収載ページを示します。

件名索引
大・中項目一覧

それぞれの件名は、下記のような大項目、中項目のもとに、体系的に整理しました。項目中の件名の配列は、50音順のものと、年代順や類縁関係で並べたものがあります。関連のある項目は ⇔ マークで示しました。そちらもご参照ください。

登場人物 …… 274
- 主要な登場人物名
  - 家族・親類
  - 王族・貴族
  - その他の人物
  - 性格・人柄

体・健康 …… 296
- 体の部位
- 感覚・生理・その他
- 温度
- 性
- 病気・障害
- 薬・化学物質

気持ち・こころ …… 300

食べもの …… 301

衣服・装飾品 …… 303

道具・機械 …… 304
- 道具
- 機械

のりもの …… 305
- 電車・汽車
- 車
- 船
- 飛行機
- その他

あそび・スポーツ …… 307
- あそび・ゲーム・おもちゃ
- ことばあそび
- 運動・スポーツ
- 動作

芸術 …… 314
- 絵
- 色
- 写真
- うた
- 音楽・音
- 楽器
- 演劇・芸能

学問・教育 …… 317
- 学問分野
- 調査・研究
- 教育

ことば …… 318
- ことば
- 文字
- その他

文学 …… 318
- 伝承文学
- 文学
- 詩
- 伝記
- その他

メディア ……………………… *321*	資源・環境 ……………………… *346*
本	資源・物質
マスコミ・報道	岩石・鉱物
仕事 ……………………………… *322*	環境
職業	天文・気象 ……………………… *348*
その他	宇宙・空
社会 ……………………………… *326*	気象
政治・社会・人間関係	動物 ……………………………… *349*
経済	動物全般
法律	けもの
災害・事故	魚・水の生き物
事件・犯罪	鳥
風俗・慣習	虫
世界 ……………………………… *330*	爬虫類・両生類
世界の国	古生物
戦争	植物 ……………………………… *359*
人種・民族	植物全般
宗教	果実
時 ………………………………… *336*	木
時の流れ	草花
暦	野菜・穀物
季節	その他
行事・催し	生物・生命 ……………………… *361*
歴史	不思議 …………………………… *362*
世界史	超自然現象・異界
日本史	妖怪・架空の動物など
場所 ……………………………… *341*	旅・冒険 ………………………… *365*
地形・地勢	その他 …………………………… *366*
方角	数・順番
施設・建造物	形
家・家具など	いろいろ

273

件名索引

登場人物
⇨職業 322
⇨動物 349
⇨妖怪・架空の動物 363

●主要な登場人物名
＊伝記絵本の被伝者も含みます

- アイラ
  アイラのおとまり 34
- アイリーン
  ゆうかんなアイリーン 88
- あおおじさん
  あおおじさんのあたらしいボート 178
- あおくん
  あおくんときいろちゃん 227
- アオさん
  ぶどう畑のアオさん 147
- あかざばんば
  やまんばのにしき 96
- あきら
  おしいれのぼうけん 105
- アーサー
  アーサーのクリスマス・プレゼント◆ 187
  わにのアーサーおよばれにいく 195
- アーサー王
  アーサー王の剣 223
- あさえ
  いもうとのにゅういん 148
- あつこ
  にちよういち 132
- あっちゃん
  おふろやさん 132
- アナグマ・トミー
  キツネどんのおはなし 184
- アナトール
  ねずみのとうさんアナトール 63
- アニー
  アニーとおばあちゃん 145
- アニカ
  おりこうなアニカ 177
- アブドル
  アブドルのぼうけん 59
- アーマッド
  アブドルのぼうけん 59
- 天照大御神（あまてらすおおみかみ）
  あまのいわと 11
- あや
  いもうとのにゅういん 148
- アリゲー
  おやすみ、わにのキラキラくん 90
- ありこ
  ありこのおつかい 128
- アリス
  アンジェリーナとなかよしアリス 73
  ローラのぼうけんえほんシリーズ 120
- アルチュール
  ババールといたずらアルチュール 167
- アルフレッド
  ふわふわくんとアルフレッド 201
- アレキサンダー
  アレキサンダーとりゅう 72
- アレクサンドル
  ババールのこどもたち 166
- アレック
  くんちゃんのもりのキャンプ 200
- アンガス
  アンガスとあひる◆ 163
- アンジェリーナ
  バレエのすきなアンジェリーナ◆ 72, 73
- アンディ
  アンディとらいおん 126
- あんでるす
  おかあさんだいすき 163

- アンナ
  アンナの赤いオーバー 232
- イエペ
  イエペはぼうしがだいすき◆ 26
- 伊邪那岐（いざなぎ）
  くにのはじまり 11
- 伊邪那美（いざなみ）
  くにのはじまり 11
- いっすんぼうし
  いっすんぼうし 14
- ウィグ
  クリスマス・トムテン 31
- ウィリー
  あした、がっこうへいくんだよ 136
  のら犬ウィリー 83
- ウィリー・ベントレー
  雪の写真家ベントレー 15
- ウィリアム
  どれがぼくかわかる？ 58
- ウィロビー
  おおきいツリーちいさいツリー 150
- ウィンクル
  ナップとウィンクル 33
- ウォーリー
  ウォーリーをさがせ！◆ 151
- ウォーレス
  ウォーレスはどこに 128
- うさこ
  ちいさなうさこちゃん◆ ... 168, 169, 170, 171
- うたこ
  ブルーナのうたこさんのえほんシリーズ ... 172
- ウッレ
  ウッレのスキーのたび 176
- ウヒアハ
  11ぴきのねこふくろのなか 146
- 海幸（火遠理の命　ほおりのみこと）
  うみさちやまさち 12
- うらしまたろう
  うらしまたろう 14
- うりこひめ
  ききみみずきん 140

- ウルスリ
  ウルスリのすず，大雪 61
- ウンフ
  まどそうじやのぞうのウンフ 148
- エドワード
  きょうはおやすみだよ◆ 20, 21
  3だいの機関車，青い機関車エドワード
  .... 106, 107
  ティリーのねがい◆ 79, 80
- エベレ
  いっしょにあそぼう 50
- エミリー
  くまくんのおともだち 100
- エミール
  エミールくんがんばる 37
  ローラのぼうけんえほんシリーズ 120
- エメカ
  おばあちゃんにおみやげを 50
- エリザベス
  きょうはおやすみだよ◆ 20, 21
- エリック
  王さまの竹うま 125
  こぐま学校のバザー 59
- エルシー
  トロルのもり 195
- エルマ
  さよならエルマおばあさん 47
- エンキドゥ
  ギルガメシュ王ものがたり，
  ギルガメシュ王のたたかい 97
- **大国主の命（おおくにぬしのみこと）**
  うみからきたちいさなひと 120
  いなばのしろうさぎ，
  すさのおとおおくにぬし 11, 12
- オクト
  たこのオクト 60
- オズワルド
  さるのオズワルド 196
- オーソン・アボット
  こうさぎたちのクリスマス 15

275

- おーちゃん
  おーちゃんのおーけすとら 172
- オッレ
  大きな山のトロル 51
- おとひめ
  うらしまたろう 14
- おにろく
  だいくとおにろく 13
- おひげちゃん
  こねこのおひげちゃん 228
- オーラ
  オーラのたび 127
  トロールのばけものどり 127
- オーランドー
  ねこのオーランドー◆ 176
- オーリー
  海のおばけオーリー 38
- オリバー
  機関車のぼうけん, 機関車オリバー 109
- カイサ
  ぴちぴちカイサとクリスマスのひみつ 30
- かえるくん
  かえるくんのほんシリーズ 206, 207
  ふたりはともだち◆ 234, 235
- カスタフィオーレ
  カスタフィオーレ夫人の宝石 42
- カッレ
  ぼくの観察日記 89
- かなえ
  とんことり 149
- がまくん
  ふたりはともだち◆ 234, 235
- がまどん
  がまどんさるどん 46
- かみなりちゃん
  だるまちゃんとかみなりちゃん 56
- がらがらどん
  三びきのやぎのがらがらどん 160
- からすたろう
  からすたろう 211
- カルアシ・チミー
  カルアシ・チミーのおはなし 185
- カルイタ
  カルイタの伝説 64
- カロリーネ
  ぼくの庭ができたよ 203
- カンチル
  マンゴーとバナナ 149
- ガンピー
  ガンピーさんのふなあそび◆ 144
- きいろちゃん
  あおくんときいろちゃん 227
- ギック
  たからさがし 217
- キッコ
  キッコシリーズ 57
- キツネどん
  キツネどんのおはなし 184
- きっぷ, きむ
  まいごのふたご 134
- キャプシーヌ
  野うさぎのフルー 231
- キャリコ
  名馬キャリコ 143
- キャンディ
  ベロニカとバースデープレゼント 120
- キリコ
  かまきりのキリコ 125
- ギリス
  おかのうえのギリス 231
- キリ・ママ
  かさどろぼう 33
- ギルガメシュ
  ギルガメシュ王ものがたり◆ 97
- くがつ
  ラッセのにわで 179
- 九月姫
  九月姫とウグイス 103
- クーくん
  長新太のおでかけ絵本シリーズ 112

- 櫛稲田姫（くしなだひめ）
  やまたのおろち 11
- クック
  クックとプッケシリーズ 40
- クマくん
  ぼく，お月さまとはなしたよ◆ 16
- くまくん
  はじめてよむどうわシリーズ 99, 100
- くまさん
  せきたんやのくまさん◆ 36
- ぐら，ぐり
  ぐりとぐら◆ 216, 217
- クリクター
  へびのクリクター 37
- クリスチアン
  アルプスの村のクリスマス 158
- クリストファー
  こねこのチョコレート 45
- グリファトン
  ババールとグリファトンきょうじゅ 167
- ぐるんぱ
  ぐるんぱのようちえん 191
- クレア
  郵便局員ねこ 175
- グレー・ラビット
  グレー・ラビットとヘアとスキレル
  スケートにいく◆ 121, 122, 123
- グレタ
  どうながのプレッツェル 224
- グレートヒェン
  うさぎ小学校◆ 75
- クロッカス
  ぼくはワニのクロッカス◆ 119
- くろにゃん
  つりめいじんめだる 152
- くんくん
  こいぬのくんくん◆ 171
- くんちゃん
  くんちゃんのだいりょこう◆ 200, 201
- ケイ
  ぼくのロボット恐竜探検 197

- ケイティ
  ポケットのないカンガルー 226
- けいてぃー
  はたらきもののじょせつしゃけいてぃー ... 143
- ゲブラ
  馬のたまご 65
- げんごろう
  ふしぎなたいこ 82
- こうすけ
  びゅんびゅんごまがまわったら 149
- こうた
  きつねをつれてむらまつり 157
- 孔明（諸葛亮）
  十万本の矢 29
- ことらちゃん
  ことらちゃんの冒険 156
- ゴードン
  3だいの機関車，やっかいな機関車，みどりの
  機関車ヘンリー，大きな機関車ゴードン，
  8だいの機関車 106, 107
- こぶたくん
  こぶたくんのおはなしシリーズ 233
- コーラ
  3人のちいさな人魚 126
- コールテン
  くまのコールテンくん 165
- ごろったぎつね
  もっくりやまのごろったぎつね 49
- コン
  こぎつねコンとこだぬきポン 157
- ごんじい
  きつねをつれてむらまつり 157
- ゴン太
  馬のゴン太旅日記 96
- ごんちゃん
  せみとりめいじん 60
- さとし
  おしいれのぼうけん 105
- サー・ハンデル
  4だいの小さな機関車，小さなふるい機関車，
  ゆうかんな機関車 107, 108

277

- サム
  - おたんじょうびおめでとう！ 138
  - おまたせクッキー 138
  - サムはぜったいわすれません 221
- サムエル
  - ひげのサムエルのおはなし 185
- サモファせんちょう
  - エミールくんがんばる 37
- ザラザラくん
  - ザラザラくん、どうしたの？ 25
- サリー
  - 海べのあさ 197
  - こまった鳥の木 207
  - サリーのこけももつみ 198
- さるどん
  - がまどんさるどん 46
- サルマ
  - かわいいサルマ 105
- サン
  - ほしになったりゅうのきば 13
- 三娘子（さんじょうし）
  - ふしぎなやどや 27
- ジェイミー・オルーク
  - ジェイミー・オルークとおばけイモ◆ 115
- ジェシカ
  - ジェシカがいちばん 181
- ジェニー
  - こねこのチョコレート 45
- ジェニー・リンスキー
  - 黒ねこジェニーの誕生日 20
- ジェームス
  - 赤い機関車ジェームス，やっかいな機関車，8だいの機関車 106, 107
  - あめのひってすてきだな 58
- ジェームズ
  - きみなんかだいきらいさ 99
- ジェレミー・フィッシャー
  - ジェレミー・フィッシャーどんのおはなし ... 185
- ジーク
  - ジークの魔法のハーモニカ 88

- シッド
  - とんでとんでサンフランシスコ 165
- じぷた
  - しょうぼうじどうしゃじぷた 214
- ジマイマ・パドルダック
  - あひるのジマイマのおはなし 184
- ジミー
  - ありがとう…どういたしまして 94
- ジャクソン
  - のねずみチュウチュウおくさんのおはなし ... 184
- ジャブ
  - 11ぴきのねこどろんこ 147
- シャーロット
  - チムとシャーロット 17
- ジュアン
  - ツバメの歌 192
- 周瑜（しゅうゆ）
  - 十万本の矢 29
- シュシュ
  - ロバの子シュシュ 164
- ジュヌヴィエーブ
  - マドレーヌといぬ 180
- ジュリアス
  - せかいいちのあかちゃん 181
- 諸葛亮（しょかつりょう）
  - →孔明
- じょーじ
  - ひとまねこざるときいろいぼうし◆ 225
- ジョージー
  - おばけのジョージー 159
- ジョゼフ
  - サバンナのともだち 208
- ジョナサン
  - おとうさんねこのおくりもの 111
- ジョニー
  - ジョニーのかぞえうた 98
  - 時計つくりのジョニー 19
  - まちねずみジョニーのおはなし 184
- ジョニー・オーチャード
  - おおきくなりすぎたくま 238

- ジョバンニ
  神の道化師 114
- ジョン
  きみなんかだいきらいさ 99
- ジョン・ハリソン
  海時計職人ジョン・ハリソン 174
- シーラ
  おてんばシーラ 181
- 白瀬矗（しらせ のぶ）
  やまとゆきはら 96
- 白雪姫
  ふゆのはなし 70
- シルベスター・ダンカン
  ロバのシルベスターとまほうのこいし 89
- ジルベルト
  ジルベルトとかぜ 38
- ジロー
  ジローとぼく 46
- しろわん
  つりめいじんめだる 152
- シンガム
  はらぺこライオン 230
- じんご
  じんごのはなし 49
- ジンジャー
  「ジンジャーとピクルズや」のおはなし ... 184
  チム、ジンジャーをたすける，
  　コックのジンジャー 17, 18
- シンデレラ
  シンデレラ 160
- シンドバッド
  シンドバッドの冒険◆ 97, 98
- シンプ
  たいほうだまシンプ 144
- シンプキン
  グロースターの仕たて屋 185
- スイスイ
  しりたがりやのちいさな魚のお話 177
- スヴェン
  スヴェンさんの橋 232

- スカーロイ
  4だいの小さな機関車，小さなふるい機関車，
  ゆうかんな機関車，100さいの機関車
  　.................................... 107, 108
- すーきー
  こいぬのくんくん 171
- スキレル
  グレー・ラビットとヘアとスキレル
  　スケートにいく◆ 121, 122, 123
- すくなひこな
  うみからきたちいさなひと 120
- 須佐之男の命（すさのおのみこと）
  あまのいわと，やまたのおろち，
  　すさのとおおくにぬし 11, 12
- スーザン
  スーザンのかくれんぼ 95
- スザンヌ（スージー）
  わたしのろばベンジャミン 49
- スターキティ
  さよならエルマおばあさん 47
- スティッピー
  ヤンとスティッピー 138
- ステップニー
  がんばりやの機関車 108
- ステラ
  ステラのえほんさがし 44
- すなっぴい，すにっぴい
  すにっぴいとすなっぴい 55
- スノーウィ
  タンタンの冒険旅行シリーズ ... 41, 42, 43, 44
- スーホ
  スーホの白い馬 12
- スポッティ
  おかえりなさいスポッティ 224
- スミス，メアリー
  →メアリー・スミス
- スモールさん
  ちいさいじどうしゃ◆ 228, 229
- セイヤー
  くまのビーディーくん 165

279

- セイラ
  - あくたれラルフ 224
- セークレッド・オッター
  - 嵐のティピー 76
- セシ
  - クリスマスまであと九日 38
- ゼフィール
  - さるのゼフィール 167
- セルコ
  - セルコ 77
- セレスト
  - ババールのしんこんりょこう 166
- ソフィー
  - おちゃのじかんにきたとら 54
- ソリ
  - ソリちゃんのチュソク 25
- 孫悟空
  - 西遊記 1～3 29
- ダー
  - たまごからうま 52
- タイラー
  - 町のねずみといなかのねずみ 73
- タウザー
  - チムのいぬタウザー 18
- ダグラス
  - ふたごの機関車 108
- たけし
  - おおずもうがやってきた 132
- たけちゃん（すがわらたけお）
  - やまのこどもたち◆ 156
- ターちゃん
  - ターちゃんとペリカン 165
- ダック
  - ちびっこ機関車パーシー，ダックとディーゼル機関車，機関車オリバー 107, 108, 109
- ダッチェス
  - パイがふたつあったおはなし 185
- たっぷす
  - もりのおばあさん 219
- だにー
  - おかあさんだいすき 163

- ダニー
  - きょうりゅうくんとさんぽ 188
- ターニャ
  - おおわるもののバルマレイ 202
- だるまちゃん
  - だるまちゃんとてんぐちゃん◆ 56
- たろ
  - こぐまのたろの絵本シリーズ 66
  - ふしぎなたけのこ 96
- たろう
  - たろうのおでかけ◆ 191, 192
  - もしもぼくのせいがのびたら 131
- だん
  - だんふねにのる 173
- ダン
  - やどなしねずみのマーサ 235
- ダンカン
  - ゆうかんな機関車 108
- タンタン
  - タンタンの冒険旅行シリーズ 41, 42, 43, 44
- ちからたろう
  - ちからたろう 103
- ちさ
  - ちさとじいたん 52
- チディ
  - おとうとは青がすき 50
- チト
  - ぼくのぼうし 83
- ちび
  - 小さなきかんしゃ 17
- チミー・ウィリー
  - まちねずみジョニーのおはなし 184
- チム
  - チムシリーズ 17, 18, 19
- ちゃいろおばさん
  - 3人のおばさんシリーズ 178
- チャッティ
  - クリスマスのこねこ 133
- チャーリー
  - 町のねずみといなかのねずみ 73

- チャールズ
  ペチューニアのクリスマス 117
- チャン
  タンタンチベットをゆく 41
- チャンティクリア
  チャンティクリアときつね 69
- ちゅうちゅう
  いたずらかんしゃちゅうちゅう 142
- チュウチュウおくさん
  のねずみチュウチュウおくさんのおはなし ... 184
- チュー先生
  歯いしゃのチュー先生 88
- 趙
  ふしぎなやどや 27
- ちよこ
  たなばたまつり 70
- ちょん
  かまきりのちょん 125
- ツーくん
  長新太のおでかけ絵本シリーズ 112
- ティギー・ウィンクル
  ティギーおばさんのおはなし 185
- デイジー
  機関車トーマスのしっぱい 108
- ディック・ウイッティントン
  ディック・ウイッティントンとねこ 161
- ティッチ
  ティッチ◆ 139
- ティファニー
  すてきな三にんぐみ 37
- ティリー
  ティリーのねがい◆ 79, 80
- テオドール
  南の国へおもちゃの旅 84
- てっちゃん
  せみとりめいじん 60
- テディちゃん
  くまのテディちゃん 117
- デビー
  おかあさんたんじょうびおめでとう！ 136
- デービー
  クリスマスのうさぎさん 32
- デューク
  きえた機関車 109
- デュポン，デュボン
  燃える水の国，月世界探険 42, 43
- テリー
  わたしはバレリーナ 81
- てんぐちゃん
  だるまちゃんとてんぐちゃん 56
- トゥインクル
  きみとぼくのネコのほん 115
- どうつぶ
  へんなどうつぶ 55
- ドゥームズ
  ぼくのともだちドゥームズ 189
- 藤六
  ききみみずきん 140
- とこちゃん
  とこちゃんはどこ 56
- とこまさ
  とこまさのはなし 49
- ドナルド
  ふたごの機関車 108
- ドニー
  てぶくろがいっぱい 95
- トビー
  機関車トビーのかつやく，8だいの機関車，
    機関車トーマスのしっぱい，
    わんぱく機関車 107, 108, 109
- とびー
  まいごのふたご 134
- トマス
  おじいちゃんとのクリスマス 121
- トーマス
  機関車トーマス，がんばれ機関車トーマス，
    機関車トビーのかつやく，大きな機関車
    ゴードン，機関車トーマスのしっぱい，
    わんぱく機関車 106, 107, 108, 109
  わたしたち手で話します 150

- トミー
  - はちうえはぼくにまかせて 71
- とみー
  - まいごのふたご 134
- トミー・ナマケンボ
  - ものぐさトミー 116
- トム
  - こねこのトムのおはなし,
  - ひげのサムエルのおはなし 183, 185
- トム・サム
  - 2ひきのわるいねずみのおはなし 183
- とらた
  - とらたとまるた 129
- トラブロフ
  - バラライカねずみのトラブロフ 144
- トーリン
  - あかりの花 10
- ドルジェ
  - ドルジェのたび 59
- なおと
  - ぼくのおにいちゃん 182
- ナスターシャ・ペトロブナ
  - 三びきのくま 228
- なーちゃん
  - こぐまのたろの絵本シリーズ 66
- ナップ
  - ナップとウィンクル 33
- ナトキン
  - りすのナトキンのおはなし 184
- にお
  - おてがみ 128
- ヌース
  - バンセスのともだち 208
- ねずみくん
  - ねずみくんのチョッキ 34
- ねずみばあさん
  - おしいれのぼうけん 105
- ネッド
  - てぶくろがいっぱい 95
  - よかったねネッドくん 110
- ねる
  - こねこのねる 173
- ノア
  - ノアの箱舟◆ 55
  - ノアのはこ舟のものがたり 94
- バイオレット
  - アーサーのクリスマス・プレゼント◆ 187
- ハイリブ
  - いしになったかりゅうど 10
- ハインリッヒ
  - しかのハインリッヒ 73
- パーシー
  - やっかいな機関車, みどりの機関車ヘンリー,
  - ちびっこ機関車パーシー, 8だいの機関車,
  - 機関車トーマスのしっぱい, わんぱく機関車
  - 106, 107, 108, 109
- バーソロミュー・カビンズ
  - ふしぎな500のぼうし 125
- ぱたぽん
  - まりーちゃんとひつじ,
  - まりーちゃんのくりすます 163, 164
- バート
  - 小さな機関車たち 109
- バート・ダウ
  - 沖釣り漁師のバート・ダウじいさん 198
- ハドック
  - ふしぎな流れ星, なぞのユニコーン号,
  - レッド・ラッカムの宝,
  - カスタフィオーレ夫人の宝石 41, 42
- バートラム
  - 王さまの竹うま 125
- パトリック
  - きみとぼくのネコのほん 115
  - ふしぎなバイオリン 174
- ぱとりっく・ぴんく
  - もりのおばあさん 219
- はなこ
  - くいしんぼうのはなこさん 130
- パナシ
  - りすのパナシ 230
- バーナビー
  - おとぼけくまのバーナビー 68

- こぶたのバーナビー 129
- ハヌマン
  おひさまをほしがったハヌマン 222
- バーバ
  あひるのバーバちゃん 215
- バーバパパ
  おばけのバーバパパ 110
- ババール
  ぞうのババールシリーズ 166, 167, 168
- ハービー
  いたずらハービーはどこ？ 22
  ハービーのかくれが 188
- バブンじいさん
  にげだしたひげ 33
- ハーベイ・ポッター
  ふうせんばたけのひみつ 154
- バベット
  クリスマスのこねこ 133
- バランティヌ
  バランティヌと小犬のツッキー◆ 74
- ハリー
  こまった鳥の木 207
  どろんこハリー◆ 71
- ハリソン，ジョン　→ジョン・ハリソン
- バルマレイ
  おおわるもののバルマレイ 202
- バレンティ
  ワニのライル、おかあさんをみつける 35
- はろるど
  はろるどとむらさきのくれよん◆ 86
- ハロルド
  ちびっこ機関車パーシー 107
- ハンカ・マンカ
  2ひきのわるいねずみのおはなし 183
- ハンシ
  山のクリスマス 180
- ハンス
  いたずらカラスのハンス 158
  うさぎ小学校◆ 75
- バンセス
  バンセスのクリスマス◆ 207, 208

- ハンダ
  馬のたまご 65
  ハンダのびっくりプレゼント◆ 159, 160
- ピエール
  ピエールとライオン 98
- ビーカー
  レッド・ラッカムの宝，めざすは月，月世界
  　探険，ビーカー教授事件 41, 42, 43,
- ビクトリア
  おまたせクッキー 138
- ピグリン・ブランド
  こぶたのピグリン・ブランドのおはなし ... 186
- ピクルズ
  「ジンジャーとピクルズや」のおはなし ... 184
- ピーすけ
  パトカーのピーすけ 210
- ピーター
  おかあさんたんじょうびおめでとう！ 136
  ピーターとおおかみ 150
  ピーターの自転車 53
  ピーターのとおいみち 70
  ピーターラビットのおはなし，
  　ベンジャミンバニーのおはなし 182, 183
  ゆきのひ◆ 67
- ピーター・サム
  4だいの小さな機関車，小さなふるい機関車,
  　ゆうかんな機関車 107, 108
- ぴーたー・ぱんく
  もりのおばあさん 219
- ピッグさん一家
  こぶたのおるすばん 226
- ピックルズ
  しょうぼうねこ 20
- ぴっち
  こねこのぴっち 155
- ビーディー
  くまのビーディーくん 165
- ひでき
  ぼくのおにいちゃん 182
- ピート
  ティッチ 139

- ぴょんぴょん
  おたんじょうびのおくりもの 216
- ビリー
  せかい一わるいかいじゅう◆ 138, 139
  なにをかこうかな 224
- ビル
  かしこいビル 131
- ビルケバイネル
  雪原の勇者 15
- ヒルダ
  るすばんねこのぼうけん 186
- ひろし
  あな 236
- ピン
  あひるのピンのぼうけん 31
- ぴーん，ふぃーん
  ぴーんちゃんとふぃーんちゃん 173
- フィンダス
  フィンダスのたんじょうび 134
- フィーンチェ
  フィーンチェのあかいキックボード 137
- フィン・マクール
  ノックメニーの丘の巨人とおかみさん 115
- ブウル
  くまのブウル 231
- ふぇるじなんど
  はなのすきなうし 231
- ふがこ
  ブルーナのうたこさんのえほんシリーズ ... 172
- ふきちゃん
  ふきまんぶく 104
- ふくろう博士（フクロウはかせ）
  ふくろう博士のあたらしい家，
  　グレー・ラビットいたちにつかまる 122
- ぶたぶたくん
  ぶたぶたくんのおかいもの 152
- ブッケ
  クックとブッケシリーズ 40
- プッテ
  ブルーベリーもりでのプッテのぼうけん ... 177
- ブラウンじいさま
  りすのナトキンのおはなし 184
- ブラッシ
  グレー・ラビットと旅のはりねずみ 123
- ブランキー
  くろうまブランキー 191
- フランシス
  おやすみなさいフランシス◆ 187, 188
- フランソワ
  ごきげんならいおん 118
- フランビー
  ウォーレスはどこに 128
- フリスカ
  ちいさなひつじフリスカ 223
- プリムさん一家
  ワニのライルがやってきた 34
- ブリンジャマティ
  ヒマラヤのふえ 222
- フルー
  野うさぎのフルー 231
- プルッフ
  かものプルッフ 230
- フルリーナ
  フルリーナと山の鳥，大雪 61
- フルンブラ
  女トロルと8人の子どもたち 155
- プレッツェル
  どうながのプレッツェル 224
- フレディ
  ポケットのないカンガルー 226
- フレディ・レグランド
  飛行士フレディ・レグランド 37
- フレデリック
  フレデリック 227
- フロプシー
  フロプシーのこどもたち 183
- フローラ
  3人のちいさな人魚 126
  ババールのこどもたち 166
- ブロン
  恐竜物語　ブロンのぼうけん 196

- ふわふわくん
  - ふわふわくんとアルフレッド 201
- ふわふわしっぽ
  - ふわふわしっぽと小さな金のくつ 163
- プンクマインチャ
  - プンクマインチャ 14
- ヘアー（ヘア）
  - グレー・ラビットとヘアとスキレル
    スケートにいく◆ 121, 122, 123
- ヘイゼル
  - せかい一わるいかいじゅう，
    いたずらかいじゅうはどこ？，
    いたずらかいじゅうビリー！ 138, 139
- ペーター
  - いたずらカラスのハンス 158
  - もじゃもじゃペーター 189
- ペチューニア
  - がちょうのペチューニア◆ 116, 117
- ペッテル
  - 3人のおばさんシリーズ 178
- ペッポ
  - おじいちゃんとのクリスマス 121
- ペテルソン
  - フィンダスのたんじょうび 134
- ペドリト・チャンビ
  - カルイタの伝説 64
- ペニー
  - ペニーさん◆ 39
- ペピート
  - マドレーヌといたずらっこ，
    マドレーヌとジプシー 180
- ベラ
  - 3人のちいさな人魚 126
- ベルサーキ家
  - うちのペットはドラゴン 48
- ペレ
  - ペレのあたらしいふく 177
- ヘレン
  - ヘレン，ようこそどうぶつえんへ 71
- ヘレンカ
  - ぼくだってできるさ！ 93

- ベロニカ
  - みんなのベロニカ◆ 119, 120
- ベンジー
  - ベンジーのふねのたび 72
- ベンジャミン
  - 1ねんに365のたんじょう日プレゼントを
    もらったベンジャミンのおはなし 150
  - ベンジャミンバニーのおはなし 183
  - ぼくの庭ができたよ 203
  - わたしのろばベンジャミン 49
- ヘンドリカ
  - うんがにおちたうし 91
- ベントレー，ウィリー
  - →ウィリー・ベントレー
- ヘンリー
  - アンジェリーナとおまつり，—のクリスマス，
    —のはつぶたい 72, 73
  - 3だいの機関車，やっかいな機関車，
    みどりの機関車ヘンリー，機関車のぼうけん
    .... 106, 109
  - スキーをはいたねこのヘンリー◆ 28, 29
- ホー
  - たつのおとしご 234
- ホイティ
  - きつねのホイティ 33
- ボコ
  - 大きな機関車たち 109
- ホセン
  - きんいろのしか 14
- ホッホーくん
  - ホッホーくんのおるすばん 77
- ボド
  - へびのクリクター 37
- ホートン
  - ぞうのホートンたまごをかえす 125
- ボビー
  - ボビーとそらいろのヨット 140
- ボボじいさん
  - へんなどうつぶ 55
- ポム
  - ババールのこどもたち 166

285

- ぽりー・ぽんく
  - もりのおばあさん 219
- ポール
  - ポールとペリカン 236
- ポルカ
  - くまのブウル 231
- ボルカ
  - ボルカ 145
- ホワニート
  - ぼくのいぬがまいごです！ 67
- ポン
  - こぎつねコンとこだぬきポン 157
- まあちゃん
  - まあちゃんのながいかみ 102
- マイク
  - 小さな機関車たち 109
- マイク・マリガン
  - マイク・マリガンとスチーム・ショベル ... 143
- マイケル
  - オバケやかたのひみつ 46
- マウルス
  - マウルスと三びきのヤギ◆ 62
- マギー（マーガレット）
  - わたしのおふねマギーB 137
- マクス
  - マクスとモーリツのいたずら 158
- マーくん
  - なかよしのくまさん 159
- まこ
  - まこちゃんのおたんじょうび 131
- マーサ
  - やどなしねずみのマーサ 235
- マーシャ
  - マーシャとくま 222
- ましろ
  - 子うさぎましろのお話 204
- マスおじさん
  - 空とぶゆうびんやさん 126
- マックス
  - かいじゅうたちのいるところ 99
- までろん
  - まりーちゃんとひつじ 163
- マドライナ
  - マウルスとマドライナ 62
- マドレーヌ
  - げんきなマドレーヌ◆ 179, 180
- マーベン
  - 大森林の少年 182
- まみこ
  - きょうはなんのひ？ 148
- マラード
  - かもさんおとおり 198
- マリー
  - バンセスのクリスマス 207
- まりー
  - まりーちゃんとひつじ◆ 163, 164
- マリア
  - クリスマスのはじまり 160
- マリット・インガ
  - ゆきとトナカイのうた 136
- マリヤ
  - クリスマスのものがたり 190
- マリールイズ
  - マリールイズいえでする 21
- マルタン，マルチーヌ
  - かわせみのマルタン 231
- マルチーネク
  - ぼくだってできるさ！ 93
- マルチン
  - りんごのき◆ 94
- マンヒ
  - マンヒのいえ 68
- みいちゃん
  - はじめてのおつかい 149
- ミシュトカ
  - 三びきのくま 228
- ミス・クラベル
  - げんきなマドレーヌ◆ 179, 180
- ミッジ
  - とんでとんでサンフランシスコ 165

- みどりおばさん
  3人のおばさんシリーズ 178
- みねこ
  やまのディスコ 87
- ミハイル・イワーノビッチ
  三びきのくま 228
- みみちゃん
  みみずくと3びきのこねこ 175
- ミムス
  恐竜物語　ミムスのぼうけん 197
- みゆき
  なきむしようちえん 132
- ミヨ
  ぼくのロボット恐竜探検 197
- ミラドー
  ぼくの村にサーカスがきた,
  　せかいいちうつくしい村へかえる 76
- ミルドレッド
  ハービーのかくれが 188
- むっつり
  むっつりのはなし 49
- むらさきおばさん
  3人のおばさんシリーズ 178
- メアリ
  ティッチ 139
- メアリー
  ベッドのしたになにがいる？ 90
- メアリー・アリス
  メアリー・アリスいまなんじ？ 195
- メアリ・アン
  マイク・マリガンとスチーム・ショベル ... 143
- メアリー・スミス
  メアリー・スミス 218
- メイジー
  ぞうのホートンたまごをかえす 125
- メイビス
  わんぱく機関車 109
- メーベル
  ちいさいケーブルカーのメーベル 142
- メリー
  かしこいビル 131

- もくべえ
  もくたんじどうしゃもくべえ 48
- モニェ
  マンゴーとバナナ 149
- モペット
  モペットちゃんのおはなし 183
- モモ
  あまがさ 211
- ももたろう
  ももたろう 14
- モーリツ
  マクスとモーリツのいたずら 158
- モルガナ・ル・フェ
  アーサー王の剣 223
- モールディ
  もぐらのモールディのおはなし 122
- やえもん
  きかんしゃやえもん 48
- 山幸（火照の命　ほでりのみこと）
  うみさちやまさち 12
- ヤモ
  せかいいちうつくしいぼくの村,
  　ぼくの村にサーカスがきた 76
- ヤン
  ヤンとスティッピー 138
- やん
  おひゃくしょうのやん 172
- ゆうじ
  そらいろのたね 217
  たからさがし 217
- ゆたか
  よるのびょういん 130
- ヨッケリ
  ヨッケリなしをとっといで 190
- よ平
  つるにょうぼう 13
- ライル
  ワニのライルのおはなしシリーズ 34, 35
- ラージャン
  あくまのおよめさん 64

- ラチ
    ラチとらいおん 201
- ラッセ
    ラッセのにわで 179
- ラット
    ねずみのラットのやっかいなしっぽ 122
- ラニー
    ラニーのねがい 60
- ラモル
    ヒマラヤのふえ 222
- ラルフ
    あくたれラルフ 224
- リサ
    くまのコールテンくん 165
- リーザ
    わたしたち手で話します 150
- リゼッテ
    たんじょうび 156
- リーセン
    あたし、ねむれないの 179
- リトル・グレイ
    おとうさんねこのおくりもの 111
- リトル・ラクーン
    ぼく、ひとりでいけるよ◆ 155
- リビー
    パイがふたつあったおはなし 185
- リーベ
    リーベとおばあちゃん 135
- リーラ
    リーラちゃんとすいか 137
- リリー
    せかいいちのあかちゃん 181
- ルーイ
    ベッドのしたになにがいる？ 90
- ルイーズ
    おてんばシーラ 181
- ルイ・ブレリオ
    パパの大飛行 175
- ルーシー
    おもいでのクリスマスツリー 69
    こぐま学校のバザー 59

- チムとルーシーとかいぞく，
    ルーシーのしあわせ 17, 19
- ルーシー・シムス
    ジェシカがいちばん 181
- ルル
    チョコレート・ウェディング 82
- レックス
    小さな機関車たち 109
- レッドごう
    ちいさなきかんしゃレッドごう 36
- レッド・フォックス
    カヌーはまんいん 233
- レニアス
    4だいの小さな機関車，小さなふるい機関車，
    ゆうかんな機関車，100さいの機関車
    .... 107, 108, 109
- レンティル
    ハーモニカのめいじんレンティル 198
- ロウヒ
    北の魔女ロウヒ 69
- ローザ
    ローザからキスをいっぱい 194
- ロージー
    ロージーのおさんぽ 140
- ロッタ
    3人のおばさんシリーズ 178
    ロッタちゃんとじてんしゃ 30
- ロード・ハリー
    山にのぼる機関車 109
- ロバちゃん
    ロバのロバちゃん 120
- ロバート
    ひっこしした子してきた子 21
- ロミラ
    ロミラのゆめ 60
- ローラ
    ローラのぼうけんえほんシリーズ 120
- ローランド
    ぶたのめいかしゅローランド 88
- ワイナモイネン
    北の魔女ロウヒ 69

- ワーニャ
  おおわるもののバルマレイ 202
- ワルター
  おばけリンゴ 212
- 王七（わんちい）
  ちょうちんまつり 84
- ンネカ
  おとうとは青がすき 50

● 家族・親類

- 家族
  アイラのおとまり 34
  あかちゃんでておいで！ 154
  アルプスの村のクリスマス 158
  イエペさんぽにいく 26
  いたずらかいじゅうはどこ？ 139
  うちのペットはドラゴン 48
  海べのあさ 197
  おかえりなさいスポッティ 224
  おもいでのクリスマスツリー 69
  おやすみなさいフランシス◆ 187, 188
  女トロルと8人の子どもたち 155
  くんちゃんのだいりょこう◆ 200, 201
  こだぬき6ぴき 129
  こぶたくんのおはなしシリーズ 233
  しずかなおはなし 228
  ちいさなうさこちゃん、うさこちゃんとゆうえんち、ーとあかちゃん 168, 169, 170
  ねこのオーランドー◆ 176
  のら犬ウィリー 83
  ピーターラビットのおはなし、
    フロプシーのこどもたち 182, 183
  ふねにのったねこのヘンリー 28
  ベンジーのふねのたび 72
  ぼくだってできるさ！ 93
  ぼくのおにいちゃん 182
  ぼくの庭ができたよ 203
  もりのこびとたち 178
  ラニーのねがい 60
  りすのパナシ、かものプルッフ 230

わたしの村わたしの家 218
ワニのライルがやってきた、
  ワニのライル、動物園をにげだす 34, 35
- 親類
  ソリちゃんのチュソク 25
- 両親・親子
  かばくん◆ 130
  きょうはなんのひ？ 148
  くんちゃんとふゆのパーティー 200
  三びきのごきげんなライオン 118
  どうぶつのおやこ 212
  なにのこどもかな 213
- 養い親
  ぴちぴちカイサとクリスマスのひみつ 30
- 父親
  うさこちゃんとうみ、ーとどうぶつえん ... 168
  おとうさん、お元気ですか・・・ 116
  おとうさんとぼく1・2 159
  おとうさんにもらった…… 39
  おとうさんねこのおくりもの 111
  オバケやかたのひみつ 46
  かえってきたおとうさん 99
  くんちゃんのはたけしごと 200
  水晶さがしにいこう 96
  スモールさんはおとうさん 229
  とうさんおはなしして 234
  ないしょのゆきだるま 46
  なんでもパパといっしょだよ 16
  にぐるまひいて 69
  ねずみのとうさんアナトール 63
  パパの大飛行 175
  ラニーのねがい 60
- 母親
  アンナの赤いオーバー 232
  海のおばけオーリー 38
  おおかみと七ひきのこやぎ 190
  おかあさんだいすき 163
  おかあさんたんじょうびおめでとう！ 136
  かあさんのいす 32
  かぜはどこへいくの 134
  くろねこかあさん 152

289

こぐまのくまくん 99
こすずめのぼうけん 191
サリーのこけももつみ 198
しーっ！ぼうやがおひるねしているの 202
せんたくかあちゃん 79
たのしいふゆごもり 58
ちいさなねこ 219
どうぶつのおかあさん 212
どれがぼくかわかる？ 58
二ひきのこぐま 28
ひよことむぎばたけ 205
ブルーベリーもりでのプッテのぼうけん ... 177
ぼくはこどものぞうです 186
ポケットのないカンガルー 226
マリールイズいえでする 21
リンゴとカラス麦 17
ローザからキスをいっぱい 194
ワニのライル、おかあさんをみつける,
　ワニのライルとどろぼうじけん 35

・義母・継母
シンデレラ 160
プンクマインチャ 14
まほうつかいバーバ・ヤガー 149

・兄弟姉妹
アーサーのクリスマス・プレゼント◆ 187
あまのいわと 11
雨、あめ 91
うさぎ小学校◆ 75
うさこちゃんとあかちゃん 170
えんにち 25
大雪 61
おとうとは青がすき 50
きっとみんなよろこぶよ！ 92
きょうはおやすみだよ◆ 20, 21
くまのブウル 231
こねこのチョコレート 45
こねこのトムのおはなし 183
こぶたのおるすばん 226
せかいいちのあかちゃん 181

せかい一わるいかいじゅう,
　いたずらかいじゅうはどこ？,
　いたずらかいじゅうビリー！ 138, 139
トロールのばけものどり 127
にいさんといもうと 111
ハービーのかくれが 188
ピーターのいす 67
ベッドのしたになにがいる？ 90
ぼくの庭ができたよ 203
わにのアーサーおよばれにいく 195

・兄弟
ああ、たいくつだ！ 91
アブドルのぼうけん 59
うできき四人きょうだい 189
うみさちやまさち 12
王さまと九人のきょうだい 10
おかあさんたんじょうびおめでとう！ 136
3びきのこぐまさん 206
シナの五にんきょうだい 31
長新太のおでかけ絵本シリーズ 112
鳳凰と黄金のカボチャ 219
ぼくのおにいちゃん 182

・姉妹
いもうとのにゅういん 148
おてんばシーラ 181
九月姫とウグイス 103
シンデレラ 160
ねえさんといもうと 22
フランシスのいえで,
　フランシスとたんじょうび,
　フランシスのおともだち 187, 188
わたしの妹は耳がきこえません 226

・末っ子
ティッチ◆ 139
ロッタちゃんとじてんしゃ 30

・双子
すにっぴいとすなっぴい 55
長新太のおでかけ絵本シリーズ 112
てぶくろがいっぱい 95
二ひきのこぐま 28
ババールのこどもたち 166

ぴーんちゃんとふぃーんちゃん................173
ふたごの機関車，大きな機関車たち
　　　　　　　　　　　　.................108, 109
ポップコーンをつくろうよ............116
まいごのふたご...............................134

・いとこ
アンジェリーナとおまつり，ーのクリスマス，
　ーのはつぶたい...........................72, 73
うたこさんのにわしごと，
　うたこさんのおかいもの..............172
くんちゃんのもりのキャンプ............200
バランティヌの夏休み.......................74
ベンジャミンバニーのおはなし........183
マウルスとマドライナ.......................62
山のクリスマス..............................180

・祖母・曽祖母
アニーとおばあちゃん....................145
うさこちゃんのおじいちゃんとおばあちゃん，
　ーのだいすきなおばあちゃん....169, 170
おばあちゃんにおみやげを................50
おばあちゃんのたんじょうび............20
おまたせクッキー............................138
おやすみなさいおつきさま..............141
かわいいサルマ..............................105
さよならエルマおばあさん................47
だいじなとどけもの，
　おじいちゃんとおばあちゃん........100
たからさがし.................................217
たろとなーちゃん.............................66
にちようし.....................................132
リーベとおばあちゃん....................135

・祖父・曽祖父
うさこちゃんのおじいちゃんとおばあちゃん，
　ーとふえ，ーのおじいちゃんへのおくりもの
　　　　　　　　　　.................169, 170, 171
おじいちゃんとおばあちゃん..........100
おじいちゃんとのクリスマス...........121
おたんじょうびおめでとう！...........138
かわいいサルマ..............................105
水晶さがしにいこう..........................96
なかよしのくまさん........................159

ベッドのしたになにがいる？............90
ぼくとオペラハウス........................181
ぼくのおじいちゃんのかお..............133
ぼくの観察日記................................89
よあけ...84

・伯父・叔父
うさこちゃんひこうきにのる..........169
ドルジェのたび................................59

・伯母・叔母
ローザからキスをいっぱい..............194

・先祖
なぞのユニコーン号，
　レッド・ラッカムの宝....................41

・夫婦
⇔結婚・離婚 330
かもさんおとおり............................198
かわせみのマルタン........................231
ジェイミー・オルークとおばけイモ....115
りんごのきにこぶたがなったら........232

・妻・花嫁
⇔結婚・離婚 330
あくまのおよめさん.........................64
くわずにょうぼう..............................12
ごきげんなライオンのおくさんがんばる...119
つるにょうぼう................................13
ノックメニーの丘の巨人とおかみさん......115

・子ども
⇔子守り・子育て 325
笑顔大好き地球の子........................105
おおきな一日.................................129
月夜のこどもたち............................100
どうぶつのこどもたち..............212, 228
なにをしているかわかる？..............218
根っこのこどもたち目をさます..........53
ねっこぼっこ...................................53
ババールのこどもたち....................166

・孤児・捨て子
青い花のじゅうたん........................114
おかのうえのギリス........................231
すてきな三にんぐみ..........................37
ぞうのババール..............................166

291

ディック・ウイッティントンとねこ 161
ぴちぴちカイサとクリスマスのひみつ 30
・養子
みどりおばさん、ちゃいろおばさん、
　　むらさきおばさん 178
ルーシーのしあわせ 19
・赤ちゃん
あかちゃんでておいで！ 154
うさこちゃんとあかちゃん 170
しーっ！ぼうやがおひるねしているの 202
せかいいちのあかちゃん 181
せかい一わるいかいじゅう,
　　いたずらかいじゅうはどこ？ 138, 139
ババールのこどもたち 166
ピーターのいす 67
ふしぎなたまご 173
フランシスのいえで 187
みんなのこもりうた 130
ワニのライルとどろぼうじけん 35
・孫
よあけ 84

●王族・貴族

・王・皇帝
アーサー王の剣 223
ウッレのスキーのたび 176
王さまと九人のきょうだい 10
王さまの竹うま 125
おしゃべりなたまごやき 112
オトカル王の杖 43
ギルガメシュ王ものがたり◆ 97
きんいろのしか 14
金のニワトリ 181
こまどりのクリスマス 201
スヴェンさんの橋 232
スーホの白い馬 12
ぞうのババールシリーズ 166, 167, 168
たいようの木のえだ 191
ねこのくにのおきゃくさま 34
はだかの王さま 143

ふしぎな500のぼうし 125
・王子・皇子
運命の王子 199
雪原の勇者 15
空とぶじゅうたん 161
ドロミテの王子 115
ねむりひめ 190
・王女・おひめさま
アンジェリーナとおうじょさま 72
いっすんぼうし 14
うしかいとおりひめ 201
うらしまたろう 14
九月姫とウグイス 103
シンデレラ 160
たいようの木のえだ 191
なんでも見える鏡 87
ねむりひめ 190
ふゆのはなし 70
ほしになったりゅうのきば 13
・王族・貴族
おばけのひっこし 133
ともだちつれてよろしいですか 209
・殿さま・大名
いまはむかしさかえるかえるのものがたり ... 145
きつね森の山男 146

●その他の人物

・英雄
⇨叙事詩・英雄伝説 320
雪原の勇者 15
・おじさん
⇨伯父・叔父 291
あおおじさんのあたらしいボート,
　　ペッテルとロッタのクリスマス 178
いぬことわり！ 224
おさらをあらわなかったおじさん 68
ひとまねこざるときいろいぼうし 225
・おばさん
⇨伯母・叔母 291
3人のおばさんシリーズ 178

スプーンおばさんちいさくなる◆ 180
ハリーのだいかつやく 71
- **お年寄り**
  ⇔祖父・曽祖父 291　⇔祖母・曽祖母 291
  ⇔老い 362
  いっすんぼうし 14
  いぬとにわとり 190
  おおきなかぶ 78
  沖釣り漁師のバート・ダウじいさん 198
  かさじぞう 11
  ガラスめだまときんのつののヤギ 87
  きつねをつれてむらまつり 157
  きみとぼくのネコのほん 115
  こしおれすずめ 95
  こねこのぴっち 155
  こぶじいさま 12
  したきりすずめ 12
  ぞうのババール 166
  だごだごころころ 58
  だんごだんごどこいった 46
  たんじょうび 156
  ちいさなたいこ 15
  ちさとじいたん 52
  ちょうちんまつり 84
  ツバメの歌／ロバの旅 192
  にぎりめしごろごろ 13
  にげだしたひげ 33
  はたけのともだち 103
  ぴちぴちカイサとクリスマスのひみつ 30
  ヒマラヤのふえ 222
  100まんびきのねこ 55
  ペニーさん◆ 39
  へびのクリクター 37
  へんなどうつぶ 55
  ももたろう 14
  もりのおばあさん 219
  ゆきむすめ 79
  ルーシーのしあわせ 19
- **行者**
  あるひねずみが… 160

- **サンタクロース**
  アンジェリーナのクリスマス 72
  おもいでのクリスマスツリー 69
  クリスマスのうさぎさん 32
  クリスマスのおくりもの 144
  クリスマスのまえのばん 111, 121
  ぐりとぐらのおきゃくさま 216
  くろうまブランキー 191
  子うさぎましろのお話 204
  さむがりやのサンタ 164
  サンタクロースのおくりもの 51
  ちいさなろば 78
  天使のクリスマス 77
  ババールとサンタクロース 167
  まりーちゃんのくりすます 164
- **転校生・新入り**
  ⇔学校・入学 317
  アンガスとねこ 163
  ひっこしした子してきた子 21
  ぼくはワニのクロッカス 119
  みんなのベロニカ 119
  めいわくなおくりもの 207
  ワニのライルとなぞの手紙 35
- **友だち・仲間**
  アイラのおとまり 34
  あおくんときいろちゃん 227
  アーサーのてがみともだち 187
  アンジェリーナとなかよしアリス 73
  アンディとらいおん 126
  いちばんのなかよし 68
  いつもいっしょ 111
  うさこちゃんおとまりにいく 169
  馬のゴン太旅日記 96
  エミールくんがんばる 37
  おやすみ、わにのキラキラくん 90
  きみなんかだいきらいさ 99
  きょうりゅうくんとさんぽ 188
  ギルガメシュ王ものがたり、
  　　　ギルガメシュ王のたたかい 97
  クックとプッケシリーズ 40
  くまくんのおともだち 100

293

くまのコールテンくん 165
くまのビーディーくん 165
グレー・ラビットとヘアとスキレル
　スケートにいく◆ 121, 122, 123
ごきげんならいおん，ともだちさがしに，
　ともだちはくまくん 118
こぎつねコンとこだぬきポン 157
こぐまのたろの絵本シリーズ 66
こまった鳥の木 207
これ，なあに？ 25
こんにちはかえるくん！，
　かえるくんどこにいるの？，しょうねんと
　いぬとかえるとともだち 206, 207
サバンナのともだち 208
サンタクロースのおくりもの 51
ジェシカがいちばん 181
11ぴきのねこ◆ 146, 147
しんせつなともだち 206
せかいいちうつくしい村へかえる 76
せみとりめいじん 60
ターちゃんとペリカン 165
だるまちゃんとてんぐちゃん◆ 56
たろうのひっこし 192
タンタンチベットをゆく 41
ちからたろう 103
チムとルーシーとかいぞく，チム，ジンジャーを
　たすける，チムとシャーロット，
　チムききいっぱつ，ルーシーのしあわせ
　... 17, 18, 19
ティリーのねがい◆ 79, 80
ともだちつれてよろしいですか 209
とんことり 149
なかよしのくまさん 159
なきむしようちえん 132
ねずみのともだちさがし 152
バンセスのともだち 208
ピーターのてがみ 67
ピーターのとおいみち 70
ひっこしした子してきた子 21
ふたりはともだち◆ 234, 235
ぶどう畑のアオさん 147

フランシスのおともだち 188
ふわふわくんとアルフレッド 201
ベロニカとバースデープレゼント 120
ぼくだってできるさ！ 93
ぼくのいぬがまいごです！ 67
ぼくのともだちドゥームズ 189
マクスとモーリツのいたずら 158
南の国へおもちゃの旅 84
もりのともだち 162
やかまし村のクリスマス 30
やどなしねずみのマーサ 235
わたしたち手で話します 150
わたしのろばベンジャミン 49
ワニのライルとなぞの手紙 35

・人気者
ごきげんなライオンのおくさんがんばる ... 119
ベロニカはにんきもの 119
ロバの子シュシュ 164
ワニのライルは会社のにんきもの 35

・名人
せみとりめいじん 60
つりめいじんめだる 152
ハーモニカのめいじんレンティル 198
メアリー・スミス 218

・奴隷
紅海のサメ 42

・身代わり
かわいいサルマ 105
こぎつねコンとこだぬきポン 157
ジローとぼく 46
わらむすめ 232

・お隣
アンガスとあひる 163
いたずらこねこ 110
かきねのむこうはアフリカ 176
ハリーのだいかつやく 71
マドレーヌといたずらっこ 180

・お客
おまたせクッキー 138
ぐりとぐらのおきゃくさま 216
ともだちつれてよろしいですか 209

ねこのくにのおきゃくさま 34
　のねずみチュウチュウおくさんのおはなし，
　　パイがふたつあったおはなし，ずるいねこの
　　おはなし 184, 185, 186
　ババールとりのしまへ 167
　わにのアーサーおよばれにいく 195
- **旅人**
　旅の絵本◆ 23, 24
- **海賊・ヴァイキング**
　ちいさな天使と兵隊さん 77
　チムとルーシーとかいぞく 17
　なぞのユニコーン号 41
- **泥棒・盗賊**
　⇔盗み・略奪 329
　いちばんのなかよし 68
　王さまの竹うま 125
　おんどりとぬすっと 232
　かさどろぼう 33
　カスタフィオーレ夫人の宝石 42
　すてきな三にんぐみ 37
　チムとうだいをまもる 18
　どろぼうだどろぼうよ 21
　２ひきのわるいねずみのおはなし 183
　ふるやのもり 104
　ブレーメンのおんがくたい 156
　へびのクリクター 37
　まっくろローラどろぼうたいじ 120
　ワニのライルとどろぼうじけん 35
　わらむすめ 232
- **犯人**
　⇔事件・犯罪 329
　おしゃべりなたまごやき 112
- **悪者・悪漢**
　おおわるもののバルマレイ 202
　グレー・ラビットいたちにつかまる 122
　名馬キャリコ 143
- **スパイ・忍者**
　青い蓮 43
- **敵**
　ワニのライルとなぞの手紙 35

● **性格・人柄**
- **あくたれ・いじわる**
　⇔けんか・いじめ・仲間はずれ 326
　あくたれラルフ 224
　大きな機関車ゴードン 107
　九月姫とウグイス 103
　こわいわるいうさぎのおはなし 183
　さるのオズワルド 196
　にいさんといもうと 111
　もじゃもじゃペーター 189
- **いじっぱり・頑固**
　ピエールとライオン 98
　マリールイズいえでする 21
- **いたずらっ子**
　⇔いたずら 326
　かいじゅうたちのいるところ 99
　クックとプッケシリーズ 40
　こねこのトムのおはなし 183
　西遊記１〜３ 29
　せかい一わるいかいじゅう◆ 138, 139
　ババールといたずらアルチュール 167
　ペニーさんと動物家族 39
　マクスとモーリツのいたずら◆ 158
　まっくろローラ海のぼうけん 120
　マドレーヌといたずらっこ 180
　りすのパナシ 230
- **うそつき**
　きつねのホイティ 33
　コックのジンジャー 18
- **おこりんぼ**
　きかんしゃやえもん 48
- **おしゃべり**
　おしゃべりなたまごやき 112
- **おてんば・わんぱく**
　おてんばシーラ 181
　げんきなマドレーヌ◆ 179, 180
　わんぱく機関車 109
- **おばかさん・愚か者**
　あかりの花 10
　あひるのジマイマのおはなし 184

295

がちょうのペチューニア◆ 116, 117
・食いしん坊
　おちゃのじかんにきたとら 54
　おなかのかわ 205
　くいしんぼうのはなこさん 130
　くわずにょうぼう 12
　11ぴきのねこ 146
　ママ、ママ、おなかがいたいよ 110
・けち・欲張り
　おひゃくしょうとえんまさま 79
　きんいろのしか 14
　くわずにょうぼう 12
　こかげにごろり 113
　つるにょうぼう 13
・寒がり
　きつね森の山男 146
　さむがりやのサンタ 164
・しりたがり
　アンガスとあひる◆ 163
　しりたがりやのこぶたくん 233
　しりたがりやのちいさな魚のお話 177
　ひとまねこざるときいろいぼうし◆ 225
・ずるい
　ずるいねこのおはなし 186
・力持ち
　ちからたろう 103
　ふしぎなたいこ 82
・泣き虫・弱虫
　アレキサンダーとりゅう 72
　くらやみこわいのだあれ 193
　ドルジェのたび 59
　なきむしようちえん 132
　ラチとらいおん 201
　りこうねずみとよわむしねこ 174
・なまけ者
　おさらをあらわなかったおじさん 68
　おとなしいめんどり 63
　さるとびっき 58
　ジェイミー・オルークとおばけイモ◆ 115
　ぞうのホートンたまごをかえす 125
　ものぐさトミー 116

件名索引

りんごのきにこぶたがなったら 232
・のろま
　のろまなローラー 214
・働き者・勤勉
　グレー・ラビットとヘアとスキレル
　　スケートにいく◆ 121, 122, 123
　スヴェンさんの橋 232
　はたらきもののじょせつしゃけいてぃー ... 143
　ぶたのうたこさん 172
・ふとっちょ
　アイスクリーム/かんながかんなをつくった
　　はなし 227
・不平屋
　きかんしゃやえもん 48
　さむがりやのサンタ 164
・変人
　11ぴきのねことへんなねこ 147
・りこう
　おりこうなアニカ 177
　かしこいビル 131
　りこうねずみとよわむしねこ 174
・わがまま・きかんぼ
　くいしんぼうのはなこさん 130
　3だいの機関車, 機関車トーマス, やっかいな
　　機関車, 4だいの小さな機関車 106, 107
　ちいさなふるいじどうしゃ 38
　ピーターラビットのおはなし 182
　みんなの世界 223

体・健康

●体の部位

・髪・たてがみ
　⇔床屋 323
　ごきげんなライオンのおくさんがんばる ... 119
　チム、ジンジャーをたすける 17
　まあちゃんのながいかみ 102
　燃える水の国, 月世界探検 42, 43
　もじゃもじゃペーター 189

296

- 顔
  - かおかけちゃうよ 45
  - だれだかわかるかい？ 28
  - ふゆめがっしょうだん 126
  - ぼくのおじいちゃんのかお 133
  - みんなのかお 78
- こぶ
  - こぶじいさま 12
- ひげ
  - おひげのとらねこちゃん 228
  - こねこのおひげちゃん 228
  - とこまさのはなし 49
  - にげだしたひげ 33
- 首
  - おそばのくきはなぜあかい 140
  - ダチョウのくびはなぜながい？ 161
- 目
  - ⇔視覚障害 299
  - あおい目のこねこ 196
  - 赤い目のドラゴン 30
  - ガラスめだまときんのつののヤギ 87
  - だいくとおにろく 13
  - たいようの木のえだ 191
  - ボタンのくに 131
  - めであるく 162
  - めのまどあけろ 113
- 耳
  - ⇔聴覚障害 299
  - うさぎのみみはなぜながい 66
  - かけた耳 43
  - ロバのロバちゃん 120
  - わたしたち手で話します 150
  - わたしの妹は耳がきこえません 226
- 鼻
  - あなたのはな 63
  - はなのあなのはなし 210
  - はなをくんくん 83
  - ふしぎなたいこ 82
  - まどそうじやのぞうのウンフ 148
- 舌
  - したきりすずめ 12

- 歯
  - ⇔虫歯 299　⇔入れ歯 304
  - 海べのあさ 197
  - 歯いしゃのチュー先生 88
  - はがぬけたらどうするの？ 61
  - はははのはなし 56
  - ワニのクロッカスおおよわり 119
- きば
  - ほしになったりゅうのきば 13
- 手・指
  - ⇔手話 318
  - おやゆびこぞう 190
- 爪
  - もじゃもじゃペーター 189
- 胴
  - どうながのプレッツェル 224
- おなか
  - おなかのかわ 205
  - やさいのおなか 65
  - よるのびょういん 130
- 背・背丈
  - もしもぼくのせいがのびたら 131
- 心臓
  - さるとわに 63
- 肺
  - おかのうえのギリス 231
- へそ
  - へそもち 13
- 腰
  - こしおれすずめ 95
- 羽・翼
  - ボルカ 145
- 足・脚
  - あしのうらのはなし 210
  - カルアシ・チミーのおはなし 185
- 足跡
  - ぐりとぐらのおきゃくさま 216
  - なにのあしあとかな 213

パンサーカメレオン 153

- 尾
  - グレー・ラビットとヘアとスキレル スケートに いく，ねずみのラットのやっかいなしっぽ 121, 122
  - こわいわるいうさぎのおはなし， りすのナトキンのおはなし 183, 184
  - しっぽがふたつ 118
  - しっぽのはたらき 212
- 皮膚・毛皮
  - いなばのしろうさぎ 11
  - おなかのかわ 205
- 骨
  - ナップとウィンクル 33
  - ほね 192
  - ほね、ほね、きょうりゅうのほね 142
- はだか
  - はだかの王さま 143

● 感覚・生理・その他

- 錯覚
  - ふしぎなえ 24
- 残像
  - こんにちはあかぎつね！ 62
- におい
  - あなたのはな 63
  - おなら 112
- 飢え・空腹
  - おちゃのじかんにきたとら 54
  - せかい1おいしいスープ 161
  - はらぺこあおむし 62
  - はらぺこライオン 230
- 痛み
  - ワニのクロッカスおおよわり 119
- 血・血液型
  - ちのはなし 192
- おなら
  - おなら 112
- しゃっくり
  - かえってきたおとうさん 99

- 声・鳴き声
  - おんどりとぬすっと 232
  - からすたろう 211
  - こすずめのぼうけん 191
  - しーっ！ぼうやがおひるねしているの 202
  - としょかんライオン 182
  - ともだちはくまくん 118
  - ニャーンといったのはだれ 90
  - ブレーメンのおんがくたい 156
  - ゆかいなさんぽ 153
- 山彦
  - ぼく、お月さまとはなしたよ 16
- 眠り
  - ⇔寝る・ねころがる 313
  - あした、がっこうへいくんだよ 136
  - あたし、ねむれないの 179
  - おさるとぼうしうり 94
  - おやすみなさいおつきさま 141
  - おやすみなさいのほん 83
  - おやすみなさいフランシス 187
  - おやすみみみずく 138
  - かえるのいえさがし 130
  - かじってみたいな、お月さま 16
  - くんちゃんのだいりょこう 200
  - ジークの魔法のハーモニカ 88
  - しーっ！ぼうやがおひるねしているの 202
  - たのしいふゆごもり 58
  - とうさんおはなしして 234
  - どうやってねるのかな 213
  - ねぼすけはとどけい 95
  - ねむりひめ 190
  - みんなのこもりうた 130
- 目覚め・起床
  - 根っこのこどもたち目をさます 53
  - ねっこぼっこ 53
  - はなをくんくん 83
- 夢
  - ⇔願い・希望 300
  - ウォーリーのゆめのくにだいぼうけん！ ... 151
  - ちいさな天使と兵隊さん 77
  - チョコレート・ウェディング 82

件名索引

南の国へおもちゃの旅 84
もしもぼくのせいがのびたら 131
夢はワールドカップ 30
ロミラのゆめ 60
わゴムはどのくらいのびるかしら？ 85

● 温度

・寒い・冷たい
　⇔北極・南極・極地方 342
　アイスクリーム／かんながかんなをつくった
　　はなし 227
　いたずらカラスのハンス 158
　おそばのくきはなぜあかい 140

・暑い・暖かい
　¿あつさのせい？ 87
　お化けの真夏日 64
　ねこのオーランドー海へいく 176

● 性

・性別・性差
　アーサーのてがみともだち 187
　ごきげんなライオンのおくさんがんばる ... 119
　フランシスのおともだち 188

・キス
　あかちゃんでておいで！ 154
　だいじなとどけもの 100
　ねむりひめ 190
　ローザからキスをいっぱい 194

● 病気・障害

・病気・障害全般
　⇔医者 322　⇔看護士・看護婦 322　⇔病院 344
　あたしもびょうきになりたいな！ 20
　グロースターの仕たて屋 185
　コックのジンジャー 18
　こねこのぴっち 155
　ザラザラくん、どうしたの？ 25
　ちいさなきかんしゃレッドごう 36

ちいさなもみのき 69
ぼくのおにいちゃん 182
みんなのベロニカ 119
むっつりのはなし 49
ローザからキスをいっぱい 194

・インフルエンザ
　大森林の少年 182

・かぜ
　メアリー・アリスいまなんじ？ 195

・けが
　がちょうのペチューニア 116
　ごきげんなライオンのおくさんがんばる ... 119
　こしおれすずめ 95
　マウルスと三びきのヤギ 62
　マドレーヌといたずらっこ 180

・視覚障害
　⇔目 297　⇔点字 318
　ドロミテの王子 115

・腹痛
　ママ、ママ、おなかがいたいよ 110

・虫垂炎
　げんきなマドレーヌ 179
　よるのびょういん 130

・聴覚障害
　⇔耳 297　⇔手話 318
　わたしたち手で話します 150
　わたしの妹は耳がきこえません 226

・虫歯
　⇔歯 297
　はははのはなし 56
　ワニのクロッカスおおよわり 119

・治療・手当
　どうぶつえんのおいしゃさん 166

・手術
　よるのびょういん 130

・看病・看護
　⇔看護士・看護婦 322
　こまった鳥の木 207

・入院
　いもうとのにゅういん 148
　うさこちゃんのにゅういん 169

299

げんきなマドレーヌ 179
ひとまねこざるびょういんへいく 225
ワニのライルとたんじょうパーティー 35

● 薬・化学物質

・タバコ
　ファラオの葉巻 42
・麻薬
　ファラオの葉巻，青い蓮，
　　金のはさみのカニ 42, 43

気持ち・こころ

・気持ち・こころ
　びりのきもち 237
・愛・愛情
　子いぬのかいかたしってるかい？ 99
　ドロミテの王子 115
・恋愛
　うしかいとおりひめ 201
　しっぽがふたつ 118
　スズの兵隊 161
・怒り・怒る
　おひさまをほしがったハヌマン 222
・やさしさ・善意
　しんせつなともだち 206
・勇気
　チムとゆうかんなせんちょうさん 17
　はじめてのおつかい 149
　ぼく、ひとりでいけるよ 155
　ゆうかんなアイリーン 88
　ゆうかんな機関車 108
　ラチとらいおん 201
・恐怖
　くらやみこわいのだあれ 193
・好き
　イエペはぼうしがだいすき◆ 26
　おかあさんだいすき 163
　おとうとは青がすき 50

おふろだいすき 148
ジャムつきパンとフランシス 188
どうながのプレッツェル 224
なかよしのくまさん 159
はなのすきなうし 231
ペチューニアすきだよ 117
リーラちゃんとすいか 137
・きらい
　きみなんかだいきらいさ 99
　ジャムつきパンとフランシス 188
　よかったねねずみさん 152
・ねたみ・やきもち
　あたしもびょうきになりたいな！ 20
　きつねのぱんとねこのぱん 157
　せかいいちのあかちゃん 181
　せかい一わるいかいじゅう 138
　フランシスのいえで，
　　フランシスとたんじょうび 187, 188
　めいわくなおくりもの 207
　ワニのライルとたんじょうパーティー 35
・劣等感
　ロバのロバちゃん 120
・ごきげん
　ごきげんならいおん◆ 118, 119
・不きげん
　ともだちさがしに 118
・忙しい
　くんちゃんはおおいそがし 200
・たいくつ
　ああ、たいくつだ！ 91
　ベロニカはにんきもの 119
・不屈・あきらめない
　海時計職人ジョン・ハリソン 174
・祈り
　⇔宗教 335
　青い花のじゅうたん 114
・願い・希望
　⇔夢 298
　うさぎのみみはなぜながい 66
　うちゅうひこうしになりたいな 141
　海べのあさ 197

おばけリンゴ 212
おひさまおねがいチチンプイ 216
しろいうさぎとくろいうさぎ 32
ティリーのねがい 79
時計つくりのジョニー 19
バレエのすきなアンジェリーナ 72
ひよこのかずはかぞえるな 127
まあちゃんのながいかみ 102
みっつのねがいごと 114
ラニーのねがい 60
リーベとおばあちゃん 135
ロバのシルベスターとまほうのこいし 89
わたしのおふねマギーB 137
わたしはバレリーナ 81

・思い出・記憶
　100さいの機関車、きえた機関車 109
・空想
　うさこちゃんとじてんしゃ、
　　おかしのくにのうさこちゃん 169, 171
　おふろだいすき 148
　おふろばをそらいろにぬりたいな 99
　つきへいったら 235
　どれがぼくかわかる？ 58
　ひよこのかずはかぞえるな 127
　まりーちゃんとひつじ 163
　みつけたぞぼくのにじ 165
　もしもぼくのせいがのびたら 131
・感謝
　⇔お礼・恩返し330
　クリスマス・トムテン 31
・さびしい・孤独
　おばけのバーバパパ 110
　こんにちはかえるくん！ 206
　ぐるんぱのようちえん 191
・心配・不安
　アイラのおとまり 34
　あした、がっこうへいくんだよ 136
　はじめてのおつかい 149
・反省・後悔
　あくたれラルフ 224
　ねずみのラットのやっかいなしっぽ ... 122

・犠牲
　いしになったかりゅうど 10
・アイデンティティ
　わたし 113
・笑い
　またもりへ 39
　レストランのかえるくん 207

食べもの

・食べもの全般・食事
　⇔料理 325　⇔動物 349　⇔植物 359
　くだもの◆ 154
　ごちそうさまのなつ 83
　サムはぜったいわすれません 221
　ちいさなさかな 173
　はらぺこあおむし 62
　ふしぎなたけのこ 96
　ペチューニアすきだよ 117
　ものぐさトミー 116
　よかったねねずみさん 152
　るすばんねこのぼうけん 186
　ロージーのおさんぽ 140
　わにのアーサーおよばれにいく 195
・おかゆ
　かあさんねずみがおかゆをつくった ... 93
　きつねとトムテ 31
　トムテンのミルクがゆ 134
・おにぎり・にぎりめし
　にぎりめしごろごろ 13
・コロッケ
　11ぴきのねことあほうどり 146
・サラダ
　サラダとまほうのおみせ 91
・スープ
　せかい1おいしいスープ 161
　チキンスープ・ライスいり 98
・ソーセージ
　みっつのねがいごと 114

301

- チーズ
  - すにっぴいとすなっぴい 55
  - ねずみのとうさんアナトール 63
- もち・もちつき
  - がまどんさるどん 46
  - さるとびっき 58
  - ふしぎなやどや 27
  - へそもち 13
- パイ
  - パイがいっぱい 237
  - パイがふたつあったおはなし 185
- パン
  - ⇨パン屋 324
  - おだんごぱん 236
  - きつねのぱんとねこのぱん 157
  - ジャムつきパンとフランシス 188
  - パンはころころ 162
  - パンやのくまさん 36
- 菓子・おやつ
  - おかしのくにのうさこちゃん 171
  - おちゃのじかんにきたとら 54
  - パイがふたつあったおはなし，
    ずるいねこのおはなし 185, 186
  - フランシスとたんじょうび 188
- アイスクリーム
  - アイスクリーム / かんながかんなをつくった
    はなし 227
  - 空とぶゆうびんやさん 126
- カステラ
  - ぐりとぐら 216
- クッキー
  - アーサーのクリスマス・プレゼント 187
  - おまたせクッキー 138
  - こぶたくん 233
- ケーキ
  - ぐりとぐらのおきゃくさま 216
  - グレー・ラビットのおたんじょうび ... 123
  - こぐまのたろ 66
  - たんじょうび 156
  - チョコレート・ウェディング 82
  - フィンダスのたんじょうび 134
- ホットケーキ
  - グレー・ラビットパンケーキをやく 123
  - スプーンおばさんちいさくなる 180
- ジャム
  - ジャムつきパンとフランシス 188
- だんご
  - だごだごころころ 58
  - だんごだんごどこいった 46
  - ひげのサムエルのおはなし 185
  - ももたろう 14
- チョコレート
  - こねこのチョコレート 45
  - チョコレート・ウェディング 82
- はちみつ
  - くんちゃんとにじ 200
- ポップコーン
  - ポップコーンをつくろうよ 116
- 牛乳
  - はじめてのおつかい 149
- 酒
  - ぬまばばさまのさけづくり 52
  - やまたのおろち 11
- 卵
  - ⇨産卵・孵化 362
  - 馬のたまご 65
  - 大うさぎのヘアーとイースターのたまご ... 123
  - おしゃべりなたまごやき 112
  - おひさまのたまご 177
  - ぐりとぐら 216
  - こうさぎたちのクリスマス 15
  - たまごからうま 52
  - ひよこのかずはかぞえるな 127
  - ふわふわしっぽと小さな金のくつ 163
- 塩
  - おそばのくきはなぜあかい 140
- 缶詰
  - 金のはさみのカニ 43

衣服・装飾品

- 服いろいろ
  - うしかいとおりひめ 201
  - きつね森の山男 146
  - こぐまのくまくん 99
  - こねこのトムのおはなし，
    ティギーおばさんのおはなし 183, 185
  - これあのあれ 26
  - しろ、あか、きいろ 171
  - ぞうのババール 166
  - はだかの王さま 143
  - ぶかぶかティッチ 139
  - ぼくだってできるさ！ 93
  - みのむしがとんだ 125
- オーバー
  - アンナの赤いオーバー 232
  - グレー・ラビットと旅のはりねずみ 123
- 上着
  - ピーターラビットのおはなし，
    ベンジャミンバニーのおはなし，
    グロースターの仕たて屋 182, 183, 185
  - ペレのあたらしいふく 177
- セーター
  - ハリーのセーター 71
- チョッキ
  - グロースターの仕たて屋 185
  - ねずみくんのチョッキ 34
- ズボン
  - ペレのあたらしいふく 177
  - もぐらとずぼん 205
- ワンピース
  - わたしのワンピース 131
- ドレス
  - ゆうかんなアイリーン 88
- エプロン
  - ポケットのないカンガルー 226
- ポケット
  - ポケットのないカンガルー 226
  - もぐらとずぼん 205
- ボタン
  - くまのコールテンくん 165
  - トロールのばけものどり 127
  - ボタンのくに 131
- 装飾品いろいろ
  - ⇨岩石・鉱物 347
  - だるまちゃんとてんぐちゃん 56
  - まこちゃんのおたんじょうび 131
- 傘・笠
  - あまがさ 211
  - あめのひってすてきだな 58
  - かさじぞう 11
  - かさどろぼう 33
  - こぎつねキッコあめふりのまき 57
- 帽子・頭巾
  - 赤いぼうし 23
  - イエペはぼうしがだいすき 26
  - おかあさんだいすき 163
  - おさるとぼうしうり 94
  - ききみみずきん 140
  - とこちゃんはどこ 56
  - ひとまねこざるときいろいぼうし 225
  - ふしぎな 500 のぼうし 125
  - ぼく、お月さまとはなしたよ 16
  - ぼくのぼうし 83
  - わたしのあかいぼうし 203
- めがね
  - なかよしのくまさん 159
  - めだかのめがね 104
- 首飾り
  - めんどりのさがしもの 22
- マフラー
  - たろのえりまき 66
- 手袋
  - てぶくろ 222
  - てぶくろがいっぱい 95
- ハンカチ
  - ティギーおばさんのおはなし 185
- 勲章
  - いたずらビリーとほしワッペン 139
  - つりめいじんめだる 152

- 靴・長ぐつ
  - シンデレラ 160
  - ターちゃんとペリカン 165
  - 長新太のおでかけ絵本シリーズ .. 112
  - 長ぐつをはいたねこ 156
  - 長ぐつをはいたネコ 162
  - ふわふわしっぽと小さな金のくつ 163
- つえ
  - オトカル王の杖 43
  - たからさがし 217
- 身支度
  - ものぐさトミー 116
- 変装・仮装
  - ⇔変身 362
  - いぬおことわり！ 224
  - かわいいサルマ 105
  - きつねのホイティ 33
  - ごきげんなライオンのおくさんがんばる ... 119
  - こぎつねキッコうんどうかいのまき 57
  - たのしいおまつり 51
  - ペチューニアのクリスマス 117

道具・機械

●道具

- 道具いろいろ
  - アイスクリーム / かんながかんなをつくった
      はなし 227
  - ウォーリーをさがせ！ 151
  - おとうさんにもらった…… 39
  - くまのテディちゃん 117
  - くんちゃんのだいりょこう 200
  - だるまちゃんとてんぐちゃん 56
- 糸・毛糸
  - うさこちゃんのおじいちゃんへのおくりもの
      171
  - くもさんおへんじどうしたの 62
  - ぐりとぐらのえんそく 217
  - グロースターの仕たて屋 185
  - ハリーのセーター 71
- 入れ歯
  - ⇔歯 297
  - ワニのクロッカスおおよわり 119
- うす
  - おそばのくきはなぜあかい 140
  - かにむかし 82
- うちわ
  - 西遊記 3 29
- 絵の具
  - ⇔絵・美術 314
  - もっくりやまのごろったぎつね 49
- お面
  - きつねをつれてむらまつり 157
  - ねこのくにのおきゃくさま 34
- かかし
  - おひゃくしょうのやん 172
  - ベンジャミンバニーのおはなし 183
- 鏡
  - つきのぼうや 52
  - なんでも見える鏡 87
- かんな
  - アイスクリーム / かんながかんなをつくった
      はなし 227
- クレヨン
  - くれよんのはなし 165
  - はろるどとむらさきのくれよん◆ 86
- コップ
  - こっぷ 27
- 裁縫道具
  - あかてぬぐいのおくさんと 7 にんのなかま 25
  - ボタンのくに 131
- 皿
  - おさらをあらわなかったおじさん 68
- しゃもじ
  - だごだごころころ 58
- じゅうたん
  - 空とぶじゅうたん 161
  - たろうのひっこし 192
- スケッチブック
  - グレー・ラビットのスケッチ・ブック 123

件名索引

304

- スプーン
  - スプーンおばさんちいさくなる◆ 180
- ちょうちん
  - ちょうちんまつり 84
- 槌
  - いっすんぼうし 14
- つぼ
  - クリスマスまであと九日 38
  - くんちゃんとにじ 200
  - ずるいねこのおはなし 186
- つむ・糸紡ぎ
  - ねむりひめ 190
- テント
  - うさこちゃんのてんと 170
- ナイフ
  - マルチンとナイフ 94
- 錦
  - やまんばのにしき 96
- ネズミ捕り
  - じんごのはなし 49
  - すにっぴいとすなっぴい 55
- バケツ
  - まどそうじやのぞうのウンフ 148
- 箱
  - うらしまたろう 14
  - したきりすずめ 12
- 針・釣り針
  - うみさちやまさち 12
- ばんそうこう
  - 沖釣り漁師のバート・ダウじいさん 198
- 袋
  - 11ぴきのねこふくろのなか 146
- フライパン
  - グレー・ラビットパンケーキをやく 123
- ペンキ
  - きっとみんなよろこぶよ！ 92
- 虫めがね
  - ぼくの観察日記 89
- リュックサック
  - あひるのバーバちゃん 215

- 輪ゴム
  - わゴムはどのくらいのびるかしら？ 85

●機械

- 機械全般
  - ものぐさトミー 116
- ロボット
  - ぼくのロボット大旅行◆ 197
- 電話
  - メアリー・アリスいまなんじ？ 195
- 時計
  - 海時計職人ジョン・ハリソン 174
  - 時計つくりのジョニー 19
  - ねぼすけはとどけい 95
- 冷蔵庫・冷凍庫
  - ⇨家・巣 345
  - まいごになったおにんぎょう 19

のりもの

●電車・汽車
  - ⇨鉄道員 323

- 汽車・機関車
  - いたずらきかんしゃちゅうちゅう 142
  - きかんしゃやえもん 48
  - 汽車のえほんシリーズ 106, 107, 108, 109
  - せんろはつづくよ 83
  - ちいさいきかんしゃ 229
  - 小さなきかんしゃ 17
  - ちいさなきかんしゃレッドごう 36
  - はしれちいさいきかんしゃ 52
  - バンセスのともだち 208
- 電車
  - ちいさいケーブルカーのメーベル 142
  - やこうれっしゃ 132

●車

- **自動車いろいろ**
  ⇔ドライブ 366
  ガンピーさんのドライブ 144
  ずかん・じどうしゃ 214
  ちいさいじどうしゃ 228
  ちいさなふるいじどうしゃ 38
  とらっくとらっくとらっく 214
  はたらくくるま 142
  はたらくじどうしゃ 1，2，3 .... 214, 215
  パンやのくまさん 36
  ひこうじょうのじどうしゃ 215
  もくたんじどうしゃもくべえ 48

- **ショベルカー**
  マイク・マリガンとスチーム・ショベル ... 143

- **バス**
  大うさぎのヘアーかいものにゆく 123
  ピン・ポン・バス 88

- **ジープ**
  しょうぼうじどうしゃじぷた 214

- **消防車**
  しょうぼうじどうしゃじぷた 214
  ちいさいしょうぼうじどうしゃ 229
  はたらくじどうしゃ 4 215

- **除雪車**
  はたらきもののじょせつしゃけいてぃー ... 143

- **トラック**
  とらっくとらっくとらっく 214

- **パトカー**
  パトカーのピーすけ 210

- **ブルドーザー**
  ブルドーザとなかまたち 215

- **ローラー車**
  のろまなローラー 214

●船
⇔船乗り・船長 324
⇔難破・漂流 327
⇔航海・密航 365

- **船**
  あひるのピンのぼうけん 31
  海時計職人ジョン・ハリソン 174
  絵巻えほん船 211
  沖釣り漁師のバート・ダウじいさん 198
  おとうさん、お元気ですか・・・ 116
  かばくんのふね 130
  氷の海とアザラシのランプ 74
  しょうぼうていしゅつどうせよ 211
  シンドバッドの冒険◆ 97, 98
  だんふねにのる 173
  チムシリーズ 17, 18, 19
  ババールとグリファトンきょうじゅ 167
  バンザイ！海原めざして出航だ！ 93
  ふしぎな流れ星，なぞのユニコーン号，
  　レッド・ラッカムの宝，紅海のサメ ... 41, 42
  ベンジーのふねのたび 72
  ボルカ 145
  やまとゆきはら 96
  わたしのおふねマギー B 137

- **カヌー**
  カヌーはまんいん 233

- **潜水艦**
  レッド・ラッカムの宝 41

- **箱船・方舟**
  ノアのはこぶね 44
  ノアの箱舟◆ 55
  ノアのはこ舟のものがたり 94

- **ボート**
  あおおじさんのあたらしいボート 178
  おとうさんねこのおくりもの 111
  ガンピーさんのふなあそび 144

- **ヨット**
  ちいさいヨット 229
  ふねにのったねこのヘンリー 28
  ボビーとそらいろのヨット 140

●飛行機
　⇔パイロット・宇宙飛行士 324
　⇔墜落・不時着 327

・飛行機
　⇔紙飛行機 309
　ああ、たいくつだ！ 91
　うさこちゃんひこうきにのる 169
　タンタンチベットをゆく、
　　シドニー行き714便 41, 44
　ちいさいひこうき 229
　パパの大飛行 175
　飛行士フレディ・レグランド 37
・ヘリコプター
　クーくんツーくんとヘリコプター 112
　空とぶゆうびんやさん 126
　ちびっこ機関車パーシー 107
　マウスとマドライナ 62
・宇宙船・ロケット
　⇔宇宙・空 348
　うちゅうひこうしになりたいな 141
　かじってみたいな、お月さま 16
　11ぴきのねことへんなねこ 147
　めざすは月、月世界探険 42, 43
　ろけっとこざる 225
・気球
　とびねこヘンリー 28

●その他

・のりものいろいろ
　アブドルのぼうけん 59
　クリスマスのおくりもの 144
　のりものかけちゃうよ 45
　ババールといたずらアルチュール 167
・自転車
　うさこちゃんとじてんしゃ 169
　じてんしゃにのるひとまねこざる 225
　スーザンのかくれんぼ 95
　ピーターの自転車 53
　ロッタちゃんとじてんしゃ 30

・そり
　大雪 61
　グレー・ラビットのクリスマス 122
　くろうまブランキー 191
　たろのえりまき 66
・馬車
　せきたんやのくまさん 36
　名馬キャリコ 143
・荷車
　にぐるまひいて 69
・キックボード
　フィーンチェのあかいキックボード 137

あそび・スポーツ

●あそび・ゲーム・おもちゃ

・あそび・ゲーム
　雨、あめ 91
　いたずらかいじゅうビリー！ 139
　いっしょにあそぼう 50
　王さまの竹うま 125
　おひさまおねがいチチンプイ 216
　きょうりゅうくんとさんぽ 188
　グレー・ラビットパーティをひらく 122
　くんちゃんはおおいそがし 200
　どうぶつのこどもたち 212
　とらたとまるた 129
　なにをしているかわかる？ 218
　ようちえん 173
　わたしとあそんで 39
・かくれんぼ
　⇔隠す・隠れる 311
　これ、なあに？ 25
　スーザンのかくれんぼ 95
　どこへいったの、お月さま 16
　なんでも見える鏡 87
　もりのなか 39

- 雪あそび
    - ⇔雪・吹雪 349
    - じのないえほん 2 171
    - ゆきのひ 67
    - ゆきのひのうさこちゃん 168
    - ゆき、ゆき 197
- どろんこあそび
    - ⇔土・泥 347
    - 11 ぴきのねこどろんこ 147
    - どろんここぶた 234
    - どろんこハリー 71
- ごっこあそび
    - うさこちゃんおばけになる 170
- 絵かきうた
    - ⇔わらべうた 316
    - ぼうが一ぽんあったとさ◆ 81
    - まるかいてちょん 195
- 散歩・道草
    - ⇔遠足・ピクニック 339 ・歩く 310
    - 雨、あめ 91
    - あめのひってすてきだな 58
    - ありこのおつかい 128
    - イエペさんぽにいく 26
    - きょうりゅうくんとさんぽ 188
    - はろるどとむらさきのくれよん 86
    - ペチューニアすきだよ 117
    - 道草いっぱい 211
    - もりのなか 39
    - ゆかいなさんぽ 153
    - ロージーのおさんぽ 140
- おもちゃいろいろ
    - アーサーのくまちゃん 187
    - おしいれのぼうけん 105
    - きれいずきティッチ 139
    - パトカーのピーすけ 210
    - 南の国へおもちゃの旅 84
- 凧
    - たこをあげるひとまねこざる 225
- だるま
    - だるまちゃんとてんぐちゃん◆ 56

- 人形・ぬいぐるみ
    - アイラのおとまり 34
    - 青い花のじゅうたん 114
    - アーサーのくまちゃん 187
    - あした、がっこうへいくんだよ 136
    - あたし、ねむれないの 179
    - いもうとのにゅういん 148
    - うさこちゃんのさがしもの 170
    - かけた耳 43
    - かしこいビル 131
    - くまのコールテンくん 165
    - くまのテディちゃん 117
    - くまのビーディーくん 165
    - スズの兵隊 161
    - たのしいふゆごもり 58
    - ちいさな天使と兵隊さん 77
    - ティリーのねがい◆ 79, 80
    - どろにんぎょう 27
    - バンセスのクリスマス◆ 207, 208
    - ピエロくん 173
    - ふしぎなやどや 27
    - ふわふわくんとアルフレッド 201
    - へんなどうつぶ 55
    - ボタンのくに 131
    - まいごになったおにんぎょう 19
    - わらむすめ 232
- 人形の家
    - ⇔家・巣 345
    - ティリーのねがい 79
    - 2 ひきのわるいねずみのおはなし 183
    - ねずみのいえさがし 151
- トランプ・かるた
    - さかさま 24
- はめ絵
    - ひとまねこざるびょういんへいく 225
- 風船
    - あかいふうせん 199
    - おてがみ 128
    - こぶたのバーナビー 129
    - ふうせんばたけのひみつ 154

- ボール・まり
  - モペットちゃんのおはなし 183
- コマ
  - びゅんびゅんごまがまわったら 149
- シャボン玉
  - 杉山きょうだいのしゃぼんだまと
    あそぼう 220
- 竹馬
  - 王さまの竹うま 125
- 花火
  - がちょうのペチューニア 116
- お手玉・ジャグリング
  - 神の道化師 114
- 工作いろいろ
  - ⇨裁縫・手芸 325
  - こぐま学校のバザー 59
  - 時計つくりのジョニー 19
  - にたものランド◆ 89
- 紙飛行機
  - ⇨飛行機 307
  - かみひこうき 148

● ことばあそび

- ことばあそび
  - ⇨わらべうた 316　⇨ことば 318　⇨詩 320
  - かえるがみえる◆ 145
  - きっときってかってきて 59
  - ことばのこばこ 237
  - これはのみのぴこ 237
  - さるのオズワルド 196
  - ジョニーのかぞえうた 98
  - なにもなくても 113
  - パイがいっぱい 237
  - めだかのめがね 104
  - わにがわになる 104
- 回文
  - ぞうからかうぞ 157
  - にわのわに 104
- しりとり
  - ぶたたぬききつねねこ◆ 147

- なぞなぞ
  - ⇨問う・問答 312
  - 世界のなぞかけ昔話シリーズ 80, 81
  - なぞなぞえほん 1～3 217
  - なぞなぞ 100 このほん 202
  - りすのナトキンのおはなし 184
- 早口ことば
  - ころころラッコこラッコだっこ 157

● 運動・スポーツ
  - ⇨運動会 339

- キャンプ
  - くんちゃんのもりのキャンプ 200
  - ねこのオーランドー 176
  - バランティヌの夏休み 74
- 釣り
  - ⇨漁師・漁業 324　⇨魚 356
  - 沖釣り漁師のバート・ダウじいさん 198
  - かえってきたおとうさん 99
  - ジェレミー・フィッシャーどんのおはなし ... 185
  - 11 ぴきのねこ 146
  - しょうねんといぬとかえるとともだち 207
  - しりたがりやのちいさな魚のお話 177
  - ターちゃんとペリカン 165
  - つりめいじんめだる 152
- スキー
  - ウッレのスキーのたび 176
  - オーラのたび 127
  - スキーをはいたねこのヘンリー 28
  - 雪原の勇者 15
  - 大森林の少年 182
- スケート
  - いたずらカラスのハンス 158
  - グレー・ラビットとヘアとスキレル
    スケートにいく 121
- 乗馬・競馬
  - スーホの白い馬 12
- 水泳・海水浴
  - うさこちゃんとうみ 168
  - うみべのハリー 71

お化けの海水浴 64
　　ぐりとぐらのかいすいよく 216
・闘牛
　　⇨ウシ 352
　　はなのすきなうし 231
・マラソン
　　絵巻えほん 11 ぴきのねこマラソン大会 145
・リレー
　　天の火をぬすんだウサギ 124
　　まじょのひ 238
・すもう
　　おおずもうがやってきた 132
・綱引き
　　かえるのつなひき 67
・サッカー
　　夢はワールドカップ 30

●動作

・会う・出会う・再会
　　たなばた 140
　　チムひとりぼっち 18
　　とんでとんでサンフランシスコ 165
　　野うさぎのフルー 231
　　りすのパナシ 230
　　ワニのライルがやってきた 34
・歩く
　　⇨散歩・道草 308
　　あるきだしたゆきだるま 51
・選ぶ・選択
　　おかのうえのギリス 231
・贈る・贈り物
　　アーサーのクリスマス・プレゼント 187
　　1 ねんに 365 のたんじょう日プレゼントを
　　　もらったベンジャミンのおはなし 150
　　いもうとのにゅういん 148
　　うさこちゃんのたんじょうび，―のおじいちゃん
　　　とおばあちゃん，―とあかちゃん，
　　　―のおじいちゃんへのおくりもの
　　　.. 169, 170, 171
　　ウッレのスキーのたび 176

　　ABC のおかいもの 232
　　おおきいツリーちいさいツリー 150
　　おかあさんだいすき 163
　　おかあさんたんじょうびおめでとう！ 136
　　おかえし 52
　　おたんじょうびおめでとう！ 138
　　おたんじょうびのおくりもの 216
　　おとうさんにもらった…… 39
　　おとうさんねこのおくりもの 111
　　おばあちゃんにおみやげを 50
　　おばあちゃんのたんじょうび 20
　　かえるのごほうび 57
　　かさじぞう 11
　　神の道化師 114
　　きょうはなんのひ？ 148
　　くまくんのおともだち，だいじなとどけもの
　　　.. 100
　　クリスマス・トムテン 31
　　クリスマスのうさぎさん 32
　　クリスマスのおくりもの 144
　　クリスマスのこねこ 133
　　クリスマスのまえのばん 111, 121
　　グレー・ラビットのクリスマス，
　　　―のおたんじょうび，―と旅のはりねずみ，
　　　大うさぎのヘアーかいものにゆく 122, 123
　　黒ねこジェニーの誕生日 20
　　子うさぎましろのお話 204
　　こねこのチョコレート 45
　　さむがりやのサンタ 164
　　サンタクロースのおくりもの 51
　　しんせつなともだち 206
　　たんじょうび 156
　　ちいさなろば 78
　　ちゃいろおばさんのたんじょうび，
　　　ペッテルとロッタのクリスマス 178
　　天使のクリスマス 77
　　とんことり 149
　　ババールとサンタクロース 167
　　ハリーのセーター 71
　　バンセスのクリスマス 207
　　ハンダのびっくりプレゼント 159

ぴちぴちカイサとクリスマスのひみつ 30
フランシスとたんじょうび 188
ブルーベリーもりでのプッテのぼうけん ... 177
へびのクリクター 37
ベロニカとバースデープレゼント 120
ぼく、お月さまとはなしたよ 16
ぼくはワニのクロッカス 119
まこちゃんのおたんじょうび 131
まりーちゃんのくりすます 164
やまんばのにしき 96
ゆうびんやのくまさん 36
りすのナトキンのおはなし 184

- **遅れる・遅刻**
  ⇔古い・時代遅れ 336
  ちいさなきかんしゃレッドごう 36
  ねぼすけはとどけい 95
- **落ちる・落とす・落し物**
  ¿あつさのせい？ 87
  うんがにおちたうし 91
  おひさまのたまご 177
  ターちゃんとペリカン 165
  てぶくろ 222
  てぶくろがいっぱい 95
  ボタンのくに 131
  マルチンとナイフ 94
  りすがたねをおとした 179
  ロンドン橋がおちまする！ 93
- **隠す・隠れる**
  ⇔かくれんぼ 307
  ⇔隠し絵・探し絵・だまし絵 314　⇔隠れ家 346
  あまのいわと 11
  おおかみと七ひきのこやぎ 190
  カルアシ・チミーのおはなし 185
  マーシャとくま 222
  虫のかくれんぼ 37
- **勝つ・勝利・優勝**
  せかい一わるいかいじゅう 138
- **変わる・変化**
  ⇔変身 362　⇔変態 362
  あかいふうせん 199
  雨とひょう 186

こっぷ 27
- **聞く**
  ききみみずきん 140
- **競う・競争・うでくらべ**
  ⇔コンクール・コンテスト 340
  アーサーのてがみともだち 187
  うみからきたちいさなひと 120
  がんばれ機関車トーマス，
  　　ちびっこ機関車パーシー 106, 107
  さるとわに 63
  空とぶじゅうたん 161
  たからさがし 217
  またもりへ 39
- **計画する・作戦**
  ⇔陰謀・裏切り 329
  いたずらだいさくせん 40
  クラシンスキ広場のねこ 238
  十万本の矢 29
  ババールのしんこんりょこう 166
  ハリーのだいかつやく 71
  モペットちゃんのおはなし 183
  もりのおばあさん 219
  やまたのおろち 11
- **ころがる**
  おだんごぱん 236
  だごだごころころ 58
  だんごだんごどこいった 46
  にぎりめしごろごろ 13
  パンはころころ 162
- **こわす**
  ああ、たいくつだ！ 91
- **さがす・探し物**
  ⇔隠し絵・探し絵・だまし絵 314
  ⇔捜索・追跡 328　⇔探検 365
  うさこちゃんのさがしもの 170
  おたんじょうびのおくりもの 216
  かえるのいえさがし 130
  きょうはなんのひ？ 148
  ステラのえほんさがし 44
  たろのえりまき 66
  ニャーンといったのはだれ 90

ねずみのほんシリーズ 151, 152
ババールとサンタクロース 167
ハンダのめんどりさがし 160
ふくろう博士のあたらしい家 122
まりーちゃんとひつじ 163
めんどりのさがしもの 22
やどなしねずみのマーサ 235

・逆立ち
　⇨反対・さかさま 370
　アンジェリーナとなかよしアリス 73

・さわる
　さわってみる 162

・しくじる・失敗
　アーサーのクリスマス・プレゼント 187
　アンジェリーナのはつぶたい 73
　きかんしゃやえもん 48
　くんちゃんのもりのキャンプ、
　　くんちゃんのはたけしごと 200
　3だいの機関車、機関車トーマス、赤い機関車
　　ジェームス、がんばれ機関車トーマス、
　　やっかいな機関車、みどりの機関車ヘンリー、
　　機関車トビーのかつやく、大きな機関車
　　ゴードン、4だいの小さな機関車、
　　ふたごの機関車、機関車トーマスのしっぱい
　　山にのぼる機関車、機関車オリバー
　　.................... 106, 107, 108, 109
　ひよこのかずはかぞえるな 127

・準備する・支度
　グレー・ラビットパーティをひらく 122
　たのしいふゆごもり 58

・成功する
　エミールくんがんばる 37
　ディック・ウイッティントンとねこ 161
　ぶたのめいかしゅローランド 88
　へびのクリクター 37
　ベロニカにんきもの 119

・だます・うそ
　⇨ほら話 320
　あひるのジマイマのおはなし 184
　おやゆびこぞう 190
　きつねのホイティ 33

子うさぎましろのお話 204
コックのジンジャー 18
たまごからうま 52
チャンティクリアときつね 69
はだかの王さま 143

・つくる・創作
　ああ、たいくつだ！ 91
　海時計職人ジョン・ハリソン 174
　時計つくりのジョニー 19
　パパの大飛行 175
　ペレのあたらしいふく 177
　もぐらとずぼん 205

・問う・問答
　⇨なぞなぞ 309
　かぜはどこへいくの 134

・跳ぶ・飛ぶ・飛行
　うさこちゃんひこうきにのる 169
　かえるくんのほんシリーズ 206, 207
　かみひこうき 148
　こすずめのぼうけん 191
　スノーマン 164
　空とぶじゅうたん 161
　空とぶゆうびんやさん 126
　ちいさいひこうき 229
　ちいさなろば 78
　とびうお 220
　とびねこヘンリー 28
　とべ、カエル、とべ！ 141
　とべバッタ 103
　とんでとんでサンフランシスコ 165
　パパの大飛行 175
　ピーターのてがみ 67
　ペチューニアのだいりょこう 117
　ホッホーくんのおるすばん 77
　めざすは月 42

・流れる
　かわ 56
　川はながれる 230

・なくす・失せ物
　ティギーおばさんのおはなし 185
　バンセスのクリスマス 207

- 寝る・ねころがる
  - ⇔眠り 298
  - こかげにごろり 113
- のびる
  - ダチョウのくびはなぜながい？ 161
  - にげだしたひげ 33
  - ふしぎなたけのこ 96
  - まあちゃんのながいかみ 102
  - もしもぼくのせいがのびたら 131
  - わゴムはどのくらいのびるかしら？ 85
- のむ
  - どろにんぎょう 27
- はかる
  - ひとあしひとあし 227
- 運ぶ・運搬
  - とらっくとらっくとらっく 214
  - はたらくじどうしゃ 3 215
- 走る
  - かしこいビル 131
  - とこちゃんはどこ 56
- 拾う・拾い物
  - がちょうのペチューニア 116
  - ぐりとぐら 216
  - グレー・ラビットパンケーキをやく 123
  - ナップとウィンクル 33
  - 100まんびきのねこ 55
  - ポールとペリカン 236
  - ロバのシルベスターとまほうのこいし 89
- 掘る
  - あな 236
- 間違う・勘違い
  - きょうはおやすみだよ，どろぼうだどろぼうよ
    .... 20, 21
  - ごちそうさまのなつ 83
  - サリーのこけももつみ 198
  - チムひとりぼっち 18
  - ちゃいろおばさんのたんじょうび 178
  - パイがふたつあったおはなし 185
  - ぼく，お月さまとはなしたよ，
    　　かじってみたいな，お月さま，
    　　あれ，お空がもえてるよ 16
- ワニのライルとたんじょうパーティー 35
- 待つ・待ちぶせ
  - きつねとねずみ 213
  - まんげつのよるまでまちなさい 32
- まねる・まね
  - ⇔擬態 351　⇔同じ・そっくり 370
  - あるあさ，ぼくは… 38
  - いたずらかいじゅうビリー！ 139
  - おさるとぼうしうり 94
  - ききみみずきん 140
  - こねこのぴっち 155
  - だるまちゃんとてんぐちゃん 56
  - なかよしのくまさん 159
  - ひとまねこざるときいろいぼうし◆ 225
  - ロバのロバちゃん 120
- やっつける・退治
  - いっすんぼうし 14
  - おおわるもののバルマレイ 202
  - おばけリンゴ 212
  - きつねのホイティ 33
  - こぶたのおるすばん 226
  - さらわれたりゅう 133
  - 三びきのやぎのがらがらどん 160
  - 11びきのねこふくろのなか 146
  - ちいさなひつじフリスカ 223
  - トロールのばけものどり 127
  - ピーターとおおかみ 150
  - ももたろう 14
- 読む・読書
  - わたしほんがよめるの◆ 172
- 別れる・別れ
  - おおきくなりすぎたくま 238
- 忘れる・忘れ物
  - かしこいビル 131
  - がんばれ機関車トーマス 106
  - くんちゃんのだいりょこう 200
  - サムはぜったいわすれません 221
  - ステラのえほんさがし 44
  - バンセスのともだち 208

芸術

●絵

・絵・美術
⇨絵の具 304　⇨絵文字・記号 318
⇨画家 322　⇨美術館 344
おおきなおおきなおいも 11
くれよんのはなし 165
グレー・ラビットのスケッチ・ブック 123
こうさぎたちのクリスマス 15
どうぶつかけちゃうよ◆ 44, 45
なにをかこうかな 224
はろるどとむらさきのくれよん◆ 86

・隠し絵・探し絵・だまし絵
⇨隠す・隠れる 311　⇨さがす・探し物 311
あいうえおの本 22
いくつかくれているかな？ 138
いたずらハービーはどこ？ 22
ウォーリーをさがせ！◆ 151
ウォーレスはどこに 128
ABCの本 23
絵巻えほん 11 ぴきのねこマラソン大会 145
絵巻えほん動物園 104
絵巻えほん妖怪の森 202
かぞえてみよう 23
かわ 56
こぶたの ABC 54
10 にんのきこり 222
旅の絵本◆ 23, 24
とこちゃんはどこ 56
どこにいるかわかる？ 218
どれがぼくかわかる？ 58
にたものランド◆ 89
ババールの美術館 168
ふしぎなえ◆ 24
もりのえほん 24

・貼り絵・切り絵
あおくんときいろちゃん 227
いちねんのりんご 65
くろねこかあさん 152

これがほんとの大きさ！◆ 80
だれとだれかとおもったら 152
つりめいじんめだる 152
どうぶつ、いちばんはだれ？ 80
ひとあしひとあし 227
フレデリック 227
ゆきのひ◆ 67

・漫画・アニメーション
おとうさんとぼく 1・2 159
おとぼけくまのバーナビー 68
クックとブッケシリーズ 40
さむがりやのサンタ 164
タンタンの冒険旅行シリーズ ... 41, 42, 43, 44

・模様・文様
⇨形 368
いぬがいっぱい◆ 86, 87
わたしのワンピース 131

●色

・色いろいろ
あおくんときいろちゃん 227
いろいろへんないろのはじまり 233
いろのダンス 85
おとうとは青がすき 50
きっとみんなよろこぶよ！ 92
こんにちはあかぎつね！ 62
しろ、あか、きいろ 171
パンサーカメレオン 153
もこもこもこ 208

・青色・空色
青い機関車エドワード 107
青い蓮 43
青い花のじゅうたん 114
あおい目のこねこ 196
あおおじさんのあたらしいボート、
　ペッテルとロッタのクリスマス 178
あおくんときいろちゃん 227
おとうとは青がすき 50
おふろばをそらいろにぬりたいな 99
そらいろのたね 217

ペレのあたらしいふく 177
ボビーとそらいろのヨット 140
・赤色
　赤い機関車ジェームス 106
　あかいふうせん 199
　赤いぼうし 23
　赤い目のドラゴン 30
　あかてぬぐいのおくさんと7にんのなかま... 25
　アカメアマガエル 153
　アンナの赤いオーバー 232
　おおきなあかいなや 193
　おそばのくきはなぜあかい 140
　ちいさなきかんしゃレッドごう 36
　フィーンチェのあかいキックボード ... 137
　まこちゃんのおたんじょうび 131
　ラチとらいおん 201
　ロバのシルベスターとまほうのこいし ... 89
　わたしのあかいぼうし 203
・黄色
　あおくんときいろちゃん 227
　きいろいことり 172
　しょうぼうねこ 20
　ひとまねこざるときいろぼうし 225
・金色
　ガラスめだまときんのつののヤギ 87
　きんいろあらし 91
　きんいろのしか 14
　きんいろのとき 117
　金のニワトリ 181
　金のはさみのカニ 43
・銀色
　白銀の馬 238
・黒色
　黒い島のひみつ 41
　くろうまブランキー 191
　くろねこかあさん 152
　黒ねこジェニーの誕生日 20
　しろいうさぎとくろいうさぎ 32
　どろんこハリー 71
　ローラのぼうけんえほんシリーズ 120

・白色
　赤いぼうし 23
　くろねこかあさん 152
　子うさぎましろのお話 204
　しろいうさぎとくろいうさぎ 32
　しろいゆきあかるいゆき 119
　スーホの白い馬 12
　どろんこハリー 71
・茶色
　3人のおばさんシリーズ 178
・灰色
　グレー・ラビットとヘアとスキレル
　　スケートにいく◆ 121, 122, 123
・緑色
　3人のおばさんシリーズ 178
　みどりの機関車ヘンリー 106
・紫色
　3人のおばさんシリーズ 178
　はろるどとむらさきのくれよん◆ 86

●写真

・写真
　⇔写真集・写真絵本 321　⇔写真家 323
　雪の写真家ベントレー 15
　ロバの子シュシュ 164

●うた

・うた
　⇔音楽・音 316　⇔詩 320　⇔歌手 322
　おだんごぱん 236
　おやすみなさいフランシス◆ 187, 188
　かえるだんなのけっこんしき 230
　きつねのホイティ 33
　こまどりのクリスマス 201
　3人のちいさな人魚 126
　ちいさなもみのき 69
　チャンティクリアときつね 69
　ツバメの歌 / ロバの旅 192
　ハーモニカのめいじんレンティル 198

ハリーのだいかつやく 71
パンはころころ 162
ぶたのめいかしゅローランド 88
みんなのこもりうた 130

・童謡
　ぞうさん 129

・わらべうた
　⇨絵かきうた 308
　あんたがたどこさ 194
　うめぼしさんのうた 194
　おおきくなったら 221
　おおさむこさむ 95
　かあさんねずみがおかゆをつくった .. 93
　かぞえうたのほん 87
　さよならさんかく 23
　ししゅうでつづるマザーグース 124
　11ぴきのねこ 146
　ひとつ、アフリカにのぼるたいよう .. 199
　ヨッケリなしをとっといで 190
　ロンドン橋がおちまする！◆ 93
　わらべうた 14, 195

・口笛
　ハーモニカのめいじんレンティル ... 198
　ピーターのくちぶえ 67

●音楽・音
　⇨うた 315　⇨楽器 316
　⇨作曲家・音楽家 323　⇨静か・静けさ 347

・音楽・音
　あまがさ 211
　アンガスとあひる 163
　おなら 112
　おばけのジョージー 159
　こだぬき6ぴき 129
　三びきのやぎのがらがらどん 160
　ジークの魔法のハーモニカ 88
　とんことり 149
　ねこのくにのおきゃくさま 34
　ばしん！ばん！どかん！ 92
　バラライカねずみのトラブロフ 144

ヒマラヤのふえ 222
ピン・ポン・バス 88
・オーケストラ
　おーちゃんのおーけすとら 172

●楽器

・楽器いろいろ
　おーちゃんのおーけすとら 172
・バラライカ
　バラライカねずみのトラブロフ 144
・馬頭琴
　スーホの白い馬 12
・バイオリン
　ふしぎなバイオリン 174
・鈴
　ウルスリのすず 61
・太鼓
　ちいさなたいこ 15
　ふしぎなたいこ 82
　まほうのたいこ 101
　ランパンパン 21
・バグパイプ
　おかのうえのギリス 231
・ハーモニカ
　ジークの魔法のハーモニカ 88
　ハーモニカのめいじんレンティル ... 198
・笛
　うさこちゃんとふえ 170
　せかいいちうつくしい村へかえる ... 76
　ヒマラヤのふえ 222
　ぼくの村にサーカスがきた 76

●演劇・芸能
　⇨劇場・舞台 345

・踊り・バレエ
　あまのいわと 11
　いろのダンス 85
　おどりトラ 113
　こぶじいさま 12

たのしいおまつり 51
　　月夜のこどもたち 100
　　天の火をぬすんだウサギ 124
　　ねこのくにのおきゃくさま 34
　　バレエのすきなアンジェリーナ◆ 72, 73
　　やまのディスコ 87
　　ヤンとスティッピー 138
　　わたしはバレリーナ 81
・オペラ
　　ぼくとオペラハウス 181
・サーカス・曲芸
　　あくたれラルフ 224
　　アンディとらいおん 126
　　サーカス！ 92
　　さーかす 173
　　ぞうのホートンたまごをかえす 125
　　たいほうだまシンプ 144
　　ふしぎなさーかす 24
　　ぼくの村にサーカスがきた，
　　　せかいいちうつくしい村へかえる 76
　　マドレーヌとジプシー 180
　　ワニのライルがやってきた 34

学問・教育

●学問分野

・数学・算数
　　赤いぼうし 23

●調査・研究

・調査・研究全般
　　ふしぎな流れ星，めざすは月 41, 42
　　ポップコーンをつくろうよ 116
　　町のけんきゅう 48
・実験
　　くうきはどこにも 63
・試行錯誤・工夫
　　あなたのいえわたしのいえ 55

　　海時計職人ジョン・ハリソン 174
　　パパの大飛行 175
　　雪の写真家ベントレー 15
・観察・観測
　　たんぽぽ 154
　　ぼくの観察日記 89
　　マーシャ・ブラウンの写真絵本シリーズ ... 162
　　町のけんきゅう 48
　　るすばんねこのぼうけん 186
・発見・発掘
　　⇔遺跡 345
　　ナップとウィンクル 33
　　ほね、ほね、きょうりゅうのほね 142
・発明
　　ビーカー教授事件 43

●教育

・学校・入学
　　⇔転校生・新入り 293　⇔先生 323
　　あした、がっこうへいくんだよ 136
　　うさぎ小学校◆ 75
　　うさこちゃんがっこうへいく 169
　　からすたろう 211
　　きょうはおやすみだよ 20
　　くんちゃんのはじめてのがっこう 201
　　げんきなマドレーヌ◆ 179, 180
　　こぐま学校のバザー 59
　　ともだちさがしに 118
　　バレエのすきなアンジェリーナ 72
　　ピーターのとおいみち 70
　　びゅんびゅんごまがまわったら 149
・１年生
　　いちねんせい 237
・訓練・修業
　　バラライカねずみのトラブロフ 144
　　魔女図鑑 141

ことば

●ことば

・ことば全般
⇔ことばあそび 309
あなはほるものおっこちるとこ 98
いしになったかりゅうど 10
ききみみずきん 140

・読み書き
アーサーといもうと 187
なにをしているかわかる？ 218
ぼくだってできるさ！ 93

・オノマトペ
ばしん！ばん！どかん！ 92
もこもこもこ 208

・スペイン語
ぼくのいぬがまいごです！ 67

●文字

・文字全般
アーサーといもうと 187
ことばのこばこ 237

・あいうえお
あいうえおの本 22

・ABC
アメリカワニです、こんにちは 98
A はアフリカの A 50
ABC のおかいもの 232
ABC の本 23
こぶたの ABC 54

・点字
⇔視覚障害 299
これ、なあに？ 25
ザラザラくん、どうしたの？ 25

・絵文字・記号
アメリカ・インディアンのえもじのえほん ... 189

●その他

・名前
王さまと九人のきょうだい 10
九月姫とウグイス 103
だいくとおにろく 13
わたし 113

・約束
おおかみと七ひきのこやぎ 190

・占い・予言
運命の王子 199
魔女図鑑 141

・のろい・まじない
おひさまおねがいチチンプイ 216
ななつの水晶球 41
ねむりひめ 190

・悪口
ありこのおつかい 128

・あいさつ
ありがとう…どういたしまして 94
そんなときなんていう？ 100

・手話
⇔手・指 297　⇔聴覚障害 299
わたしたち手で話します 150

文学

⇔作家・詩人 323

●伝承文学

・神話
⇔宗教 335
うみからきたちいさなひと 120
北の魔女ロウヒ 69
日本の神話シリーズ 11, 12

・伝説・言い伝え
女トロルと 8 人の子どもたち 155
かっぱ 102
カルイタの伝説 64

・昔話

題名	ページ
青い花のじゅうたん	114
あかりの花	10
あくまのおよめさん	64
いしになったかりゅうど	10
いっすんぼうし	14
うさぎのみみはなぜながい	66
うしかいとおりひめ	201
うできき四人きょうだい	189
馬のたまご	65
王さまと九人のきょうだい	10
おおかみと七ひきのこやぎ	190
おおきなかぶ	78
おそばのくきはなぜあかい	140
おだんごぱん	236
おどりトラ	113
おひゃくしょうとえんまさま	79
おやゆびこぞう	190
かさじぞう	11
かにむかし	82
がまどんさるどん	46
ガラスめだまときんのつののヤギ	87
ききみみずきん	140
きんいろのしか	14
くわずにょうぼう	12
こかげにごろり	113
こしおれすずめ	95
こぶじいさま	12
こまどりのクリスマス	201
さるとびっき	58
3びきのくま	137
三びきのくま	228
三びきのこぶた	214
三びきのやぎのがらがらどん	160
ジェイミー・オルークとおばけイモ◆	115
したきりすずめ	12
シンデレラ	160
スーホの白い馬	12
せかい1おいしいスープ	161
世界のなぞかけ昔話シリーズ	80, 81
セルコ	77
だいくとおにろく	13
たいようの木のえだ	191
だごだごころころ	58
ダチョウのくびはなぜながい？	161
たなばた	140
たまごからうま	52
だんごだんごどこいった	46
ちからたろう	103
つるにょうぼう	13
ディック・ウイッティントンとねこ	161
てぶくろ	222
どろにんぎょう	27
ドロミテの王子	115
長ぐつをはいたねこ	156
長ぐつをはいたネコ	162
なんげえはなしっこしかへがな	47
なんでも見える鏡	87
にぎりめしごろごろ	13
ねむりひめ	190
ノックメニーの丘の巨人とおかみさん	115
はらぺこライオン	230
パンはころころ	162
ヒマラヤのふえ	222
びんぼうこびと	47
ふしぎなたいこ	82
ふしぎなやどや	27
ふるやのもり	104
ブレーメンのおんがくたい	156
プンクマインチャ	14
ほしになったりゅうのきば	13
マーシャとくま	222
まじょのひ	238
まのいいりょうし	13
まほうつかいバーバ・ヤガー	149
まほうのたいこ	101
マンゴーとバナナ	149
みっつのねがいごと	114
めんどりのさがしもの	22
やまんばのにしき	96
ゆきむすめ	79
ランパンパン	21

- 今昔物語
  - さらわれたりゅう 133
- 三国志
  - 十万本の矢 29
- 西遊記
  - 西遊記 1〜3 29
- ラーマーヤナ
  - おひさまをほしがったハヌマン 222
- アラビアンナイト
  - シンドバッドの冒険◆ 97, 98
  - 空とぶじゅうたん 161
- 叙事詩・英雄伝説
  - ⇔英雄 292
  - 運命の王子 199
  - ギルガメシュ王ものがたり◆ 97
  - 雪原の勇者 15
- アーサー王物語
  - アーサー王の剣 223
- 寓話
  - ライオンとねずみ 199
  - ライオンとネズミ 236
- カンタベリー物語
  - チャンティクリアときつね 69
- ジャータカ
  - さるとわに 63

● 文学

- ほら話
  - ⇔だます・うそ 312
  - うできき四人きょうだい 189
  - 王さまと九人のきょうだい 10
  - 沖釣り漁師のバート・ダウじいさん 198
  - ジェイミー・オルークとおばけイモ◆ 115
  - シナの五にんきょうだい 31
  - ふしぎなたいこ 82
  - まあちゃんのながいかみ 102
  - まのいいりょうし 13
  - ランパンパン 21
  - わゴムはどのくらいのびるかしら？ 85

- きりなし話
  - 絵本きりなしばなし 57
  - なんげえはなしっこしかへがな 47
- つみあげ話
  - これはおひさま 47
  - これはのみのぴこ 237
- 枠物語
  - シンドバッドの冒険◆ 97, 98

● 詩

- 詩
  - ⇔ことばあそび 309 ⇔うた 315
  - アイスクリーム/かんながかんなをつくった
    はなし 227
  - あらどこだ 112
  - いちねんせい 237
  - おおわるもののバルマレイ 202
  - おしょうがつさん 47
  - おひげのとらねこちゃん 228
  - 木いちごつみ 216
  - クリスマスのまえのばん 111, 121
  - こねこのおひげちゃん 228
  - 十二つきのうた 195
  - チキンスープ・ライスいり 98
  - ちさとじいたん 52
  - 月夜のみみずく 85
  - どうぶつのこどもたち 228
  - パイがいっぱい 237
  - びりのきもち 237
  - まるのうた 223
  - めのまどあけろ 113

● 伝記

- 伝記・自伝的小説
  - 海時計職人ジョン・ハリソン 174
  - 雪の写真家ベントレー 15

●その他

・日記・手記
　馬のゴン太旅日記 96
・実話
　クラシンスキ広場のねこ 238
　氷の海とアザラシのランプ 74
・手紙
　アーサーのてがみともだち 187
　おてがみ 128
　おとうさん、お元気ですか・・・ 116
　きょうはなんのひ？ 148
　くまくんのおともだち 100
　ぐりとぐらのかいすいよく 216
　てがみのえほん 192
　ピーターのてがみ 67
　ひっこしした子してきた子 21
　ローザからキスをいっぱい 194
　ワニのライルとなぞの手紙，
　　ワニのライル、おかあさんをみつける 35
・お話・語り
　おじいちゃんとおばあちゃん 100
　おはなしばんざい 233
　とうさんおはなしして 234
　ドロミテの王子 115
　ベッドのしたになにがいる？ 90

メディア

●本

・本
　⇔図書館 344
　がちょうのペチューニア 116
　タイムトラベラーウォーリーをおえ！... 151
　なかよしのくまさん 159
　わたしほんがよめるの◆ 172
・絵本
　ステラのえほんさがし 44

・文字なし絵本
　あいうえおの本 22
　あかいふうせん 199
　雨、あめ 91
　ABCの本 23
　絵巻えほん11ぴきのねこマラソン大会... 145
　絵巻えほん動物園 104
　絵巻えほん船 211
　えんにち 25
　おふろやさん 132
　おみせ 26
　かえるくんのほんシリーズ 206, 207
　かぞえてみよう 23
　クリスマスだいすき 92
　じのないえほん◆ 171
　スノーマン 164
　旅の絵本◆ 23, 24
　ちいさな天使と兵隊さん 77
　天使のクリスマス 77
　どうぶつのおやこ 212
　白銀の馬 238
　ピエロくん 173
　ふしぎなえ 24
　もりのえほん 24
　やこうれっしゃ 132
・しかけ絵本
　はらぺこあおむし 62
　光の旅かげの旅 85
・写真集・写真絵本
　⇔写真 315
　アカメアマガエル 153
　アルプスの村のクリスマス 158
　あんな雪こんな氷 102
　「イグルー」をつくる 90
　いつもいっしょ 111
　Aはアフリカの A◆ 50, 51
　笑顔大好き地球の子 105
　おおきな一日 129
　からす 203
　きのこはげんき 26
　こいぬがうまれるよ 33

321

さよならエルマおばあさん 47
しぜんのひかりとかげ◆ 60, 61
杉山きょうだいのしゃぼんだまとあそぼう
.... 220
だれだかわかるかい？ 28
にたものランド◆ 89
二ひきのこぐま 28
ねずみのほんシリーズ 151, 152
パンサーカメレオン 153
ふくろう 203
ふゆめがっしょうだん 126
ぼくのおじいちゃんのかお 133
ぼくのおにいちゃん 182
ぼくの観察日記 89
ぼくのともだちドゥームズ 189
ぼくはこどものぞうです 186
マーシャ・ブラウンの写真絵本シリーズ ... 162
みず 143
みんなのかお 78
虫のかくれんぼ 37
よるのびょういん 130
わたしのろばベンジャミン 49

- 絵巻・巻物
  ウォーリーのふしぎなたび 151
  かえるのごほうび 57
- 図鑑
  ずかん・じどうしゃ 214
  はじめてであうずかんシリーズ 204, 205
  はたらくじどうしゃ１〜４ .... 214, 215

●マスコミ・報道

- 新聞
  ⇨新聞記者 323
  じてんしゃにのるひとまねこざる 225
  どうぶつしんぶん 192
- テレビ
  小さなふるい機関車 108

仕事

●職業

- 職業いろいろ
  道草いっぱい 211
- 医者
  ⇨病気・障害 299　⇨病院 344
  歯いしゃのチュー先生 88
  ママ、ママ、おなかがいたいよ 110
  むっつりのはなし 49
  よるのびょういん 130
- 運転手
  ⇨車 306
  ピン・ポン・バス 88
- 園芸家・植木屋
  ⇨園芸・栽培 359
  うえきやのくまさん 36
- 画家
  ⇨絵・美術 314
  グレー・ラビットのスケッチ・ブック 123
  もっくりやまのごろったぎつね 49
- 学者・教授
  ⇨調査・研究 317
  ババールとグリファトンきょうじゅ 167
  めざすは月，ビーカー教授事件 42, 43
- 歌手
  ⇨うた 315
  カスタフィオーレ夫人の宝石 42
  ぶたのめいかしゅローランド 88
- 看護士・看護婦
  ⇨病気・障害 299　⇨看病・看護 299　⇨病院 344
  うさこちゃんのにゅういん 169
  よるのびょういん 130
- きこり・林業
  10にんのきこり 222
  大森林の少年 182
  みっつのねがいごと 114
- 警察官
  かもさんおとおり 198

- コック
  - コックのジンジャー 18
- 粉屋
  - 長ぐつをはいたねこ 156
  - 長ぐつをはいたネコ 162
  - りこうねずみとよわむしねこ 174
- 作家・詩人
  - ⇔文学 318
  - フレデリック 227
- 作曲家・音楽家
  - ⇔音楽・音 316
  - おーちゃんのおーけすとら 172
  - こだぬき6ぴき 129
- 飼育係
  - ⇔動物園 344
  - サムはぜったいわすれません 221
- 仕立屋
  - グロースターの仕たて屋 185
  - はだかの王さま 143
- 地主
  - こかげにごろり 113
- 写真家
  - 雪の写真家ベントレー 15
- 獣医
  - ⇔病院 344　⇔動物 349
  - どうぶつえんのおいしゃさん 166
- 商人・隊商
  - おさるとぼうしうり 94
- 消防士・消防
  - ⇔火事 327
  - くんくんとかじ 171
  - しょうぼうじどうしゃじぷた 214
  - しょうぼうていしゅつどうせよ ... 211
  - しょうぼうねこ 20
  - ちいさいしょうぼうじどうしゃ ... 229
- 職人
  - 海時計職人ジョン・ハリソン 174
  - じんごのはなし 49
- 新聞記者
  - ⇔新聞 322
  - タンタンの冒険旅行シリーズ 41, 42, 43, 44

- 石炭屋
  - せきたんやのくまさん 36
- 先生
  - ⇔学校・入学 317
  - からすたろう 211
  - びゅんびゅんごまがまわったら 149
- 洗濯屋
  - ティギーおばさんのおはなし 185
- 大工
  - ⇔施設・建造物 343
  - だいくとおにろく 13
- 探偵
  - ⇔謎解き・推理 370
  - タンタンの冒険旅行シリーズ 41, 42, 43, 44
- 鉄道員
  - ⇔電車・汽車 305
  - いたずらきかんしゃちゅうちゅう 142
  - ちいさいきかんしゃ 229
  - ヤンとスティッピー 138
- 道化・ピエロ
  - 神の道化師 114
  - さーかす 173
  - たいほうだまシンプ 144
  - ピエロくん 173
  - ふしぎなさーかす 24
- 床屋
  - ⇔髪・たてがみ 296
  - とこまさのはなし 49
- 農業・お百姓
  - ⇔水田・畑 342　⇔農場・牧場 343
  - ⇔園芸・栽培 359　⇔野菜・穀物 361
  - おひゃくしょうとえんまさま 79
  - おひゃくしょうのやん 172
  - スモールさんののうじょう 229
  - ねこのオーランドー農場をかう ... 176
  - びんぼうこびと 47
  - ぼくじょうのくまさん 36
  - りんごのきにこぶたがなったら ... 232
  - わたしの村わたしの家 218

- パイロット・宇宙飛行士
  ⇔飛行機 307　⇔宇宙・空 348
  - うちゅうひこうしになりたいな 141
  - ちいさいひこうき 229
  - 飛行士フレディ・レグランド 37
- 機織り
  - うしかいとおりひめ 201
  - ききみみずきん 140
  - つるにょうぼう 13
- パン屋
  ⇔パン 302
  - きつねのぱんとねこのぱん 157
  - パンやのくまさん 36
- 船乗り・船長
  ⇔船 306　⇔航海・密航 365
  - おとうさん、お元気ですか・・・ 116
  - ちいさいヨット 229
  - チムシリーズ 17, 18, 19
  - なぞのユニコーン号、
  　　レッド・ラッカムの宝 41
- 風呂屋
  - おふろやさん 132
- めざまし屋
  - メアリー・スミス 218
- 八百屋
  - やさい 154
- 郵便屋
  - アンジェリーナのクリスマス 72
  - 空とぶゆうびんやさん 126
  - 郵便局員ねこ 175
  - ゆうびんやのくまさん 36
- 酪農家・牧童
  - うしかいとおりひめ 201
  - カウボーイのスモールさん 229
  - たなばた 140
  - フルリーナと山の鳥 61
  - マウルスと三びきのヤギ 62
  - 名馬キャリコ 143
- 猟師・狩り
  - いくつかくれているかな？ 138
  - いしになったかりゅうど 10
- 野うさぎのフルー 231
- まのいいりょうし 13
- 漁師・漁業
  ⇔釣り 309
  - うらしまたろう 14
  - 沖釣り漁師のバート・ダウじいさん 198

●その他

- 仕事・用事
  - 王さまの竹うま 125
  - 川をはさんでおおさわぎ 20
  - 汽車のえほんシリーズ 106, 107, 108, 109
  - ぐるんぱのようちえん 191
  - チムさいごのこうかい 18
  - はたらきもののじょせつしゃけいてぃー 143
  - はたらくくるま 142
  - はたらくじどうしゃ 1〜4 .... 214, 215
  - ひこうじょうのじどうしゃ 215
  - ほね、ほね、きょうりゅうのほね 142
  - メアリー・アリスいまなんじ？ 195
- アルバイト
  - はちうえはぼくにまかせて 71
- 出かせぎ
  - ラニーのねがい 60
- 工事
  - はたらくじどうしゃ 1 214
  - ブルドーザとなかまたち 215
- 失業
  - 空とぶゆうびんやさん 126
- 家事全般
  - おとなしいめんどり 63
  - スモールさんはおとうさん 229
  - ロミラのゆめ 60
- 手伝い
  - きっとみんなよろこぶよ！ 92
  - くんちゃんのはたけしごと 200
  - ちいさなろば 78
  - ぴちぴちカイサとクリスマスのひみつ 30
  - ペレのあたらしいふく 177

- 買い物・お使い
  - あひるのバーバちゃん 215
  - ありこのおつかい 128
  - うたこさんのおかいもの 172
  - ABCのおかいもの 232
  - 大うさぎのヘアーとイースターのたまご,
    大うさぎのヘアーかいものにゆく 123
  - かわいいサルマ 105
  - こぶたのバーナビー 129
  - スプーンおばさんのクリスマス 180
  - つきのぼうや 52
  - トロルのもり 195
  - にぐるまひいて 69
  - にちよういち 132
  - はじめてのおつかい 149
  - ぶたぶたくんのおかいもの 152
  - ぼく、ひとりでいけるよ 155
  - まっくろローラパリへのたび 120
  - ゆうかんなアイリーン 88
- 裁縫・手芸
  ⇔工作309
  - あかてぬぐいのおくさんと7にんのなかま 25
  - アンナの赤いオーバー 232
  - グロースターの仕たて屋 185
  - ししゅうでつづるマザーグース 124
  - もぐらとずぼん 205
- 掃除・片付け
  - おさらをあらわなかったおじさん 68
  - きれいずきティッチ 139
  - ジェイミー・オルークとなぞのプーカ 115
  - どろんここぶた 234
  - のねずみチュウチュウおくさんのおはなし 184
  - ぶたのうたこさん 172
  - まどそうじやのぞうのウンフ 148
- 洗濯
  - せんたくかあちゃん 79
- 料理
  ⇔食べもの・食事301 ⇔コック323
  - ぐりとぐら 216
  - グレー・ラビットパンケーキをやく 123
  - コックのジンジャー 18
  - 十二支のお節料理 65
  - ポップコーンをつくろうよ 116
  - わたしのおふねマギーB 137
- 落ち葉かき
  - やまのたけちゃん 156
- 子守り・子育て
  - おかあさんはおでかけ 155
  - かもさんおとおり 198
  - かものプルッフ，くまのブウル 230, 231
  - ババールのこどもたち 166
  - ふくろう 203
  - まっくろローラパリへのたび 120
  - ワニのライルとどろぼうじけん 35
- 留守番・警備
  - いもうとのにゅういん 148
  - おおかみと七ひきのこやぎ 190
  - 大きな山のトロル 51
  - おかあさんはおでかけ 155
  - ききみみずきん 140
  - きっとみんなよろこぶよ！ 92
  - こぶたのおるすばん 226
  - ジェイミー・オルークとなぞのプーカ 115
  - トムテ 31
  - ホッホーくんのおるすばん 77
  - まっくろローラパリへのたび 120
  - るすばんねこのぼうけん 186
- 修理・修繕
  - おばけのジョージー 159
  - 11ぴきのねことへんなねこ 147
  - 小さなふるい機関車 108
  - ねぼすけはとどけい 95
  - のろまなローラー 214
  - ほしになったりゅうのきば 13
- 収穫
  - きんいろのとき 117

325

社会

●政治・社会・人間関係

・地下組織・抵抗運動
タンタンとピカロたち 44
・革命
タンタンとピカロたち 44
・独立・自立
かものプルフ，くまのブウル 230, 231
こぶたのピグリン・ブランドのおはなし 186
ホッホーくんのおるすばん 77
・共生・共存・ともぐらし
おとなしいめんどり 63
グレー・ラビットとヘアとスキレル
　スケートにいく◆ 121, 122, 123
ペニーさん 39
みんなの世界 223
わたしたち手で話します 150
・協力
うできき四人きょうだい 189
こうさぎたちのクリスマス 15
みんなのぶなのき 66
もぐらとずぼん 205
・使命・役目
あかてぬぐいのおくさんと7にんのなかま 25
・交渉・話合い
びゅんびゅんごまがまわったら 149
・迫害・追放
やまたのおろち 11
・けんか・いじめ・仲間はずれ
⇔あくたれ・いじわる 295
あかてぬぐいのおくさんと7にんのなかま 25
おかえりなさいスポッティ 224
おしいれのぼうけん 105
からすたろう 211
川をはさんでおおさわぎ 20
キツネどんのおはなし 184
きみなんかだいきらいさ 99
クーくんツーくんとタコとイカ 112
くさはらのこびと 70

たからさがし 217
チムとシャーロット，チムききいっぱつ
　.. 17, 18
ナップとウィンクル 33
ハービーのかくれが 188
100まんびきのねこ 55
ふわふわくんとアルフレッド 201
みんなのベロニカ 119
めいわくなおくりもの 207
ゆうかんな機関車 108
ラチとらいおん 201
・いたずら
⇔いたずらっ子 295
赤い機関車ジェームス，
　ちびっこ機関車パーシー，ふたごの機関車，
　大きな機関車たち，小さな機関車たち，
　機関車オリバー，わんぱく機関車
　... 106, 107, 108, 109
いたずらこねこ 110
いたずらハービーはどこ？ 22
クックとブッケシリーズ 40
マクスとモーリツのいたずら◆ 158
・命令
ノアの箱舟 55

●経済

・お金・金もうけ
大うさぎのヘアーとイースターのたまご ... 123
せきたんやのくまさん，パンやのくまさん，
　ゆうびんやのくまさん，うえきやのくまさん
　... 36
・貯金
かあさんのいす 32
・財産・遺産
長ぐつをはいたねこ 156
長ぐつをはいたネコ 162
・宝・財宝
⇔宝探し 365
すてきな三にんぐみ 37
だんごだんごどこいった 46

なぞのユニコーン号，レッド・ラッカムの宝
　　　　..41
　　まっくろローラどろぼうたいじ 120
　　わらむすめ 232
・貧困
　　ディック・ウイッティントンとねこ 161
　　びんぼうこびと 47
・交換・取引き
　　アンナの赤いオーバー 232
　　うみさちやまさち 12
　　おかあさんだいすき 163
　　おかえし 52
　　おばけのひっこし 133
　　そらいろのたね 217
　　ペレのあたらしいふく 177
　　ボビーとそらいろのヨット 140
・商売
　　アーサーのくまちゃん 187
　　「ジンジャーとピクルスや」のおはなし ...184
　　ディック・ウイッティントンとねこ 161
　　にぐるまひいて 69
・開発・進歩
　　ちいさいおうち 142
　　ちいさいケーブルカーのメーベル 142
・宣伝・セールス
　　アーサーといもうと 187
・独占・ひとりじめ
　　くいしんぼうのはなこさん 130
　　そらいろのたね 217
　　ぶどう畑のアオさん 147

●法律

・法律全般
　　みんなの世界 223

●災害・事故

・災害・事故全般
　　⇔気象 348
　　氷の海とアザラシのランプ 74

　　チムさいごのこうかい 18
　　マウスとマドライナ 62
　　みどりの機関車ヘンリー，機関車トビーの
　　　かつやく，大きな機関車ゴードン，
　　　ゆうかんな機関車，100さいの機関車，
　　　小さな機関車たち，機関車オリバー，
　　　きえた機関車，わんぱく機関車
　　　　..................106, 107, 108, 109
　　燃える水の国 42
・洪水
　　いしになったかりゅうど 10
　　かばくんのふね 130
　　ちびっこ機関車パーシー 107
　　ノアの箱舟 55
　　ノアのはこ舟のものがたり 94
　　まりーちゃんとおおあめ 164
・火事
　　⇔消防士・消防 323　⇔消防署 344　⇔火 346
　　あれ，お空がもえてるよ 16
　　かあさんのいす 32
　　きかんしゃやえもん 48
　　くんくんとかじ 171
　　しょうぼうじどうしゃじぷた 214
　　しょうぼうていしゅつどうせよ 211
　　ちいさいしょうぼうじどうしゃ 229
　　はたらくじどうしゃ 4 215
・墜落・不時着
　　タンタンチベットをゆく 41
　　飛行士フレディ・レグランド 37
・難破・漂流
　　ガンピーさんのふなあそび 144
　　チムとゆうかんなせんちょうさん，
　　　チムききいっぱつ 17, 18
　　まっくろローラ海のぼうけん 120
・衝突
　　空とぶゆうびんやさん 126
　　ちいさなふるいじどうしゃ 38
　　フィーンチェのあかいキックボード 137
・行方不明・迷子
　　あひるのピンのぼうけん 31
　　アンジェリーナとおまつり 72

327

うみべのハリー	71
きえた機関車	109
クリスマスのねこヘンリー	29
こいぬのくんくん	171
こすずめのぼうけん	191
チムとシャーロット	17
とこちゃんはどこ	56
二ひきのこぐま	28
パトカーのピーすけ	210
バランティヌと小犬のツッキー	74
ひげのサムエルのおはなし	185
ひよことむぎばたけ	205
ぼくのいぬがまいごです！	67
まいごになったおにんぎょう	19
まいごのアンガス	163
まいごのふたご	134
マウルスと三びきのヤギ	62
みどりおばさん、ちゃいろおばさん、むらさきおばさん、ペッテルとロッタのぼうけん、あおおじさんのあたらしいボート	178
リンゴとカラス麦	17
わたしのろばベンジャミン	49

・救助・救出
エミールくんがんばる	37
おばけのバーバパパ	110
かばくんのふね	130
きんいろあらし	91
グレー・ラビットいたちにつかまる	122
さるのゼフィール	167
3人のちいさな人魚	126
しょうぼうていしゅつどうせよ	211
しょうぼうねこ	20
だんぶねにのる	173
ちいさいしょうぼうじどうしゃ	229
ちいさなさかな	173
チム、ジンジャーをたすける、チムとシャーロット、チムききいっぱつ	17, 18
どうながのプレッツェル	224
はたらくじどうしゃ 4	215
飛行士フレディ・レグランド	37

ふねにのったねこのヘンリー	28
ペチューニアのクリスマス	117
マウルスとマドライナ	62
まっくろローラ海のぼうけん	120
ろくべえまってろよ	113

・危機
ジェレミー・フィッシャーどんのおはなし	185
ちいさなねこ	219
チムききいっぱつ	18
ひげのサムエルのおはなし	185
飛行士フレディ・レグランド	37
ピーターラビットのおはなし	182

・避難
| まりーちゃんとおおあめ | 164 |

・捜索・追跡
⇔さがす・探し物 311
いたずらかいじゅうはどこ？	139
ウォーレスはどこに	128
かえるくんどこにいるの？	206
かもときつね	213
クリスマスのねこヘンリー	29
こいぬのくんくん	171
タンタンチベットをゆく	41
チムひとりぼっち	18
ティリーのクリスマス	80
ともだちさがしに	118
マウルスと三びきのヤギ	62
ワニのライル、おかあさんをみつける	35

・用心・安全
| どうやってみをまもるのかな | 213 |
| ペチューニアごようじん | 117 |

・暴走
いたずらきかんしゃちゅうちゅう	142
ちいさなふるいじどうしゃ	38
はしれちいさいきかんしゃ	52

・故障
| がんばれ機関車トーマス、4だいの小さな機関車、小さな機関車たち、機関車のぼうけん | 106, 107, 109 |
| ものぐさトミー | 116 |

・騒動
　ひとまねこざるときいろいぼうし◆ 225
　ゆかいなさんぽ 153
　レストランのかえるくん，
　　かえるくんのぼうけん 207

● 事件・犯罪

・事件・犯罪全般
　⇔犯人 295
　タンタンの冒険旅行シリーズ 41, 42, 43, 44
　ワニのライルとどろぼうじけん 35

・殺人・暗殺
　⇔死 362
　すさのおとおおくにぬし 12

・脱出・逃亡
　いたずらきかんしゃちゅうちゅう 142
　ウォーレスはどこに 128
　かもときつね 213
　機関車のぼうけん 109
　くわずにょうぼう 12
　ごきげんならいおん，アフリカでびっくり，
　　ともだちさがしに 118
　すさのおとおおくにぬし 12
　雪原の勇者 15
　小さなきかんしゃ 17
　とべ，カエル，とべ！ 141
　とべバッタ 103
　どろんこハリー 71
　にげだしたひげ 33
　ピーターラビットのおはなし，フロプシーの
　　こどもたち，こぶたのピグリン・ブランドの
　　おはなし 182, 183, 186
　ひとまねこざる 225
　ふるやのもり 104
　ベロニカとバースデープレゼント 120
　まほうつかいバーバ・ヤガー 149
　ワニのライル，動物園をにげだす 35
　わらむすめ 232

・侵入
　3びきのくま 137

　三びきのくま 228

・盗み・略奪
　⇔泥棒・盗賊 295
　アーサー王の剣 223
　カスタフィオーレ夫人の宝石，かけた耳，
　　オトカル王の杖 42, 43
　グレー・ラビットとヘアとスキレル スケートに
　　いく，ねずみのラットのやっかいなしっぽ，
　　グレー・ラビットいたちにつかまる
　　.................................... 121, 122
　こわいわるいうさぎのおはなし 183
　天の火をぬすんだウサギ 124
　ポールとペリカン 236
　まっくろローラどろぼうたいじ 120
　もっくりやまのごろったぎつね 49

・復讐・仕返し
　いぬとにわとり 190
　かにむかし 82
　きつねのホイティ 33
　グレー・ラビットとヘアとスキレル
　　スケートにいく 121
　モペットちゃんのおはなし 183
　ランパンパン 21

・誘拐
　アフリカでびっくり 118
　キツネどんのおはなし 184
　さらわれたりゅう 133
　さるのゼフィール 167
　ビーカー教授事件 43

・幽閉・捕虜
　⇔監獄・牢屋 345
　カルアシ・チミーのおはなし 185
　九月姫とウグイス 103
　グレー・ラビットいたちにつかまる 122
　こまった鳥の木 207
　りすのパナシ 230

・罰
　もじゃもじゃペーター 189

・陰謀・裏切り
　⇔計画する・作戦 311
　いなばのしろうさぎ 11

ダックとディーゼル機関車 108
　　ペチューニアすきだよ 117
　　燃える水の国, 紅海のサメ, 月世界探険,
　　　　青い蓮, ビーカー教授事件, オトカル王の杖,
　　　　タンタンとピカロたち 42, 43, 44

●風俗・慣習

・風俗・慣習
　⇨行事・催し 338
　　あなたのいえわたしのいえ 55
　　A はアフリカの A◆ 50, 51
　　かわ 56
　　せかいのひとびと 92
　　どこにいるかわかる？ 218
　　はがぬけたらどうするの？ 61
　　町のけんきゅう 48
　　ゆきとトナカイのうた 136
　　ゆきのひ 56

・結婚・離婚
　⇨妻・花嫁 291　⇨夫婦 291
　　かえるだんなのけっこんしき 230
　　くさはらのこびと 70
　　サラダとまほうのおみせ 91
　　しろいうさぎとくろいうさぎ 32
　　ぞうのババール, ババールのしんこんりょこう
　　　　.. 166
　　チョコレート・ウェディング 82
　　どうながのプレッツェル 224
　　ドロミテの王子 115
　　野うさぎのフルー 231
　　バッファローのむすめ 76
　　ペチューニアのクリスマス 117

・掟・規則
　　たろうのおでかけ 191
　　としょかんライオン 182
　　みんなの世界 223

・禁止・禁忌
　　いぬことわり！ 224
　　11 ぴきのねこふくろのなか 146

・いけにえ
　　カルイタの伝説 64
・礼儀作法
　　そんなときなんていう？ 100
　　わにのアーサーおよばれにいく 195
・お礼・恩返し
　　うさこちゃんとふえ 170
　　うらしまたろう 14
　　グロースターの仕たて屋 185
　　こしおれすずめ 95
　　したきりすずめ 12
　　11 ぴきのねこどろんこ 147
　　セルコ 77
　　つるにょうぼう 13
　　みっつのねがいごと 114
　　ライオンとねずみ 199
　　ライオンとネズミ 236

世界

●世界の国

・国いろいろ
　　笑顔大好き地球の子 105
　　おうさまババール 166
　　おおきな一日 129
　　おもしろめいろせかいのたび 219
　　世界のなぞかけ昔話シリーズ 80, 81
　　せかいのひとびと 92
　　どこにいるかわかる？ 218
　　なにをしているかわかる？ 218
　　ねこのくにのおきゃくさま 34
　　はがぬけたらどうするの？ 61
　　ぼくのロボット大旅行 197
　　ボタンのくに 131
　　まるいちきゅうのまるいちにち 62
　　夢はワールドカップ 30
・アジア
　　いつもいっしょ 111
　　どこにいるかわかる？ 218

わたしの村わたしの家 218
・中東・アラブ諸国
　　シンドバッドの冒険◆ 97, 98
　　燃える水の国，紅海のサメ 42
・日本
　　＊日本の風俗・慣習が色濃いものに絞りました。
　　いっすんぼうし 14
　　馬のゴン太旅日記 96
　　うみからきたちいさなひと 120
　　うらしまたろう 14
　　絵巻えほん妖怪の森 202
　　おおずもうがやってきた 132
　　おしょうがつさん 47
　　おそばのくきはなぜあかい 140
　　おばけのひっこし 133
　　おふろやさん 132
　　かえるのごほうび 57
　　かえるのつなひき 67
　　かさじぞう 11
　　かにむかし 82
　　がまどんさるどん 46
　　からすたろう 211
　　ききみみずきん 140
　　きつね森の山男 146
　　きつねをつれてむらまつり 157
　　くわずにょうぼう 12
　　こしおれすずめ 95
　　こぶじいさま 12
　　さよならさんかく 23
　　さらわれたりゅう 133
　　さるとびっき 58
　　三びきのねこのはなしシリーズ 49
　　したきりすずめ 12
　　十二支の年越◆ 64, 65
　　だいくとおにろく 13
　　だごだごころころ 58
　　たなばたまつり 70
　　だんごだんごどこいった 46
　　ちからたろう 103
　　つるにょうぼう 13
　　なんげえはなしっこしかへがな 47

　　にぎりめしごろごろ 13
　　にちよういち 132
　　二ほんのかきのき 70
　　日本の神話シリーズ 11, 12
　　ふしぎなたいこ 82
　　ふるやのもり 104
　　へそもち 13
　　まのいいりょうし 13
　　道草いっぱい 211
　　ももたろう 14
　　やまのこどもたち◆ 156
　　やまんばのにしき 96
　　わらべうた 14, 195
・アフガニスタン
　　アブドルのぼうけん 59
　　せかいいちうつくしいぼくの村◆ 76
・イスラエル・パレスチナ
　　クリスマスのおはなし 226
　　クリスマスのはじまり 160
　　クリスマスのものがたり 190
・イラク・メソポタミア
　　ギルガメシュ王ものがたり◆ 97
・インド
　　あるひねずみが… 160
　　おひさまをほしがったハヌマン 222
　　さるとわに 63
　　空とぶじゅうたん 161
　　たまごからうま 52
　　はらぺこライオン 230
　　ヒマラヤのふえ 222
　　ランパンパン 21
　　リーラちゃんとすいか 137
・インドネシア
　　シドニー行き 714 便 44
　　マンゴーとバナナ 149
・韓国・朝鮮
　　あかてぬぐいのおくさんと 7 にんのなかま 25
　　おどりトラ 113
　　こかげにごろり 113
　　ソリちゃんのチュソク 25
　　マンヒのいえ 68

331

- スリランカ
  - かさどろぼう 33
  - きつねのホイティ 33
  - にげだしたひげ 33
- タイ
  - 九月姫とウグイス 103
- チベット
  - タンタンチベットをゆく 41
  - ドルジェのたび 59
- 中国
  - 青い蓮 43
  - あかりの花 10
  - あひるのピンのぼうけん 31
  - うしかいとおりひめ 201
  - 王さまと九人のきょうだい 10
  - おひゃくしょうとえんまさま 79
  - 西遊記 1～3 29
  - シナの五にんきょうだい 31
  - 十万本の矢 29
  - たなばた 140
  - ちょうちんまつり 84
  - ふしぎなやどや 27
  - 鳳凰と黄金のカボチャ 219
  - ほしになったりゅうのきば 13
- ネパール
  - あくまのおよめさん 64
  - タンタンチベットをゆく 41
  - プンクマインチャ 14
  - ロミラのゆめ 60
- パキスタン
  - ラニーのねがい 60
- バングラデシュ
  - 馬のたまご 65
  - きんいろのしか 14
  - たまごからうま 52
- フィリピン
  - めんどりのさがしもの 22
- モンゴル
  - いしになったかりゅうど 10
  - スーホの白い馬 12

- ヨーロッパ
  - 旅の絵本 23
- 北欧
  - トムテンのミルクがゆ 134
  - どろにんぎょう 27
- アイスランド
  - 女トロルと8人の子どもたち 155
- アイルランド
  - ジェイミー・オルークとおばけイモ◆ 115
  - ノックメニーの丘の巨人とおかみさん 115
- イギリス
  - 海時計職人ジョン・ハリソン 174
  - おかのうえのギリス 231
  - 汽車のえほんシリーズ 106, 107, 108, 109
  - 黒い島のひみつ 41
  - グロースターの仕たて屋 185
  - こまどりのクリスマス 201
  - 三びきのこぶた 214
  - 空とぶゆうびんやさん 126
  - 旅の絵本3 24
  - 小さなきかんしゃ 17
  - チムシリーズ 17, 18, 19
  - ディック・ウイッティントンとねこ 161
  - メアリー・スミス 218
  - 郵便局員ねこ 175
  - ロンドン橋がおちまする！，
    バンザイ！海原めざして出航だ！ 93
- イタリア
  - 神の道化師 114
  - 旅の絵本2 23
  - ドロミテの王子 115
  - ホラ すてきなお庭でしょう 93
- ウクライナ
  - セルコ 77
  - てぶくろ 222
  - びんぼうこびと 47
- オーストリア
  - アルプスの村のクリスマス 158
  - 山のクリスマス 180

- **オランダ**
  - うんがにおちたうし 91
- **スイス**
  - ウルスリのすず◆ 61
  - ねぼすけはとどけい 95
  - マウルスと三びきのヤギ◆ 62
- **スウェーデン**
  - おかあさんだいすき 163
  - クリスマス・トムテン 31
  - トムテ◆ 31
  - ぼくの観察日記 89
  - やかまし村のクリスマス 30
  - ロッタちゃんとじてんしゃ 30
- **スペイン**
  - はなのすきなうし 231
- **チェコ**
  - おおきくなったら 221
  - おじいちゃんとのクリスマス 121
  - かあさんねずみがおかゆをつくった 93
  - ぼくだってできるさ！ 93
- **デンマーク**
  - イエペはぼうしがだいすき◆ 26
- **ドイツ**
  - うできき四人きょうだい 189
  - おおかみと七ひきのこやぎ 190
  - おやゆびこぞう 190
  - ねむりひめ 190
  - ブレーメンのおんがくたい 156
- **ノルウェー**
  - オーラのたび 127
  - 三びきのやぎのがらがらどん 160
  - スプーンおばさんちいさくなる◆ 180
  - 雪原の勇者 15
  - トロールものがたり 127
  - リーベとおばあちゃん 135
- **フィンランド**
  - 北の魔女ロウヒ 69
- **フランス**
  - かわせみのマルタン 231
  - げんきなマドレーヌ◆ 179, 180
  - ごきげんならいおん◆ 118, 119

- シンデレラ 160
- 長ぐつをはいたねこ 156
- 長ぐつをはいたネコ 162
- ねずみのとうさんアナトール 63
- パパの大飛行 175
- バンザイ！海原めざして出航だ！ 93
- ロバの子シュシュ 164
- ローラのぼうけんえほんシリーズ 120
- **ポーランド**
  - クラシンスキ広場のねこ 238
- **ロシア**
  - おおきなかぶ 78
  - おおわるもののバルマレイ 202
  - おだんごぱん 236
  - ガラスめだまときんのつののヤギ 87
  - 3びきのくま 137
  - なぞなぞ100このほん 202
  - パンはころころ 162
  - マーシャとくま 222
  - まほうつかいバーバ・ヤガー 149
  - まほうのたいこ 101
  - ゆきむすめ 79
- **アフリカ**
  - アフリカでびっくり 118
  - おおわるもののバルマレイ 202
  - かわいいサルマ 105
  - 金のはさみのカニ 43
  - サバンナのともだち 208
  - ダチョウのくびはなぜながい？ 161
  - ひとつ、アフリカにのぼるたいよう ... 199
  - ひとまねこざるときいろいぼうし 225
- **エジプト**
  - 運命の王子 199
  - ファラオの葉巻 42
  - ライオンとねずみ 199
- **カメルーン**
  - かきねのむこうはアフリカ 176
- **ケニア**
  - ハンダのびっくりプレゼント◆ .. 159, 160
  - ぼくのともだちドゥームズ 189

- タンザニア
  - いちばんのなかよし 68
- ナイジェリア
  - AはアフリカのA◆ 50, 51
- マダガスカル
  - パンサーカメレオン 153
- 北米
  - アメリカ・インディアンのえもじのえほん ... 189
  - 恐竜物語◆ 196, 197
- アメリカ合衆国
  - 青い花のじゅうたん 114
  - アニーとおばあちゃん 145
  - あまがさ 211
  - 嵐のティピー 76
  - あるあさ、ぼくは… 38
  - 海のおばけオーリー 38
  - 海べのあさ 197
  - おもいでのクリスマスツリー 69
  - カヌーはまんいん 233
  - かもさんおとおり 198
  - きんいろのとき 117
  - クリスマスのこねこ 133
  - 黒ねこジェニーの誕生日 20
  - さよならエルマおばあさん 47
  - しょうぼうねこ 20
  - すばらしいとき 198
  - 大森林の少年 182
  - 旅の絵本 4 24
  - ちいさいケーブルカーのメーベル 142
  - とんでとんでサンフランシスコ 165
  - にぐるまひいて 69
  - バッファローのむすめ 76
  - ハーモニカのめいじんレンティル 198
  - バンザイ！海原めざして出航だ！，
    市場へ！いきましょ！ 93
  - ぼくのいぬがまいごです！ 67
  - ポップコーンをつくろうよ 116
  - 名馬キャリコ 143
  - 雪の写真家ベントレー 15
- カナダ
  - 「イグルー」をつくる 90

- みんなのぶなのき 66
- 中南米
  - アカメアマガエル 153
  - かけた耳，タンタンとピカロたち 43, 44
- ペルー
  - 太陽の神殿 42
  - ななつの水晶球 41
- 古代インカ帝国
  - 太陽の神殿 42
  - ななつの水晶球 41
- ボリビア
  - カルイタの伝説 64
- メキシコ
  - うさぎのみみはなぜながい 66
  - クリスマスまであと九日 38
  - ぼくのぼうし 83
- オセアニア
  - どこにいるかわかる？ 218
- オーストラリア
  - まいごのふたご 134
- パプア・ニューギニア
  - まじょのひ 238

●戦争

- 戦争全般
  - きつね森の山男 146
  - ギルガメシュ王ものがたり，
    ギルガメシュ王のたたかい 97
  - 金のニワトリ 181
  - 十万本の矢 29
  - せかいいちうつくしいぼくの村◆ 76
  - ババールのしんこんりょこう 166
- 第一次世界大戦
  - おもいでのクリスマスツリー 69
- 第二次世界大戦・ナチス
  - クラシンスキ広場のねこ 238
- 軍隊・兵士
  - 青い蓮 43
  - スズの兵隊 161
  - せかい1おいしいスープ 161

ちいさな天使と兵隊さん 77
・弓矢
　十万本の矢 29
・剣
　アーサー王の剣 223
・銃・鉄砲
　まのいいりょうし 13
・大砲
　たいほうだまシンプ 144

● 人種・民族

・人類・人間全般・人類学
　せかいのひとびと 92
　町のけんきゅう 48
・インディオ
　かけた耳 43
　太陽の神殿 42
・エスキモー・イヌイット
　「イグルー」をつくる 90
　氷の海とアザラシのランプ 74
・ロマ
　たいようの木のえだ 191
　なんでも見える鏡 87
　バラライカねずみのトラブロフ 144
　マドレーヌとジプシー 180
・中国少数民族
　あかりの花 10
　王さまと九人のきょうだい 10
・北米先住民・インディアン
　青い花のじゅうたん 114
　アニーとおばあちゃん 145
　アメリカ・インディアンのえもじのえほん ... 189
　嵐のティピー 76
　カヌーはまんいん 233
　こねこのねる 173
　バッファローのむすめ 76
　ポップコーンをつくろうよ 116
・ユダヤ人
　大森林の少年 182

・ラップ人・サーメ
　オーラのたび 127
　ゆきとトナカイのうた 136

● 宗教

・宗教全般
　⇔神話 318
　せかいのひとびと 92
・イスラム教
　ラニーのねがい 60
・キリスト教
　神の道化師 114
　クリスマスのおはなし 226
　クリスマスのはじまり 160
　クリスマスのものがたり 190
・ヒンズー教
　ロミラのゆめ 60
・神・仏
　⇔妖怪・架空の動物 363
　うさぎのみみはなぜながい 66
　うみからきたちいさなひと 120
　おそばのくきはなぜあかい 140
　おひさまをほしがったハヌマン 222
　かさじぞう 11
　神の道化師 114
　ギルガメシュ王ものがたり◆ 97
　西遊記 1～3 29
　だんごだんごどこいった 46
　にぎりめしごろごろ 13
　ノアの箱舟 55
　ノアのはこ舟のものがたり 94
　ふしぎなたいこ 82
・仏教
　ドルジェのたび 59

335

時

●時の流れ

・時・時間全般
⇔タイムトラベル 366
うらしまたろう 14
サバンナのともだち 208
ちいさいおうち 142
メアリー・アリスいまなんじ？ 195

・過去・昔
⇔歴史 340
いまはむかしさかえるかえるのものがたり ... 145

・未来・将来
三びきのごきげんなライオン 118

・永遠
ギルガメシュ王さいごの旅 97

・時差
まるいちきゅうのまるいちにち 62

・古い・時代おくれ
⇔遅れる・遅刻 311
きかんしゃやえもん 48
小さなふるい機関車，がんばりやの機関車，
　100さいの機関車，きえた機関車
　.. 108, 109
ちいさなふるいじどうしゃ 38
マイク・マリガンとスチーム・ショベル ... 143
もくたんじどうしゃもくべえ 48

●暦

・一日
うさこちゃんのたんじょうび 169
おおきなあかいなや 193
おおきな一日 129
かばくん 130
じのないえほん 171
スモールさんはおとうさん 229
せきたんやのくまさん◆ 36
とらっくとらっくとらっく 214
マイク・マリガンとスチーム・ショベル ... 143

まどそうじやのぞうのウンフ 148
まるいちきゅうのまるいちにち 62

・明日
あした、がっこうへいくんだよ 136

・朝
海べのあさ 197
魔女たちのあさ 15
メアリー・スミス 218
よあけ 84

・昼
しーっ！ぼうやがおひるねしているの 202

・夜
アイラのおとまり 34
あたし、ねむれないの 179
オバケやかたのひみつ 46
おやすみなさいおつきさま 141
おやすみなさいのほん 83
おやすみなさいフランシス 187
くらやみこわいのだあれ 193
クリスマス・イブ 208
クリスマスのまえのばん 111, 121
スノーマン 164
月夜のこどもたち 100
月夜のみみずく 85
トムテ◆ 31
どろぼうだどろぼうよ 21
ないしょのゆきだるま 46
ふうせんばたけのひみつ 154
ふくろう 203
ふくろうくん 234
魔女たちのあさ 15
まんげつのよるまでまちなさい 32
やこうれっしゃ 132
よるのねこ 27
よるのびょういん 130

・一週間
スモールさんはおとうさん 229
はらぺこあおむし 62

・日曜日
あな 236
イエペさんぽにいく 26

にちようじ 132
・12ヵ月
　いちねんのりんご 65
　おとうさん、お元気ですか・・・ 116
　かえでがおか農場のいちねん 175
　かぞえてみよう 23
　かものプルフ 230
　十二つきのうた 195
　チキンスープ・ライスいり 98
　なきむしようちえん 132
・3月
　大うさぎのヘアーとイースターのたまご ... 123
・6月
　グレー・ラビットのおたんじょうび 123
・9月
　九月姫とウグイス 103
　ラッセのにわで 179
・10月
　にぐるまひいて 69
・干支
　⇔動物 349
　十二支の年越◆ 64, 65

●季節

・四季
　おおさむこさむ 95
　かえでがおか農場のいちねん 175
　木はいいなあ 82
　げんきなやさいたち 50
　しぜんのきせつ 61
　ちいさいおうち 142
　どうぶつしんぶん 192
　二ほんのかきのき 70
　根っこのこどもたち目をさます 53
　ねっこぼっこ 53
　野うさぎのフルー 231
　はるにれ 19
　ふきまんぶく 104
　ふたりはいつも 235
　ぼくの庭ができたよ 203

　もりのこびとたち 178
　やまのこどもたち 156
　りんごのき 94
・春
　大うさぎのヘアーとイースターのたまご ... 123
　すばらしいとき 198
　根っこのこどもたち目をさます 53
　ねっこぼっこ 53
　はなをくんくん 83
　まりーちゃんとひつじ 163
　やまのたけちゃん 156
・夏
　¿あつさのせい？ 87
　うさこちゃんのてんと 170
　お化けの真夏日◆ 64
　くまくんのおともだち 100
　ごちそうさまのなつ 83
　すばらしいとき 198
　せみとりめいじん 60
　ターちゃんとペリカン 165
　とこまさのはなし 49
　なつのかわ 19
　にちようじ 132
　ほたるホテル 91
・秋
　きんいろあらし 91
　きんいろのとき 117
　どんぐりぼうやのぼうけん 177
　やまのたけちゃん 156
　りすのナトキンのおはなし 184
　るすばんねこのぼうけん 186
・冬・冬越し
　ウッレのスキーのたび 176
　オーラのたび 127
　かえるのいえさがし 130
　ぐりとぐらのおきゃくさま 216
　グレー・ラビットとヘアとスキレル
　　スケートにいく，グレー・ラビットの
　　クリスマス 121, 122
　くんちゃんのだいりょこう，
　　くんちゃんとふゆのパーティー 200

337

しんせつなともだち	206
スキーをはいたねこのヘンリー	28
たのしいふゆごもり	58
ちいさなもみのき	69
月夜のみみずく	85
つるにょうぼう	13
トムテ◆	31
ふゆねこさん	134
ふゆめがっしょうだん	126
フレデリック	227
まいごのアンガス	163
まりーちゃんのくりすます	164
ゆきむすめ	79
リーベとおばあちゃん	135

●行事・催し
⇔風俗・慣習 330

・行事・催しいろいろ
なきむしようちえん	132

・正月・大晦日
おしょうがつさん	47
かさじぞう	11
十二支の年越◆	64, 65
まるいちきゅうのまるいちにち	62
むっつりのはなし	49
やまのこどもたち	156

・祭り
アンジェリーナとおまつり	72
ウルスリのすず	61
えんにち	25
おひゃくしょうとえんまさま	79
かえるのごほうび	57
かえるのつなひき	67
カルイタの伝説	64
きつねをつれてむらまつり	157
たのしいおまつり	51
ちいさなたいこ	15
ちょうちんまつり	84
とこまさのはなし	49
ペニーさんと動物家族	39

・イースター
大うさぎのヘアーとイースターのたまご	123
ふわふわしっぽと小さな金のくつ	163

・たなばた
うしかいとおりひめ	201
たなばた	140
たなばたまつり	70

・夏休み
こぎつねキッコ	57
さるのゼフィール	167
ねこのオーランド海へいく	176
はちうえはぼくにまかせて	71
ババールといたずらアルチュール	167
バランティヌの夏休み	74
ぼくの観察日記	89

・お盆
ソリちゃんのチュソク	25

・お月見
ソリちゃんのチュソク	25

・ハロウィーン
魔女たちのあさ	15
ワニのライルは会社のにんきもの	35

・クリスマス・クリスマスツリー
アーサーのクリスマス・プレゼント	187
アルプスの村のクリスマス	158
アンジェリーナのクリスマス	72
おおきいツリーちいさいツリー	150
おじいちゃんとのクリスマス	121
おもいでのクリスマスツリー	69
きつねとトムテ	31
クリスマス・イブ	208
クリスマスだいすき	92
クリスマス・トムテン	31
クリスマスのうさぎさん	32
クリスマスのおくりもの	144
クリスマスのおはなし	226
クリスマスのこねこ	133
クリスマスのねこヘンリー	29
クリスマスのはじまり	160
クリスマスのまえのばん	111, 121
クリスマスのものがたり	190

クリスマスまであと九日 38
ぐりとぐらのおきゃくさま 216
グレー・ラビットのクリスマス 122
くろうまブランキー 191
グロースターの仕立て屋 185
こうさぎたちのクリスマス 15
子うさぎましろのお話 204
こまどりのクリスマス 201
さむがりやのサンタ 164
サンタクロースのおくりもの 51
しかのハインリッヒ 73
スプーンおばさんのクリスマス 180
たのしいおまつり 51
ちいさなもみのき 69
ちいさなろば 78
ティリーのクリスマス 80
天使のクリスマス 77
トムテンのミルクがゆ 134
にたものランドのクリスマス 89
ババールとサンタクロース 167
バンセスのクリスマス 207
ぴちぴちカイサとクリスマスのひみつ 30
ペチューニアのクリスマス 117
ペッテルとロッタのクリスマス 178
まりーちゃんのくりすます 164
やかまし村のクリスマス 30
山のクリスマス 180
ゆうびんやのくまさん 36
ローザからキスをいっぱい 194

・休暇・休日
きょうはおやすみだよ 20
ねこのオーランドー 176

・運動会
こぎつねキッコうんどうかいのまき 57
フランシスのおともだち 188
やまのこどもたち 156

・誕生日
ありこのおつかい 128
1ねんに365のたんじょう日プレゼントを
　もらったベンジャミンのおはなし 150

うさこちゃんのたんじょうび,
　一のおじいちゃんへのおくりもの... 169, 171
ウッレのスキーのたび 176
おかあさんだいすき 163
おかあさんたんじょうびおめでとう！ 136
おたんじょうびおめでとう！ 138
おたんじょうびのおくりもの 216
おばあちゃんのたんじょうび 20
グレー・ラビットのおたんじょうび 123
黒ねこジェニーの誕生日 20
こぐまのくまくん 99
こねこのチョコレート 45
たろうのおでかけ 191
たんじょうび 156
ちゃいろおばさんのたんじょうび 178
ピーターのてがみ 67
100さいの機関車 109
ぴーんちゃんとふぃーんちゃん 173
フィンダスのたんじょうび 134
フランシスとたんじょうび 188
ブルーベリーもりでのプッテのぼうけん ... 177
ベロニカとバースデープレゼント 120
ぼく、お月さまとはなしたよ 16
まこちゃんのおたんじょうび 131
ロッタちゃんとじてんしゃ 30
ワニのライルとたんじょうパーティー 35

・記念日
きょうはなんのひ？ 148
てがみのえほん 192

・バザー
こぐま学校のバザー 59

・遠足・ピクニック
あおおじさんのあたらしいボート 178
うさぎ小学校のえんそく 75
おとうさんねこのおくりもの 111
ぐりとぐらのえんそく 217
黒ねこジェニーの誕生日 20
のら犬ウィリー 83
ふしぎなたいこ 82
まっくろローラどろぼうたいじ 120

- パーティ
  - グレー・ラビットパーティをひらく，
    大うさぎのヘアーとイースターのたまご，
    グレー・ラビットパンケーキをやく
    .... 122, 123
  - くんちゃんとふゆのパーティー 200
  - こうさぎたちのクリスマス 15
  - ピーターのてがみ 67
  - ぴーんちゃんとふぃーんちゃん 173
  - よかったねネッドくん 110
  - ワニのライルとたんじょうパーティー 35
- コンクール・コンテスト
  - せかい一わるいかいじゅう 138
  - どうながのプレッツェル 224
  - とこまさのはなし 49
  - ペニーさんと動物家族 39
  - またもりへ 39
- 発表会
  - アンジェリーナとおうじょさま，
    ―となかよしアリス 72, 73
- 展覧会・博覧会
  - ババールのはくらんかい 167

● 歴史

- 歴史全般
  - 絵巻えほん船 211
  - きみとぼくのネコのほん 115
  - ポップコーンをつくろうよ 116
- 起源・由来
  - いろいろへんないろのはじまり 233
  - うさぎのみみはなぜながい 66
  - うみからきたちいさなひと 120
  - おそばのくきはなぜあかい 140
  - くにのはじまり 11
  - クリスマスのおはなし 226
  - クリスマスのはじまり 160
  - クリスマスのものがたり 190
  - ダチョウのくびはなぜながい？ 161
  - たなばた 140
  - 天の火をぬすんだウサギ 124

  - ふしぎなたいこ 82
- 大昔・太古
  ⇔神話 318 ⇔昔話 319
  - これがほんとの大きさ！ 続 80
  - ノアの箱舟◆ 55
  - ノアのはこ舟のものがたり 94
- 中生代
  - 絵巻えほん新・恐竜たち 73
  - きょうりゅうきょうりゅう 141
  - 恐竜物語◆ 196, 197
  - ぼくのロボット恐竜探検 197

● 世界史

- 世界通史
  - 宝さがしの旅 153
- 古代
  - 運命の王子 199
  - ギルガメシュ王ものがたり◆ 97
  - クリスマスのおはなし 226
  - クリスマスのはじまり 160
  - クリスマスのものがたり 190
  - 十万本の矢 29
  - ライオンとねずみ 199
- 中世
  - 雪原の勇者 15
- 近代
  - 海時計職人ジョン・ハリソン 174
- 19 世紀
  - 郵便局員ねこ 175
  - 雪の写真家ベントレー 15
- 20 世紀
  - パパの大飛行 175

● 日本史

- 古代
  - うみからきたちいさなひと 120
  - おばけのひっこし 133
  - 日本の神話シリーズ 11, 12

場所
⇨超自然現象・異界 362

●地形・地勢

・池・湖・沼

- いたずらこねこ 110
- かものプルッフ 230
- くんちゃんのもりのキャンプ 200
- こんにちはかえるくん！，しょうねんと
  いぬとかえるととともだち 206, 207
- ちいさなさかな 173
- ぬまばばさまのさけづくり 52
- みずのなかのちいさなせかい 205
- ゆかいなかえる 74
- よあけ 84
- りすのナトキンのおはなし，
  ジェレミー・フィッシャーどんのおはなし
  .... 184, 185

・海・海岸・海底
⇨船乗り・船長 324　⇨航海・密航 365

- うさこちゃんとうみ 168
- うみさちやまさち 12
- 海のおばけオーリー 38
- 海べのあさ 197
- うみべのハリー 71
- うらしまたろう 14
- エミールくんがんばる 37
- おそばのくきはなぜあかい 140
- おとうさん、お元気ですか・・・ 116
- お化けの海水浴 64
- ぐりとぐらのかいすいよく 216
- 3人のちいさな人魚 126
- すばらしいとき 198
- たこのオクト 60
- ターちゃんとペリカン 165
- たつのおとしご 234
- だんふねにのる 173
- ちいさいヨット 229
- チムシリーズ 17, 18, 19
- とびうお 220
- ねこのオーランドー海へいく 176
- パパの大飛行 175
- ババールといたずらアルチュール 167
- バンザイ！海原めざして出航だ！ 93
- ふしぎなたけのこ 96
- ふねにのったねこのヘンリー 28
- まっくろローラ海のぼうけん，
  まっくろローラどろぼうたいじ 120
- レッド・ラッカムの宝 41
- わたしのあかいぼうし 203
- わたしのおふねマギーB 137

・紅海
- 紅海のサメ 42

・川
⇨銀河 348

- あひるのピンのぼうけん 31
- おそばのくきはなぜあかい 140
- おとうさんねこのおくりもの 111
- かわ 56
- かわせみのマルタン 231
- 川はながれる 230
- 川をはさんでおおさわぎ 20
- ガンピーさんのふなあそび 144
- スヴェンさんの橋 232
- だいくとおにろく 13
- なつのかわ 19

・水路・運河
- うんがにおちたうし 91

・島
- おおずもうがやってきた 132
- くれよんのはなし 165
- 黒い島のひみつ 41
- 3人のちいさな人魚 126
- 11ぴきのねことあほうどり 146
- シンドバッドと怪物の島 97
- すばらしいとき 198
- ババールとりのしまへ 167
- りすのナトキンのおはなし 184
- わたしのろばベンジャミン 49

・山・火山
- おかのうえのギリス 231

女トロルと8人の子どもたち 155
西遊記3 29
水晶さがしにいこう 96
タンタンチベットをゆく 41
ふきまんぶく 104
山にのぼる機関車 109
山のクリスマス 180

・ヒマラヤ
ロミラのゆめ 60

・アルプス
アルプスの村のクリスマス 158
ウルスリのすず◆ 61
マウルスと三びきのヤギ◆ 62

・ドロミテ
ドロミテの王子 115

・丘
おかのうえのギリス 231

・坂
ちいさいケーブルカーのメーベル 142

・谷
おかのうえのギリス 231

・草原・野原
かえるだんなのけっこんしき 230
くさはらのこびと 70
くさむらのむしたち 124
スーホの白い馬 12
わたしとあそんで 39

・洞窟・鍾乳洞
あまのいわと 11
くまのビーディーくん 165
ババールとグリファトンきょうじゅ 167

・地面・地下
だんごだんごどこいった 46
根っこのこどもたち目をさます 53
ねっこぼっこ 53
もぐらのモールディのおはなし 122

・森・林
⇔木 360
絵巻えほん妖怪の森 202
きつね森の山男 146
くんちゃんのもりのキャンプ 200

ぞうのババール 166
大森林の少年 182
たのしいふゆごもり 58
月夜のみみずく 85
トロルのもり 195
どんぐりぼうやのぼうけん 177
ブルーベリーもりでのプッテのぼうけん ... 177
ぼくの観察日記 89
マーシャとくま 222
もりのえほん 24
もりのおばあさん 219
もりのこびとたち 178
もりのともだち 162
もりのなか◆ 39
もりのむこうになにがあるの? 155
りすのパナシ，くまのブウル 230, 231

・砂漠
アブドルのぼうけん 59

・サバンナ
サバンナのともだち 208

・北極・南極・極地方
「イグルー」をつくる 90
氷の海とアザラシのランプ 74
ふしぎな流れ星 41
やまとゆきはら 96
ゆきとトナカイのうた 136

・田舎・田園
グレー・ラビットとヘアとスキレル
　スケートにいく◆ 121, 122, 123
ちいさいおうち 142
まちねずみジョニーのおはなし 184
町のねずみといなかのねずみ 73
やまのこどもたち◆ 156

・水田・畑
⇔農業・お百姓 323　⇔野菜・穀物 361
うさこちゃんのはたけ 170
おひゃくしょうとえんまさま 79
がまどんさるどん 46
ガラスめだまときんのつののヤギ 87
くんちゃんのはたけしごと 200
げんきなやさいたち 50

ごちそうさまのなつ 83
　　はたけのともだち 103
　　ピーターラビットのおはなし，
　　　ベンジャミンバニーのおはなし，
　　　フロプシーのこどもたち 182, 183
　　ひよことむぎばたけ 205
　　ふうせんばたけのひみつ 154
　　ぶどう畑のアオさん 147
　　ペニーさん 39
　　やさい 154
　　やまのたけちゃん 156
・町・街
　　うんがにおちたうし 91
　　三びきのねこのはなしシリーズ 49
　　ぞうのババール 166
　　はたらきもののじょせつしゃけいてぃー ... 143
　　はたらくじどうしゃ 2 215
　　マウルスとマドライナ 62
　　まちねずみジョニーのおはなし 184
　　町のけんきゅう 48
　　町のねずみといなかのねずみ 73
　　メアリー・スミス 218
　　わにがまちにやってきた 96
・都会・都
　　おうさまババール 166
　　ちいさいおうち 142
　　ペチューニアのだいりょこう 117
・村
　　からすたろう 211
　　せかいいちうつくしいぼくの村◆ 76
　　道草いっぱい 211
　　やかまし村のクリスマス 30
　　やなぎむらのおはなしシリーズ 91
　　わたしの村わたしの家 218
・ふるさと
　　ソリちゃんのチュソク 25

●方角

・東
　　川をはさんでおおさわぎ 20

・西
　　川をはさんでおおさわぎ 20
・南
　　南の国へおもちゃの旅 84
・北
　　北の魔女ロウヒ 69
　　ゆきとトナカイのうた 136

●施設・建造物

・施設・建造物全般
　　⇔大工 323
　　ババールのはくらんかい 167
・会社
　　ワニのライルは会社のにんきもの 35
・工場
　　ねずみのとうさんアナトール 63
・農場・牧場
　　⇔農業・お百姓 323
　　市場へ！いきましょ！ 93
　　おおきなあかいなや 193
　　おりこうなアニカ 177
　　かえでがおか農場のなかまたち◆ 174, 175
　　がちょうのペチューニア，
　　　ペチューニアのクリスマス 116, 117
　　きいろいことり 172
　　きんいろのとき 117
　　くいしんぼうのはなこさん 130
　　こぶたのピグリン・ブランドのおはなし ... 186
　　スモールさんののうじょう，
　　　カウボーイのスモールさん 229
　　トムテ 31
　　ねこのオーランドー農場をかう 176
　　ペニーさんと動物家族 39
　　ぼくじょうのくまさん 36
　　ぼくはワニのクロッカス◆ 119
　　みんなのベロニカ◆ 119, 120
・納屋
　　おおきなあかいなや 193
　　クリスマスのおはなし 226
　　クリスマスのはじまり 160

クリスマスのものがたり 190
・店
　アーサーのくまちゃん 187
　えんにち 25
　大うさぎのヘアーとイースターのたまご,
　　大うさぎのヘアーかいものにゆく 123
　おみせ 26
　くまのコールテンくん 165
　「ジンジャーとピクルズや」のおはなし ... 184
　とこちゃんはどこ 56
　バランティヌと小犬のツッキー 74
　パンやのくまさん，うえきやのくまさん 36
　ワニのライル、動物園をにげだす 35
・料理店
　サラダとまほうのおみせ 91
　レストランのかえるくん 207
・市場
　市場へ！いきましょ！ 93
　うたこさんのおかいもの 172
　馬のたまご 65
　せかいいちうつくしいぼくの村 76
　にぐるまひいて 69
　にちよういち 132
　ぼくのぼうし 83
・宿屋・ホテル
　ふしぎなやどや 27
　ほたるホテル 91
・水族館
　⇔魚・水の生き物 356
　海のおばけオーリー 38
・動物園
　⇔飼育係 323　⇔動物 349
　いぬおことわり！ 224
　ウォーレスはどこに 128
　うさこちゃんとどうぶつえん 168
　絵巻えほん動物園 104
　かばくん◆ 130
　ごきげんならいおん◆ 118, 119
　サムはぜったいわすれません 221
　しかのハインリッヒ 73
　どうぶつえんのおいしゃさん 166

どうぶつのこどもたち 228
ヘレン、ようこそどうぶつえんへ............ 71
みんなのかお 78
ワニのライル、動物園をにげだす 35
・図書館
　アンディとらいおん 126
　ステラのえほんさがし 44
　としょかんライオン 182
・美術館
　⇔絵・美術 314
　うさこちゃんびじゅつかんへいく 170
　ババールの美術館 168
・博物館
　かけた耳 43
　ほね、ほね、きょうりゅうのほね 142
　ろけっとこざる 225
・病院
　⇔病気・障害 299　⇔医者 322
　⇔看護士・看護婦 322　⇔獣医 323
　うさこちゃんのにゅういん 169
　ひとまねこざるびょういんへいく 225
　よるのびょういん 130
　ワニのライルとたんじょうパーティー 35
・僧院・修道院
　神の道化師 114
　タンタンチベットをゆく 41
・消防署
　⇔火事 327
　しょうぼうじどうしゃじぷた 214
　しょうぼうねこ 20
　ちいさいしょうぼうじどうしゃ 229
・郵便局
　郵便局員ねこ 175
　ゆうびんやのくまさん 36
・幼稚園・保育園
　イエペはぼうしがだいすき 26
　いたずらビリーとほしワッペン 139
　おおきなおおきなおいも 11
　おしいれのぼうけん 105
　キッコシリーズ 57
　ぐるんぱのようちえん 191

ジェシカがいちばん 181
なきむしようちえん 132
ようちえん 173

・劇場・舞台
　⇔演劇・芸能 316
　アンジェリーナのはつぶたい 73
　ぼくとオペラハウス 181
・映画館
　やどなしねずみのマーサ 235
・公園
　かえるくんのぼうけん 207
　かもさんおとおり 198
・広場
　クラシンスキ広場のねこ 238
・遊園地
　アンジェリーナとおまつり 72
　うさこちゃんとゆうえんち 169
・観覧車
　マドレーヌとジプシー 180
・ディスコ
　やまのディスコ 87
・監獄・牢屋
　⇔脱出・逃亡 329　⇔幽閉・捕虜 329
　ひとまねこざるときいろいぼうし 225
　ロバの子シュシュ 164
・強制収容所・ゲットー
　クラシンスキ広場のねこ 238
・駅
　やこうれっしゃ 132
・線路
　せんろはつづくよ 83
・橋
　川をはさんでおおさわぎ 20
　こぎつねコンとこだぬきポン 157
　三びきのやぎのがらがらどん 160
　スヴェンさんの橋 232
　だいくとおにろく 13
　ロンドン橋がおちまする！ 93
・道・道路
　のろまなローラー 214
　ピーターのとおいみち 70

道草いっぱい 211
ワニのライルのおはなしシリーズ 34, 35
・迷路
　おもしろめいろせかいのたび 219
・飛行場
　ひこうじょうのじどうしゃ 215
・港
　しょうぼうていしゅつどうせよ 211
　バンザイ！海原めざして出航だ！ 93
・灯台
　ぐりとぐらのかいすいよく 216
　チムとうだいをまもる 18
・堤防
　王さまの竹うま 125
・風車
　りこうねずみとよわむしねこ 174
・遺跡
　⇔発見・発掘 317
　太陽の神殿 42
・墓・ピラミッド
　ちいさなとりよ 110
　ファラオの葉巻 42

●家・家具など

・家・巣
　⇔人形の家 308　⇔家出 366
　あなたのいえわたしのいえ 55
　嵐のティピー 76
　あり 75
　「イグルー」をつくる 90
　うさぎとおんどりときつね 227
　おばけのジョージー 159
　かえるのいえさがし 130
　かきねのむこうはアフリカ 176
　くもさんおへんじどうしたの 62
　くものいえ 124
　こすずめのぼうけん 191
　三びきのこぶた 214
　11ぴきのねことぶた 146
　そらいろのたね 217

345

ちいさいおうち 142
ティリーのねがい 79
てぶくろ 222
とんでとんでサンフランシスコ 165
ねずみのいえさがし 151
ふくろう博士のあたらしい家 122
ふるやのもり 104
ヘレン、ようこそどうぶつえんへ 71
マンヒのいえ 68
ものぐさトミー 116
もりのおばあさん 219
もりのともだち 162
やどなしねずみのマーサ 235
わたしの村わたしの家 218

・屋敷・館
　おばけのひっこし 133
　オバケやかたのひみつ 46

・城
　ギルガメシュ王ものがたり 97
　すてきな三にんぐみ 37
　ねむりひめ 190
　ババールのひっこし 168
　レッド・ラッカムの宝 41

・長屋
　三びきのねこのはなしシリーズ 49

・隠れ家
　⇔隠す・隠れる 311
　ハービーのかくれが 188
　まっくろローラどろぼうたいじ 120

・庭
　うたこさんのにわしごと 172
　かきねのむこうはアフリカ 176
　ぼくの庭ができたよ 203
　ホラ すてきなお庭でしょう 93
　ラッセのにわで 179

・部屋
　たろうのひっこし 192

・煙突
　ゆうかんな機関車 108

・風呂
　おふろだいすき 148

おふろばをそらいろにぬりたいな 99
おふろやさん 132
どろんこハリー 71
ワニのライルがやってきた 34

・窓
　まどそうじやのぞうのウンフ 148

・押し入れ
　おしいれのぼうけん 105

・ベッド
　あたし、ねむれないの 179
　ベッドのしたになにがいる？ 90

・いす
　かあさんのいす 32
　ピーターのいす 67

・郵便受け
　とんことり 149

・看板
　とんでとんでサンフランシスコ 165

資源・環境

●資源・物質

・原子力
　めざすは月 42

・石油
　燃える水の国 42

・石炭
　せきたんやのくまさん 36

・炭
　もくたんじどうしゃもくべえ 48

・電気・発電・電池
　ぴかっごろごろ 45
　ものぐさトミー 116

・火
　⇔火事 327
　いちばんのなかよし 68
　天の火をぬすんだウサギ 124
　にげだしたひげ 33
　まじょのひ 238

・光
　⇔太陽・日光 348　⇔月・月光 348
　しぜんのひかりとかげ 60
　チムとうだいをまもる 18
　ドロミテの王子 115
　光の旅かげの旅 85

・闇・かげ
　あっちへいってよ、かげぼうし 16
　アレキサンダーとりゅう 72
　くらやみこわいのだあれ 193
　こかげにごろり 113
　しぜんのひかりとかげ 60
　光の旅かげの旅 85
　ぼく、ひとりでいけるよ 155

・水
　⇔水路・運河 341
　雨とひょう 186
　あめのひ 84
　カルイタの伝説 64
　かわ 56
　しずくのぼうけん 158
　みず 143
　みずのなかのちいさなせかい 205

・氷
　あんな雪こんな氷 102
　「イグルー」をつくる 90
　いたずらカラスのハンス 158

・空気
　くうきはどこにも 63

●岩石・鉱物

・岩石・鉱物いろいろ
　⇔装飾品 303　⇔宝探し 365
　いしになったかりゅうど 10
　女トロルと8人の子どもたち 155
　せかい1おいしいスープ 161
　トロルものがたり 127
　ロバのシルベスターとまほうのこいし 89

・金・ゴールドラッシュ
　⇔金色 315
　きんいろのしか 14
　くんちゃんとにじ 200
　宝さがしの旅 153
　ふわふわしっぽと小さな金のくつ 163
　鳳凰と黄金のカボチャ 219

・水晶
　水晶さがしにいこう 96
　ななつの水晶球 41
　フルリーナと山の鳥 61

・結晶
　雪の写真家ベントレー 15

・ダイヤ
　シンドバッドの冒険 97

・宝石
　カスタフィオーレ夫人の宝石 42

・スズ
　スズの兵隊 161

・ガラス
　こっぷ 27
　シンデレラ 160

・土・泥
　⇔どろんこあそび 308
　どろにんぎょう 27

・化石
　ほね、ほね、きょうりゅうのほね 142

●環境

・自然・環境問題
　しぜんのひかりとかげ 60
　マーシャ・ブラウンの写真絵本シリーズ 162

・ゴミ・リサイクル
　ピエロくん 173
　マイク・マリガンとスチーム・ショベル 143

・静か・静けさ
　⇔音楽・音 316
　クリスマス・イブ 208
　しずかなおはなし 228
　しーっ！ぼうやがおひるねしているの 202

天文・気象

●宇宙・空

・宇宙・空全般
⇔宇宙船・ロケット 307
⇔パイロット・宇宙飛行士 324
だるまちゃんとかみなりちゃん 56
ちいさいひこうき 229

・宇宙人
シドニー行き 714 便 44
11 ぴきのねことへんなねこ 147

・太陽・日光
あまのいわと 11
おひさまのたまご 177
おひさまをほしがったハヌマン 222
北の魔女ロウヒ 69
これはおひさま 47
たいようの木のえだ 191
太陽の神殿 42
ひとつ、アフリカにのぼるたいよう 199
リーベとおばあちゃん 135

・地球
まるいちきゅうのまるいちにち 62

・月・月光
⇔お月見 338
あかりの花 10
おつきさんどうしたの 69
オバケやかたのひみつ 46
おやすみなさいおつきさま 141
北の魔女ロウヒ 69
つきのぼうや 52
つきへいったら 235
月夜のこどもたち 100
ドロミテの王子 115
ぼく、お月さまとはなしたよ,
　かじってみたいな、お月さま,
　どこへいったの、お月さま 16
まんげつのよるまでまちなさい 32
めざすは月，月世界探険 42, 43

・星
おやすみ、わにのキラキラくん 90
ヒマラヤのふえ 222
ほしになったりゅうのきば 13

・銀河・天の川
うしかいとおりひめ 201
たなばた 140

・彗星・流れ星・隕石
ふしぎな流れ星 41

●気象
⇔災害・事故全般 327

・雨
あまがさ 211
雨、あめ 91
あめがふるときちょうちょうはどこへ 235
雨とひょう 186
あめのひ 84
あめのひきのこは… 21
あめのひってすてきだな 58
おさらをあらわなかったおじさん 68
かばくんのふね 130
こぎつねキッコあめふりのまき 57
ノアの箱舟◆ 55
ノアのはこ舟のものがたり 94
ふるやのもり 104
まりーちゃんとおおあめ 164

・嵐・台風
きんいろあらし 91
11 ぴきのねことぶた 146
チムとゆうかんなせんちょうさん，チム、
　ジンジャーをたすける，チムのいぬタウザー，
　チムとうだいをまもる，チムさいごのこうかい
　.. 17, 18
ふくろう博士のあたらしい家 122
わたしのおふねマギー B 137

・風・季節風
おひさまをほしがったハヌマン 222
かぜはどこへいくの 134
ジルベルトとかぜ 38

ピーターのてがみ 67
・雲
　雨とひょう 186
　クーくんツーくんとヘリコプター 112
・雷
　⇨雷様・雷神 363
　だるまちゃんとかみなりちゃん 56
　ぴかっごろごろ 45
　へそもち 13
　ものぐさトミー 116
・干ばつ
　青い花のじゅうたん 114
・霧
　チムききいっぱつ 18
・虹
　あれ、お空がもえてるよ 16
　くんちゃんとにじ 200
　洪水のあとで 55
　みつけたぞぼくのにじ 165
・雪・吹雪
　⇨雪あそび 308　⇨雪だるま 364
　嵐のティピー 76
　あんな雪こんな氷 102
　「イグルー」をつくる 90
　ウッレのスキーのたび 176
　大雪 61
　かさじぞう 11
　かじってみたいな、お月さま 16
　がんばれ機関車トーマス 106
　きつねとトムテ 31
　ぐりとぐらのおきゃくさま 216
　くんちゃんとふゆのパーティー 200
　しろいゆきあかるいゆき 119
　スキーをはいたねこのヘンリー，
　　クリスマスのねこヘンリー 28, 29
　雪原の勇者 15
　大森林の少年 182
　たのしいふゆごもり 58
　つるにょうぼう 13
　ないしょのゆきだるま 46
　はたらきもののじょせつしゃけいてぃー 143

ふゆねこさん 134
ふゆのはなし 70
やまとゆきはら 96
ゆうかんなアイリーン 88
ゆきとトナカイのうた 136
雪の写真家ベントレー 15
ゆきのひ 56, 67
ゆきのひのうさこちゃん 168
ゆきむすめ 79
ゆき、ゆき 197
・ひょう
　雨とひょう 186

動物

● 動物全般

・動物いろいろ
　⇨動物園 344
　¿あつさのせい？ 87
　あめがふるときちょうちょうはどこへ 235
　あめのひってすてきだな 58
　ありこのおつかい 128
　あるあさ、ぼくは… 38
　いくつかくれているかな？ 138
　いつもいっしょ 111
　うさぎのみみはなぜながい 66
　うさこちゃんとどうぶつえん 168
　馬のたまご 65
　絵巻えほん動物園 104
　おうさまババール，
　　ババールといたずらアルチュール，
　　ババールのはくらんかい 166, 167
　おおきいツリーちいさいツリー 150
　おおきなあかいなや 193
　おおきなかぶ 78
　おおわるもののバルマレイ 202
　おかあさんだいすき 163
　おとなしいめんどり 63
　おふろだいすき 148

349

おやすみなさいのほん	83
がちょうのペチューニア,	
ペチューニアごようじん	116, 117
カヌーはまんいん	233
ガラスめだまときんのつののヤギ	87
ガンピーさんのふなあそび◆	144
くもさんおへんじどうしたの	62
クリスマスのうさぎさん	32
グレー・ラビットとヘアとスキレル	
スケートにいく◆	121, 122, 123
こねこのぴっち	155
これがほんとの大きさ！	80
サムはぜったいわすれません	221
しーっ！ぼうやがおひるねしているの	202
しっぽのはたらき	212
十二支の年越◆	64, 65
ジョニーのかぞえうた	98
だいじなとどけもの	100
だれとだれかとおもったら	152
たろうのおでかけ◆	191, 192
たろのえりまき	66
たんじょうび	156
てぶくろ	222
天の火をぬすんだウサギ	124
どうぶつ	236
どうぶつ、いちばんはだあれ？	80
どうぶつえんのおいしゃさん	166
どうぶつかけちゃうよ	44
動物げきじょう	175
どうぶつしんぶん	192
どうぶつのおかあさん◆	212
どうぶつのおやこ	212
どうぶつのこどもたち	228
どこへいったの、お月さま	16
ともだちつれてよろしいですか	209
ともだちはくまくん,	
ごきげんなライオンのおくさんがんばる	
	118, 119
ドルジェのたび	59
なにをかこうかな	224
ねずみくんのチョッキ	34

ノアのはこぶね	44
ノアの箱舟◆	55
ノアのはこ舟のものがたり	94
はなをくんくん	83
ハンダのびっくりプレゼント◆	159, 160
パンはころころ	162
ピーターのとおいみち	70
ひとつ、アフリカにのぼるたいよう	199
ぶたぬききつねねこ◆	147
ペニーさん◆	39
ぼくの観察日記	89
ぼくのロボット大旅行	197
ぼくはワニのクロッカス◆	119
まこちゃんのおたんじょうび	131
まじょのひ	238
まりーちゃんとおおあめ	164
みんなのかお	78
みんなのこもりうた	130
みんなのぶなのき	66
みんなのベロニカ◆	119, 120
メアリー・アリスいまなんじ？	195
もっくりやまのごろったぎつね	49
もりのえほん	24
もりのともだち	162
もりのなか◆	39
薮内正幸のどうぶつ絵本シリーズ	213
やまのディスコ	87
ゆかいなさんぽ	153
ライオンとネズミ	236
わたしとあそんで	39

・飼育

おおきくなりすぎたくま	238
きみとぼくのネコのほん	115
子いぬのかいかたしってるかい？	99

・家畜

⇨酪農家・牧童 324

市場へ！いきましょ！	93
いつもいっしょ	111
かえでがおか農場のなかまたち,	
かえでがおか農場のいちねん	174, 175
チャンティクリアときつね	69

件名索引

ねこのオーランドー農場をかう 176
・擬態
　　⇔まねる・まね 313
　　虫のかくれんぼ 37
・ペット
　　アンガスとあひる◆ 163
　　いたずらハービーはどこ？ 22
　　いつもいっしょ 111
　　うちのペットはドラゴン 48
　　くらやみこわいのだあれ 193
　　子いぬのかいかたしってるかい？ 99
　　ことらちゃんの冒険 156
　　スキーをはいたねこのヘンリー◆ ... 28, 29
　　のら犬ウィリー 83
　　バランティヌと小犬のツッキー◆ 74
　　ふゆねこさん 134
　　へびのクリクター 37
　　ぼくのともだちドゥームズ 189
　　ローラのぼうけんえほんシリーズ 120

● けもの

・けものいろいろ
　　けもの 204
・アナグマ
　　おやすみなさいフランシス◆ 187, 188
　　キツネどんのおはなし 184
　　もぐらのモールディのおはなし 122
・アライグマ
　　ペチューニアすきだよ 117
　　ぼく、ひとりでいけるよ◆ 155
　　まんげつのよるまでまちなさい 32
・イタチ
　　おはなしばんざい 233
　　グレー・ラビットいたちにつかまる 122
・イヌ
　　アンガスとあひる◆ 163
　　1ねんに365のたんじょう日プレゼントを
　　　もらったベンジャミンのおはなし ... 150
　　いぬことわり！ 224
　　いぬがいっぱい 86

　　いぬとにわとり 190
　　かわいいサルマ 105
　　くらやみこわいのだあれ 193
　　こいぬがうまれるよ 33
　　子いぬのかいかたしってるかい？ 99
　　こいぬのくんくん◆ 171
　　こんにちはかえるくん！，
　　　かえるくんどこにいるの？，
　　　しょうねんといぬとかえるととともだち，
　　　めいわくなおくりもの 206, 207
　　ジローとぼく 46
　　「ジンジャーとピクルズや」のおはなし，
　　　パイがふたつあったおはなし 184, 185
　　セルコ 77
　　たいほうだまシンプ 144
　　たんじょうび 156
　　チムのいぬタウザー 18
　　つりめいじんめだる 152
　　どうながのプレッツェル 224
　　どろんこハリー◆ 71
　　ナップとウィンクル 33
　　ニャーンといったのはだれ 90
　　のら犬ウィリー 83
　　バランティヌと小犬のツッキー◆ 74
　　ピーターのくちぶえ 67
　　ブレーメンのおんがくたい 156
　　ベンジーのふねのたび 72
　　ぼくのいぬがまいごです！ 67
　　マドレーヌといぬ 180
　　みどりおばさん、ちゃいろおばさん、
　　　むらさきおばさん 178
　　ももたろう 14
　　もりのおばあさん 219
　　やまとゆきはら 96
　　ヤンとスティッピー 138
　　ろくべえまってろよ 113
　　ローラのぼうけんえほんシリーズ 120
・ウサギ
　　いなばのしろうさぎ 11
　　うさぎ小学校◆ 75
　　うさぎとおんどりときつね 227

351

うさぎのみみはなぜながい 66
おかえりなさいスポッティ 224
おたんじょうびのおくりもの 216
おやすみなさいおつきさま 141
かえるのごほうび 57
クリスマスのうさぎさん 32
グレー・ラビットとヘアとスキレル
　スケートにいく◆ 121, 122, 123
こうさぎたちのクリスマス 15
子うさぎましろのお話 204
こぐまのたろの絵本シリーズ 66
ごちそうさまのなつ 83
しろいうさぎとくろいうさぎ 32
しんせつなともだち 206
たからさがし 217
ちいさなうさこちゃん◆ ... 168, 169, 170, 171
天の火をぬすんだウサギ 124
なにをかこうかな 224
野うさぎのフルー 231
ピーターラビットのおはなし,
　ベンジャミンバニーのおはなし,
　フロプシーのこどもたち,
　こわいわるいうさぎのおはなし,
　キツネどんのおはなし 182, 183, 184
ふわふわしっぽと小さな金のくつ 163
ボタンのくに 131
もりのともだち 162
わたしのワンピース 131

・ウシ・バッファロー
　⇨闘牛 310　⇨酪農家・牧童 324
嵐のティピー 76
うんがにおちたうし 91
おりこうなアニカ 177
カウボーイのスモールさん 229
くいしんぼうのはなこさん 130
にぐるまひいて 69
バッファローのむすめ 76
はなのすきなうし 231
リンゴとカラス麦 17

・ウマ
　⇨乗馬・競馬 309　⇨ペガサス・天馬 364
嵐のティピー 76
馬のゴン太旅日記 96
馬のたまご 65
カウボーイのスモールさん 229
くろうまブランキー 191
スーホの白い馬 12
たまごからうま 52
ぶどう畑のアオさん 147
ペニーさんと動物家族 39
名馬キャリコ 143
やまのディスコ 87

・オオカミ
おおかみと七ひきのこやぎ 190
おやゆびこぞう 190
こぶたのおるすばん 226
三びきのこぶた 214
しずかなおはなし 228
セルコ 77
ピーターとおおかみ 150
ぶどう畑のアオさん 147
ふるやのもり 104

・オランウータン
ウォーレスはどこに 128

・カバ
かばくん◆ 130
みんなのベロニカ◆ 119, 120

・カワウソ
ボビーとそらいろのヨット 140

・カンガルー
ポケットのないカンガルー 226
まいごのふたご 134

・キツネ
あひるのジマイマのおはなし 184
うさぎとおんどりときつね 227
おかえし 52
おつきさんどうしたの 69
かもときつね 213
キッコシリーズ 57
きつねとトムテ 31

きつねとねずみ 213
キツネどんのおはなし 184
きつねのぱんとねこのぱん 157
きつねのホイティ 33
きつね森の山男 146
きつねをつれてむらまつり 157
こぎつねコンとこだぬきポン 157
こんにちはあかぎつね！ 62
そらいろのたね 217
チャンティクリアときつね 69
歯いしゃのチュー先生 88
ぶたのめいかしゅローランド 88
もっくりやまのごろったぎつね 49
もりのともだち 162
ロージーのおさんぽ 140

・クマ
あした、がっこうへいくんだよ 136
おおきくなりすぎたくま 238
おとぼけくまのバーナビー 68
くまのコールテンくん 165
くまのテディちゃん 117
くまのビーディーくん 165
くまのブウル 231
ぐりとぐらのえんそく 217
くんちゃんのだいりょこう◆ 200, 201
こぐま学校のバザー 59
こぐまのたろの絵本シリーズ 66
サリーのこけももつみ 198
三びきのくま 228
3びきのくま 137
3びきのこぐまさん 206
せきたんやのくまさん◆ 36
たのしいふゆごもり 58
ティリーのねがい◆ 79, 80
ともだちはくまくん 118
なかよしのくまさん 159
二ひきのこぐま 28
はじめてよむどうわシリーズ 99, 100
はなをくんくん 83
バンセスのクリスマス◆ 207, 208
ぶたぶたくんのおかいもの 152

ふわふわくんとアルフレッド 201
ぼく、お月さまとはなしたよ◆ 16
マーシャとくま 222
まほうのたいこ 101

・ゴリラ
黒い島のひみつ 41

・サイ
ババールのしんこんりょこう 166

・サル
あくまのおよめさん 64
おさるとぼうしうり 94
おひさまをほしがったハヌマン 222
かえるのごほうび 57
かさどろぼう 33
かにむかし 82
がまどんさるどん 46
西遊記 1〜3 29
さるとびっき 58
さるとわに 63
さるのオズワルド 196
さるのゼフィール 167
ひとまねこざるときいろいぼうし◆ 225
ふるやのもり 104
マンゴーとバナナ 149
ももたろう 14

・シカ・マメジカ
きんいろのしか 14
しかのハインリッヒ 73
マンゴーとバナナ 149
リンゴとカラス麦 17

・スカンク
もりのむこうになにがあるの？ 155

・ゾウ
いちばんのなかよし 68
ぐるんぱのようちえん 191
シンドバッドのさいごの航海 98
ぞうさん 129
ぞうのババールシリーズ 166, 167, 168
ぞうのホートンたまごをかえす 125
ババールの美術館 168
ぼくはこどものぞうです 186

353

まいごのふたご 134
まどそうじやのぞうのウンフ 148
・**タヌキ**
　おかえし 52
　こぎつねコンとこだぬきポン 157
　こだぬき6ぴき 129
・**チーター**
　ぼくのともだちドゥームズ 189
・**チンパンジー**
　アーサーのクリスマス・プレゼント◆ 187
・**トナカイ**
　オーラのたび 127
　ゆきとトナカイのうた 136
・**トラ**
　おちゃのじかんにきたとら 54
　おどりトラ 113
　10にんのきこり 222
　とらとまるた 129
　ふわふわくんとアルフレッド 201
・**ネコ**
　あおい目のこねこ 196
　あくたれラルフ 224
　アンガスとねこ 163
　いたずらこねこ 110
　絵巻えほん 11 ぴきのねこマラソン大会 145
　王さまの竹うま 125
　おてがみ 128
　おとうさんねこのおくりもの 111
　おなかのかわ 205
　おひげのとらねこちゃん 228
　かえるくんのぼうけん 207
　きつねのぱんとねこのぱん 157
　きみとぼくのネコのほん 115
　きょうはおやすみだよ◆ 20, 21
　クラシンスキ広場のねこ 238
　クリスマスのこねこ 133
　くろねこかあさん 152
　黒ねこジェニーの誕生日 20
　ことらちゃんの冒険 156
　こねこのおひげちゃん 228
　こねこのチョコレート 45

こねこのトムのおはなし，モペットちゃんのおはなし，「ジンジャーとピクルズや」のおはなし，ひげのサムエルのおはなし，グロースターの仕たて屋，パイがふたつあったおはなし，ずるいねこのおはなし
　..................... 183, 184, 185, 186
こねこのねる 173
こねこのぴっち 155
さよならエルマおばあさん 47
三びきのねこのはなしシリーズ 49
11 ぴきのねこ◆ 146, 147
しょうぼうねこ 20
スキーをはいたねこのヘンリー◆ 28, 29
たんじょうび 156
ちいさなねこ 219
チム、ジンジャーをたすける 17
つりめいじめだる 152
ディック・ウイッティントンとねこ 161
長ぐつをはいたねこ 156
長ぐつをはいたネコ 162
にちよういち 132
ニャーンといったのはだれ 90
ねこがいっぱい 87
ねこのオーランドー◆ 176
ねこのくにのおきゃくさま 34
100 まんびきのねこ 55
フィンダスのたんじょうび 134
ふゆねこさん 134
ブレーメンのおんがくたい 156
ベロニカとバースデープレゼント 120
ベンジーのふねのたび 72
みみずくと3びきのこねこ 175
郵便局員ねこ 175
よるのねこ 27
りこうねずみとよわむしねこ 174
るすばんねこのぼうけん 186
・**ネズミ**
　あるひねずみが… 160
　いちばんのなかよし 68
　おしいれのぼうけん 105
　おてんばシーラ 181

おはなしばんざい 233
かあさんねずみがおかゆをつくった 93
かえるだんなのけっこんしき 230
きつねとねずみ 213
ぐりとぐら◆ 216, 217
グレー・ラビットとヘアとスキレル
　スケートにいく，ねずみのラットの
　やっかいなしっぽ 121, 122
すにっぴいとすなっぴい 55
せかいいちのあかちゃん 181
とうさんおはなしして 234
にげだしたひげ 33
ねこのくにのおきゃくさま 34
ねずみくんのチョッキ 34
ねずみのとうさんアナトール 63
ねずみのほんシリーズ 151, 152
歯いしゃのチュー先生 88
ハービーのかくれが 188
バラライカねずみのトラブロフ 144
バレエのすきなアンジェリーナ◆ 72, 73
フレデリック 227
プンクマインチャ 14
町のねずみといなかのねずみ 73
モペットちゃんのおはなし，2ひきのわるい
　ねずみのおはなし，のねずみチュウチュウ
　おくさんのおはなし，まちねずみジョニーの
　おはなし，ひげのサムエルのおはなし，
　グロースターの仕たて屋，
　ずるいねこのおはなし 183
やどなしねずみのマーサ 235
ライオンとねずみ 199
ライオンとネズミ 236
りこうねずみとよわむしねこ 174

・ハムスター
　いたずらハービーはどこ？ 22

・ハリネズミ
　グレー・ラビットと旅のはりねずみ ... 123
　しずかなおはなし 228
　ティギーおばさんのおはなし 185

・ヒツジ
　クリスマスのねこヘンリー 29
　ちいさなひつじフリスカ 223
　ペレのあたらしいふく 177
　まりーちゃんとひつじ，
　　まりーちゃんのくりすます 163, 164

・ブタ
　赤い目のドラゴン 30
　こぶたくんのおはなしシリーズ 233
　こぶたの ABC 54
　こぶたのおるすばん 226
　こぶたのバーナビー 129
　こぶたのピグリン・ブランドのおはなし ... 186
　コブタをかぞえてIからMM 54
　三びきのこぶた 214
　ジークの魔法のハーモニカ 88
　11ぴきのねことぶた 146
　どろんここぶた 234
　ぶたのめいかしゅローランド 88
　ぶたぶたくんのおかいもの 152
　ブルーナのうたこさんのえほんシリーズ ... 172
　もりのおばあさん 219
　りんごのきにこぶたがなったら 232

・マングース
　マリールイズいえでする 21

・モグラ
　もぐらとずぼん 205
　もぐらのモールディのおはなし 122

・ヤギ
　⇨酪農家・牧童 324
　おおかみと七ひきのこやぎ 190
　大きな山のトロル 51
　ガラスめだまときんのつののヤギ 87
　三びきのやぎのがらがらどん 160
　プンクマインチャ 14
　マウルスと三びきのヤギ 62
　ロミラのゆめ 60

・ライオン
　アンディとらいおん 126
　ギルガメシュ王さいごの旅 97
　ごきげんならいおん◆ 118, 119

サバンナのともだち 208
としょかんライオン 182
はらぺこライオン 230
ピエールとライオン 98
ライオンとねずみ 199
ライオンとネズミ 236
ラチとらいおん 201

・ラマ
カルイタの伝説 64

・リス
おかあさんはおでかけ 155
グレー・ラビットとヘアとスキレル
　スケートにいく◆ 121, 122, 123
りすがたねをおとした 179
りすのナトキンのおはなし,
　カルアシ・チミーのおはなし 184, 185
りすのパナシ 230

・ロバ
サンタクロースのおくりもの 51
ちいさなろば 78
ツバメの歌/ロバの旅 192
ふしぎなやどや 27
ブレーメンのおんがくたい 156
ロバの子シュシュ 164
ロバのシルベスターとまほうのこいし ... 89
ロバのロバちゃん 120
わたしのろばベンジャミン 49

●魚・水の生き物

・魚いろいろ
　⇔釣り 309
さかな 204
11ぴきのねこ 146
しりたがりやのちいさな魚のお話 177
ちいさなさかな 173
わたしのあかいぼうし 203

・コイ
おじいちゃんとのクリスマス 121

・メダカ
めだかのめがね 104

・カニ
かにむかし 82
金のはさみのカニ 43

・タツノオトシゴ
たつのおとしご 234

・トビウオ
とびうお 220

・タコ
エミールくんがんばる 37
クーくんツーくんとタコとイカ ... 112
たこのオクト 60

・イカ
クーくんツーくんとタコとイカ ... 112

・アザラシ
海のおばけオーリー 38

・クジラ
沖釣り漁師のバート・ダウじいさん 198
シンドバッドの冒険 97

●鳥

・鳥いろいろ
　⇔金の鳥・不死鳥 364　⇔怪鳥 364　⇔鳳凰 364
王さまの竹うま 125
おひゃくしょうのやん 172
おやすみみみずく 138
かじってみたいな、お月さま,
　あれ、お空がもえてるよ 16
きいろいことり 172
こすずめのぼうけん 191
こまった鳥の木 207
ぞうのホートンたまごをかえす ... 125
ちいさなとりよ 110
とり 204
ババールとりのしまへ 167
フルリーナと山の鳥 61
ゆきのひのうさこちゃん 168
るすばんねこのぼうけん 186

・ヒナ・ヒヨコ
⇔ニワトリ 357
かものプルフ 230
ひよことむぎばたけ 205
ひよこのかずはかぞえるな 127

・アヒル
あひるのバーバちゃん 215
あひるのピンのぼうけん 31
アンガスとあひる 163
こねこのトムのおはなし,
　　あひるのジマイマのおはなし 183, 184
ふしぎなたまご 173
まりーちゃんとひつじ 163
メアリー・アリスいまなんじ？ 195
もりのおばあさん 219

・アホウドリ
11 ぴきのねことあほうどり 146

・ウグイス
九月姫とウグイス 103

・オウム
おなかのかわ 205

・ガチョウ
おつきさんどうしたの 69
がちょうのペチューニア◆ 116, 117
ポルカ 145

・カモ
かもさんおとおり 198
かもときつね 213
かものプルフ 230

・カラス
いたずらカラスのハンス 158
からす 203
からすたろう 211
バンセスのクリスマス 207
ぶたぶたくんのおかいもの 152
めんどりのさがしもの 22

・カワセミ
かわせみのマルタン 231

・キジ
ももたろう 14

・クロドリ
ランパンパン 21

・コマドリ
おじいちゃんとおばあちゃん 100
こまどりのクリスマス 201

・スズメ
こしおれすずめ 95
こすずめのぼうけん 191
したきりすずめ 12

・ダチョウ
ダチョウのくびはなぜながい？ 161

・ツバメ
ツバメの歌 / ロバの旅 192

・ツル
つるにょうぼう 13

・ハト
とんでとんでサンフランシスコ 165
ねぼすけはとどけい 95
ノアの箱舟 55
ノアのはこ舟のものがたり 94

・ニワトリ
⇔ヒナ・ヒヨコ 357
いぬとにわとり 190
うさぎとおんどりときつね 227
おしゃべりなたまごやき 112
おとなしいめんどり 63
おんどりとぬすっと 232
金のニワトリ 181
チャンティクリアときつね 69
ハンダのめんどりさがし 160
ひよことむぎばたけ 205
ひよこのかずはかぞえるな 127
ブレーメンのおんがくたい 156
めんどりのさがしもの 22
もりのともだち 162
ロージーのおさんぽ 140

・フクロウ
ふくろう 203
ふくろうくん 234
ふくろう博士のあたらしい家 122
ホッホーくんのおるすばん 77

りすのナトキンのおはなし 184
・ペリカン
　ターちゃんとペリカン 165
　ポールとペリカン 236
・ミミズク
　おやすみみみずく 138
　月夜のみみずく 85
　みみずくと3びきのこねこ 175
・ワシ
　たいようの木のえだ 191

●虫

・虫いろいろ
　かえるのつなひき 67
　くさむらのむしたち 124
　こんちゅう 204
　だれだかわかるかい？ 28
　のねずみチュウチュウおくさんのおはなし ... 184
　虫のかくれんぼ 37
　やなぎむらのおはなしシリーズ 91
・昆虫採集
　せみとりめいじん 60
・アリ
　あり 75
　ありこのおつかい 128
　ありのぎょうれつ 124
・アオムシ・イモムシ
　はらぺこあおむし 62
・ガ
　みのむしがとんだ 125
・カブトムシ
　かぶとむしはどこ？ 196
・カマキリ
　かまきりのキリコ 125
　かまきりのちょん 125
・クモ
　⇔アナンシ 363
　かわいいサルマ 105
　くもさんおへんじどうしたの 62
　くものいえ 124

ヘレン、ようこそどうぶつえんへ 71
・シャクトリムシ
　ひとあしひとあし 227
・セミ
　せみとりめいじん 60
・ダンゴムシ
　ぼく、だんごむし 103
・チョウ
　あげは 75
　あめがふるときちょうちょうはどこへ 235
　はらぺこあおむし 62
・ノミ
　これはのみのぴこ 237
・バッタ
　くさはらのこびと 70
　とべバッタ 103
・ホタル
　ほたるホテル 91
・ミノムシ
　みのむしがとんだ 125

●爬虫類・両生類

・カエル
　アカメアマガエル 153
　かえるがみえる◆ 145
　かえるくんのほんシリーズ 206, 207
　かえるだんなのけっこんしき 230
　かえるのいえさがし 130
　かえるのごほうび 57
　かえるのつなひき 67
　がまどんさるどん 46
　さるとびっき 58
　しりたがりやのちいさな魚のお話 177
　とべ、カエル、とべ！ 141
　のねずみチュウチュウおくさんのおはなし，
　　ジェレミー・フィッシャーどんのおはなし
　　　　　　　　　　　　　　　　　　184, 185
　ふしぎなたいこ 82
　ふたりはともだち◆ 234, 235
　ゆかいなかえる 74

- カメ
  - いたずらこねこ 110
  - うらしまたろう 14
  - かばくん 130
  - きんいろあらし 91
  - くれよんのはなし 165
  - しょうねんといぬとかえるとともだち 207
- カメレオン
  - パンサーカメレオン 153
- ヘビ
  - ⇨大蛇 365
  - いしになったかりゅうど 10
  - へびのクリクター 37
- ワニ
  - アメリカワニです、こんにちは 98
  - おやすみ、わにのキラキラくん 90
  - さるとわに 63
  - ダチョウのくびはなぜながい？ 161
  - にわのわに 104
  - ぼくはワニのクロッカス◆ 119
  - わにがまちにやってきた 96
  - わにがわになる 104
  - わにのアーサーおよばれにいく 195
  - ワニのライルのおはなしシリーズ 34, 35

● 古生物

- 古生物いろいろ
  - これがほんとの大きさ！　続 80
  - ぼくのロボット恐竜探検 197
- 恐竜
  - 絵巻えほん新・恐竜たち 73
  - きょうりゅうきょうりゅう 141
  - きょうりゅうくんとさんぽ 188
  - 恐竜物語◆ 196, 197
  - これがほんとの大きさ！　続 80
  - 11ぴきのねこどろんこ 147
  - ぼくのロボット恐竜探検 197
  - ほね、ほね、きょうりゅうのほね 142

植物

● 植物全般

- 植物いろいろ
  - しぜんのきせつ 61
  - しょくぶつ 205
  - はちうえはぼくにまかせて 71
  - ラッセのにわで 179
- 園芸・栽培
  - ⇨園芸家・植木屋 322　⇨農業・お百姓 323
  - うさこちゃんのはたけ 170
  - うたこさんのにわしごと 172
  - おひゃくしょうのやん 172
  - くんちゃんのはたけしごと 200
  - たろとなーちゃん 66
  - はちうえはぼくにまかせて 71
  - ぼくの庭ができたよ 203
  - ぼくのにんじん 86

● 果実

- 果実・木の実いろいろ
  - くだもの 154
  - だれとだれかとおもったら 152
  - ハンダのびっくりプレゼント 159
  - りすのナトキンのおはなし 184
- イチゴ・キイチゴ
  - 木いちごつみ 216
  - 空とぶゆうびんやさん 126
- ウリ
  - 馬のたまご 65
- オレンジ・ミカン
  - おひさまのたまご 177
- カキ
  - かにむかし 82
  - 二ほんのかきのき 70
- クルミ
  - カルアシ・チミーのおはなし 185
- サクランボ
  - うたこさんのおかいもの 172

359

せかいいちうつくしいぼくの村 76
　　りすがたねをおとした 179
・スイカ
　　リーラちゃんとすいか 137
・ドングリ
　　どんぐりぼうやのぼうけん 177
・ナシ
　　ヨッケリなしをとっといで 190
・バナナ
　　マンゴーとバナナ 149
・ヒョウタン
　　こしおれすずめ 95
　　西遊記 2 29
・ブドウ
　　ぶどう畑のアオさん 147
・ブルーベリー・コケモモ
　　サリーのこけももつみ 198
　　ブルーベリーもりでのプッテのぼうけん ... 177
・マンゴー
　　マンゴーとバナナ 149
・モモ
　　ももたろう 14
・リンゴ
　　いちねんのりんご 65
　　おたんじょうびのおくりもの 216
　　おばけリンゴ 212
　　ぼくの庭ができたよ 203
　　リンゴとカラス麦 17
　　りんごのき 94
　　りんごのきにこぶたがなったら 232

●木

・木いろいろ
　　⇔森・林 342
　　王さまの竹うま 125
　　木はいいなあ 82
　　こまった鳥の木 207
　　とらとまるた 129
　　ふくろう博士のあたらしい家 122
　　ふゆめがっしょうだん 126

　　りすがたねをおとした 179
　　りんごのき◆ 94
・サボテン
　　名馬キャリコ 143
・ニレ
　　はるにれ 19
・ブナ
　　みんなのぶなのき 66
・モミ
　　⇔クリスマス・クリスマスツリー 338
　　ちいさなもみのき 69
・ヤナギ
　　スーザンのかくれんぼ 95
　　やなぎむらのおはなしシリーズ 91

●草花

・草花
　　青い花のじゅうたん 114
　　くさむらのむしたち 124
　　はなのすきなうし 231
　　はなをくんくん 83
　　ぼくの観察日記 89
　　ぼくの庭ができたよ 203
　　ぼくはワニのクロッカス 119
・アサガオ
　　とこまさのはなし 49
・ショウブ
　　くわずにょうぼう 12
・タンポポ
　　たんぽぽ 154
　　リーベとおばあちゃん 135
・バラ・イバラ
　　ねむりひめ 190
・ユリ
　　あかりの花 10
・ヨモギ
　　くわずにょうぼう 12

●野菜・穀物
⇔水田・畑 342

・野菜・穀物いろいろ
おひゃくしょうとえんまさま 79
げんきなやさいたち 50
たべられるしょくぶつ 121
はたけのともだち 103
やさい 154
やさいのおなか 65
・イネ
かえるのつなひき 67
・カブ
おおきなかぶ 78
しんせつなともだち 206
・カボチャ
くいしんぼうのはなこさん 130
しりたがりやのこぶたくん 233
たまごからうま 52
ちいさなたいこ 15
鳳凰と黄金のカボチャ 219
・サツマイモ
おおきなおおきなおいも 11
くいしんぼうのはなこさん 130
・ジャガイモ
ジェイミー・オルークとおばけイモ 115
・ソバ
おそばのくきはなぜあかい 140
・ダイコン
きつね森の山男 146
・タケノコ
ふしぎなたけのこ 96
・ニンジン
うさこちゃんのはたけ 170
こわいわるいうさぎのおはなし 183
ぼくのにんじん 86
・フキ・フキノトウ
ふきまんぶく 104
・マメ
メアリー・スミス 218

・ムギ
おそばのくきはなぜあかい 140
ひよことむぎばたけ 205
リンゴとカラス麦 17
・レタス
フロプシーのこどもたち 183
・ワラ
わらむすめ 232

●その他

・キノコ
あめのひきのこは… 21
きのこはげんき 26
・種
子うさぎましろのお話 204
こしおれすずめ 95
そらいろのたね 217
ぼくのにんじん 86
りすがたねをおとした 179
リーラちゃんとすいか 137
・芽
ふゆめがっしょうだん 126
ぼくのにんじん 86
・枝
たいようの木のえだ 191
・根
根っこのこどもたち目をさます 53
ねっこぼっこ 53

生物・生命

・一生・人生
⇔伝記・自伝的小説 320
アニーとおばあちゃん 145
・誕生・出産
⇔誕生日 339
あかちゃんでておいで！ 154
クリスマスのおはなし 226
クリスマスのはじまり 160

361

クリスマスのものがたり 190
こいぬがうまれるよ 33
ちいさなうさこちゃん,
　うさこちゃんとあかちゃん 168, 170

・成長
　あげは 75
　あまがさ 211
　いっすんぼうし 14
　かぶとむしはどこ？ 196
　こいぬがうまれるよ 33
　たべられるしょくぶつ 121
　ティッチ，ぶかぶかティッチ 139
　とびうお 220
　ピーターのいす 67
　りすがたねをおとした 179

・老い
　⇨お年寄り 293
　さよならエルマおばあさん 47

・死
　⇨殺人・暗殺 329
　アニーとおばあちゃん 145
　うさこちゃんのだいすきなおばあちゃん ... 170
　かわせみのマルタン 231
　ギルガメシュ王のたたかい,
　　ギルガメシュ王さいごの旅 97
　くにのはじまり 11
　さよならエルマおばあさん 47
　スーホの白い馬 12
　ちいさなとりよ 110
　ぼくのともだちドゥームズ 189

・進化
　絵巻えほん新・恐竜たち 73

・繁殖
　たんぽぽ 154

・産卵・孵化
　⇨卵 302
　あひるのジマイマのおはなし 184
　ぞうのホートンたまごをかえす 125
　ふしぎなたまご 173

・変態
　⇨変身 362
　あげは 75
　かぶとむしはどこ？ 196
　サラダとまほうのおみせ 91
　はらぺこあおむし 62
　みのむしがとんだ 125

・微生物・プランクトン
　みずのなかのちいさなせかい 205

不思議

●超自然現象・異界

・超自然・魔法いろいろ
　⇨神話 318　⇨昔話 319
　ききみみずきん 140
　ジークの魔法のハーモニカ 88
　シンデレラ 160
　はろるどまほうのくにへ 86
　ヒマラヤのふえ 222
　ふしぎな 500 のぼうし 125
　ふしぎなバイオリン 174
　ふしぎなやどや 27
　まほうのたいこ 101
　ロバのシルベスターとまほうのこいし 89

・奇跡
　神の道化師 114

・変身
　⇨変装・仮装 304　⇨変態 362
　あかりの花 10
　あるひねずみが… 160
　いしになったかりゅうど 10
　おばけのバーバパパ 110
　きつねをつれてむらまつり 157
　こぎつねコンとこだぬきポン 157
　西遊記 1～3 29
　さらわれたりゅう 133
　しずくのぼうけん 158
　しりたがりやのちいさな魚のお話 177

ジローとぼく 46
どれがぼくかわかる？ 58
長ぐつをはいたねこ 156
長ぐつをはいたネコ 162
ふしぎなやどや 27
ロバのシルベスターとまほうのこいし 89

・**別世界・異次元**
　⇔タイムトラベル 366
　かいじゅうたちのいるところ 99
　くにのはじまり，すさのおとおおくにぬし
　　.. 11, 12

・**竜宮城**
　うらしまたろう 14

●**妖怪・架空の動物など**

・**妖怪いろいろ**
　絵巻えほん妖怪の森 202
　西遊記１〜３ 29
　ふしぎなやどや 27
　モンスターをかこう！ 45

・**悪魔**
　あくまのおよめさん 64

・**閻魔**
　おひゃくしょうとえんまさま 79

・**アナンシ**
　⇔クモ 358
　かわいいサルマ 105

・**あまんじゃく**
　ききみみずきん 140

・**うみぼうず**
　ぐりとぐらのかいすいよく 216

・**大男・巨人**
　大きな山のトロル 51
　女トロルと８人の子どもたち 155
　きつね森の山男 146
　三びきのやぎのがらがらどん 160
　トロルのばけものどり 127
　トロルのもり 195
　トロルものがたり 127
　長ぐつをはいたねこ 156

　ノックメニーの丘の巨人とおかみさん 115

・**鬼**
　いっすんぼうし 14
　お化けの海水浴 64
　こぶじいさま 12
　だいくとおにろく 13
　だごだごころころ 58
　だんごだんごどこいった 46
　長ぐつをはいたネコ 162
　にぎりめしごろごろ 13
　プンクマインチャ 14
　みっつのねがいごと 114
　ももたろう 14

・**お化け・幽霊**
　うさこちゃんおばけになる 170
　海のおばけオーリー 38
　おばけのジョージー 159
　おばけのバーバパパ 110
　おばけのひっこし 133
　お化けの真夏日◆ 64
　オバケやかたのひみつ 46
　クーくんツーくんとオバケ 112
　ちからたろう 103
　ベッドのしたになにがいる？ 90
　わんぱく機関車 109

・**怪獣・怪物**
　かいじゅうたちのいるところ 99
　ギルガメシュ王のたたかい 97
　黒い島のひみつ 41
　さるのゼフィール 167
　11 ぴきのねこふくろのなか 146
　シンドバッドと怪物の島，
　　シンドバッドのさいごの航海 97, 98
　せかい一わるいかいじゅう◆ 138, 139
　へんなどうつぶ 55

・**かっぱ・水の精**
　かっぱ 102

・**雷様・雷神**
　⇔雷 349
　せんたくかあちゃん 79
　だるまちゃんとかみなりちゃん 56

363

へそもち 13
・**人魚**
　　かえってきたおとうさん 99
　　さるのゼフィール 167
　　3人のちいさな人魚 126
・**小人**
　　いっすんぼうし 14
　　うみからきたちいさなひと 120
　　おじいちゃんとおばあちゃん 100
　　おやゆびこぞう 190
　　おりこうなアニカ 177
　　くさはらのこびと 70
　　クリスマス・トムテン 31
　　ジェイミー・オルークとおばけイモ 115
　　ちいさなたいこ 15
　　トムテ◆ 31
　　トムテンのミルクがゆ 134
　　ドロミテの王子 115
　　どんぐりぼうやのぼうけん 177
　　ババールとサンタクロース 167
　　びんぼうこびと 47
　　ふしぎなえ，ふしぎなさーかす 24
　　ふゆのはなし 70
　　ブルーベリーもりでのプッテのぼうけん 177
　　もりのこびとたち 178
・**仙人・仙女**
　　たなばた 140
・**てんぐ**
　　さらわれたりゅう 133
　　だるまちゃんとてんぐちゃん 56
・**天使**
　　クリスマスのはじまり 160
　　クリスマスのものがたり 190
　　ちいさな天使と兵隊さん 77
　　天使のクリスマス 77
・**ペガサス・天馬**
　　白銀の馬 238
・**獅子**
　　おそばのくきはなぜあかい 140
・**魔女**
　　アーサー王の剣 223

　　おしいれのぼうけん 105
　　北の魔女ロウヒ 69
　　しりたがりやのちいさな魚のお話 177
　　ぬまばばさまのさけづくり 52
　　ねむりひめ 190
　　魔女図鑑 141
　　魔女たちのあさ 15
　　まじょのひ 238
　　まほうつかいバーバ・ヤガー 149
・**魔法使い**
　　アーサー王の剣 223
　　いろいろへんないろのはじまり 233
　　金のニワトリ 181
・**やまんば・鬼ばば**
　　くわずにょうぼう 12
　　やまんばのにしき 96
・**妖精**
　　あかてぬぐいのおくさんと7にんのなかま 25
　　ウッレのスキーのたび 176
　　おひさまのたまご 177
　　ジェイミー・オルークとなぞのブーカ 115
　　どんぐりぼうやのぼうけん 177
　　根っこのこどもたち目をさます 53
　　ねっこぼっこ 53
　　ラッセのにわで 179
・**金の鳥・不死鳥**
　　あかりの花 10
　　金のニワトリ 181
・**怪鳥**
　　シンドバッドの冒険 97
　　トロールのばけものどり 127
・**鳳凰**
　　鳳凰と黄金のカボチャ 219
・**雪だるま**
　　あるきだしたゆきだるま 51
　　スノーマン 164
　　ないしょのゆきだるま 46
・**雪男**
　　タンタンチベットをゆく 41
・**竜・竜王**
　　赤い目のドラゴン 30

件名
索引

364

アレキサンダーとりゅう 72
うちのペットはドラゴン 48
うできき四人きょうだい 189
うらしまたろう 14
おばけリンゴ 212
さらわれたりゅう 133
ほしになったりゅうのきば 13

- **大蛇**
  - やまたのおろち 11

旅・冒険

- **旅**
  - あおい目のこねこ 196
  - ウォーリーのふしぎなたび 151
  - 馬のゴン太旅日記 96
  - 運命の王子 199
  - おおずもうがやってきた 132
  - おもしろめいろせかいのたび 219
  - おやゆびこぞう 190
  - オーラのたび 127
  - かものプルッフ 230
  - ギルガメシュ王さいごの旅 97
  - くんちゃんのだいりょこう 200
  - 西遊記 1～3 29
  - しずくのぼうけん 158
  - 旅の絵本◆ 23, 24
  - ちからたろう 103
  - つきへいったら 235
  - ツバメの歌/ロバの旅 192
  - とびうお 220
  - ドルジェのたび 59
  - なんでも見える鏡 87
  - にぐるまひいて 69
  - ババールのしんこんりょこう,
    ババールとサンタクロース 166, 167
  - 光の旅かげの旅 85
  - ひとまねこざるときいろいぼうし 225
  - ぶたのめいかしゅローランド 88
  - ペチューニアのだいりょこう 117

  - ベンジーのふねのたび 72
  - マウルスとマドライナ 62
  - まちねずみジョニーのおはなし 184
  - まっくろローラパリへのたび 120
  - マドレーヌとジプシー 180
  - 南の国へおもちゃの旅 84
  - やこうれっしゃ 132

- **航海・密航**
  ⇔船 306　⇔船乗り・船長 324
  - 海時計職人ジョン・ハリソン 174
  - かいじゅうたちのいるところ 99
  - シンドバッドのさいごの航海 98
  - チムとゆうかんなせんちょうさん,
    チムさいごのこうかい 17, 18
  - ディック・ウイッティントンとねこ 161
  - バンザイ！海原めざして出航だ！ 93

- **宝探し**
  ⇔衣服・装飾品 303　⇔宝・財宝 326
  ⇔岩石・鉱物 347
  - くんちゃんとにじ 200
  - 水晶さがしにいこう 96
  - 空とぶじゅうたん 161
  - たからさがし 217
  - 宝さがしの旅 153
  - なぞのユニコーン号, レッド・ラッカムの宝
    41
  - まっくろローラどろぼうたいじ 120
  - もぐらのモールディのおはなし 122

- **探検**
  ⇔さがす・探し物 311
  - 月世界探険 43
  - ババールとグリフアトンきょうじゅ ... 167
  - ぼくのロボット大旅行◆ 197
  - やまとゆきはら 96

- **冒険**
  - アブドルのぼうけん 59
  - おしいれのぼうけん 105
  - 恐竜物語◆ 196, 197
  - シンドバッドの冒険,
    シンドバッドと怪物の島 97
  - スズの兵隊 161

小さなきかんしゃ 17
　　とびねこヘンリー 28
　　ババールといたずらアルチュール 167
・放浪
　　グレー・ラビットと旅のはりねずみ 123
　　郵便局員ねこ 175
・帰郷
　　さるのゼフィール 167
　　せかいいちうつくしい村へかえる 76
　　ソリちゃんのチュソク 25
・タイムトラベル
　　⇔時・時間 336　⇔別世界・異次元 363
　　うらしまたろう 14
　　タイムトラベラーウォーリーをおえ！ 151
　　ちょうちんまつり 84
　　ぼくのロボット恐竜探検 197
・ドライブ
　　⇔自動車 306
　　ガンピーさんのドライブ 144
　　ちいさいじどうしゃ 228
　　ピン・ポン・バス 88
・家出
　　おかえりなさいスポッティ 224
　　くまのビーディーくん 165
　　チムききいっぱつ 18
　　ティリーのねがい 79
　　どろんここぶた 234
　　バランティヌの夏休み 74
　　ピーターのいす 67
　　フランシスのいえで 187
　　マリールイズいえでする 21
・おでかけ
　　たろうのおでかけ 191
・お泊り
　　アイラのおとまり 34
　　うさこちゃんおとまりにいく 169
・引越し
　　おかえし 52
　　おばけのひっこし 133
　　かえるのいえさがし 130
　　かもさんおとおり 198

　　たろうのひっこし 192
　　ちいさいおうち 142
　　とんことり 149
　　ババールのひっこし 168
　　ひっこしした子してきた子 21
　　ふくろう博士のあたらしい家 122
　　ぼくのいぬがまいごです！ 67
　　マンヒのいえ 68
　　ルーシーのしあわせ 19
・行列・行進
　　ありのぎょうれつ 124
　　かもさんおとおり 198
　　8だいの機関車 107
　　もりのなか 39

その他

●数・順番

・数いろいろ
　　⇔暦 336
　　あめのひってすてきだな 58
　　いくつかくれているかな？ 138
　　いなばのしろうさぎ 11
　　ウラパン・オコサ 105
　　おばあちゃんにおみやげを 50
　　おまたせクッキー 138
　　かぞえうたのほん 87
　　かぞえてみよう 23
　　ジョニーのかぞえうた 98
　　ハンダのめんどりさがし 160
　　ひとつ、アフリカにのぼるたいよう 199
　　ひよこのかずはかぞえるな 127
　　まりーちゃんとひつじ 163
・ローマ数字
　　コブタをかぞえて I から MM 54
・0
　　10にんのきこり 222

- **1・ひとり**
  - ⇔ 1年生 317
  - ウラパン・オコサ 105
  - コブタをかぞえて I から MM 54
  - サンタクロースのおくりもの 51
  - チムひとりぼっち 18
  - はなのすきなうし 231

- **2・ふたり**
  - ⇔ 双子 290
  - ウラパン・オコサ 105
  - クックとプッケシリーズ 40
  - しっぽがふたつ 118
  - 2ひきのわるいねずみのおはなし,
    パイがふたつあったおはなし 183, 185
  - 二ほんのかきのき 70
  - ふたごの機関車 108
  - ふたりはともだち◆ 234, 235

- **3**
  - 3だいの機関車 106
  - 3人のちいさな人魚 126
  - 3びきのくま 137
  - 三びきのくま 228
  - 三びきのごきげんなライオン 118
  - 3びきのこぐまさん 206
  - 三びきのこぶた 214
  - 三びきのやぎのがらがらどん 160
  - すてきな三にんぐみ 37
  - ティッチ 139
  - マウルスと三びきのヤギ 62
  - みっつのねがいごと 114
  - みみずくと3びきのこねこ 175

- **4**
  - うできき四人きょうだい 189
  - 4だいの小さな機関車 107

- **5**
  - シナの五にんきょうだい 31

- **6**
  - こだぬき6ぴき 129

- **7**
  - あかてぬぐいのおくさんと7にんのなかま 25
  - おおかみと七ひきのこやぎ 190

- ななつの水晶球 41

- **8**
  - 8だいの機関車 107
  - やまたのおろち 11

- **9**
  - 王さまと九人のきょうだい 10
  - 九月姫とウグイス 103
  - クリスマスまであと九日 38

- **10**
  - 10にんのきこり 222

- **11**
  - 絵巻えほん 11 ぴきのねこマラソン大会 145
  - おーちゃんのおーけすとら 172
  - 11 ぴきのねこ◆ 146, 147
  - 魔女図鑑 141

- **12**
  - げんきなマドレーヌ◆ 179, 180
  - 十二支の年越◆ 64, 65

- **21**
  - 動物げきじょう 175

- **88**
  - ワニのライルのおはなしシリーズ 34, 35

- **100**
  - なぞなぞ 100 このほん 202
  - ねむりひめ 190
  - 100 さいの機関車 109

- **365**
  - 1 ねんに 365 のたんじょう日プレゼントを
    もらったベンジャミンのおはなし 150

- **500**
  - ふしぎな 500 のぼうし 125

- **2000**
  - コブタをかぞえて I から MM 54

- **10万**
  - 十万本の矢 29

- **100万**
  - 100 まんびきのねこ 55

- **いっぱい**
  - いぬがいっぱい◆ 86, 87
  - てぶくろがいっぱい 95
  - パイがいっぱい 237

まのいいりょうし 13
・一番・最初
　　あまがさ 211
　　アンジェリーナのはつぶたい 73
　　かぜはどこへいくの 134
　　くんちゃんのはじめてのがっこう 201
　　ジェシカがいちばん 181
　　せかいいちうつくしいぼくの村 76
　　せかい一わるいかいじゅう 138
　　どうぶつ、いちばんはだあれ？ 80
　　はじめてのおつかい 149
・最後・びり
　　あひるのピンのぼうけん 31
　　かぜはどこへいくの 134
　　ギルガメシュ王さいごの旅 97
　　シンドバッドのさいごの航海 98
　　チムさいごのこうかい 18
　　びりのきもち 237
・まんなか
　　とこまさのはなし 49
・満員
　　カヌーはまんいん 233

●形

・形いろいろ
　　あんな雪こんな氷 102
　　「イグルー」をつくる 90
　　いぬがいっぱい◆ 86, 87
　　かたちをきく 162
　　これ、なあに？◆ 25
　　だれとだれかとおもったら 152
　　どうぶつかけちゃうよ◆ 44, 45
　　もこもこもこ 208
・穴・裂け目
　　⇨洞窟・鍾乳洞 342
　　あな 236
　　あなはほるものおっこちるとこ 98
　　だんごだんごどこいった 46
　　はなのあなのはなし 210
　　はらぺこあおむし 62

　　ほしになったりゅうのきば 13
　　マイク・マリガンとスチーム・ショベル 143
　　モペットちゃんのおはなし 183
　　ろくべえまってろよ 113
・丸・丸い
　　まるいちきゅうのまるいちにち 62
　　まる、しかく、さんかく 171
　　まるのうた 223
・四角
　　まる、しかく、さんかく 171
・三角
　　まる、しかく、さんかく 171
・ぶち
　　⇨模様・文様 314
　　おかえりなさいスポッティ 224
　　どろんこハリー◆ 71
・断面・輪切り
　　やさいのおなか 65
・大きい・拡大
　　あめのひきのこは… 21
　　ウルスリのすず 61
　　おおきいツリーちいさいツリー 150
　　おおきくなりすぎたくま 238
　　おおきなおおきなおいも 11
　　おおきなかぶ 78
　　大きな機関車ゴードン，大きな機関車たち
　　　　　　　　　　　　　　　　　107, 109
　　おかのうえのギリス 231
　　おばけリンゴ 212
　　くいしんぼうのはなこさん 130
　　ぐりとぐら 216
　　ぐるんぱのようちえん 191
　　これがほんとの大きさ！◆ 80
　　ジェイミー・オルークとおばけイモ 115
　　ねずみくんのチョッキ 34
・小さい・縮小
　　いたずらこねこ 110
　　うみからきたちいさなひと 120
　　おおきいツリーちいさいツリー 150
　　これがほんとの大きさ！◆ 80
　　しょうぼうじどうしゃじぷた 214

スプーンおばさんちいさくなる◆ 180
ちいさいじどうしゃ◆ 228, 229
小さなきかんしゃ 17
ちいさなたいこ 15
ちいさな天使と兵隊さん 77
ちいさなとりょ 110
ちいさなねこ 219
ちいさなひつじフリスカ 223
ちいさなもみのき 69
ティッチ，ぶかぶかティッチ 139
ねずみくんのチョッキ 34
ブルーベリーもりでのプッテのぼうけん ... 177
みずのなかのちいさなせかい 205
やなぎむらのおはなしシリーズ 91
4だいの小さな機関車，ちびっこ機関車パーシー，
　小さな機関車たち 107, 109

・大・中・小
　3びきのくま 137
　三びきのくま 228
　三びきのやぎのがらがらどん 160

・長い
　うさぎのみみはなぜながい 66
　ダチョウのくびはなぜながい？ 161
　どうながのプレッツェル 224
　なんげえはなしっこしかへがな 47
　へびのクリクター 37
　まあちゃんのながいかみ 102

・裏・表
　あしのうらのはなし 210

・左・右
　じんごのはなし 49
　むっつりのはなし 49

● いろいろ

・運・不運・運命
　運命の王子 199
　ディック・ウイッティントンとねこ 161
　まのいいりょうし 13
　よかったねネッドくん 110

・上手・特技
　⇔名人 294　⇔職業 322
　うできき四人きょうだい 189
　王さまと九人のきょうだい 10
　シナの五にんきょうだい 31

・下手
　3人のちいさな人魚 126

・知恵・とんち
　あくまのおよめさん 64
　おひゃくしょうとえんまさま 79
　おやゆびこぞう 190
　おんどりとねすっと 232
　三びきのこぶた 214
　十万本の矢 29
　せかい1おいしいスープ 161
　天の火をぬすんだウサギ 124
　トロルのもり 195
　長ぐつをはいたねこ 156
　長ぐつをはいたネコ 162
　ノックメニーの丘の巨人とおかみさん 115
　はらぺこライオン 230
　ピーターとおおかみ 150
　マーシャとくま 222
　マンゴーとバナナ 149
　りんごのきにこぶたがなったら 232
　わらむすめ 232

・秘訣
　水晶さがしにいこう 96
　せみとりめいじん 60

・難題・課題
　王さまと九人のきょうだい 10

・謎・秘密
　おしゃべりなたまごやき 112
　おばあちゃんのたんじょうび 20
　オバケやかたのひみつ 46
　グレー・ラビットのおたんじょうび 123
　チムのいぬタウザー 18
　つるにょうぼう 13
　ないしょのゆきだるま 46
　なぞのユニコーン号，レッド・ラッカムの宝
　　.. 41

ハービーのかくれが 188
　ぴちぴちカイサとクリスマスのひみつ 30
　ふうせんばたけのひみつ 154
　ロッタちゃんとじてんしゃ 30
　ワニのライルとなぞの手紙 35
・謎解き・推理
　⇔探偵 323
　赤いぼうし 23
　かさどろぼう 33
　きょうはなんのひ? 148
・変・ナンセンス
　これあのあれ 26
　そんなときなんていう? 100
　長新太のおでかけ絵本シリーズ 112
　はろるどとむらさきのくれよん◆ 86
　ママ、ママ、おなかがいたいよ 110
　もこもこもこ 208
　わゴムはどのくらいのびるかしら? 85
・同じ・そっくり
　⇔まねる・まね 313　⇔擬態 351
　なんでもパパといっしょだよ 16
・にせもの
　黒い島のひみつ 41
　にたものランド◆ 89
・反対・さかさま
　⇔逆立ち 312
　おひゃくしょうとえんまさま 79
　さかさま 24
　光の旅かげの旅 85
・目印
　⇔ことば 318
　大雪 61

件名総索引

数字

0	366
1	367
2	367
3	367
4	367
5	367
6	367
7	367
8	367
9	367
10	367
11	367
12	367
21	367
88	367
100	367
365	367
500	367
2000	367
10万	367
100万	367
1年生	317
3月	337
6月	337
9月	337
10月	337
12ヵ月	337
19世紀	340
20世紀	340

あ

愛	300
あいうえお	318
あいさつ	318
愛情	300
アイスクリーム	302
アイスランド	332
アイデンティティ	301
アイルランド	332
会う	310
青色	314
アオムシ	358
赤色	315
赤ちゃん	292
秋	337
あきらめない	300
あくたれ	295
悪魔	363
朝	336
アーサー王物語	320
アサガオ	360
アザラシ	356
足・脚	297
アジア	330
足跡	297
明日	336
あそび	307
あそびうた →わらべうた	316
暑い・暖かい	299
悪漢	295
穴	368
アナグマ	351
アナンシ	363
アニメーション	314
あの世 →別世界・異次元	363
アヒル	357
アフガニスタン	331
アフリカ	333
アホウドリ	357
天の川	348

雨宿り →雨	348
あまんじゃく	363
雨	348
アメリカ合衆国	334
アライグマ	351
嵐	348
アラビア →中東・アラブ諸国	331
アラビアンナイト	320
アラブ諸国	331
アリ	358
歩く	310
アルバイト	324
アルプス	342
暗殺	329
安全	328

い

言い伝え	318
家	345
イエス・キリスト →キリスト教	335
家出	366
イカ	356
異界	362
怒り	300
イギリス	332
いくさ →戦争全般	334
イグルー →家・巣	345
池	341
いけにえ	330
遺産	326
石 →岩石・鉱物いろいろ	347
異次元	363
いじっぱり	295
いじめ	326
いじめっ子 →あくたれ・いじわる	295
医者	322
いじわる	295
いす	346
イースター	338
イスラエル	331
イスラム教	335

遺跡	345
忙しい	300
いたずら	326
いたずらっ子	295
イタチ	351
痛み	298
イタリア	332
市 →市場	344
イチゴ	359
一日	336
一年 →12ヵ月	337
1年生	317
市場	344
一番	368
一週間	336
いっしょ →共生・共存・ともぐらし	326
いっしょ →協力	326
いっしょ →同じ・そっくり	370
一生	361
いっぱい	367
糸	304
いとこ	291
糸紡ぎ	305
田舎	342
イヌ	351
イヌイット	335
イネ	361
祈り	300
イバラ	360
いばりや →あくたれ・いじわる	295
衣服	303
イモムシ	358
イラク	331
入れ替わり →身代わり	294
入れ歯	304
色	314
隕石	348
インディアン	335
インディオ	335
インド	331
インドネシア	331

インフルエンザ 299
陰謀 329

う

ヴァイキング 295
飢え 298
植木屋 322
ウグイス 357
ウクライナ 332
ウサギ 351
ウシ 352
牛飼い　→酪農家・牧童 324
うす 304
失せ物 312
うそ 312
うそつき 295
うた 315
宇宙 348
宇宙人 348
宇宙船 307
宇宙飛行士 324
うちわ 304
うでくらべ 311
ウマ 352
海 341
うみぼうず 363
裏 369
裏切り 329
占い 318
ウリ 359
上着 303
運 369
運河 341
運転手 322
運動 309
運動会 339
運搬 313
運命 369

え

絵 314

永遠 336
映画館 345
ABC 318
英雄 292
英雄伝説 320
絵かきうた 308
駅 345
えさ　→食べもの全般・食事 301
エジプト 333
SL　→汽車・機関車 305
エスキモー 335
枝 361
干支 337
絵の具 304
エプロン 303
絵本 321
絵巻 322
絵文字 318
選ぶ 310
えりまき　→マフラー 303
園芸 359
園芸家 322
演劇 316
遠足 339
煙突 346
閻魔 363

お

尾 298
老い 362
お祝い　→記念日 339
王 292
黄金　→金・ゴールドラッシュ ... 347
王子・皇子 292
王女 292
王族 292
オウム 357
大男 363
オオカミ 352
大きい 368
大晦日 338

373

大昔	340	おなか	297
丘	342	同じ	370
お母さん　→母親	289	おなら	298
お金	326	鬼	363
おかゆ	301	おにぎり	301
掟	330	鬼ばば	364
お客	294	オノマトペ	318
おくさん　→妻・花嫁	291	伯母・叔母	291
臆病　→泣き虫・弱虫	296	オーバー	303
贈る・贈り物	310	おばあさん　→祖母・曽祖母	291
遅れる	311	おばあさん　→お年寄り	293
オーケストラ	316	おばかさん	295
おこりんぼ	295	お化け	363
怒る	300	おばさん　→伯母・叔母	291
伯父・叔父	291	おばさん	292
おじいさん　→祖父・曽祖父	291	お話	321
おじいさん　→お年寄り	293	おひさま　→太陽・日光	348
押し入れ	346	おひめさま	292
おじさん　→伯父・叔父	291	お百姓	323
おじさん	292	オペラ	317
おしゃべり	295	お盆	338
オス　→性別・性差	299	おまわりさん　→警察官	322
オーストラリア	334	お土産　→贈る・贈り物	310
オーストリア	332	お面	304
オセアニア	334	思い出	301
オタマジャクシ　→カエル	358	おもちゃ	308
落ち葉かき	325	表	369
落ちる	311	親子	289
お使い	325	おやすみなさい　→眠り	298
お月見	338	おやつ	302
おでかけ	366	オランウータン	352
お手玉	309	オランダ	333
おてんば	295	お礼	330
音	316	オレンジ	359
お父さん　→父親	289	愚か者	295
落し物	311	おろち　→大蛇	365
お年寄り	293	恩返し	330
落とす	311	音楽	316
お隣	294	音楽家	323
お泊り	366	温度	299
踊り	316	オンドリ　→ニワトリ	357

か

ガ	358
飼い方　→飼育	350
海岸	341
会社	343
怪獣	363
外出　→おでかけ	366
海水浴	309
海賊	295
怪鳥	364
海底	341
外泊　→お泊り	366
開発	327
怪物	363
回文	309
買い物	325
カウボーイ　→酪農家・牧童	324
カエル	358
顔	297
画家	322
化学物質	300
かかし	304
鏡	304
カキ	359
家具	345
架空の動物	363
隠し絵	314
学者	322
隠す	311
拡大	368
革命	326
学問	317
学問分野	317
隠れ家	346
隠れる	311
かくれんぼ	307
かげ	347
過去	336
傘・笠	303
火山	341
菓子	302
家事	324
火事	327
果実	359
歌手	322
数	366
カステラ	302
かぜ	299
風	348
化石	347
仮装	304
かぞえうた　→わらべうた	316
家族	289
課題	369
形	368
片付け	325
語り	321
家畜	350
ガチョウ	357
勝つ	311
楽器	316
学校	317
かっぱ	363
カナダ	334
カニ	356
カヌー	306
金もうけ	326
カバ	352
カブ	361
カブトムシ	358
カボチャ	361
カマキリ	358
髪	296
神	335
雷	349
雷様	363
紙飛行機	309
カメ	359
カメルーン	333
カメレオン	359

カモ	357
カラス	357
ガラス	347
体	296
体の部位	296
狩り	324
かるた	308
カレワラ →神話	318
皮 →皮膚・毛皮	298
川	341
カワウソ	352
カワセミ	357
変わる	311
感覚	298
カンガルー	352
環境	346
環境問題	347
看護	299
頑固	295
韓国	331
監獄	345
看護士・看護婦	322
観察	317
感謝	301
慣習	330
岩石	347
観測	317
カンタベリー物語	320
勘違い	313
缶詰	302
かんな	304
干ばつ	349
看板	346
看病	299
観覧車	345

き

木	360
キイチゴ	359
黄色	315
記憶	301

機械	304, 305
機関車	305
きかんぼ	296
危機	328
気球	307
帰郷	366
聞く	311
起源	340
記号	318
気候 →気象	348
きこり	322
キジ	357
汽車	305
起床	298
気象	348
キス	299
犠牲	301
奇跡	362
季節	337
季節風	348
競う	311
貴族	292
規則	330
北	343
擬態	351
キックボード	307
キツネ	352
機転 →知恵・とんち	369
記念日	339
キノコ	361
木の実	359
きば	297
義母	290
希望	300
気持ち	300
キャンプ	309
休暇・休日	339
救助・救出	328
牛乳	302
教育	317
行事	338

行者	293	口笛	316
教授	322	靴	304
共生	326	クッキー	302
強制収容所	345	国	330
競争	311	首	297
共存	326	首飾り	303
兄弟	290	工夫	317
兄弟姉妹	290	クマ	353
恐怖	300	雲	349
恐竜	359	クモ	358
協力	326	暮らし →風俗・慣習	330
行列	366	クリスマス・クリスマスツリー	338
漁業	324	車	306
曲芸	317	クルミ	359
極地地方	342	クレヨン	304
巨人	363	黒色	315
きらい	300	クロドリ	357
霧	349	勲章	303
切り絵	314	軍隊	334
キリスト教	335	訓練	317

け

きりなし話	320	計画する	311
金	347	経済	326
金色	315	警察官	322
銀色	315	芸術	314
銀河	348	毛糸	304
禁止・禁忌	330	芸能	316
近代	340	競馬	309
金の鳥	364	警備	325
勤勉	296	けが	299
		毛皮	298

く

食いしん坊	296	ケーキ	302
空気	347	劇場	345
空想	301	けち	296
空腹	298	血液型	298
寓話	320	月光	348
9月	337	結婚	330
草 →草花	360	結婚式 →結婚・離婚	330
草花	360	結晶	347
クジラ	356	ゲットー	345
薬	300		

377

ケニア	333	古代	340
ケーブルカー　→電車	305	古代インカ帝国	334
ゲーム	307	コック	323
けもの	351	ごっこあそび	308
剣	335	コップ	304
けんか	326	コート　→オーバー	303
研究	317	孤独	301
健康	296	ことば	318
原子力	346	ことばあそび	309
建造物	343	子ども	291
		粉屋	323

こ

		小人	364
恋　→恋愛	300	こぶ	297
コイ	356	コマ	309
幸運　→運・不運・運命	369	コマドリ	357
公園	345	ゴミ	347
後悔	301	米　→イネ	361
紅海	341	子守り	325
航海	365	子守うた　→わらべうた	316
交換	327	暦	336
工作	309	コラージュ　→貼り絵・切り絵	314
工事	324	ゴリラ	353
交渉	326	ゴールドラッシュ	347
工場	343	ころがる	311
行進	366	コロッケ	301
洪水	327	こわがり　→泣き虫・弱虫	296
皇帝	292	こわす	311
鉱物	347	コンクール	340
声	298	今昔物語	320
氷	347	昆虫　→虫	358
こかげ　→闇・かげ	347	昆虫採集	358
ごきげん	300	コンテスト	340
穀物	361		
コケモモ	360		
こころ	300	## さ	
心得　→掟・規則	330		
腰	297	サイ	353
孤児	291	再会	310
故障	328	災害	327
古生物	359	最後	368
子育て	325	財産	326
		最初	368

件名索引

378

栽培	359	サンタクロース	293
裁縫	325	散歩	308
財宝	326	産卵	362

し

裁縫道具	304	詩	320
西遊記	320	死	362
サイン →絵文字・記号	318	飼育	350
坂	342	飼育係	323
さかさま	370	塩	302
探し絵	314	シカ	353
さがす・探し物	311	仕返し	329
サーカス	317	四角	368
逆立ち	312	視覚障害	299
魚	356	しかけ絵本	321
作戦	311	時間	336
サクランボ	359	四季	337
策略 →計画する・作戦	311	識字 →読み書き	318
酒	302	しきたり →風俗・慣習	330
裂け目	368	しくじる	312
さすらい →放浪	366	ジグソーパズル →はめ絵	308
作家	323	資源	346
サッカー	310	事件	329
錯覚	298	事故	327
作曲家	323	試行錯誤	317
殺人	329	仕事	322
サツマイモ	361	時差	336
砂漠	342	獅子	364
サバンナ	342	詩人	323
さびしい	301	静か・静けさ	347
サボテン	360	施設	343
寒い	299	自然	347
寒がり	296	地蔵 →神・仏	335
サーメ	335	舌	297
皿	304	時代おくれ	336
サラダ	301	支度	312
サル	353	仕立屋	323
さわる	312	失業	324
三角	368	実験	317
3月	337	失敗	312
三国志	320	しっぽ →尾	298
算数	317		
残像	298		

379

実話	321	手話	318
自転車	307	順番	366
自伝的小説	320	準備する	312
自動車	306	小（大・中・小）	369
地主	323	障害	299
ジープ	306	正月	338
ジプシー　→ロマ	335	蒸気機関車　→汽車・機関車	305
島	341	上手	369
姉妹	290	招待　→お客	294
使命	326	衝突	327
地面	342	鍾乳洞	342
社会	326	商人	323
ジャガイモ	361	乗馬	309
シャクトリムシ	358	商売	327
ジャグリング	309	ショウブ	360
写真	315	消防士・消防	323
写真家	323	消防車	306
写真集・写真絵本	321	消防署	344
ジャータカ	320	将来	336
しゃっくり	298	勝利	311
シャボン玉	309	職業	322
ジャム	302	食事	301
しゃもじ	304	職人	323
銃	335	植物	359
獣医	323	食糧　→食べもの全般・食事	301
収穫	325	叙事詩	320
10月	337	除雪車	306
19世紀	340	ショベルカー	306
宗教	335	しりたがり	296
修繕	325	自立	326
じゅうたん	304	しりとり	309
修道院	344	城	346
12ヵ月	337	白色	315
十二支　→干支	337	新入り	293
修理	325	進化	362
手記	321	人種	335
修業	317	人生	361
縮小	368	親切　→やさしさ・善意	300
手芸	325	心臓	297
手術	299	侵入	329
出産	361	心配	301

新聞	322
新聞記者	323
進歩	327
親類	289
人類・人類学	335
神話	318

す

巣	345
水泳	309
スイカ	360
水晶	347
スイス	333
彗星	348
水族館	344
水田	342
推理	370
水路	341
スウェーデン	333
数学	317
末っ子	290
図鑑	322
スカンク	353
好き	300
スキー	309
頭巾	303
スケッチブック	304
スケート	309
スコットランド →イギリス	332
鈴	316
スズ	347
スズメ	357
巣立ち →独立・自立	326
捨て子	291
スパイ	295
スープ	301
スプーン	305
スペイン	333
スペイン語	318
スポーツ	309
ズボン	303

炭	346
すもう	310
スリランカ	332
ずるい	296

せ

背	297
性	299
性格	295
成功する	312
性差	299
政治	326
聖書 →キリスト教	335
成長	362
生物	361
性別	299
生命	361
生理	298
世界	330
世界史	340
世界通史	340
世界の国	330
石炭	346
石炭屋	323
石油	346
セーター	303
背丈	297
セミ	358
セールス	327
善意	300
船員 →船乗り・船長	324
潜水艦	306
先生	323
先祖	291
戦争	334
選択	310
洗濯	325
洗濯屋	323
船長	324
宣伝	327
仙人・仙女	364

381

線路	345

そ

ゾウ	353
僧院	344
草原	342
創作	312
捜索	328
掃除	325
装飾品	303
曽祖父	291
曽祖母	291
騒動	329
遭難　→災害・事故全般	327
ソーセージ	301
そっくり	370
ソバ	361
祖父	291
祖母	291
空	348
空色	314
そり	307

た

タイ	332
大（大・中・小）	369
第一次世界大戦	334
大工	323
たいくつ	300
太鼓	316
太古	340
ダイコン	361
退治	313
大蛇	365
隊商	323
第二次世界大戦	334
台風	348
大砲	335
大名	292
タイムトラベル	366
ダイヤ	347
太陽	348
対立　→けんか・いじめ・仲間はずれ	326
宝	326
宝探し	365
竹馬	309
タケノコ	361
凧	308
タコ	356
戦い　→戦争全般	334
ダチョウ	357
脱出	329
タツノオトシゴ	356
たてがみ	296
たなばた	338
谷	342
タヌキ	354
種	361
タバコ	300
旅	365
旅人	295
食べもの	301
卵	302
だまし絵	314
だます	312
玉手箱　→箱	305
だるま	308
探検	365
だんご	302
ダンゴムシ	358
探索　→さがす・探し物	311
タンザニア	334
男女　→性別・性差	299
誕生	361
誕生日	339
ダンス　→踊り・バレエ	316
探偵	323
田んぼ　→水田・畑	342
タンポポ	360
断面	368

ち

血	298
小さい	368
知恵	369
知恵くらべ　→競う・競争	311
チェコ	333
地下	342
地下組織	326
力持ち	296
地球	348
地形	341
遅刻	311
チーズ	302
地勢	341
チーター	354
父親	289
チベット	332
茶色	315
中（大・中・小）	369
中国	332
中国少数民族	335
虫垂炎	299
中世	340
中生代	340
中東	331
中南米	334
チョウ	358
聴覚障害	299
調査	317
超自然	362
超自然現象	362
朝鮮	331
ちょうちん	305
貯金	326
チョコレート	302
チョッキ	303
治療	299
チンパンジー	354

つ

追跡	328
追放	326
墜落	327
つえ	304
月	348
つくる	312
槌	305
土	347
つづら　→箱	305
綱引き	310
ツバメ	357
つぼ	305
妻	291
つみあげ話	320
つむ	305
爪	297
冷たい	299
釣り	309
釣り針	305
ツル	357

て

手	297
出会う	310
手当て	299
抵抗運動	326
ディスコ	345
ティピー　→家・巣	345
堤防	345
出かせぎ	324
手紙	321
手柄　→成功する	312
敵	295
手伝い	324
鉄道　→汽車・機関車	305
鉄道員	323
鉄砲	335
デパート　→店	344
手袋	303

テレビ	322
田園	342
天気　→気象	348
伝記	320
電気	346
てんぐ	364
転校生	293
天使	364
点字	318
電車	305
伝承文学	318
伝説	318
電池	346
テント	305
天女　→仙人・仙女	364
天馬	364
デンマーク	333
天文	348
展覧会	340
電話	305

と

ドイツ	333
問う	312
胴	297
闘牛	310
道具	304
洞窟	342
道化	323
動作	310
登場人物	274
盗賊	295
灯台	345
動物	349
動物園	344
逃亡	329
冬眠　→眠り	298
童謡	316
道路	345
都会	343
時	336

時の流れ	336
特技	369
読書	313
独占	327
独立	326
時計	305
床屋	323
年越し　→正月・大晦日	338
図書館	344
ドタバタ　→騒動	329
となえことば　→のろい・まじない	318
トナカイ	354
殿さま	292
トビウオ	356
跳ぶ・飛ぶ	312
ともぐらし	326
友だち	293
トラ	354
ドライブ	366
ドラゴン　→竜・竜王	364
トラック	306
トランプ	308
鳥	356
とりかえっこ　→交換・取引き	327
取引き	327
奴隷	294
ドレス	303
泥	347
泥棒	295
ドロミテ	342
トロル　→大男・巨人	363
どろんこあそび	308
ドングリ	360
とんち	369

な

ナイジェリア	334
内緒　→謎・秘密	369
ナイフ	305
長い	369

長ぐつ	304
仲間	293
仲間はずれ	326
長屋	346
仲よし　→友だち・仲間	293
流れ星	348
流れる	312
鳴き声	298
泣き虫	296
なくす	312
ナシ	360
なぜなぜ話　→起源・由来	340
謎	369
謎解き	370
なぞなぞ	309
ナチス	334
夏	337
夏休み	338
なまいき　→わがまま・きかんぼ	296
名前	318
なまけ者	296
納屋	343
南極	342
ナンセンス	370
難題	369
難破	327

に

におい	298
にぎりめし	301
荷車	307
逃げる　→脱出・逃亡	329
西	343
虹	349
錦	305
20世紀	340
にせもの	370
日曜日	336
日記	321
日光	348
日食　→太陽・日光	348

日本	331
日本史	340
日本神話　→神話	318
入院	299
入学	317
女房　→妻・花嫁	291
ニレ	360
庭	346
ニワトリ	357
人気者	294
人魚	364
人形	308
人形の家	308
人間	335
人間関係	326
忍者	295
ニンジン	361

ぬ

ぬいぐるみ	308
盗み	329
沼	341

ね

根	361
願い	300
ネコ	354
ねころがる	313
ネズミ	354
ネズミ捕り	305
ねたみ	300
ネパール	332
眠り	298
寝る	313

の

農業	323
農場	343
野原	342
のびる	313
ノミ	358

のむ	313
のりもの	305, 307
ノルウェー	333
のろい	318
のろま	296

は

歯	297
肺	297
パイ	302
灰色	315
バイオリン	316
パイロット	324
墓	345
はかる	313
パキスタン	332
迫害	326
バグパイプ	316
博物館	344
博覧会	340
バケツ	305
化け物　→お化け・幽霊	363
箱	305
運ぶ	313
箱船・方舟	306
バザー	339
橋	345
始まり　→起源・由来	340
はじめて　→一番・最初	368
馬車	307
場所	341
走る	313
バス	306
機織り	324
はだか	298
畑	342
働き者	296
はちみつ	302
爬虫類	358
罰	329

発見・発掘	317
バッタ	358
発電	346
発表会	340
バッファロー	352
発明	317
パーティ	340
ハト	357
馬頭琴	316
パトカー	306
鼻	297
花　→草花	360
話合い	326
バナナ	360
花火	309
花嫁	291
母親	289
バーバ・ヤガー　→魔女	364
パプア・ニューギニア	334
葉巻　→タバコ	300
浜辺　→海・海岸・海底	341
歯磨き　→歯	297
ハムスター	355
はめ絵	308
ハーモニカ	316
早口ことば	309
林	342
バラ	360
バラライカ	316
針	305
貼り絵	314
ハリネズミ	355
春	337
バレエ	316
パレスチナ	331
ハロウィーン	338
パン	302
ハンカチ	303
バングラデシュ	332
パンケーキ　→ホットケーキ	302
犯罪	329

繁殖	362
反省	301
ばんそうこう	305
反対	370
犯人	295
番人　→留守番・警備	
パン屋	324

ひ

火	346
ひいおじいさん　→祖父・曽祖父	291
ひいおばあさん　→祖母・曽祖母	291
ピエロ	323
東	343
光	347
ピクニック	339
ひげ	297
秘訣	369
飛行	312
飛行機	307
飛行場	345
美術	314
美術館	344
ピストル　→銃・鉄砲	335
微生物	362
左	369
引越し	366
ヒツジ	355
人柄	295
ひとり	367
ひとりじめ	327
ヒナ	357
避難	328
皮膚	298
ヒマラヤ	342
秘密	369
ひょう	349
病院	344
病気	299
ヒョウタン	360
漂流	327

ヒヨコ	357
ピラミッド	345
びり	368
昼	336
昼寝　→眠り	298
拾う・拾い物	313
広場	345
貧困	327
ヒンズー教	335
ピンチ　→危機	328
貧乏　→貧困	327

ふ

不安	301
フィリピン	332
フィンランド	333
風車	345
風船	308
風俗	330
夫婦	291
不運	369
笛	316
孵化	362
フキ	361
不きげん	300
フキノトウ	361
服	303
復讐	329
不屈	300
腹痛	299
ふくらむ　→大きい・拡大	368
袋	305
フクロウ	357
不思議	362
不時着	327
不死鳥	364
ブタ	355
舞台	345
双子	290
ふたり	367
ぶち	368

復活祭　→イースター	338
仏教	335
物質	346
ブドウ	360
ふとっちょ	296
ブナ	360
船乗り	324
船	306
吹雪	349
不平屋	296
冬・冬越し	337
フライパン	305
プランクトン	362
フランス	333
古い	336
ふるさと	343
ブルドーザー	306
ブルーベリー	360
プレゼント　→贈る・贈り物	310
風呂	346
風呂屋	324
文学	318, 320
文通　→手紙	321

へ

兵士	334
ペガサス	364
へそ	297
下手	369
別世界	363
ベッド	346
ペット	351
ヘビ	359
へま　→しくじる・失敗	312
部屋	346
ペリカン	358
ヘリコプター	307
ペルー	334
変	370
変化	311
ペンキ	305
変身	362
変人	296
変装	304
変態	362

ほ

保育園	344
鳳凰	364
方角	343
冒険	365
帽子	303
宝石	347
暴走	328
報道	322
法律	327
放浪	366
北欧	332
北欧神話　→神話	318
牧場	343
牧童	324
北米	334
北米先住民	335
ポケット	303
星	348
ホタル	358
ボタン（釦）	303
北極	342
ホットケーキ	302
ポップコーン	302
ホテル	344
ボート	306
仏	335
哺乳類　→けもの	351
骨	298
ほらあな　→洞窟・鍾乳洞	342
ほら話	320
ポーランド	333
ボリビア	334
捕虜	329
掘る	313
ボール	309

本 321

ま

迷子 327
巻物 322
マーク　→絵文字・記号 318
孫 292
マザーグース　→わらべうた 316
まじない 318
魔女 364
マスコミ 322
マダガスカル 334
町・街 343
間違う 313
待つ・待ちぶせ 313
祭り 338
窓 346
まねる・まね 313
マフラー 303
魔法 362
魔法使い 364
継母 290
マメ 361
マメジカ 353
麻薬 300
マラソン 310
まり 309
丸・丸い 368
丸太　→木いろいろ 360
満員 368
漫画 314
マングース 355
満月　→月・月光 348
マンゴー 360
まんなか 368

み

身代わり 294
ミカン 359
右 369

身支度 304
水 347
湖 341
水の生き物 356
水の精 363
店 344
道 345
道草 308
三つ子　→双子 290
密航 365
緑色 315
みなしご　→孤児・捨て子 291
港 345
南 343
ミノムシ 358
耳 297
ミミズク 358
都 343
未来 336
民族 335

む

昔 336
昔話 319
ムギ 361
虫 358
虫歯 299
虫めがね 305
村 343
紫色 315

め

目 297
芽 361
名人 294
命令 326
迷路 345
めがね 303
メキシコ 334
めざまし屋 324
目覚め 298

目印	370
メス　→性別・性差	299
メソポタミア	331
メダカ	356
メダル　→勲章	303
メディア	321
メンドリ　→ニワトリ	357

も

木炭　→炭	346
モグラ	355
文字	318
文字なし絵本	321
もち・もちつき	302
モミ	360
モモ	360
模様	314
催し	338
森	342
モンゴル	332
問答	312
文様	314

や

八百屋	324
館	346
ヤギ	355
ヤギ飼い　→酪農家・牧童	324
やきもち	300
約束	318
役目	326
野菜	361
やさしさ	300
屋敷	346
養い親	289
野草　→草花	360
やっつける	313
宿屋	344
ヤナギ	360
山	341

山男　→大男・巨人	363
山彦	298
やまんば	364
闇	347

ゆ

遊園地	345
誘拐	329
勇敢　→勇気	300
勇気	300
優勝	311
友情　→友だち・仲間	293
郵便受け	346
郵便局	344
郵便屋	324
幽閉	329
幽霊	363
雪	349
雪あそび	308
雪男	364
雪だるま	364
行方不明	327
ユダヤ人	335
指	297
弓矢	335
夢	298
由来	340
ユリ	360

よ

妖怪	363
養子	292
用事	324
用心	328
妖精	364
幼稚園	344
養父母　→養い親	289
欲張り	296
予言	318
横取り　→盗み・略奪	329
ヨット	306

読み書き	318
黄泉の国　→別世界・異次元	363
読む	313
ヨモギ	360
夜	336
ヨーロッパ	332
弱虫	296

ら

ライオン	355
雷神	363
酪農家	324
ラップ人	335
ラマ	356
ラーマーヤナ	320

り

りこう	296
離婚	330
リサイクル	347
リス	356
略奪	329
竜・竜王	364
竜宮城	363
リュックサック	305
猟師	324
漁師	324
両親	289
両生類	358
料理	325
料理店	344
料理人　→コック	323
リレー	310
林業	322
リンゴ	360

る

留守番	325

れ

礼儀作法	330
冷蔵庫・冷凍庫	305
歴史	340
レストラン　→料理店	344
レタス	361
劣等感	300
レプラコーン　→小人	364
恋愛	300

ろ

老人　→お年寄り	293
労働　→仕事・用事	324
牢屋	345
6月	337
ロク鳥　→怪鳥	364
ロケット	307
ロシア	333
ロバ	356
ロボット	305
ロマ	335
ローマ数字	366
ローラー車	306

わ

わがまま	296
別れる・別れ	313
輪切り	368
枠物語	320
輪ゴム	305
ワシ	358
忘れる・忘れ物	313
ワッペン　→勲章	303
ワニ	359
ワラ	361
笑い	301
わらべうた	316
悪がき　→あくたれ・いじわる	295
悪口	318

悪だくみ　→陰謀・裏切り 329
悪者 295
わんぱく 295
ワンピース 303

件名索引

当館児童室 分類表

子どもの興味や利用のしやすさを考えて、日本十進分類表（NDC）を整理・簡略化しました。

◆
- 00　総記
- 01　図書館・図書・本づくり
- 03　百科事典
- 05　年鑑
- 06　博物館
- 07　ジャーナリズム・新聞・放送
- 08　全集
- 09　郷土資料

◆
- 10　哲学・思想・心理学
- 16　宗教

◆
- 20　世界の歴史・考古学
- 21　日本の歴史・地理
- 22　アジアの歴史・地理
- 23　ヨーロッパの歴史・地理
- 24　アフリカの歴史・地理
- 25　北アメリカの歴史・地理
- 26　中・南アメリカの歴史・地理
- 27　オセアニア・両極地方の歴史・地理
- 28　伝記→B
- 29　世界各地の地理・国旗・探検

◆
- 30　社会科学
- 31　政治・法律・経済・財政・統計
- 36　社会問題・仕事・ボランティア
- 37　学校・教育
- 38　風俗習慣・民具
- 388　昔話→M
- 39　戦争・原爆・平和・その体験記

◆
- 40　自然科学
- 41　数学
- 42　物理・化学
- 44　天文学・宇宙開発・時計・暦
- 450　地球科学
- 451　気象
- 452　海・川
- 453　地震・火山
- 454　地形・地質
- 457　古生物・化石・恐竜
- 458　岩石・宝石・土
- 46　生物・生態系・自然
- 47　植物・園芸・花ことば
- 480　動物・飼育
- 484　水辺・水中の動物
- 485　魚
- 486　虫
- 487　爬虫類・両生類
- 488　鳥
- 489　哺乳類
- 490　病気・身体のしくみ・性教育
- 499　障害・闘病記・手話・点字

◆
- 50　発明・発見
- 51　公害・環境問題

52	土木・建築		80	ことば全般・記号・なぞなぞ
	地域が限定されるもの、歴史的なもの →21〜27 歴史・地理		81	日本語 （文字・ことわざ・方言・作文）
53	機械・電気・原子力・核問題・エネルギー		82	世界のことば

54	コンピュータ・ロボット
55	船・船旅
56	電車・汽車
57	自動車
58	飛行機
590	家庭科一般
593	衣服・手芸
596	料理・食物・食事作法

◆

60	産業
61	農業
62	工業・伝統工芸
63	鉱業
64	畜産業
65	林業
66	水産業
67	商業・サービス業
68	郵便・切手・電信

◆

70	芸術
71	彫刻・絵画・書道・写真
726	絵本→E
74	おりがみ・きりがみ
75	工作・おもちゃ・押し花
76	音楽・舞踊
77	劇・映画
78	スポーツ・屋外の遊び
79	屋内の遊び（囲碁・将棋・トランプ・手品・あやとり・クイズなど）

◆

90	文学全般・鑑賞法・作法 物語→F　古典→K 詩→P　その他の読み物→S

◆

B	伝記 被伝者名順に排架
M	昔話 地域分類で排架 （地理区分は2門に準じる）
E	絵本 判型で大別のうえ画家名順に排架
F	フィクション 言語や出版地による区分はおこなわず、対象年齢別に3段階に分けて作者名順に排架
K	古典（日本は江戸時代以前の作品、それ以外は17世紀以前の作品） 地域分類で排架 （地理区分は2門に準じる）
P	詩・和歌・俳句・わらべうた 作者・編者名の順に排架
S	その他の読み物（体験記、半生記、地域が限定しづらい実話） 著者名順に排架

引用文献

p10　『絵本論――瀬田貞二子どもの本評論集』　瀬田貞二 著
　　　　　福音館書店　1985 年

p54　『絵本とは何か』　松居 直 著
　　　　　日本エディタースクール出版部　1973 年

p78　子どもにとって、絵本とは何か　石井桃子
　　　　　「學鐙」　1965 年 10 月号　丸善

p102　『ある絵の伝記』　ベン・シャーン著　佐藤 明 訳
　　　　　美術出版社　1979 年

p128　『児童文学論』
　　　　　リリアン・H・スミス 著　石井桃子，瀬田貞二，渡辺茂男 訳
　　　　　岩波書店　1964 年

p136　『庭園の中の三人――バートン、エッツ、ガアグをめぐって』
　　　　　マーシャ・ブラウン 著　松岡享子 監訳　高鷲志子 訳
　　　　　東京子ども図書館　1995 年

p194　『えほんのせかい　こどものせかい』　松岡享子 著
　　　　　日本エディタースクール出版部　1987 年

p221　『絵本の与え方』　渡辺茂男 著
　　　　　日本エディタースクール出版部　1978 年

編集担当者

　　張替惠子♦　護得久えみ子♦
　　浅見和子　阿部公子　飯野真帆子　加藤節子　古賀由紀子●　清水千秋
　　床井文子　内藤直子　萩原英子　藤本万里　森本真実　吉田啓子
　　　　　　　　　　　　　　　　　　　　（♦は編集責任者、●はデザイン担当者）

協力者 (50音順)

　　本目録作成にあたっては、収録図書の選定や件名の拾い出し、書誌事項確認など
　　のために、以下の方々のお力をお借りしました。心より感謝申し上げます。

　　石井素女　小野寺愛美　加藤清美　神崎直子　河野彩　逆井由美
　　鈴木晴子　関口薫　髙橋史子　東邊地えみ　栩木晴代　富澤佳恵子
　　中野百合子　真子みな　三宅陽子　望月博子　吉井めぐみ　吉田知代
　　吉野庸子　渡辺千尋　渡邉春菜

397

東京子ども図書館　出版あんない (2022年8月)

●おはなしのろうそく 1～32 [以下続刊]

東京子ども図書館 編　大社玲子 さしえ　A6判　48p　各定価：本体500円+税
　　　　（増刷時に旧価格400円から順次、改定しています）

てのひらにのる小さなお話集です。各巻に幼児から小学校中・高学年までたのしめる日本や外国の昔話、創作、わらべうた、指遊びなど数編を収録。いずれも実際に子どもたちに語った経験をもとに編集しています。1973年刊行開始以来、語りのテキストとして圧倒的な支持を受け、現在までに発行部数185万部を超えるロングセラーです。

●愛蔵版おはなしのろうそく 1～12

東京子ども図書館 編　大社玲子 絵　16×12cm　約180p　各定価：本体1600円+税

「おはなしのろうそく」の活字を少し大きくし、子ども向きに再編集した小型のハードカバー本です。大社玲子さんの魅力的な挿絵がたっぷりはいった、たのしいシリーズです。もとの小冊子の2冊分が1巻になっています。

●機関誌 こどもとしょかん 季刊

4、7、10、1月の各20日発行
A5判　48p　定価：本体710円+税
年間定期購読料 3600円（発送費込み）　ISSN 0387-9224¥

子ども、本、図書館などについての評論や、当館の講習会から生まれた研究成果などを掲載。ほかに、現場の図書館員による書評、新刊案内などがあります。

物語の森へ　児童図書館 基本蔵書目録 2

東京子ども図書館 編　A5判　408p　定価：本体 3600 円＋税
ISBN 978-4-88569-200-0

戦後出版された児童文学（創作物語、昔話、神話、詩）から選りすぐった約 1600 冊。主人公名からも引ける件名索引が便利です。

知識の海へ　児童図書館 基本蔵書目録 3

東京子ども図書館 編　A5判　408p　定価：本体 3600 円＋税
ISBN 978-4-88569-201-7

1950 年代〜2020 年に出版されたノンフィクション約 1500 冊を厳選。「自然科学」「芸術」等の分野別に並べ、対象年齢も見やすく表示しました。

TCLブックレット

よみきかせのきほん —— 保育園・幼稚園・学校での実践ガイド

東京子ども図書館 編　B5判　88p　定価：本体 750 円＋税
ISBN 978-4-88569-227-7

集団の子どもたちへの読み聞かせに向く 304 冊を対象年齢別に紹介。読み方のポイントを分かりやすく解説しました。プログラム例、件名索引付き。

ブックトークのきほん —— 21 の事例つき

東京子ども図書館 編　A5判　88p　定価：本体 600 円＋税
ISBN 978-4-88569-226-0

ブックトークは、子どもを本の世界へ招き入れる手だてのひとつです。その基本となる考えや、実演に当たっての留意事項を伝授する入門書。

出版物をご希望の方は、お近くの書店から、地方・小出版流通センター扱いでご注文ください。当館への直接注文の場合は、書名、冊数、送り先を明記のうえ、はがき、ファックス、メール（アドレス honya@tcl.or.jp）でお申込みください。総額 2 万円以上（税抜）のご注文の方、東京子ども図書館に賛助会費を 1 万円以上お支払の方は、送料をこちらで負担いたします。

東京子ども図書館は、子どもの本と読書を専門とする私立の図書館です。1950年代から60年代にかけて東京都内4ヵ所ではじめられた家庭文庫が母体となり1974年に設立、2010年に内閣総理大臣より認定され、公益財団法人になりました。子どもたちへの直接サービスのほかに、"子どもと本の世界で働くおとな"のために、資料室の運営、出版、講演・講座の開催、人材育成など、さまざまな活動を行っています。くわしくは、当館におたずねくださるか、ホームページをご覧ください。

URL https://www.tcl.or.jp

絵本の庭へ　（児童図書館 基本蔵書目録1）

2012年3月30日初版発行
2022年9月29日第6刷発行

編　集　　東京子ども図書館
発行者　　張替惠子
発行所・著作権所有

　　公益財団法人 東京子ども図書館
　　　〒165-0023　東京都中野区江原町1-19-10
　　　Tel. 03-3565-7711　Fax. 03-3565-7712

印刷・製本　　精興社

©Tokyo Kodomo Toshokan 2012　　Printed in Japan
ISBN 978-4-88569-199-7

本書の内容を無断で転載・複写・引用すると著作権上の問題が生じます。
ご希望の方は必ず当館にご相談ください。